国家职业技能等级认定培训教材

制冷工

（基础知识）

本书编审人员

主　编　董韶峰
副主编　曹自海
编　者　阚元华　曹自海　席　丹　张光辉　伍平平
　　　　冼星文　林　香　董少俊
主　审　叶翠安

中国人力资源和社会保障出版集团

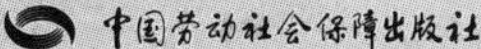

图书在版编目（CIP）数据

制冷工：基础知识 / 人力资源社会保障部教材办公室组织编写. -- 北京：中国劳动社会保障出版社：中国人事出版社，2022

国家职业技能等级认定培训教材

ISBN 978-7-5167-5313-2

Ⅰ.①制… Ⅱ.①人… Ⅲ.①制冷工程－职业技能－鉴定－教材 Ⅳ.①TB6

中国版本图书馆 CIP 数据核字（2022）第 103477 号

中国劳动社会保障出版社
中 国 人 事 出 版 社 **出版发行**

（北京市惠新东街 1 号 邮政编码：100029）

*

三河市华骏印务包装有限公司印刷装订 新华书店经销

787 毫米 ×1092 毫米 16 开本 24 印张 0.75 彩色印张 396 千字

2022 年 7 月第 1 版 2022 年 7 月第 1 次印刷

定价：60.00 元

读者服务部电话：（010）64929211/84209101/64921644

营销中心电话：（010）64962347

出版社网址：http：//www.class.com.cn

前　言

为加快建立劳动者终身职业技能培训制度，大力实施职业技能提升行动，全面推行职业技能等级制度，推进技能人才评价制度改革，促进国家基本职业培训包制度与职业技能等级认定制度的有效衔接，进一步规范培训管理，提高培训质量，人力资源社会保障部教材办公室组织有关专家在《制冷工国家职业技能标准》(以下简称《标准》) 制定工作基础上，编写了制冷工国家职业技能等级认定培训系列教材 (以下简称等级教材)。

制冷工等级教材紧贴《标准》要求编写，内容上突出职业能力优先的编写原则，结构上按照职业功能模块分级别编写。该等级教材共包括《制冷工（基础知识）》《制冷工（初级）》《制冷工（中级）》《制冷工（高级）》《制冷工（技师）》5 本。《制冷工（基础知识）》是各级别制冷工均需掌握的基础知识，其他各级别教材内容分别包括各级别制冷工应掌握的理论知识和操作技能。

本书是制冷工等级教材中的一本，是职业技能等级认定推荐教材，也是职业技能等级认定题库开发的重要依据，已纳入国家基本职业培训包教材资源，适用于职业技能等级认定培训和中短期职业技能培训。

本书由广州市工贸技师学院董韶峰担任主编，广州交通职业学院叶翠安审稿。具体分工为：广州市工贸技师学院阙元华、董韶峰编写了职业模块 1，广州汽车集团股份有限公司汽车工程研究院曹自海编写了职业模块 2，广州市工贸技师学院董韶峰、席丹、张光辉编写了职业模块 3，广州市工贸技师学院伍平平编写了职业模块 4，广州市工贸技师学院董韶峰、冼星文编写了职业模块 5，董韶峰和广州万宝集团压缩机有限公司林香编写了职业模块 6，董韶峰编写了职业模块 7、职业模块 8 和职业模块 9，北京炜衡（郑州）律师事务所董少俊、广州市工贸技师学院阙元华和董韶峰编写了职业模块 10。

本书在编写过程中得到以上人员所在单位的大力支持与协助，在此一并表示衷心感谢。

人力资源社会保障部教材办公室

目　录 CONTENTS

职业模块 1 职业道德

培训课程 1　职业道德基本知识

培训课程 2　制冷工职业概述和职业守则

学习单元 1　制冷工职业概述

学习单元 2　制冷工职业守则

培训课程 1 职业道德基本知识

了解职业道德的含义

熟悉社会主义职业道德的内容

理解职业道德的特点和作用

一、职业道德的含义

人的生存和生活离不开职业，职业是人生、事业发展的载体。从事一定的职业不仅需要特定的知识和技能，还需要相应的职业道德。观察一个从业人员是否足够职业化，可从两个方面考察：一是职业技能，即能否精于此道，以此为生；二是职业道德的水平，内心里是否能认同和热爱自己的工作，乐于奉献。从我们跨入制冷工职业门槛第一步起就要铭记：良好的职业道德是我们做好制冷工作的前提，是我们的立身之本。

职业道德指的是从事一定职业的人在其特定的工作或劳动中行为规范的总和，是社会道德的重要组成部分，也是社会道德在职业活动中的体现。在我国传统文化中，“道德”一词中的“道”指的人道，是指在处理人与社会、自然关系上应该遵循的规范，而“德者，得也，行道而有得于心者也”，即按照“道”行事可以获得良好的个人品质。可以看出道德不仅包括社会外在规范“他律”的部分，还包括个人道德品质“自律”的部分。职业道德是外在行为规范和内在精神品质的统一。在现实的职业活动中，很多从业人员即使在没有外在监督的情况下，也能从自身的职业责任、职业良心出发，形成职业道德的自觉。所以职业道德不应仅停留在对职业道德规范的服从和理解层面，而要认同和逐步沉淀，内化为自己的精神品质。

二、职业道德的内容和特点

1. 职业道德的内容

随着社会进步，各种职业走向规范化。多种职业成立了相应职业的行业协会，并且制定了行规行约，我国也有所有职业都应当遵守的道德规范，即社会主义职业道德。社会主义职业道德坚持集体主义、爱国主义和人道主义相统一。在《新时代公民道德建设实施纲要》（2019 年）中提出了社会主义职业道德规范的基本内容：爱岗敬业、诚实守信、办事公道、热情服务、奉献社会。

（1）爱岗敬业

爱岗敬业是职业道德最基本的要求，也是职业道德的基本精神。黄炎培先生提出的“使有业者乐业”，乐业意识的表现就是爱岗，发自内心认同和热爱自己的职业，主动、自觉地去精进自己的专业能力，在工作中拥有持久的事业心和责任感。

敬业是对自己的职业有恭敬、虔诚的心态，能用严谨、忠诚和敬畏的方式履行自己的职业责任。任何职业，都有一定的社会责任和社会价值。从业人员能笃信自己工作的价值和意义，而不是局限于谋生的范畴。从业人员能保持对本职工作的信念和社会价值的认同。

（2）诚实守信

诚实守信是中华民族的传统美德，也是我国公民道德建设的重点，还是社会主义核心价值观的一条重要准则，既是做人的准则，也是对从业人员的道德要求。诚实是一种真实无欺的品德，忠于事实本来面目，不虚构，不歪曲，做到真实无妄。守信是信守自己做出的承诺。例如，孔子说“民无信不立”“人而无信，不知其可也”，古往今来，人们均把诚信作为一项美德加以颂扬。“诚”为内在依托，“信”是外在表现，内心真诚，待人诚恳，做事做人信守承诺。例如，在职业活动中，履行契约合同，不偷工减料，不弄虚作假，信誉高于一切。若不诚实面对自己的客户，或许短期能骗取一时的利益，但最终会被社会淘汰。

（3）办事公道

办事公道指的是从业人员在处理问题时，能做到公平、公正，不以权谋私，不出卖原则，站在公正的立场上，按照同一标准和同一原则办事。坚持原则是办事公道的指导思想，原则代表着国家、集体和人民群众的根本利益，也代表着从业人员的共同利益。从业人员对自己的服务对象一视同仁，做事光明磊落，行为正派；同时要提高自己的辨别能力，能明确是非标准，分清原则和非原则问题。

（4）热情服务

热情服务，为人民服务，是社会主义道德的核心。热情服务，是为人民服务的道德核心在职业道德中的具体体现，是职业道德要求的目标指向的最终归宿。职业既是谋生手段，也是为他人和社会发展的需要，从业人员应努力发挥岗位的职能，担负起服务群众的义务，不断增强服务意识和服务能力，提高服务质量。

（5）奉献社会

奉献社会，是社会主义职业道德中最高层次的要求，体现了社会主义职业道德的最高目标指向。从业人员的职业活动行为是否有价值，评价标准是看个人对社会的贡献。劳动者的职业道德素质高低最终也是以对社会的奉献大小来进行评价的。实现人生价值就是要让每一个从业人员潜在的创造力充分发挥出来，为社会和人类的进步贡献自己的力量，并在奉献中体验人生的幸福。

在社会主义职业道德中，爱岗敬业是职业道德的核心和基础，诚实守信是生存和发展的基石，办事公道是处理职业活动关系的行为准则，热情服务是职业道德要求的目标指向的最终归宿，奉献社会是职业道德的本质特征，体现了社会主义职业道德的最高要求、最终目标和最高境界。

2. 职业道德的特点

职业道德具有以下特点。

（1）职业道德具有鲜明的行业性

职业道德和职业活动密切联系，职业道德反映了不同职业的义务和责任，所以职业道德内容适用于特定的职业领域，反映某行业发展的内在规律和需求。

（2）职业道德的形式可以具体多样

职业道德从特定的职业出发，形式上可以多样和灵活，如口号、制度、标语等，语言通俗易懂，简明生动，以便于从业人员获知、牢记和践行。

（3）职业道德的发展具有连续性

同一职业不同历史时期具有相似的内容，发展具有连续性，如春秋时期孔子所概括的教师职业道德及隋唐时期孙思邈对医生提出的要求现在仍然适用。

（4）职业道德具有强制性

职业道德和职业责任、职业纪律紧密结合，具有一定的强制性，其通过规章制度、条例和守则等形式表现出来，要求从业人员必须遵循。

三、职业道德的作用

职业道德是社会公认道德准则在职业活动中的具体体现，它在职业活动中的作用体现为以下几个方面。

1. 职业道德可推动社会精神文明和物质文明建设

职业道德是一般的社会道德在具体行业中的体现，是和职业活动相结合，是更为具体和切实可行的职业行为准则。每一个从业人员道德风范的示范和感染，可以潜移默化地影响其他人，从而形成良好的道德风尚，推动社会精神和物质文明建设。

2. 职业道德促进职业的健康发展

职业道德可以调节职业关系，有利于职业活动中人力、物力的优化配置，也使广大劳动者树立敬业精神和端正劳动态度，提高劳动生产率和服务质量，从而能维护正常职业活动和职业生活秩序，促进整个职业的健康发展。

3. 职业道德是文化传承的纽带和桥梁

职业道德的发展具有连续性，某一时期的职业道德往往是当时的社会价值和文化在职业活动中的反映和凝结，也反映了职业生活应遵循的普遍规律和行为准则，职业道德在文化传承中起着纽带和传承的作用。

总之，道德是实践理性，职业道德尤其具有很强的实践性，从业人员要能将职业道德理论和实践结合起来，躬行践履，知行合一，提升职业道德的品质和境界。

培训课程 2 制冷工职业概述和职业守则

学习单元 1　制冷工职业概述

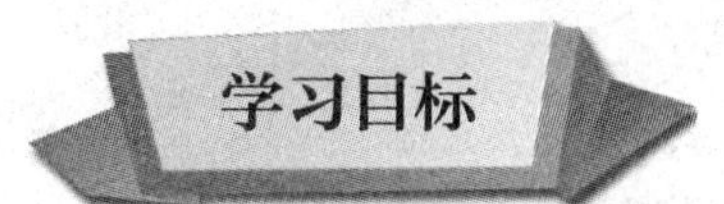

了解制冷工职业的特点

熟悉制冷工作业对从业人员的要求

清楚知道从业人员需要具有的条件

一、制冷工职业的特点

制冷作业的主要内容包括操作制冷压缩机、各种机泵、风机、换热器等制冷系统所含设备，使用制冷剂和载冷剂在制冷系统中循环，达到满足空调、冷冻冷藏和特殊生产工艺需要的目的。

制冷工作业场所有室内、室外，有时会涉及高处作业。

制冷工作业的环境温度有可能是低温、常温或高温。

制冷机房内由于有压缩机、泵和风机等设备，因此工作环境噪声较大。

氨、丙烷等制冷剂易燃、易爆，氨有毒性、刺激性，一旦出现事故将会威胁操作人员甚至公众的生命安全，并造成无法估量的财产损失。

制冷循环系统中换热器属于压力容器，管道属于压力管道，国家将压力容器和压力管道划定为特种设备。

由此可知，制冷工作业是知识性和技术性强的特种作业。

制冷工职业共设四个等级，分别为初级工（五级）、中级工（四级）、高级工（三级）和技师（二级）。

二、制冷工作业对从业人员的要求

一个合格的制冷工应该满足相应的身体条件、具备对应的基本能力和特有的思想意识。

1. 身体条件

制冷工需要具备的身体条件有：色觉、嗅觉、视觉、听觉和触觉正常；手指、手臂灵活，动作协调。

2. 基本能力

制冷工的基本能力要求为：语言表达顺畅；能进行文字写作和数据记录；一定的数学计算能力；能分析问题并做出判断。

3. 思想意识

制冷工要牢固树立安全意识、节约意识、环保意识和与时俱进意识。

（1）安全意识

制冷工作业涉及危险化学品、压力容器、高处作业、带电作业和动火作业等，严格按照操作规范进行安全生产对公众安全和财产安全来说至关重要。因此，从业人员必须牢牢树立安全意识。

（2）节约意识

制冷系统的能耗（热能、电能和化学能等）巨大。据统计，空调能耗在建筑能耗中占有的比例为40%～60%，因此，制冷系统的节能潜力巨大。从业人员在生产、安装中要严格遵循相应的工艺要求，在运行中能够合理调整运行参数，提升系统的运行效率；同时也要通过回收和再生利用减少物料和能源消耗。因此，从业人员要始终具有节约意识。

（3）环保意识

现用某些制冷剂具有温室效应或臭氧层破坏效应，如果操作不当或者故意排放，将会带来严重的环境问题，影响地球生物的安全和健康。因此，要求从业人员要始终具有环保意识。

（4）与时俱进意识

新型环保制冷剂的研发和使用会促进制冷技术整体发展。作为从业人员，要具有再学习的能力和持续学习的意识，这样才能与时俱进，使自己的职业之路越走越宽。

学习单元 2 制冷工职业守则

熟悉制冷工职业守则

一、遵章守法，安全生产

严格遵守国家法律法规、规程、条例、办法和规范，严格遵守相关规章制度，是保障公共安全和从业人员安全的基础，是维持管理秩序和社会秩序的保证。

法律法规和相关规章制度是为保障职业活动的正常进行而制定的，是强制性的。制冷工自觉遵纪守法，严格按照相关法律法规和规章制度行事，是从事本职业活动的一个重要前提。

法律法规和有关规章制度也是维护个人合法权益的武器。因此，从业人员要认真学习制冷工作业中涉及的各种法律法规和规章制度。

二、爱岗敬业，忠于职守

爱岗是发自内心热爱自己的职业，积极主动精进自己的专业能力。敬业是用严谨、认真的方式履行自己的职业责任。只有爱岗敬业，才能在工作中有持久的事业心和责任感，才能做到忠于职守。

三、钻研业务，规范操作

在工作中，不但要努力学习和训练，而且要认真刻苦钻研业务。只有这样才能提升自己的理论水平和技能水平，提高自身综合能力，更好地履行岗位职责。规范操作是安全生产的前提，也是从业人员工作、生活和家庭幸福的内在要求。

四、诚实守信，优质服务

诚实就是实事求是，不欺瞒，不弄虚作假；守信是信守承诺，不失信于人。对制冷工来说，诚实守信既是立身之本，也是立业之本。对企业，从业人员不弄虚作假，不隐瞒掩饰问题，对其岗位生产安全至关重要。诚实守信还体现在对待客户方面，以诚待人，自觉维护客户利益，提供优质服务，信守服务和质量承诺，维护个人和企业信誉。

五、认真负责，团结合作

社会分工细化，要求各行各业的从业人员都应认真负责、一丝不苟地履行自己的职业和岗位责任；同时也要具有良好的协作能力，共同合作完成系统化或者链条化的任务。制冷工职业更是如此，作为一个技术性强的职业，制冷系统的生产、安装、维护和维修各岗位作业人员必须做到各司其职和相互协作，才能保证系统安全、平稳、高效运行。

职业模块 2 热工基础知识

培训课程 1　热工基本物理量

学习单元 1　温度、压力与比体积

学习单元 2　热量与机械功

培训课程 2　热量传递、能量转换与守恒

学习单元 1　热量的传递

学习单元 2　制冷系统的热功转换与能量守恒

学习单元 3　物质的相变与相图

培训课程 1
热工基本物理量

学习单元 1　温度、压力与比体积

了解常用的热力状态参数的定义、意义和单位
熟悉基本热力状态参数——温度、压力和比体积
能够进行简单的状态参数换算

制冷空调装置是通过能量转换实现制冷或者供热目的的热力设备。热工基础知识是理解制冷空调设备工作原理的基础理论，因此，制冷设备的运行管理、故障分析、维护与维修都需要掌握必要的热工知识。

为了分析实现能量转换的热力过程，需要使用一些宏观物理量，如温度、压力、比体积、热力学能、焓和熵，这些物理量称为状态参数，这些状态参数用来描述系统中任一位置工质的状态。其中温度、压力、比体积可以直接用仪器仪表测量，且较为常用，称为基本状态参数。

一、温度与温标

1. 温度的概念

温度是宏观上表征物体冷热程度的物理量。从生活经验可知，一杯热开水放置于室内，经过一段时间后，水和室内空气会达到热平衡，此时可认为水和空气一样冷（热），即两者温度相同。从微观角度看，温度表征物体大量分子热运动的剧烈程度，温度越高，分子运动越剧烈。当两个温度不同的物体相互接触时，热量总是从温度高的物体传向温度低的物体，直至两个物体温度相等。

温度的测量需要用到温度计，温度计的感温元件具备某方面特殊的性质——它随温度的不同有明显的变化。这可以是液体的体积、金属或半导体的电阻、热电偶的电动势等。在制冷空调技术中，常用的温度计有水银温度计、数字温度计、双金属温度计、压力式温度计、温度显示控制仪等。工程实际中温度计的精度并不需要很高，通常精度等级为 2.5 级，分度值为 0.5 ℃。温度计需要定期校准。

2. 温标

为了表示温度的相对大小，需要用数值表示，即温标。一般温标需包含三个要素：测温物质及其某种物理性质、物理性质与温度的关系式、标准温度点及其数值。常用的温标有摄氏温标、华氏温标及热力学温标（又称绝对温标）。

（1）摄氏温标

摄氏温标是最常见的温标，日常生活中包括我国在内的绝大多数国家均使用摄氏温标。摄氏温标规定在一个标准大气压下，水的冰点为 0 度，水的沸点为 100 度，中间分成 100 等份，每一等份为 1 度，所以又称百分度。摄氏温标用符号 t 表示，单位为摄氏度，用符号℃表示。用摄氏温标表示的温度叫作摄氏温度。摄氏温度可以出现负值，当温度低于 0 ℃时，如 –40 ℃称为“零下 40 摄氏度”。

（2）热力学温标

热力学温标依据的是热力学第二定律，与测温物质的特性无关，因此，国际上把热力学温标作为最基本的温标。热力学温标又称绝对温标，用符号 T 表示，单位为开尔文（简称“开”），用符号 K 表示。它规定在分子运动停止时为 0 K，即绝对零度。在标准大气压下水的冰点为 273.15 K。用热力学温标表示的温度叫作热力学温度。由于分子总是永不停息地做无规则热运动，因此，绝对零度不可能达到，即热力学温度都是正值，不可能出现负值。

（3）华氏温标

华氏温标规定在一个标准大气压下，水的冰点为 32 度，水的沸点为 212 度，中间分成 180 等份，每一等份为 1 度。日常生活中使用华氏温标的主要是北美和欧洲的少数国家。华氏温标用符号 F 表示，单位用℉表示。用华氏温标表示的温度叫作华氏温度。

3. 各温标的换算

摄氏温标的单位“摄氏度”（℃）与热力学温标的单位“开”（K）的间隔值完全相同，摄氏温标由热力学温标移动零点获得，其换算关系式如下：

$$t=T-273.15\ (℃)$$

将摄氏温标换算成热力学温标的关系式如下：

$$T=t+273.15\ (K)$$

将华氏温标换算成摄氏温标的关系式如下：

$$t=\frac{5}{9}(F-32)\ (℃)$$

将摄氏温标换算成华氏温标的关系式如下：

$$F=\frac{9}{5}t+32\ (℉)$$

式中　t——摄氏温标，℃；

T——热力学温标，K；

F——华氏温标，℉。

不同温标下的温度对应值见表 2-1。

表 2-1　不同温标下的温度示例

温标	绝对零度	标准大气压下水的冰点	室温	标准大气压下水的沸点
热力学温标	0 K	273.15 K	298.15 K	373.15 K
摄氏温标	−273.15 ℃	0 ℃	25 ℃	100 ℃
华氏温标	−459.67 ℉	32 ℉	77 ℉	212 ℉

二、压力的定义和单位

1. 压力的概念

物理学上，物体单位面积上所受到的垂直作用力称为压强。气体压强是气体分子做不规则运动时撞击器壁或物体的结果。工程中习惯说的压力指的是物理学中的压强。

压力用符号 p 表示，压力的定义式如下：

$$p=F/A$$

式中　p——压力，Pa；

F——物体表面受到的垂直作用力，N；

A——受力面积，m^2。

在国际单位制中，压力的单位为 Pa，称为帕斯卡，简称帕。由于 Pa 的单位较小，工程上经常将其扩大千倍或百万倍，如 kPa、MPa，其换算关系为：

$$1\ \text{kPa}=1\ 000\ \text{Pa}$$

$$1\ \text{MPa}=10^6\ \text{Pa}$$

2. 压力单位的换算

压力的单位除了帕斯卡，习惯上采用的单位还有千克力每平方厘米（kgf/cm^2）、巴（bar）、标准大气压（atm）、毫米水柱（mmH_2O）和毫米汞柱（mmHg）等。它们与国际单位之间的换算关系为：

$$1\ \text{kgf/cm}^2=0.098\ \text{MPa}$$

$$1\ \text{bar}=0.1\ \text{MPa}$$

$$1\ \text{atm}=0.101\ 33\ \text{MPa}$$

$$1\ \text{mmH}_2\text{O}=9.807\ \text{Pa}$$

$$1\ \text{mmHg}=133.3\ \text{Pa}$$

北美和西欧的国家和地区习惯使用英制单位磅力每平方英寸，用符号 psi 表示。在制冷空调领域也会见到采用英制单位的压力计。它与国际单位之间的换算关系如下：

$$1\ \text{psi}=6\ 894.8\ \text{Pa}$$

三、绝对压力与相对压力

1. 绝对压力、表压力、真空度

（1）大气压

地球的周围被空气包围，由于空气受重力作用产生的压力称为大气压力，简称大气压。不同温度、不同高度下的大气压力都是不同的，在测量地点实际测得的大气压力称为当地大气压力。工程上常说的标准大气压，指的是温度为 0 ℃、纬度 45°海平面上的气压，数值上等于 101 325 Pa，即 760 mmHg。

（2）绝对压力与相对压力

绝对压力是液体或气体的真实压力，是不随外界大气压改变的定值，在工程计算中使用的压力就是绝对压力。绝对压力的测量使用压力表，压力表显示的读数是绝对压力与外界大气压的差值，这个压力差就是相对压力。

（3）表压力和真空度

待测压力一定时，相对压力随当地大气压的变化而变化，根据绝对压力与当地大气压力的相对大小，相对压力分为表压力和真空度。当被测流体的绝对压力大于环境大气压力时，绝对压力与当地大气压力的差值即为表压力；当被测流体的绝对压力小于环境大气压力时，当地大气压力与绝对压力的差值即为真空度。如图 2–1 所示，清楚表示了绝对压力、当地大气压力、表压力、真空度之间的关系。

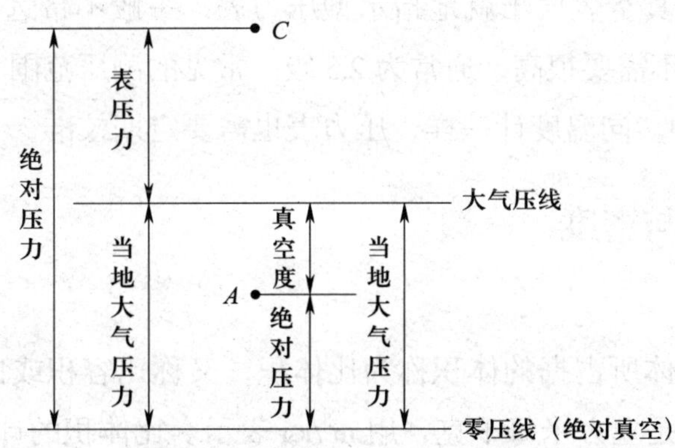

图 2–1　绝对压力、当地大气压力、表压力和真空度之间的关系

图中 *A* 点的压力小于当地大气压，*C* 点的压力大于当地大气压，*A* 点的真空度和 *C* 点的表压力可以表示为下式。

$$A\text{ 点：}p_{vA}=B-p$$

$$C\text{ 点：}p_{gC}=p-B$$

式中　p_{vA}——*A* 点的真空度，Pa；

p_{gC}——*C* 点的表压力，Pa；

p——绝对压力，Pa；

B——当地大气压力，Pa。

2. 压力的测量

压力测量的基本原理是利用力的平衡原理，即利用弹簧的弹力、液柱的高度、活塞的载重等去平衡流体的压力。在制冷空调领域实际工作中，最常见的是弹簧管式压力真空表，实际应用中常简称为压力表和压力真空表。

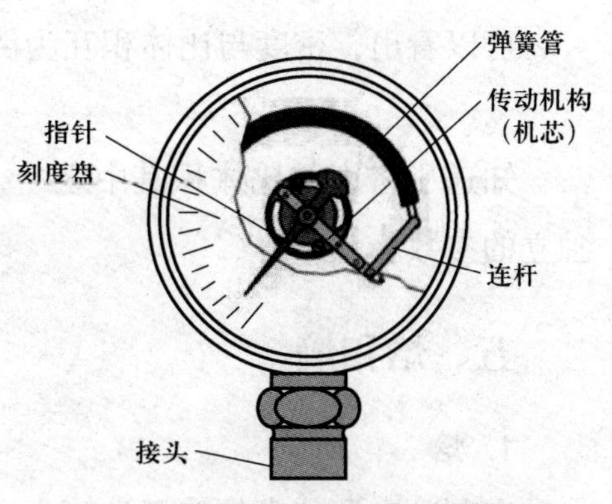

图 2–2　弹簧管式压力真空表示意图

弹簧管式压力真空表的示意图如图 2–2

所示，其核心部件为弯成圆弧形的弹簧管（即波登管），管的横切面为椭圆形。弹簧管的一端固定，并通过接头与被测流体相连；另一端封闭，称为自由端，与连杆及齿轮等传动放大装置相连。当弹簧管两端有压力差时，弹簧管会发生变形，其自由端产生位移。通过机芯的转换机构将位移传导至指针，引起指针转动来显示压力。弹簧管式压力真空表一般是单圈弹簧结构，如果需要增大量程，也可以做成多圈弹簧结构。

弹簧管式压力真空表属于就地指示型压力表，一般不带远程传送功能。在实际工作中，精度不需要很高，通常为 2.5 级。常见的测压范围为 –0.1 ~ 1.6 MPa 和 0 ~ 2.4 MPa 两种。同温度计一样，压力表也需要定期校准。

四、比体积与密度

1. 比体积

1 kg 气体或液体所占据的体积称为比体积，又称比容积或比容，用符号 ν 表示，常用的单位是立方米每千克，用 m^3/kg 表示。比体积的计算公式如下：

$$\nu=V/m$$

式中　ν——气体或液体的比体积，m^3/kg；

V——气体或液体的体积，m^3；

m——气体或液体的质量，kg。

2. 密度

气体或液体的质量与其占据的体积之比称为密度，即单位体积的质量。密度用符号 ρ 表示，常用的单位是千克每立方米，用 kg/m^3 表示。密度的计算公式如下：

$$\rho=m/V$$

式中符号及单位同上。

可以看出，密度与比体积互为倒数，即：

$$\rho=1/\nu$$

知道了密度与比体积其中之一，就可以得出另一个，因此，它们不是互相独立的参数。

五、焓和熵

1. 焓

在制冷空调技术的热工计算中，常常涉及焓的概念。对于大多数热力设备，包括制冷空调装置，都需要使用流体作为工作介质，简称工质，如氟利昂、水蒸气等。工质在系统中循环往复流动，流动中转移的能量与工质的焓的变化量有关，制冷循环的原理和能效分析往往借助压焓图，因此，焓是一个非常关键的热力状态参数。

焓是热力学能（也称为内能）和推动功之和，是热力学能加上压力与体积的乘积，用符号 H 表示，其定义式如下：

$$H=U+pV$$

式中 H——某物质的焓，J；

U——热力学能，J；

p——压力，Pa；

V——体积，m^3。

焓的单位是 J（焦耳），单位质量工质的焓称为比焓，用小写字母 h 表示，单位是 J/kg。

焓最初是为了简化热力学计算而引入的，在热力过程中，常常关注的是焓的变化量，并不特别关注在某状态下焓的绝对值。一般人为规定某个状态点为基准点，其他状态的焓值在基准点基础上计算得到。

理想气体通常取 0 K 或 0 ℃的焓值为 0 J。某些制冷工质规定 –40 ℃或 –20 ℃时的饱和液态的焓为 0 J。例如，R134a，规定 0 ℃时单位质量制冷剂饱和液体的比焓为 200 kJ/kg，以此作为基准值，确定其他状态下制冷剂的比焓，并制成工程图表方便查找应用。同一物质，不同的图表上焓的基准点可能不同。值得注意的是，在查取焓值时，一定要在同一张图或者表上查取。

2. 熵

熵是和热力学第二定律紧密相关的状态参数，是在热力学第二定律基础上推导出来的。它为判别实际热力过程的方向、过程是否可以实现、过程是否可逆提供了判断标准。

熵是表征系统有序程度的参数，熵值越大，系统越“无序”。对于物质总的熵，用符号 S 表示，单位为焦耳每开，用符号 J/K 表示。对于单位质量流体的熵，用小写字母 s 表示，称为比熵，单位为焦耳每千克每开，用符号 J/（kg · K）表示。

熵的定义为某可逆过程换热量与热源温度之商。假设在某温度不变的情况下，单位质量工质从外界吸收了一定的热量，吸热前后的熵值变化量为 Δs，则：

$$\Delta s=q/T$$

式中　Δs——单位质量物质在该过程的熵变化量，J/（kg・K）；

q——单位质量物质在该过程吸收的热量，J/kg；

T——热源的热力学温度，K。

假设物质在绝对零度时的熵为零，以此为起点的熵称为绝对熵。工程上需要计算的是工质由一个状态点变化到另一个状态点时熵的变化值，即熵差。熵的真实值在实际问题中无关紧要，因此规定某个基准点熵值为零，熵由基准值加上熵差，即可确定其他状态下的熵值。

学习单元 2　热量与机械功

了解热量与机械功的定义和意义

熟悉热量与机械功的换算和单位

熟悉热流量和功率的单位换算

能量从一个物体传递到另一个物体可以通过两种形式实现，一种是传热，另一种是做功。

功和热量的区别之处在于，功是有规则的宏观运动的能量传递，会伴随能量形态的转变，而热量是微观粒子热运动的能量传递，过程中不出现能量形态的转化。功可以全部转换成热（如摩擦生热），但热量无法全部转换成功。

一、热量

1. 热量的概念

当温度不同的两个物体相互接触时，温度高的物体逐渐变冷，温度低的物体逐渐变热。显然，部分能量从高温物体传到了低温物体。热力学中定义物体之间仅仅由于温度不同而通过边界传递的能量叫作热量。

热量是物体之间传递的能量，而不是物体本身具有的能量，因此我们不应该说“物体在某状态下具有多少热量”，而应该说“物体在某个过程中与其他物体交换了多少热量”。也就是说，热量是一个与过程特征有关的过程量。

热量用符号 Q 表示，单位是 J（焦耳），也常用 kJ（千焦）。单位质量的物质在过程中与外界交换的热量用小写字母 q 表示，单位是 J/kg（焦耳每千克）。热力学约定：物体的吸热过程，热量为正值；物体的放热过程，热量为负值。

2. 比热容

（1）定义

比热容是物体的重要热力性质。在热工计算中，需要用到比热容来计算过程的热量、热力学能的变化、焓的变化等。

单位质量的物体温度升高 1 ℃（或 1 K）所需要的热量称为质量比热容，简称比热容或比热，用小写字母 c 表示，单位为 J/（kg · K）。

（2）定压比热容与定容比热容

由于热量是过程量，因此比热容也与物体经历的过程特性有关。经历的热力过程不同，比热容的值也不同。制冷空调设备中的工质往往是在压力接近不变或体积接近不变的条件下放热或吸热的，因此定压过程和定容过程的比热容最常用，分别称为定压比热容和定容比热容，分别用 c_p 和 c_v 表示。可以证明，气体的定压比热容总是大于定容比热容。在工程实际中，对于固体和液体，一般认为其定压比热容和定容比热容相等。

通常来说，液体的比热容比气体的大。在常见的物质中，水的比热容最大，常温下水的比热容为 4 180 J/（kg · K），常温下空气的定压比热容为 1 004 J/（kg · K），常温下铜和铝的比热容分别为 386 J/（kg · K）和 897 J/（kg · K）。

（3）非相变过程热力学能和焓的改变量计算

知道了物体的定压比热容和定容比热容，可以方便计算热力过程中的热力学能和焓的变化值。可以证明，理想气体的热力学能和焓的变化值的计算公式为：

$$u_2-u_1=c_v(t_2-t_1)$$

$$h_2-h_1=c_p(t_2-t_1)$$

式中 u_1、u_2——工质初始和最终状态的热力学能，J；

c_v——物质的定容比热容，J/（kg · K）；

t_1、t_2——工质初始和最终状态的温度，℃；

h_1、h_2——工质初始和最终状态的焓，J；

c_p——物质的定压比热容，J/（kg · K）。

3. 显热与潜热

物体的吸热、放热过程会伴随温度或者相态的改变。根据温度和相态的变化情况，可以将热量分为显热和潜热。

当物体没有相变时，温度升高或降低所吸收或放出的热量称为显热。显热的计算是物体的比热容、质量、温差的乘积，数值上等于物体焓的改变量，即焓差。

当物体只发生相变而温度不变时，所吸收或放出的热量称为潜热。例如，当0 ℃的水由液态凝固成冰时，温度保持0 ℃不变，水放出了部分热量，这部分热量就是潜热。

二、机械功

力学中将力和沿着力方向位移的乘积定义为力所做的功，用符号 W 表示。假设在力 F 的作用下，物体发生了位移 S，则力 F 所做功的大小 W 为：

$$W=FS$$

式中　W——过程中所做的机械功，J；

F——过程中所受的力，N；

S——过程中物体的位移，m。

热能与机械能的转换伴随着大量的做功过程。体积变化功是热能转换为机械能的必要途径，另外，制冷空调设备的机械功往往是通过机械轴来传递的，叫作轴功。因此，体积变化功和轴功是热工学主要研究的两种功量形式。

1. 体积变化功

由于气体体积变化（增大或缩小）而传递的机械功称为体积变化功（膨胀功或压缩功），用符号 W 表示。单位质量的工质所传递的体积变化功用 w 表示。热力学中约定：物体体积变大，做功膨胀对外，功量为正值；物体体积减小，被压缩，外界对物体做功，体积功为负值。

如图2–3所示，一个气缸—活塞机构，气缸内有一定质量的气体，其初始压力大于外界气压，此时气体推动活塞向右移动，气体膨胀对外做功。最终气缸内外压力平衡，活塞停留在终止位置。做功的结果是气体的一部分能量传递给了外界。体积功的大小不仅与气体压力及活塞移动位移有关，

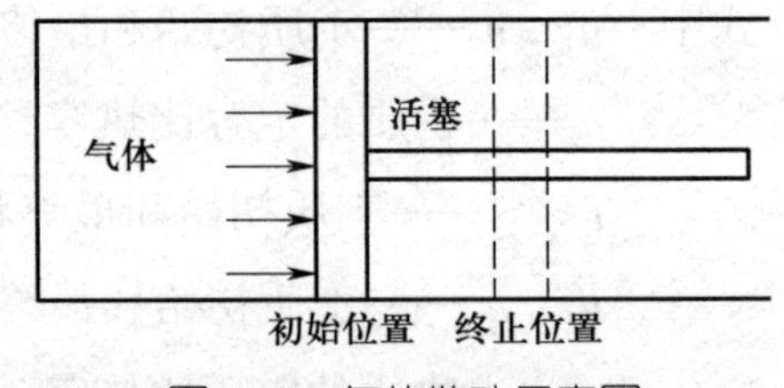

图2–3　气体做功示意图

还与膨胀经历的途径有关，因此体积功是过程量。

2. 轴功

物体通过机械轴与外界传递的机械功称为轴功。轴功用符号 W_s 表示，单位为 J。单位质量的工质传递的轴功用符号 w_s 表示。制冷空调设备如压缩机、风机等都是靠机械轴传递机械功。

与膨胀功一样，轴功也是过程量。热力学中约定：系统向外输出轴功时为正值，外界向系统内工质输入轴功时为负值。

三、热量和机械功的单位换算

热量和机械功描述的都是能量的转换过程，因此单位都是能量的单位。国际单位制中使用焦耳（J），由于焦耳较小，因此常乘以 1 000，用千焦（kJ）来表示。根据功的定义式，功等于力乘以位移，因此：

$$1\ \text{J}=1\ \text{N}\cdot\text{m}$$

$$1\ \text{kJ}=1\ 000\ \text{J}$$

日常生活中也会碰到卡路里这个单位，符号为 cal，与焦耳的换算关系为：

$$1\ \text{cal}=4.186\ \text{J}$$

英热单位是英美等国采用的一种计算热量的单位，符号为 Btu（British thermal unit），其换算关系为：

$$1\ \text{Btu}=252\ \text{cal}=1\ 055\ \text{J}$$

四、热流量和功率

热流量指的是单位时间内物体之间传递的热量，它描述的是物体传热的快慢。热流量用符号 φ 表示，按照热流量的定义，其计算公式为：

$$\varphi=Q/t$$

式中 φ——某传热过程的热流量，J/s 或 W；

Q——某传热过程传递的热量，J；

t——某传热过程花费的时间，s。

功率指的是单位时间内物体所做功的多少，它描述的是物体做功的快慢。功率用符号 P 表示，按照功率的定义，其计算公式为：

$$P=W/t$$

式中 P——做功过程的功率，J/s 或 W；

W——物体所做功的大小，J；

t——做功的时间，s。

在制冷空调技术中，经常涉及的热流量有空调的制冷量和制热量，经常涉及的功率有压缩机的输入功率。制冷量、制热量和压缩机的输入功率的相对大小是评价一台空调设备重要的性能指标。

热流量和功率都是能量与时间的比值，因此它们的单位相同。在国际单位制中，热流量和功率的单位是瓦特（W），简称瓦，即焦耳每秒（J/s）。当瓦这个单位太小时，则乘以 1 000 倍，用千瓦（kW）来表示。

热流量的单位也有用千卡每小时，符号是 kcal/h，它与国际单位的关系为：

$$1\ \text{kcal/h}=1.163\ \text{W}$$

$$1\ \text{W}=0.86\ \text{kcal/h}$$

在工程实际中，会遇到一部分制冷空调装置采用英制单位标注制冷量和制热量。此时，制冷量和制热量的单位是英热单位每小时，符号是 Btu/h。它与国际单位的换算如下：

$$1\ \text{Btu/h}=0.293\ 1\ \text{W}$$

$$1\ \text{W}=3.412\ \text{Btu/h}$$

另一个会遇到的英制制冷量单位是美国冷冻吨，其符号是 USRT（United States refrigeration ton），它与国际单位的换算如下：

$$1\ \text{USRT}=3.517\ \text{kW}$$

$$1\ \text{kW}=0.284\ 3\ \text{USRT}$$

培训课程 2　热量传递、能量转换与守恒

学习单元 1　热量的传递

了解三种热量传递形式的概念、定义

熟悉热量传递的计算

日常生活及工程实践中，存在着众多的热量传递过程，如春夏秋冬的温度变化、楼宇空调的工作过程等。凡是有温差的地方，就会存在热量从高温物体流向低温物体。根据热量传递的机理不同，分为热传导、热对流和热辐射三种形式。实际上，多数传热过程是三种传热形式并存的。

一、热传导

1. 热传导的概念

热传导又称为导热，是指热量从物体内部的一部分传递到另一部分，或者在两个互相接触的物体之间的热传递现象。

在固体物质的内部，热量只能通过热传导的形式传递。例如，固体内部热量从温度高的部分传递到温度低的部分就是热传导现象。在液体或者气体内部，热量可以通过热传导与热对流两种形式传递。

制冷与空调装置中，常见的导热现象是通过一个间壁进行导热，如图 2–4

所示。即一种流体（如制冷剂 R134a）将热量传递给左侧壁面，通过间壁的内部导热，到达右侧壁面，再传递给第二种流体（如空气）。左侧壁面温度为 t_1，右侧壁面温度为 t_2，则热量流动方向为从左向右。间壁的传热就是导热。

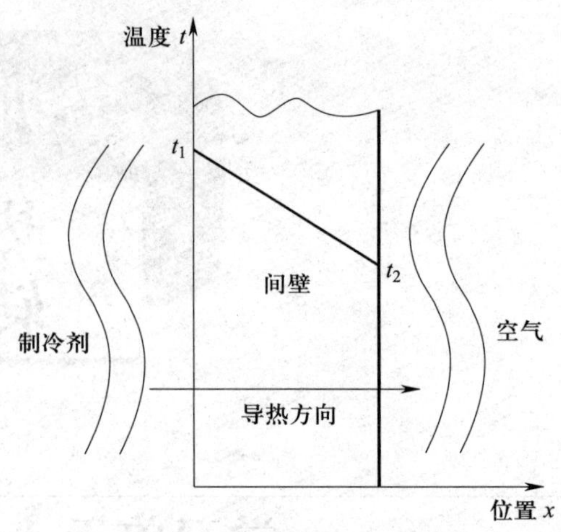

图 2-4　间壁导热现象示意图

导热进行的必要条件是存在温度差，没有温度差就不能传热。在制冷与空调装置中，有些设备需要加速热量的传递过程，如空调的冷凝器、蒸发器等；有些设备需要减缓热量的传递，如箱体、制冷管路等。

2. 导热系数

描述导热问题的基本定律是傅里叶热传导定律，根据傅里叶热传导定律，单位时间内通过物体（如平板）的导热热流量与温度差及物体面积成正比，与物体的厚度成反比，即：

$$\varphi=\lambda A\frac{(t_1-t_2)}{\delta}$$

式中　φ——热流量，W；

λ——比例系数，称为导热系数，W/（m·K）；

A——传热截面积，m^2；

t_1——物体高温面温度，℃；

t_2——物体低温面温度，℃；

δ——物体厚度，m。

按照傅里叶热传导定律，导热系数的定义式如下，式中物理量定义与上式相同。

$$\lambda=\frac{\varphi\delta}{A(t_1-t_2)}$$

导热系数是表示材料导热性能的参数，即它是一种热物性参数，单位是 W/（m·K）。导热系数越大，表示物体传导热量的能力越强。

工程上各种物质的导热系数的数值都是通过实验测定的，一般使用稳态法测量。导热系数的数值与材料种类、温度和湿度有关。一般来说，金属材料的导热系数比非金属材料的导热系数大，液体的导热系数比气体的导热系数大。导电性好的材料导热性能也好。常温下常见材料的导热系数见表 2–2。典型材料的导热系数，如纯铜的导热系数为 398 W/(m·K)，水的导热系数为 0.599 W/(m·K)，空气的导热系数为 0.026 W/（m·K）。

表 2–2　常见材料的导热系数　　W/（m·K）

材料	导热系数	材料	导热系数
纯铜	398	聚苯乙烯泡沫塑料	0.048
黄金	315	聚氨酯泡沫塑料	0.027
铝合金	197	空气	0.026
黄铜	109	R22 液体	0.01 ~ 0.07
铸铁	39.2	R22 气体	0.01 ~ 0.012
低碳钢	36.7	R134a 液体	0.046 ~ 0.075
混凝土	0.30	R134a 气体	0.016 ~ 0.035
玻璃	0.11 ~ 0.52	R717 液体	0.41 ~ 0.55
水	0.599	R717 气体	0.018 ~ 0.03

工程上把导热系数小的材料叫作保温材料，也称隔热材料或绝热材料。在我国国家标准中，规定凡平均温度不高于 350 ℃时导热系数小于等于 0.12 W/（m·K）的材料称为保温材料，如聚氨酯泡沫塑料、气凝胶等。

二、热对流

1. 对流传热的概念

热对流是指由于流体（如气体和液体）的宏观运动，冷热流体混合所发生的热量传递过程，热对流仅能在流体中发生。工程上常见的一种热对流是流体流过一个物体表面时，流体与物体表面之间的热传递。

按照引起流动的原因来区分，热对流分为自然对流换热和强制对流换热。

（1）自然对流换热

当流体内部各部分的温度不同时，各部分的密度也不同。温度较低的流体密度较大，受重力作用向下流动；温度较高的流体密度较小，被向下流动的流体排挤而向上流动。这种因流体各部分密度不同而产生的对流换热称为自然对流换热。如暖气片表面附近热空气向上流动、直冷式电冰箱冷藏室内蒸发器与箱内空气的换热、电冰箱冷凝器与环境空气的换热等都是自然对流换热。

（2）强制对流换热

如果流体受压缩机、风机、水泵等外部机械推动，在压差的作用下被迫流动换热，称为强制对流换热。电冰箱中制冷剂与蒸发器的换热、制冷剂与冷凝器的换热，制冷、空调设备中制冷剂与室内、室外换热器的换热，均是依靠压缩机产生的压力差进行的；制冷、空调的室外机与空气的换热，则是依靠风机推动空气进行的。这些都是强制对流换热。

另外，工程上也会遇到液体在固体表面上沸腾或蒸气在固体表面上凝结的对流换热问题，这些是属于伴随有相变的对流换热。

2. 对流换热表面传热系数

对流传热的热量与换热面积、流体与固体壁面的温差及对流换热表面传热系数成正比，其计算式如下，称为牛顿冷却公式。

$$\varphi=hA\Delta t$$

式中 φ——对流传热的热流量，W；

h——对流换热表面传热系数，W/（m^2·K）；

A——流体流动时与固体接触的面积，m^2；

Δt——流体与固体壁面的温差，℃。

对流换热表面传热系数单位是 W/（m^2·K），是描述流体与固体表面之间对流换热能力的物理量，其值越大，对流换热能力越强。

影响表面传热系数的因素很多，如流体的种类、固体表面的形状、固体表面的粗糙度、流体是否有相变、流速的大小等。一般来说，强制对流的表面传热系数大于自然对流的表面传热系数，有相变的表面传热系数大于无相变的表面传热系数。流速越大，表面传热系数也越大。通过理论分析或者试验的方法可以获得不同情况下的表面传热系数。常见的对流传热过程的表面传热系数的大致范围见表 2–3。

表 2–3 常见的对流传热过程的表面传热系数的大致范围 W/（m^2·K）

换热过程	表面传热系数	换热过程	表面传热系数
空气自然对流	1 ~ 10	水强制对流	1 000 ~ 1 500
水自然对流	200 ~ 1 000	水的沸腾	2 500 ~ 35 000
气体强制对流	20 ~ 100	R22 在管内冷凝	1 600 ~ 2 000
高压水蒸气强制对流	500 ~ 35 000	R22 在管内蒸发	1 200 ~ 1 800

三、热辐射

1. 热辐射的概念

物体通过辐射电磁波来传递能量的过程称为辐射，其中因热的原因而发出辐射能的现象称为热辐射。所有物体均在不断地向外界发出热辐射，同时也不断地从外界吸收热辐射。辐射传热是物体辐射和吸收的综合结果，当物体与外界处于热平衡时，辐射传热量为零，但辐射和吸收过程仍在不断进行。

辐射传热的现象非常普遍，如太阳向地球的辐射、烤火时火焰对人体的加热等。导热与对流这两种热量传递方式只有在两个物体相互接触时才能发生，而辐射传热可以在真空中传递，并且在真空中辐射传热的效率最高。辐射传热的另一个特点是，它在传递热量的过程中，还伴随着能量形式的转换，即：向外发射辐射能时热能转换为辐射能，吸收辐射能时辐射能转换为热能。

2. 物体的发射率

物体的热辐射能力与物体的种类、物体表面情况、物体的温度有关。研究热辐射时会引入黑体的概念，黑体指的是一种理想物体，它能够吸收投射在其表面上的所有热辐射能量。黑体的吸收能力和辐射能力在同温度下的物体中都是最大的。实际物体都不可能全部吸收热辐射能量，因此黑体是不存在的。

实际物体辐射热流量的计算可以采用斯忒藩－玻尔兹曼定律，计算公式如下：

$$\varphi = \varepsilon A \sigma T^4$$

式中 φ——辐射热流量，W；

ε——物体的发射率，习惯上称为黑度，无量纲；

A——物体辐射表面积，m^2；

σ——黑体辐射常数，其值为 5.67×10^{-8} W/（$m^2 \cdot K^4$）；

T——物体的热力学温度，K。

物体的发射率是实际物体的辐射力与同温度下黑体的辐射力的比值，其值总是小于 1，它可以用来表示物体的辐射能力。物体的发射率一般通过实验测定，它仅取决于物体本身，与周围环境无关。

同一物体的发射率随温度变化而变化，如严重氧化的铝在温度为 50 ℃和 500 ℃时的发射率分别为 0.2 和 0.3。物体表面状态对发射率也有很大影响，同一金属材料，高度磨光表面发射率很小，而氧化后的表面发射率较大。大部分的非金属材料的发射率都较高，一般为 0.85 ~ 0.95，且与表面状况的关系不大，一般可近似取为 0.9。

学习单元 2　制冷系统的热功转换与能量守恒

了解热力学第一、第二定律

熟悉制冷系统的热功转换和能量守恒

一、热工基本定律

热力学第一定律和热力学第二定律是制冷空调技术的理论基础，它们说明了各种热力过程能量之间的数量关系以及热力过程的方向和条件。

1. 热力学第一定律

热力学第一定律是能量转换与守恒定律在热力学中的应用。能量守恒定律指出：自然界一切物体都具有能量，能量不能被创造，也不能被消灭，它只能从一个物体转移到另一个物体，或者从一种形式转换成另一种形式，在转移或转换过程中，能量的总和保持不变。

在制冷与空调技术中，主要考虑的是机械能与热能之间的相互转换与守恒，所以热力学第一定律可以表述为：热能可以变为机械能，机械能也可以变为热能，在转换过程中，能量总量不变。

热力学第一定律表明了热量转移、功的输入、输出与热力学能变化的关系。假设在某系统中，流体工质从外界吸入热量，热力学能增加，并对外界做功，忽略流体工质的宏观动能和重力势能的变化，则热力学第一定律的表达式如下：

$$Q=\Delta U+W$$

式中　Q——工质从外界吸收的热量，J；

ΔU——工质热力学能的增加量，J；

W——工质对外界所做的功，J。

2. 热力学第二定律

热力学第二定律阐述了热力过程的方向性和条件，它有很多种不同的表述方式，这些表述方式都是等效的，下面介绍两种最基本的表述方式。

德国物理学家克劳修斯的表述：不可能把热量从低温物体转移到高温物体而不引起其他变化。这种表述说明了热量传递的方向，它表明热量总是从高温物体向低温物体传递。如果热量要从低温物体转移到高温物体，必须花费一定的代价，如制冷空调设备中需要消耗压缩机轴功。

英国物理学家开尔文表述：不可能制造出从单一热源吸热，使之全部转换为功而不留下任何其他变化的热力发动机。这种表述说明了热功转换过程，热量不能全部变成机械能。

二、制冷系统热功转换

制冷指的是通过人工的方法将物体冷却，使其温度降到并保持在环境温度以下。依据热力学第二定律，制冷循环必须消耗外在能量（如机械能）。制冷的方法有很多，如压缩式制冷和吸收式制冷等，基本原理就是使用一种专门的设备，通过消耗外部机械能或者其他形式的能量，使热量从低温物体转移到高温物体。常见制冷设备如分体式空调、电冰箱等采用的是压缩式制冷。

压缩式制冷的系统原理图如图 2–5 所示。它由压缩机、冷凝器、膨胀阀、蒸发器四个基本部件组成，并用制冷管道将其串联成一个封闭系统。以空调为例，制冷剂在蒸发器中吸收室内余热，蒸发成过热气体后进入压缩机，压缩机消耗机械功，将制冷剂压缩成高温高压的气体，气体再流入冷凝器，向环境放热并被冷却成为液体，然后流经节流阀，减压减温后再进入蒸发器，如此循环往复。

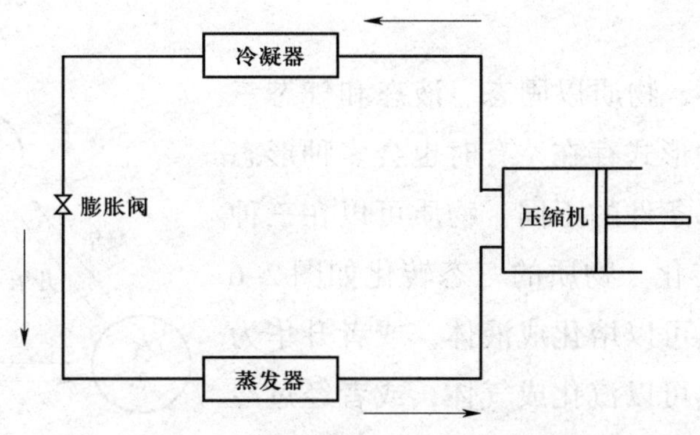

图 2–5 压缩式制冷的系统原理图

整个循环的能量守恒可用下式表示：

$$Q_k=Q_0+W_0$$

式中　Q_k、Q_0——制冷剂在冷凝器释放的热量、制冷剂在蒸发器的吸热量，W；

W_0——压缩机的输入功率，W。

学习单元 3　物质的相变与相图

了解物质的相态及相变

熟悉水和制冷剂的相变规律

熟悉水和制冷剂的相图

在日常生活中，存在大量相变过程，如冰融化成水、人体出汗蒸发等。制冷空调系统中，利用制冷剂的相变来实现吸热和放热。

一、物质的相态

物质是由分子等微观粒子组成的，根据物质分子的聚集状态，物质的存在形式可分为固态（也称固相、固体）、液态（也称液相、液体）和气态（也称气相、气体）。固态下物体有固定的体积和形状，质地比较坚硬。液态和气态没有确定的形状，具有流动性，形状往往受容器的影响。气态可以被压缩，液态和固态不能被压缩。

一般情况下，物质以固态、液态和气态三种形态中的一种形式存在，有时也会多种形态并存。随着外部条件的不同，物质可以在三种相态之间相互转化。物质的三态转化如图 2–6 所示。固体加热可以熔化成液体，或者升华为气体；液体加热可以汽化成气体，或者经过冷却可以凝结成固体；气体经过冷却可以液化成

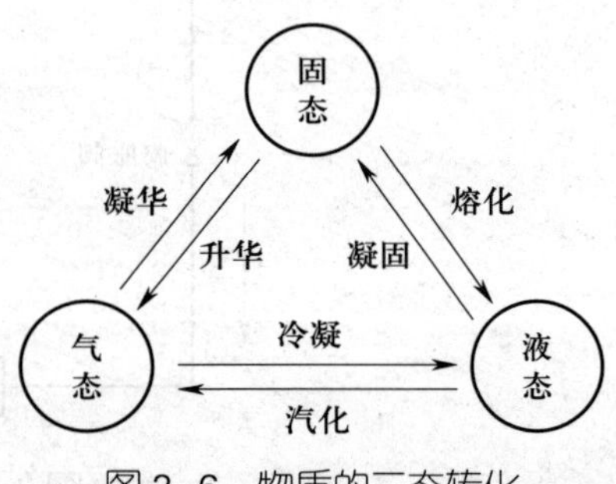

图 2–6　物质的三态转化

为液体或者凝华成为固体。物质三种相态的转化条件是要有热量的转移。

气体与液体之间的相互转化对于制冷空调有特殊的意义，正是利用制冷剂在不同条件下的液化与汽化，实现了制冷或热泵循环。

二、物质的相变和相图

1. 物质的相变概述

物质的相变都伴随着热量的转移，下面以气态与液态之间的转换为例说明相变过程。

物质由液态转变成气态的过程叫作汽化，汽化过程又分为蒸发和沸腾两种形式。在液体表面进行的汽化过程称为蒸发，如酒精在空气中挥发、衣服在空气中晾干等都是蒸发过程。蒸发过程进行得快慢取决于液体的温度。在液体表面和内部同时进行的强烈的汽化过程称为沸腾。沸腾以产生气泡的形式进行，换热强烈，如烧开水时水的沸腾，沸腾是在饱和压力下进行的。制冷技术中，经常将蒸发与沸腾都叫作蒸发。冷凝是汽化的反过程，是气态转变为液态的过程。空调系统中的冷凝器，就是因为制冷剂在此进行冷凝而得名。

2. 饱和温度、饱和压力和相图

如图 2–7 所示的密闭容器内放置有部分液体，容器内上方有气体，液体分子和气体分子都处于不断进行的热运动中。液体表面随时都有液体分子飞散到上面空间中，同时也有气体空间的蒸气分子回到液面成为液体。假设容器内没有其他气体，随着气体分子逐渐增多，液面上的蒸气压力逐渐增大，到一定的状态时，这两种方向相反的过程达到动态平衡。此时液体分子和气体分子仍不断在变化，但宏观上液体与气体的量已经不再改变。这种液态与气态处于动态平衡的状态称为饱和状态。处于饱和状态的蒸气和液体分别称为饱和蒸气和饱和液体。此时气液的温度相同，称为饱和温度，蒸气的压力称为饱和压力。饱和蒸气可以理解为在一定体积内不能再含有更多的蒸气。

图 2–7 液体 – 气体动态平衡图

如果温度升高，则蒸发速度加快，蒸气的压力也随之增大。当增大到某一数值时，又建立起了新的动态平衡，此时蒸气压力对应着新的温度下的饱和压力。饱和温度和饱和压力是一一对应的，可以证明，温度越高，饱和压力越大。不同温度下水的饱和压力见表 2–4。饱和温度常被称为沸点，如查看表 2–4 可以知道，1 个大气压下（101.3 kPa），水的沸点为 100 ℃。

表 2–4　不同温度下水的饱和压力

温度 /℃	饱和压力 /kPa	温度 /℃	饱和压力 /kPa
−10	0.26	30	4.25
0	0.61	50	12.35
10	1.23	100	101.3
20	2.34	200	1 554

以上分析的是液态和气态的动态相平衡，这种概念也可以推广到固态和气态、固态和液态，它们的饱和压力和饱和温度也是一一对应的。表示饱和压力和饱和温度关系的状态参数图（压力 – 温度图）称为相图，大多数纯物质的相图如图 2–8 所示。

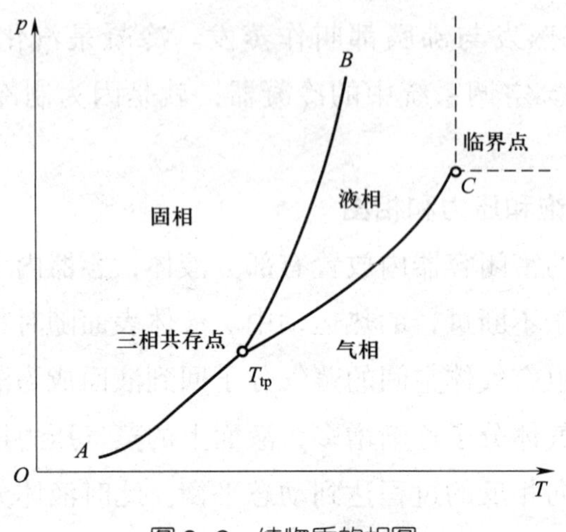

图 2–8　纯物质的相图

图中 T_{tp} 表示三相共存点，在这个点上气液固三相共存。$T_{tp}A$、$T_{tp}B$、$T_{tp}C$ 分别为凝华曲线、凝固曲线、汽化曲线。C 表示临界点，它是汽化曲线的终点，气体通过不断加压，可以冷凝成液体，但如果气体温度高于临界点的温度，则无论如何加压，气体都不会冷凝成液体。

三、水的相变和相图

1. 水的相变

水是我们日常生活中最为常见的液体。水有气态、液态、固态三种状态，气态为水蒸气，固态称为冰。在一定的压力和温度条件下，水的相态可以发生改变，这个过程称为相变。相变的过程往往伴随着吸收热量或放出热量。

在一个标准大气压下，水的冰点是 0 ℃，水的沸点是 100 ℃。当水被冷却到 0 ℃以下时，凝固成冰；当冰吸热温度高于 0 ℃时，融化成水。当水蒸气被冷却到 100 ℃以下时，凝结为水；当水吸热温度高于 100 ℃时，汽化成水蒸气。

工程上利用比较多的相变过程是液态水和水蒸气之间的转换。制冷空调设备中，常用水蒸气对空气进行加热或加湿处理。

2. 水的相图

水的相图如图 2-9 所示，与大多数纯物质的相图相比，最大的区别在于，水的凝固曲线 $T_{tp}B$ 的斜率是负的，这是因为液态水在凝固成冰时体积增大，即水的密度比冰的密度更大。

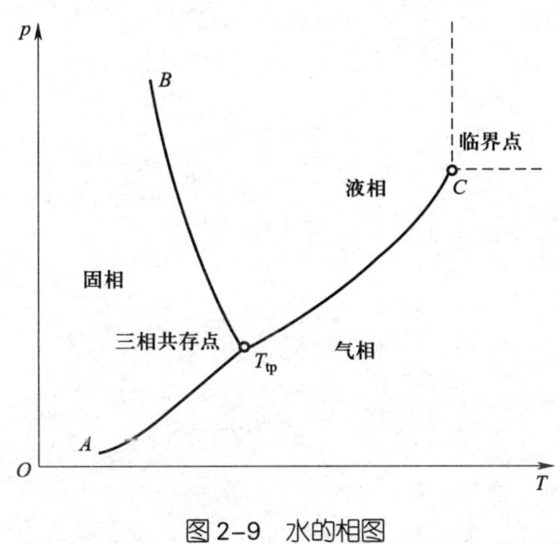

图 2-9 水的相图

水的三相共存点的压力和温度分别是 611.2 Pa 和 0.01 ℃。水的临界点的温度是 374.3 ℃，临界压力是 22.12 MPa。

四、制冷剂的相变和相图

1. 制冷剂的相变

制冷空调设备能够制冷，主要利用的是制冷剂在循环中的相变过程。夏季，制冷剂在空调蒸发器中汽化，从室内空气吸收热量；冬季制冷剂在空调冷凝器中凝结液化，放出热量给室内空气。

2. 制冷剂的相图

空调的制冷性能与制冷剂的热力性质息息相关。纯物质制冷剂的相图参见图 2–8，不同制冷剂相图的区别是：三相共存点和临界点的参数不同，三条饱和曲线的位置和曲率也不同。

以常见的制冷剂 R134a 为例，它的临界温度和临界压力分别是 101.1 ℃和 4 060 kPa。制冷剂的临界温度应该尽可能高于环境温度，从 R134a 的临界温度可以看出，它是比较理想的制冷剂。

在一个标准大气压下，R134a 的沸点和冰点分别是 –26.1 ℃和 –103.0 ℃。也就是说，一个标准大气压下，R134a 温度低于 –103.0 ℃时以固体存在，温度高于 –26.1 ℃时以气体存在，而温度介于 –26.1 ℃和 –103.0 ℃时，以液体存在。

职业模块 3 电工基础知识

电气控制装置是制冷与空调系统的重要组成部分，电控装置不仅关系制冷运行参数的监控和异常保护，而且通过控制调节功能保证制冷与空调系统的高效节能运行。

因此掌握电气线路的原理，是安装、操作和维修电气线路的必备基础。学会电工电子基础知识是掌握电气控制装置原理的必要条件。

培训课程 1 电工基本概念和元件

学习单元 1 电流、电压和电阻

了解电流的效应及分类

理解电流、电压、电阻的概念和单位

一、电流

1. 电流和电流强度

电荷的定向移动形成电流。电流方向与正电荷的定向移动方向相同，与负电荷的定向移动方向相反。在电源外部，电流是由正极流向负极；而在电源内部，电流是由负极流回正极。

电流的大小用电流强度来表示，其定义为单位时间通过导体横截面上的电荷数，记为 I，单位为安培，简称安（A），或者 C/s，电流强度用下式表示。

$$I=\frac{q}{t}$$

式中　I——电流强度，A；

q——电荷量，C；

t——时间，s。

如果在 1 s 内通过导体横截面的电荷量是 1 C，导体中的电流强度就是 1 A，也可用毫安（mA）或微安（μA）来表示，三者之间的换算如下。

$$1\ \text{A} = 1\ 000\ \text{mA}=1\ 000\ 000\ \mu\text{A}$$

2. 电流的效应和分类

电流有热效应、磁效应和化学效应。导体通电的时候会发热，这种现象叫作电流的热效应。在任何通有电流的导线上，其周围产生磁场，称为电流的磁效应。电流中带电粒子促使物质发生化学变化，电解水或者电镀等都是利用电流的化学效应。

3. 电流的分类

按照电流的方向是否随时间变化，把电流分为直流电和交流电。

直流电的电流方向不随时间变化。可移动外置式电源、干电池、锂电池等电源构成的电路，其电流属于直流电。方向和大小都不随时间变化的电流称为稳恒电流。

交流电的电流方向随时间变化，交流电可以是锯齿形、矩形、正弦曲线等。电网电源与电器形成的回路中就是正弦交流电。

二、电压

1. 电压的定义

单位正电荷受到电场力作用，从 A 点移动到 B 点所做的功，就是电压，电压的国际单位为伏特，简称伏，符号为 V。常用的单位还有毫伏（mV）、微伏（μV）、千伏（kV）等。它们之间的换算关系如下。

$$0.001\ \text{kV}= 1\ \text{V} = 1\ 000\ \text{mV}=1\ 000\ 000\ \mu\text{V}$$

在电场中，电荷量为 q 的正电荷从 A 点移动到 B 点，假定电场力所做的功为 W，则 A、B 两点间的电压可以用下式表示。

$$U_{\text{AB}}=\frac{W}{q}$$

式中　W——电场力将 q 库仑的正电荷由 A 点移动到 B 点所做的功，J；

q——电荷量，C；

U_{AB}——A、B 两点间的电压，V。

如果将 1 库仑（C）正电荷从 A 点移动到 B 点，电场力所做的功为 1 焦耳（J），则 A 和 B 两点间的电压为 1 伏（V）。

电压方向是从高电位指向低电位。如果电路中的电压与电流的方向不能确定，可在电路分析之前，设定其参考方向，通过分析计算，若计算结果为正值，说明设定的参考方向与实际方向一致；若计算结果为负值，说明设定的参考方向与实际方向相反。

2. 电位

在电路中，可任选一个点作为零电位参考点，任意一点 a 点相对参考点的电压就是 a 点的电位，用符号 V_a 表示，电位的单位是伏特（V）。

电压和电位既有联系也有区别。电压指的是电路中两点之间的电位差。电位是相对的，其大小与参考点的选择有关；而两点间的电压大小与参考点的选择无关。电压与电位的关系见下式。

$$U_{ab}=V_a-V_b$$

式中 U_{ab}——a 到 b 点的电压，V；

V_a——a 点的电位，V；

V_b——b 点的电位，V。

3. 电源的电动势

电动势就是在电源内部，靠非电场力把单位正电荷从电源的负极移动到正极所做的功，用符号 E 表示，单位为伏特。定义见下式。若外力把 1 C 正电荷从电源的负极移到正极所做的功是 1 J，则电源的电动势等于 1 V。

$$E=\frac{W}{q}$$

式中 E——电源电动势，V；

W——非电场力把正电荷从电源的负极移动到正极所做的功，J；

q——非电场力移动的电荷量，C。

电源电动势有大小也有方向，电动势的大小等于电源两极之间的电压，方向从电源的负极指向正极，这与电源外部的电压方向正好相反。

三、电阻

1. 电阻的概念

金属导体中含有大量的自由电子，在电场力的作用下，自由电子会定向移动，移动中会和导体内的分子和原子相互碰撞和摩擦，从而使自由电子的定向移动受到阻碍。导体对电流的阻碍作用，就叫该导体的电阻。

电阻用 R 来表示，单位为欧姆，简称欧（Ω），常用还有千欧（kΩ）和兆欧（MΩ），换算关系见下式。

$$1\ \mathrm{M\Omega}=1\ 000\ \mathrm{k\Omega}=1\ 000\ 000\ \Omega$$

2. 电阻与电阻率

物体电阻大小是由材料本身的性质——电阻率、物体的形状决定的。

对于横截面均匀的导体，在一定的温度下，其电阻与导体的长度成正比，与导体的横截面积成反比，电阻大小可用下式计算。

$$R=\rho\frac{l}{S}$$

式中 R——导体的电阻，Ω；

ρ——导体的电阻率，Ω · m；

l——导体长度，m；

S——导体横截面积，m^2。

银、金、铜、铝等材料的电阻率非常小，导电性能好，属于良导体；塑料、橡胶等材料的电阻率大，绝缘性能好，可用作绝缘材料。

3. 电阻和电位器

电路中，会用到具有一定阻值的元件限制电流的大小，称为电阻器，简称电阻，一般来说电阻器的阻值是不变的。

电路中也会用到电位器，如图 3–1 所示，电位器的阻值可以改变，有可调电阻器和滑动变阻器两类。

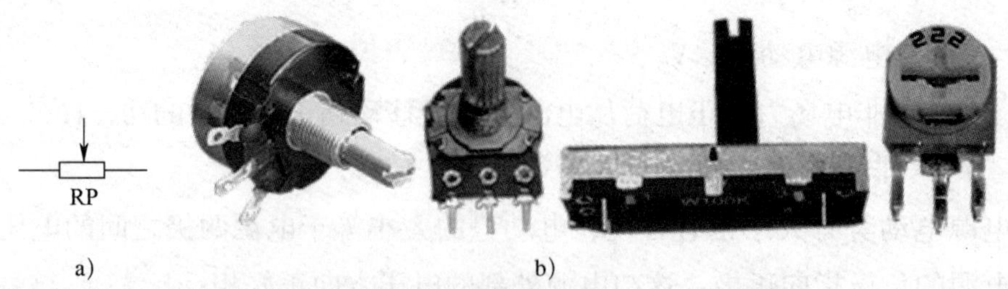

图 3–1 常用的电位器

a）电位器符号 b）电位器常见外形

学习单元 2　电容器和电感器

理解电容器的作用及其特性参数

能识别电容器和电感器的电路符号

电容器和电感器是基本的电路元件，也是电路中的储能元件，一般在电子电路中起滤波、旁路、耦合、限流、振荡、抑制干扰等作用。

一、电容器

1. 电容器基本认识

在两个导体板中间，用不导电的绝缘材料填充或隔开，就组成一个电容器，其中两个导体板叫作极板，填充的绝缘材料叫作电容器的介质，常用的介质有云母、铝电解质、陶瓷、纸介质、金属氧化膜等。

电容器在电路中的符号见表 3–1，常见电容器的外形如图 3–2 所示。

表 3–1　电容器的符号

名称	电容器	电解电容器	预调电容器	可调电容器	双联可变电容器
图形符号		+ (有极性) (无极性)			

2. 电容器的性能参数

电容器的种类和规格众多。选用电容器时，标称电容量、额定工作电压和允许误差是三个主要的性能指标。

（1）电容量和标称电容量

电容器的基本性能是储存电荷，电容器容纳电荷的能力用电容量表示，简称电容，符号是 C，单位是法拉，简称法（F）。实际上法拉这个单位太大，常用微法（μF）、皮法（pF）作为电容的单位，三者之间的换算见下式。

$$1\ \text{F}=10^{6}\ \mu\text{F}=10^{12}\ \text{pF}$$

电容器的电容量、两极板间的电压和两极板的电荷量之间的计算关系如下。

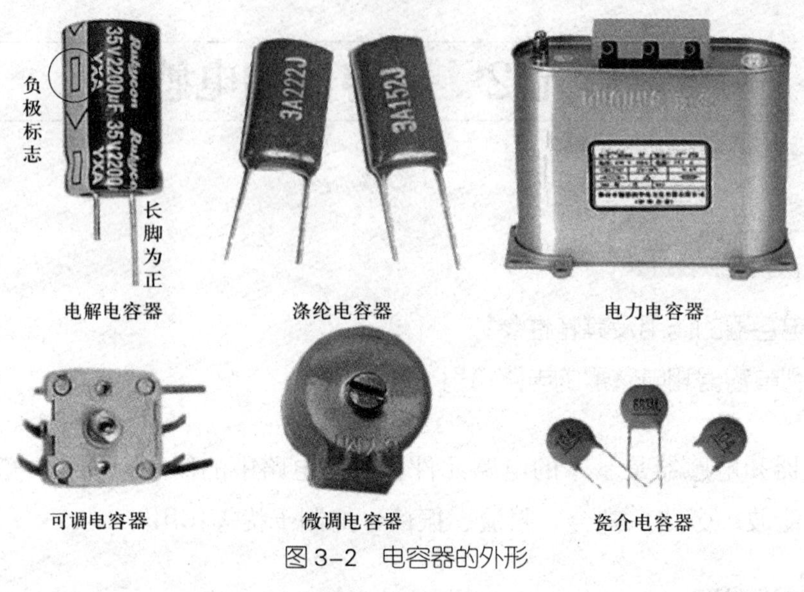

图 3–2　电容器的外形

$$C=\frac{q}{U}$$

式中　C——电容器的电容量，F；

U——电容器两极板间的电压，V；

q——电容器两极板上的等量异性电荷量，C。

成品电容器上所标注的电容量称为电容器的标称电容量。

（2）额定工作电压

对于长时间工作的电容器，不引起其内部绝缘介质性能遭到任何破坏的直流电压数值，称为电容器的额定工作电压，简称耐压。

（3）允许偏差

电容器标称电容量与电容器实际电容量之间的差值称为允许偏差。

3. 电容器的工作过程

（1）充电过程

在外加电压的作用下，电容器两极板储存电荷的过程叫充电。如图 3–3 所示，当开关 S 与 A 点接通瞬间，电容器极板上的电荷等于零，两端电压为 0。在电源的作用下，电荷向电容器移动，随着电容器两极板上积累数量相等的异性电荷的增多，两端电压逐渐升高。电路中形成的充电电流由起初的最大值逐渐减小。当电容器两端电压达到电源电动势 E 时，充电电流变为零，充电过程结束。电容器两端电压和充电电流 i_R 的过程变化如图 3–4 所示。

（2）放电过程

电容器向外释放电荷的过程叫放电。如图 3–3 所示，充电结束后，将开关

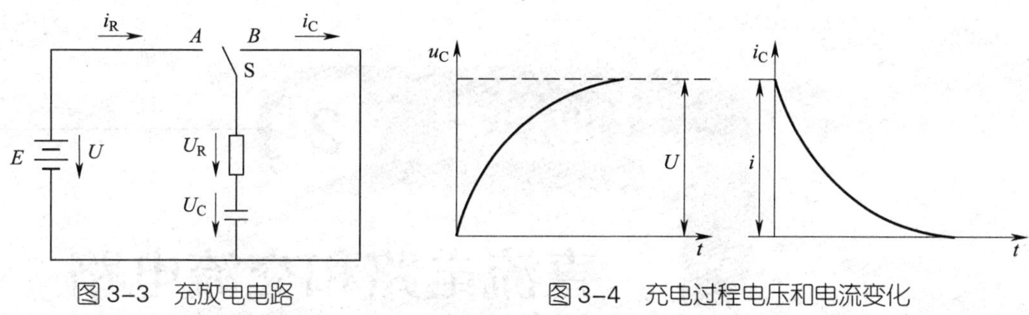

图 3–3 充放电电路 图 3–4 充电过程电压和电流变化

S 切换到 B 点，通过电阻 R 构成的回路进行放电，在电容支路中将出现与充电电流方向相反的放电电流 i_C，其数值由放电开始时的最大值逐渐减小，电容器两端的电压也随之降低。放电结束时，电容器两端的电压为零，i_C 也为零。

二、电感

电感器是用导线缠绕成螺旋状空心或者有磁芯的线圈，故电感器又叫线圈，电感器的外形及其电路符号如图 3–5 所示。

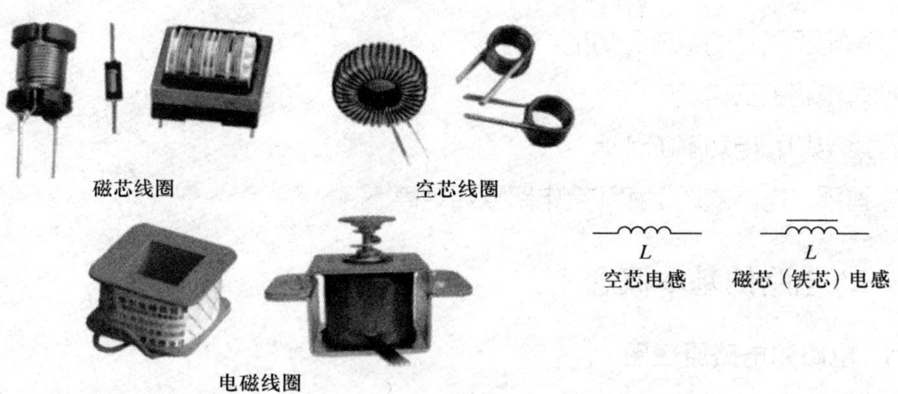

图 3–5 电感器及其在电路图中的图形符号

直流电流过电感器相当于通过导线，当交流电流通过电感器线圈时，线圈中会产生感应电动势来阻止电流的变化，这种性质就是线圈的电感。电感的大小用电感量 L 表示，单位是亨利，简称亨，符号为 H。亨这个单位太大，实际上常用毫亨（mH）和微亨（μH）。控制电路中使用的线圈，电感为十到几百 μH。如长 1 km、截面积为 6 mm^2 的穿管线的电感约为 6.33 mH。电感单位的换算如下。

$$1\ \text{H}=1\ 000\ \text{mH}=1\ 000\ 000\ \mu\text{H}$$

培训课程 2 直流电路和交流电路

学习单元 1 直 流 电 路

了解电路简图的组成和功能

理解电路的三种状态

理解电功和电功率的计算

掌握部分电路欧姆定律和全电路欧姆定律

一、电路的基本概念

1. 电路和电路原理图

（1）电路

电路是由电源、开关、保护装置、负载等元器件和连接导线组成的回路。电路既可以实现能量的传递和转换，也可以进行信号的处理和传递。

（2）电路原理图

可用电路原理图来进行电路分析。对于某一实际电路，把元器件用国标规定的符号来表示，用导线把各元器件的连接关系和电路的功能表达清楚，就形成了对应的电路原理图。直流电照明的电路实物图和电路原理图如图 3–6 所示。

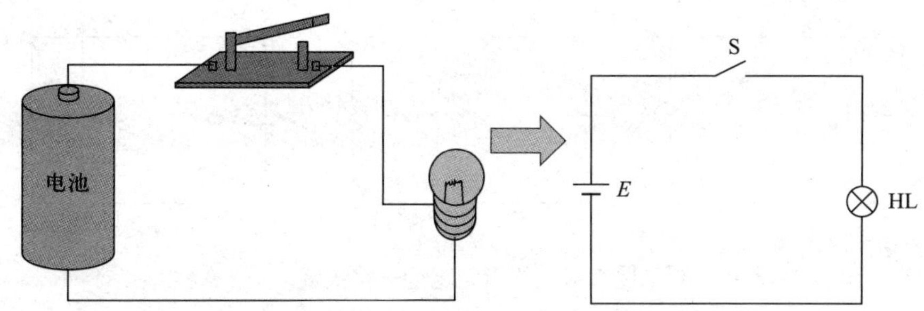

图 3–6　直流电照明电路实物图和电路原理图

（3）电气元件的图形符号

参考《电气简图用图形符号》（GB/T 4728—2018）系列规范，常用电气元件的图形符号和文字符号见表 3–2。

表 3–2　常用电气元件的图形符号和文字符号

名称	图形符号	文字符号	名称	图形符号	文字符号	名称	图形符号	文字符号
电池	+ −	E	电阻		R	电容器		C
电压源	+ −	Us	可调电阻		R	可调电容		C
电流源		Is	电位器		RP	空芯线圈		L
发电机	~	M	开关		S	铁芯线圈		L
电流表	A	PA	电灯		EL	接地接机壳		GND
电压表	V	PV	熔丝		FU	导线 连接 导线 不连接		无

2. 电路的基本状态

电路有通路、断路和短路三种不同状态，如图 3–7 所示。

（1）通路

开关处于闭合状态，电源提供的电流流经了负载，这是电路的正常状态。

（2）断路

开关断开，电流被切断，电流没有经过负载，负载不工作。

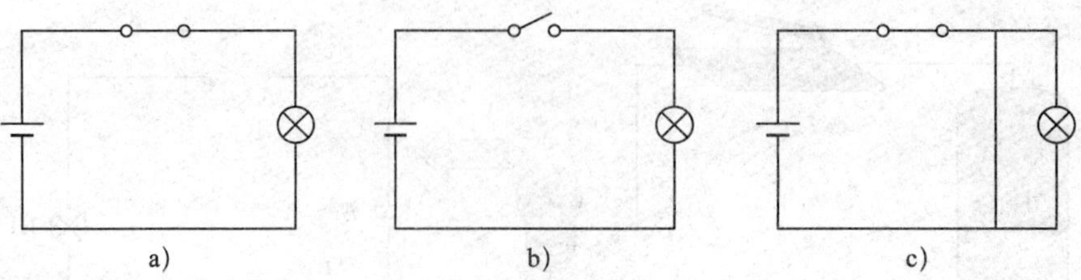

图 3–7 直流电路的三种状态

a）通路 b）断路 c）短路

（3）短路

短路是指电源（或信号源）提供的电流没有经过负载，而是从电源的正极经外部导线直接流回电源负极。短路电流很大，不但会损坏电源（或信号源），还有可能引发导线过热燃烧，是非常危险的，严禁电路出现短路现象。

二、欧姆定律

欧姆定律是用来表示电路中电压、电流和电阻这三者之间关系的定律。欧姆定律可分为部分电路欧姆定律和全电路欧姆定律。

1. 部分电路欧姆定律

所谓部分电路，就是不考虑电源的外部电路，如图 3–8a 所示。

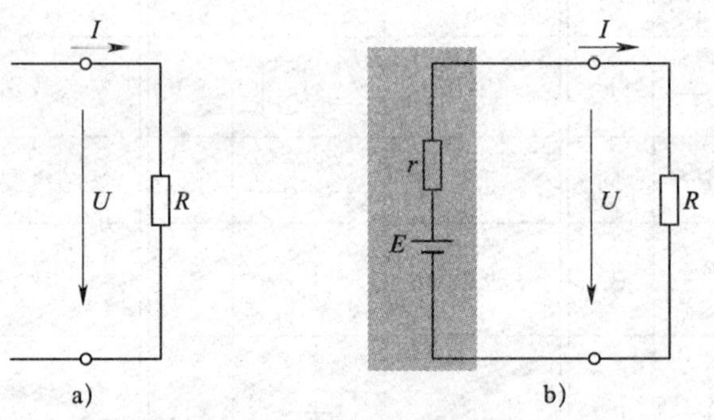

图 3–8 部分电路和全电路

a）部分电路 b）全电路

部分电路欧姆定律是部分电路中 U、I、R 之间的关系：流过电阻 R 的电流 I 与电阻两端的电压 U 成正比，与电阻 R 成反比。即：

$$I=\frac{U}{R}$$

式中 R——电阻，Ω；

I——流过电阻的电流，A；

U——电阻两端的电压，V。

2. 全电路欧姆定律

全电路就是既包括电源内部电路又考虑电源外部电路，如图 3–8b 所示。全电路欧姆定律可表示为：流过电路的电流与电源的电动势成正比，与电路的总电阻（内电阻和外电阻之和）成反比，用下式表示。

$$I=\frac{E}{R+r}$$

式中 R——电阻，Ω；

r——电源电阻，Ω；

I——流过电路的电流，A；

E——电源的电动势，V。

当电路中电阻趋近于零时，电流很大，为 E/r，这种状态称为电路短路。

当电阻趋近于无穷大时，电流几乎为零，这种状态称为电路断路，电路的断路电压就是电源的电动势。

三、电功和电功率

1. 电功

电流在一段时间内做的功称为电功，用符号 W 表示，单位为焦耳，简称焦，符号为 J。电功的大小与电路中的电压、电流和通电时间有关，关系式为：

$$W=UIt$$

式中 W——电功，J；

U——电压，V；

I——电流，A；

t——时间，s。

在工程中，经常用“度”来表示电功的大小，“度”与焦耳的换算见下式。

$$1\text{ 度}=1\ \text{kW}\cdot\text{h}=3.6\times10^{6}\ \text{J}$$

2. 电功率

单位时间内电流所做的功称为电功率，用 $\boldsymbol{P}$ 表示，电功率的单位为瓦特，简称瓦，符号为 W，其计算式如下：

$$P=\frac{W}{t}=\frac{UIt}{t}=UI=I^{2}R$$

式中 W——电功，J 或度；

P——电功率，W；

R——电阻，Ω；

U——电压，V；

I——电流，A；

t——时间，s。

3. 空调的功率

制冷与空调装置的功率多用马力（hp）表示，俗称“匹”，它与国际单位的关系为：

$$1\ \text{hp}=0.735\ \text{kW} \quad 1\ \text{kW}=1.36\ \text{hp}$$

四、电阻的串联和并联

1. 电阻的串联和等效电阻

在电路中，把几个电阻元件依次一个一个首尾连接起来，中间没有分支（见图 3–9），这种连接方式叫作电阻的串联。

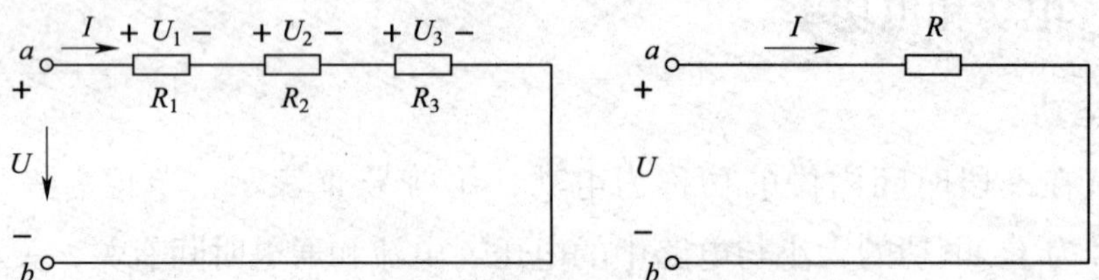

图 3–9 电阻的串联和等效电阻

电阻串联电路的特点有：①等效电阻等于各电阻之和，即 $R=R_1+R_2+R_3$；②流过各电阻的电流相等；③总电压降等于各电阻电压降之和。

2. 电阻的并联

若干个电阻的首端、尾端分别连接在两个公共端上，每个电阻的端电压相同，这样的连接方式称为电阻的并联，如图 3–10 所示。

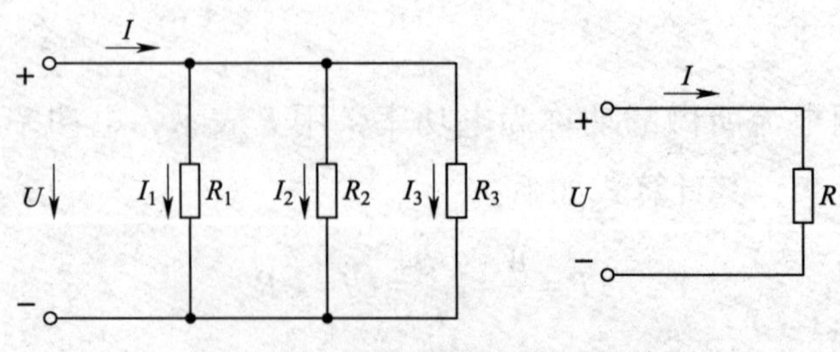

图 3–10 电阻的并联和等效电阻

电阻并联的特点有：①等效电阻的倒数等于各电阻倒数之和，如下式。

$$\frac{1}{R}=\frac{1}{R_1}+\frac{1}{R_2}+\frac{1}{R_3}$$

②各电阻两端的电压相等。③总电流等于各电阻电流之和。

学习单元2 交流电路

掌握正弦交流电的三要素及其特点

了解电容和电感在交流电路中的特性

了解三相正弦交流电的电源及负载连接形式

会进行变压器的电压、电流变换分析

一、交流电

与直流电不同，交流电的电流和电压的方向随时间而变化。电路中电流随时间变化的几种情况如图 3–11 所示，横坐标是时间，纵坐标是瞬时电流。图 3–11a 的电流大小和方向都不随时间变化，属于稳恒直流电。图 3–11b、图 3–11c、图 3–11d 是电流方向随时间变化的交流电。

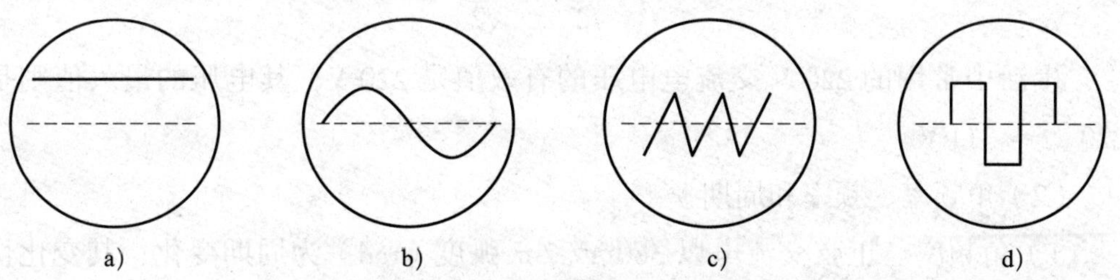

图 3–11 直流电与交流电的电流

a）稳恒直流电 b）正弦交流电 c）锯齿形交流电 d）方波交流电

1. 正弦交流电

随时间按正弦规律变化的电流叫正弦交流电。正弦交流电除了发电机结构简单、运行可靠外，还具有便于远距离输送、易于升高和降低电压等优势，因此在生产和生活中广泛使用。

2. 正弦交流电的描述

正弦交流电的电压和电流随时间均呈正弦规律变化，因此，都可以用正弦函数来表示。它们的表达式如下：

$$u=U_m\sin(\omega t+\varphi_1)$$

$$i=I_m\sin(\omega t+\varphi_2)$$

式中 u——正弦交流电压的瞬时值，V；

U_m——正弦交流电压的最大值，V；

ω——正弦交流电的角频率，rad/s；

i——正弦交流电流的瞬时值，A；

I_m——正弦交流电流的最大值，A；

φ_1、φ_2——正弦交流电压、电流的初相位，rad。

3. 正弦交流电的三要素

最大值、角频率和初相位称为正弦交流电的三要素。

（1）最大值和有效值

交流电的最大值代表在一个周期内交流电的变化幅度，也叫振幅。U_m、I_m分别是正弦交流电压和电流的最大值。

交流电在一个周期内对某一电阻会产生热量，若某一直流电在同样时间内对同一电阻产生的热量与之相等，则该直流电加在电阻的电压和流过电阻的电流就是交流电电压和电流的有效值，分别用 U、I 表示，计算如下式。

$$U=\frac{U_m}{\sqrt{2}};\ I=\frac{I_m}{\sqrt{2}}$$

生活中常用的 220 V 交流电电压的有效值是 220 V，其电压的最大值则是 $220\sqrt{2}\approx 311$ V。

（2）角频率、频率和周期

1）角频率。正弦交流电以 360°或 2π 弧度（rad）为周期变化，其变化快慢用角频率来表示，即单位时间走过的角度或者弧度，单位是°/s 或者 rad/s，通常用 rad/s，称为弧度每秒。

2）周期。周期是指正弦交流电每重复变化一次所需的时间，用 T 表示，单位是 s。正弦函数的周期是 2π，正弦函数完成一个周期所需要的时间则是 2π 除以角频率，因此周期与角频率的换算关系如下。

$$T=\frac{2\pi}{\omega}$$

3）频率。频率就是 1 s 内正弦交流电重复周期的次数，是正弦交流电周期的倒数。用符号 f 来表示，单位为赫兹（Hz）。由于 $f=\frac{1}{T}$，角频率与频率之间的关系公式为 $\omega=2\pi f$。

我国常用正弦交流电的频率（通称为工频）是 50 Hz，周期是 0.02 s，角频率 $\omega=2\pi f=100\pi$ rad/s，欧洲等国家正弦交流电的频率是 60 Hz。

（3）初相位和相位

在正弦交流电压 $u=U_m\sin(\omega t+\varphi_1)$ 中，$(\omega t+\varphi_1)$ 就是相位。而在 $t=0$ 时所对应的相位即为初相位 φ_1。

如果已知正弦交流电的三要素，就可以写出其数学表达式。例如，对于 50 Hz 的有效值是 220 V，初相位是 60°（$\pi/3$）的正弦交流电压，其数学表达式如下。

$$u=220\sqrt{2}\sin\left(100\pi t+\frac{\pi}{3}\right)$$

二、容抗和感抗

1. 容抗

把电容器接到正弦交流电路中，如图 3-12 所示，就形成了一个纯电容交流电路。电容器会像电阻一样对交流电有阻碍作用，用容抗来表示其对交流电阻碍作用的大小，符号是 X_C，单位是欧姆（Ω）。容抗的计算如下式。

$$X_C=\frac{1}{2\pi fC}$$

式中 X_C——电容器的容抗，Ω；

π——圆周率 3.141 6；

f——正弦交流电的频率，Hz；

C——电容器的电容量，F。

由上式可知，对于某一电容器，交流电的频率越高，容抗越小；交流电的频率越低，容抗越大。因此，电容器有“通交流，隔直流；通高频，阻低频”的特性。

2. 感抗

把电感器接到正弦交流电路中，如图 3-13 所示，形成一个纯电感交流电

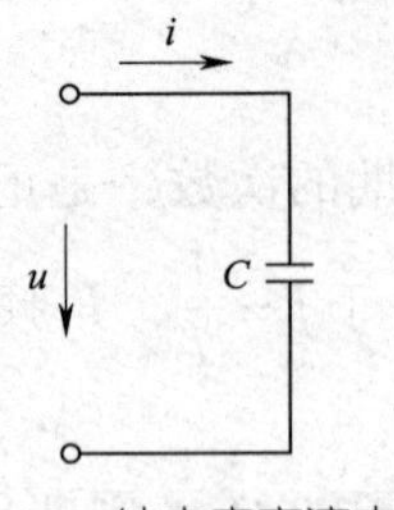

图 3-12　纯电容交流电路

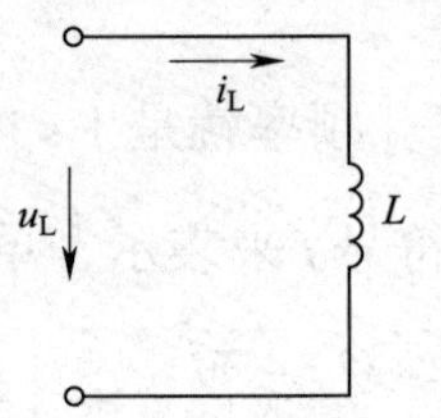

图 3-13　纯电感交流电路

路。电感器也会像电阻一样对交流电有阻碍作用，用感抗来表示其对交流电阻碍作用的大小，符号是 X_L，单位是欧姆（Ω）。感抗的计算如下式。

$$X_L=2\pi fL$$

式中　X_L——电感器的感抗，Ω；

L——电感器的电感量，H。（其余变量与容抗计算式的相同）

由上式可知，对特定电感器，交流电的频率越高，感抗越大；交流电的频率越低，感抗越小。因此，电感器有“通直流，隔交流；通低频，阻高频”的特性。

三、单相正弦交流电路

对于正弦交流电源 $u=U_m\sin(\omega t+\varphi_1)$，常见的电气元件有纯电阻、电容器和电感器，不同元器件在交流电路中的性质不同。

1. 纯电阻单相正弦交流电路

白炽灯、电烙铁和电炉等在交流电路中的电路模型、电压、电流和功率的相位关系如图 3-14 所示。

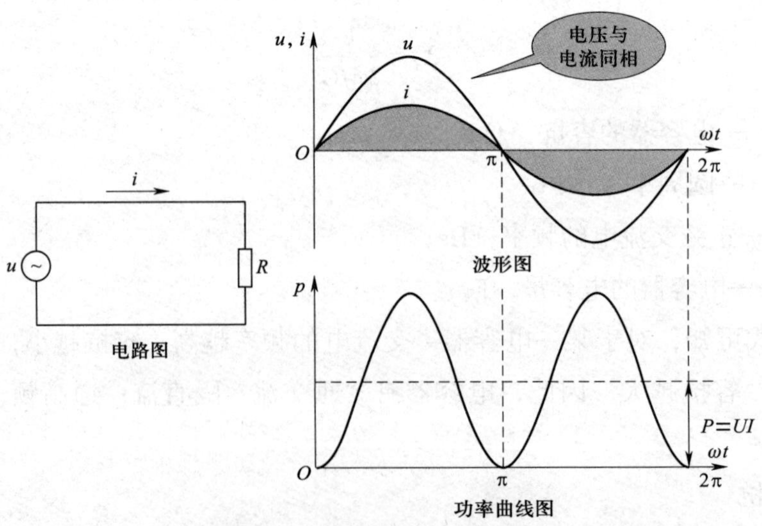

图 3-14　纯电阻交流电路及其特性

纯电阻交流电路的电压、电流的有效值或最大值和电阻之间的关系遵循欧姆定律，其电压与电流的相位一致，简称同相。电阻在交流电中的功率用下式计算。

$$P=UI$$

式中 P——电阻在交流电路中的功率，W；

U——电阻两端交流电压的有效值，V；

I——通过电阻的交流电流的有效值，A。

2. 纯电容单相正弦交流电路

电容器在交流电路中的电路模型、电压、电流和功率的相位关系如图 3–15 所示。

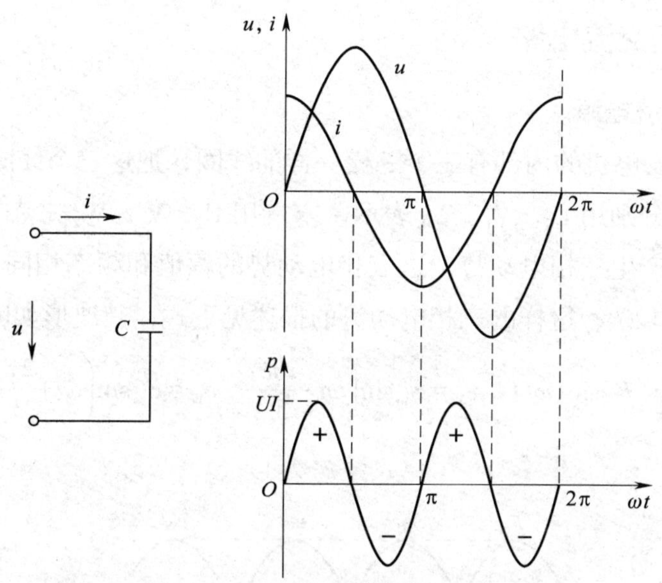

图 3–15　纯电容交流电路及其特性

纯电容交流电路的电压、电流的有效值或最大值和容抗之间的关系遵循欧姆定律，流过电容器的电流比电容两端的电压超前 90°（ π/4），两者相位构成正交关系。

从图 3–15 可知，电容器在交流电中的功率在第一个、第三个 1/4 周期内为正，代表充电过程；在第二个、第四个 1/4 周期内为负，是电容器作为电源的放电过程。两者大小相等，代表电容器在一个周期内完成了二次充、放电，因此电容器是储能元件。

3. 纯电感单相正弦交流电路

电感器在交流电路中的电压和电流的相位关系如图 3–16 所示。

纯电感交流电路的电压、电流的有效值或最大值和感抗之间的关系遵循欧姆定律，流过电感器的电流比电感器两端的电压滞后 90°，两者相位构成正交关系。

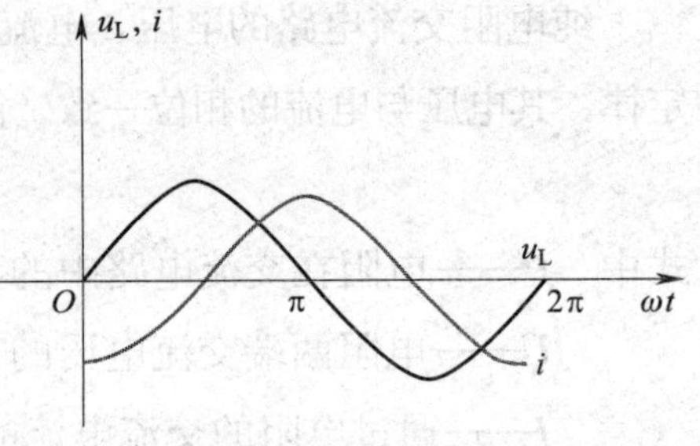

图 3–16　纯电感交流电路的电压和电流

与电容器类似，电感器在交流电中的功率半个周期为正，代表充电过程，半个周期为负，是电感器作为电源的放电过程。两者大小相等，代表电感器在一个周期内完成了二次充、放电，因此，电感器是储能元件。

四、三相交流电路

1. 三相交流电源

三相交流发电机的内部有三个一模一样的线圈，把这三个线圈用 U、V、W 来表示，始端分别用 U_1、V_1、W_1 表示，末端用 U_2、V_2、W_2 来表示。当发电机转动后，就会产生三相电动势，这三相电动势的幅值和频率相同，但是彼此之间相位相差了 120°，这样的三相电动势的描述见下式，其波形如图 3–17 所示。

$$e_U = E_m \sin(\omega t) \quad e_V = E_m \sin\left(\omega t - \frac{2\pi}{3}\right) \quad e_W = E_m \sin\left(\omega t + \frac{2\pi}{3}\right)$$

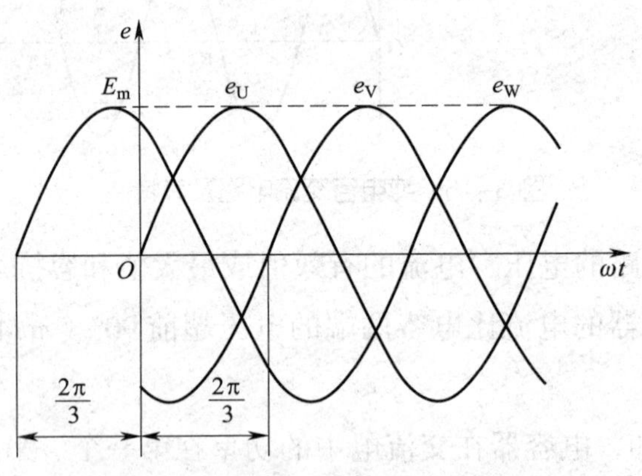

图 3–17　三相交流电动势的波形图

三相交流电的瞬时值经过零值的依次顺序称为相序，如图 3–17 所示的相序是 U—V—W。

2. 三相电源的连接方法

三相电源有星形联结和三角形联结两种。

（1）三相电源的星形联结

发电机三个线圈的末端连接在一起，成为一个公共端点（称中性点 N），从中性点引出的输电线称为中性线（N–N），简称中线；接地的中性线称为零线。零线或中性线一般用黄绿相间的导线。

从三个线圈始端 U_1、V_1、W_1 引出的输电线称为端线或相线，俗称火线，分别编号为 L_1、L_2、L_3。将三个线圈分别接在三相电源的一根端线与中线之间的接法，称为三相电源的星形联结，如图 3–18 所示。为方便起见，常略去发电机的线圈连接方式，只画四根输电线表示相序，如图 3–18 所示，构成了三相四线制。

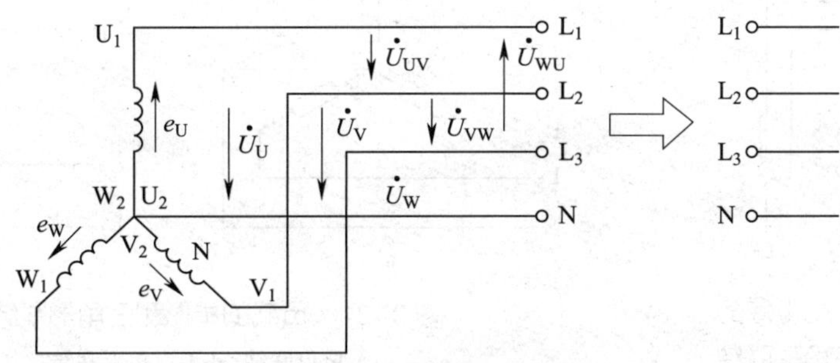

图 3–18　三相电源的星形联结和三相四线制

目前，民用建筑在配电布线时，在三相四线制的基础上，专设保护零线，形成三相五线制，如图 3–19 所示。

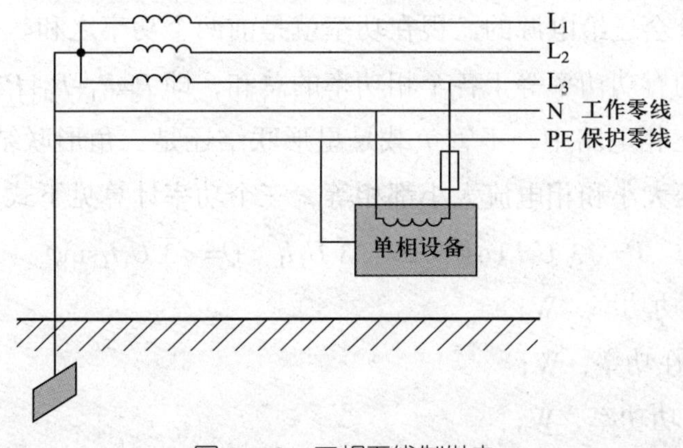

图 3–19　三相五线制供电

火线与中性线之间的电压称为相电压，火线之间的电压为线电压。两者之间的关系见下式。

$$U_L=\sqrt{3}\ U_P$$

式中　U_L、U_P——线电压、相电压，V。

（2）三相电源的三角形联结

把三相电源首尾相连构成封闭的回路，连接位置引出三根导线，即为三相电源的三角形联结，如图 3–20 所示。

三角形联结的相电压等于线电压，每一相线与中线的电流称为相电流，相线之间的电流为线电流，线电流是相电流的$\sqrt{3}$倍。

3. 三相负载的连接方法

负载也有两种连接方法：星形联结和三角形联结，如图 3–21 所示。

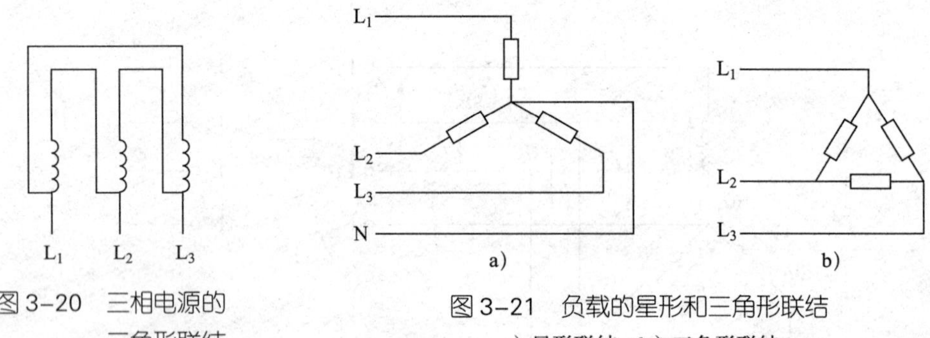

图 3–20　三相电源的三角形联结

图 3–21　负载的星形和三角形联结
a）星形联结　b）三角形联结

4. 三相电路的功率

由于电感和电容元件的存在，使得电流和电压存在相位差，就有了有功功率、无功功率和视在功率。有功功率是有做功的功率，无功功率是电容和电感的功率，这部分会还给电源的。视在功率就是前两个功率之和。

三相负载的有功功率等于各个相功率的总和，即 $P=P_1+P_2+P_3$。

在对称的三相电路中，不管负载是星形联结还是三角形联结，因为各相负载相同、相电压大小和相电流大小都相等，三个功率计算见下式。

$$P=\sqrt{3}\,U_L I_L\cos\varphi \quad S=\sqrt{3}\,U_L I_L \quad Q=\sqrt{3}\,U_L I_L\sin\varphi$$

式中　P——有功功率，W；

S——视在功率，W；

Q——无功功率，W；

U_L——线电压，V；

I_L——线电流，A；

φ——相电压与相电流之间的相位差，rad。

五、变压器

1. 变压器及其工作原理

变压器的主要作用就是变换电压。实际上，变压器除了可以改变电压外，还有改变电流、阻抗以及相位的作用，但是变压器不能改变频率。

变压器主要由铁芯、线圈、变压器油以及油箱等部分组成。

变压器是利用电磁感应原理工作的，把一次绕组连接在交流电源上，铁芯中就会产生交变磁通，从而在二次绕组产生感应电动势，其原理和图形符号如图 3–22 所示。

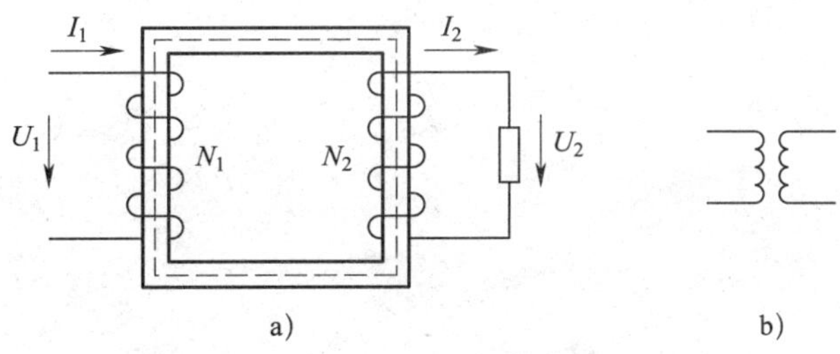

图 3–22 变压器工作原理图和图形符号

a）工作原理 b）图形符号

假设一次绕组的绕线匝数、电压、电流分别是 N_1、U_1 和 I_1，二次绕组的匝数、电压和电流分别是 N_2、U_2 和 I_2，那么两级绕组的参数具有如下关系。

$$\frac{U_1}{U_2}=\frac{I_2}{I_1}=\frac{N_1}{N_2}$$

2. 变压器的工作状态

变压器的一次、二次绕组都接通，处于正常负载运行。变压器的一次绕组接电源，二次绕组断开，则变压器处于空载状态。此时，会产生很高的二次电压从而将绕组击穿，因此，要严禁变压器的空载状态。

3. 变压器的应用

（1）钳形电流表

可在制冷系统运行过程中测量其交流电流的钳形电流表，就是利用电流互感器的原理来测量的，如图 3–23 所示。

（2）自耦变压器

如图 3–24 所示，自耦变压器仅有一个绕组，在绕组中间抽头形成另一个绕组。自耦变压器可以是降压变压器，也可以是升压变压器。

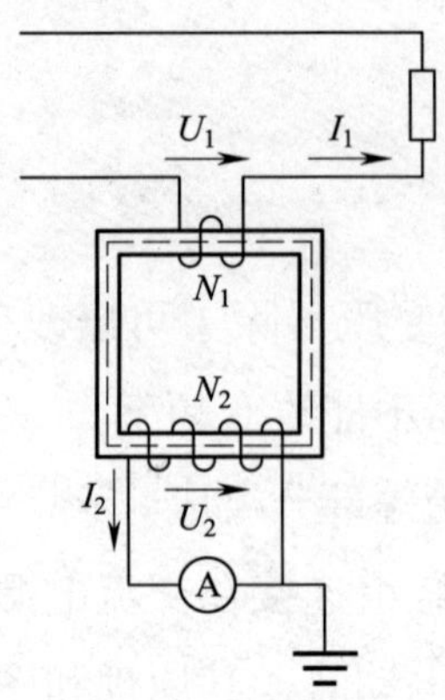

图 3–23　电流互感器的原理

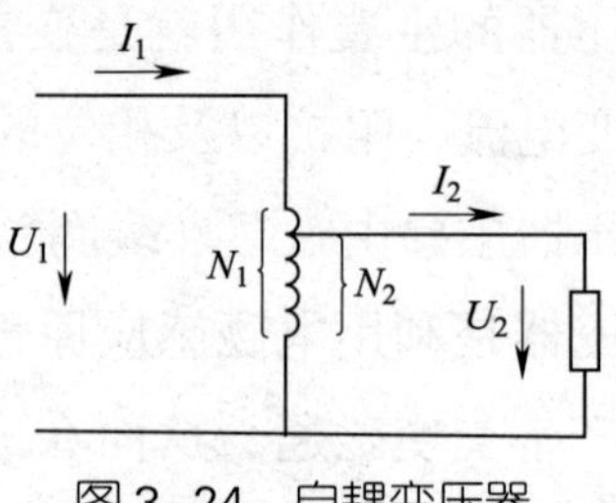

图 3–24　自耦变压器

培训课程 3 电子电路

学习目标

熟悉二极管、三极管、晶闸管的符号、特性和主要参数
掌握整流电路的组成及电路特点
掌握门电路的逻辑功能、逻辑表达式及真值表

一、半导体二极管与三极管

常温下导电能力介于导体与绝缘体之间的材料叫半导体。完全纯净的、不含杂质的半导体叫作本征半导体。本征半导体的导电性能比较差，但是在本征半导体中掺入微量元素后，导电性能会大大提高，这就是半导体的掺杂特性。根据半导体掺杂特性的不同，可制成两大类型的杂质半导体，即 P 型半导体和 N 型半导体。在 P 型半导体中，空穴成为半导体导电的多数载流子，自由电子为少数载流子。在 N 型半导体中，自由电子成为半导体导电的多数载流子，空穴成为少数载流子。

纯净的本征半导体、P 型半导体、N 型半导体都没有太多的应用价值，如果在本征半导体硅或锗上，采用掺杂工艺，使一边形成 P 型半导体，另一边形成 N 型半导体，这样，在 P 型半导体与 N 型半导体的交界处，就形成了一个特殊的区域——PN 结，如图 3–25 所示。

图 3–25 PN 结的结构

PN 结能形成各种半导体器件。半导体器件是现代电子技术的重要组成部分，它具有体积小、质量轻、使用寿命长、功率转换

效率高等优点，因而得到了广泛应用。在制冷控制装置中，也大量运用了半导体器件。

1．半导体二极管

（1）半导体二极管的结构及分类

用塑料、玻璃、二氧化硅等物质作为外壳将整个 PN 结密封起来，并分别从 PN 结的两边（即 P 型半导体和 N 型半导体）各引出电极，就构成了二极管，其中与 P 型半导体相连的电极称作阳极，与 N 型半导体相连的电极称作阴极。

典型的二极管外形如图 3–26a 所示，图形符号如图 3–26b 所示。

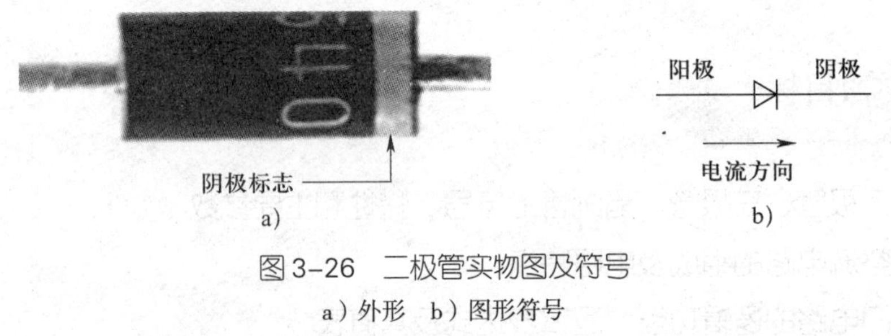

图 3–26　二极管实物图及符号

a）外形　b）图形符号

由于二极管的功能和用途不同，外形各异，一般可按下列方法分类。

1）按构成材料分，可分为锗二极管和硅二极管。

2）按外壳封装材料分，可分为玻璃封装二极管、塑料封装二极管和金属封装二极管等。

3）按用途分，可分为普通二极管、整流二极管、稳压二极管、发光二极管、光电二极管、变容二极管和开关二极管等。

（2）半导体二极管的伏安特性

所谓半导体二极管的伏安特性是指加到二极管两端的电压 U 与流过二极管电流 I 的特性曲线。通常用横坐标表示电压 U，用纵坐标表示电流 I。典型的硅和锗二极管的伏安特性曲线如图 3–27 所示。

当二极管两端外加电压 U 为零时，没有电流流过 PN 结，即 I=0。当二极管两端加上正向电压且当正向电压比较小时：室温条件下，硅管小于 0.5 V，锗管小于 0.2 V，PN 结正向电阻很大，正向电流接近于零。把这一段称为死区，硅管和锗管的死区电压分别是 0.5 V 和 0.2 V。当正向电压超过死区电压时，电流随电压的升高而明显增加，此时二极管进入导通状态。二极管导通后，二极管两端的电压几乎不随电流的变化而变化，此时二极管两端的电压称为导通管压降，硅管和锗管的导通管压降分别为 0.7 V 和 0.3 V。

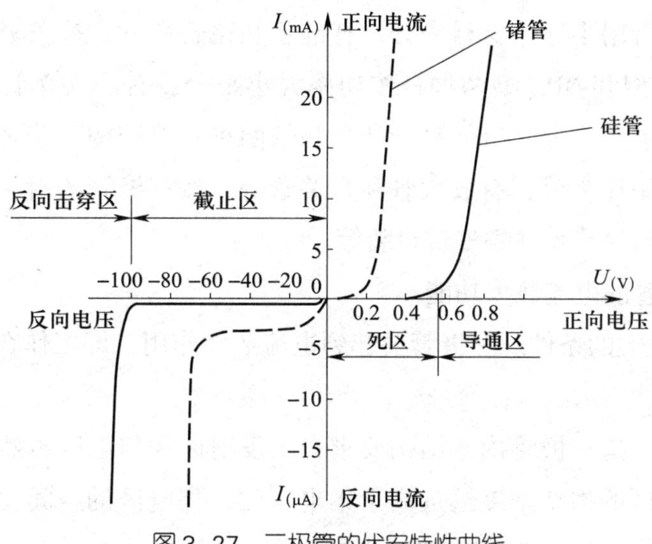

图 3–27　二极管的伏安特性曲线

2. 半导体三极管

三极管是电子技术中的核心元件之一，其主要功能是实现电流放大。在制冷设备控制系统中，三极管应用广泛。

（1）三极管的结构

三极管内部含有三块半导体区，形成 2 个 PN 结。三极管分为 PNP 和 NPN 两种，结构示意及符号如图 3–28 所示。三极管有发射区、集电区和基区 3 个区域。各区域引出的电极分别称为发射极（e）、集电极（c）和基极（b）。发射区和基区之间的 PN 结称为发射结，集电区和基区之间的 PN 结称为集电结。

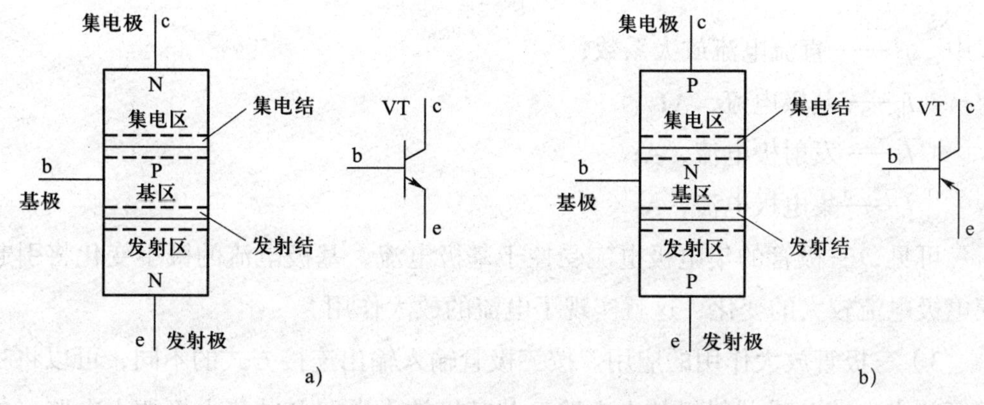

图 3–28　NPN 型三极管和 PNP 型三极管

a）NPN 型三极管　b）PNP 型三极管

（2）三极管的分类

按三极管所用半导体材料来分，有硅管和锗管两种；按三极管的导电极性来分，有 PNP 型和 NPN 型两种；按功率大小来分，有小功率管、中功率管和大功率管；按频率来分，有低频管和高频管两种；按结构工艺来分，有合金管和平面管；按用途来分，有放大管和开关管等；按三极管的封装材料来分，有金属封装、玻璃封装和硅酮塑料封装等。

（3）三极管的电流放大功能

1）电流放大的条件。三极管要起到电流放大作用，即工作在放大状态，必须具备以下条件。

内部条件。指三极管内部结构要求：①发射区和集电区虽然是同种半导体材料，但发射区的掺杂浓度远远高于集电区的，集电区的空间比发射区的空间大；②基区很薄，并且掺杂浓度特别低。

外部条件。要给三极管加合适的工作电压，称作偏置。这个合适的偏置就是发射结有正向电压，且大于死区电压；集电结有反向电压。对于 NPN 型，U_{be} ≥死区电压，$U_{bc}<0$。

2）电流放大作用。处于放大工作区的三极管，各电极间的电流关系如下。

$$I_e=I_b+I_c$$

基极电流变化引起集电极电流变化，但集电极与基极电流之比保持不变，为一常数，称为直流电流放大系数，计算关系如下。

$$\beta=\frac{I_c}{I_b}$$

式中　β——直流电流放大系数；

I_b——基极电流，A；

I_e——发射极电流，A；

I_c——集电极电流，A。

可见，三极管的集电极电流受控于基极电流，基极电流的微小变化将引起集电极电流较大的变化，这就实现了电流的放大作用。

3）三极管放大作用的应用。按三极管输入输出连接方式的不同，可以将三极管放大电路分成共射极放大电路、共基极放大电路和共集电极放大电路，如图 3–29 所示。

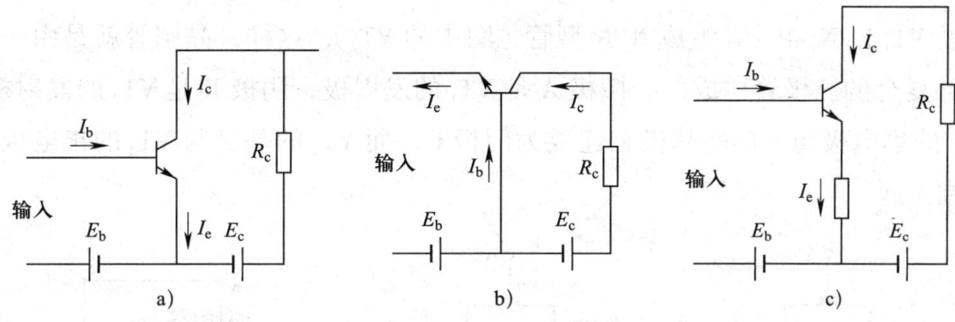

图 3-29 三极管的连接

a）共发射极电路 b）共基极电路 c）共集电极电路

一般情况下，共发射极电路用于电压放大、电流放大和功率放大，共基极电路用于电压放大和功率放大，共集电极电路用于功率放大和阻抗变换。

3. 晶闸管

晶闸管是一种大功率四层三端半导体器件，其结构与符号如图 3-30 所示。最外层的 P_1 和 N_2 分别引出阳极 A 和阴极 K，中间的 P_2 层引出门极（控制极）G。晶闸管的符号在二极管阳、阴极的基础上，多了一个门极（G），因此，晶闸管又叫可控硅，常见的晶闸管如图 3-31 所示。

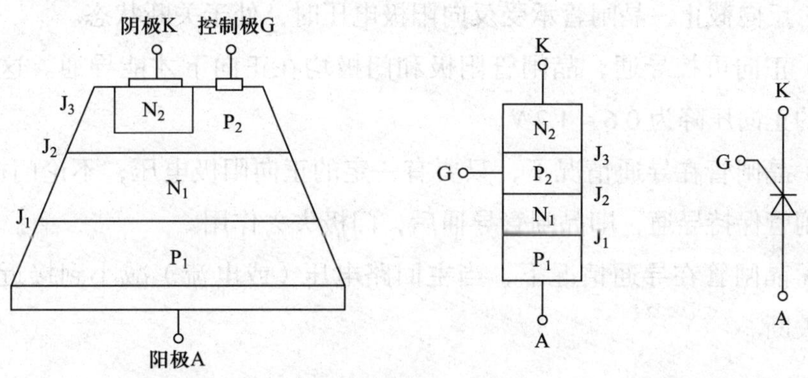

图 3-30 晶闸管的结构和符号

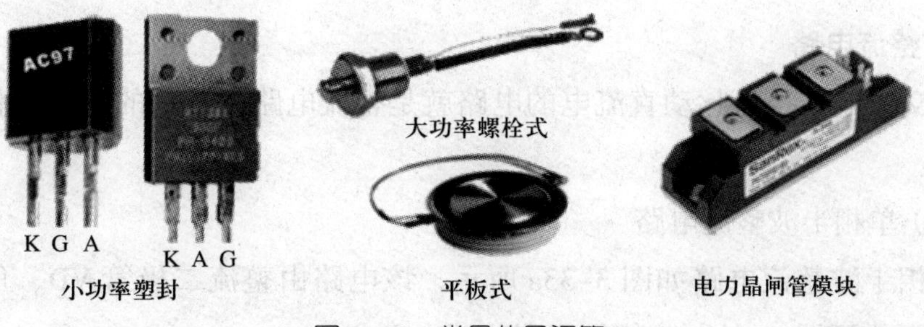

图 3-31 常见的晶闸管

如图 3–32 所示，可把晶闸管等效地看成由 P_1–N_1–P_2 组成 PNP 型管（图中的 VT_1），N_2–P_2–N_1 组成 NPN 型管（图中的 VT_2），这样，晶闸管就是由一对互补复合的三极管构成的。阳极 A 是 VT_1 的发射极，阴极 K 是 VT_2 的发射极，VT_1 的集电极与 VT_2 的基极相连成为门极 G，而 VT_1 的基极与 VT_2 的集电极也连在一起。

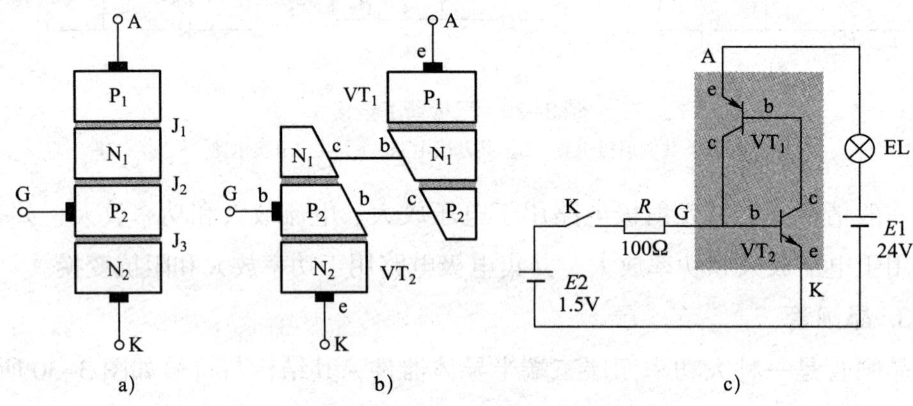

图 3–32 晶闸管的等效电路

a）晶闸管内部结构 b）分解成两个三极管 c）晶闸管等效电路

晶闸管的工作特性如下。

（1）反向截止，晶闸管承受反向阳极电压时，处于关断状态。

（2）正向可控导通，晶闸管阳极和门极均在正向下才能导通。这时 A—K 极之间的正向压降为 0.6 ~ 1.2 V。

（3）晶闸管在导通情况下，只要有一定的正向阳极电压，不论门极电压如何，晶闸管保持导通，即晶闸管导通后，门极失去作用。

（4）晶闸管在导通情况下，当主回路电压（或电流）减小到接近于零时，晶闸管关断。

二、基本电子电路

1. 整流电路

将交流电转换为脉动直流电的电路就是整流电路。常用的是半波整流和桥式整流。

（1）单相半波整流电路

单相半波整流电路如图 3–33a 所示，该电路由整流二极管 VD、负载电阻 R_L 和电源变压器 T_R 的二次绕组串联组成。

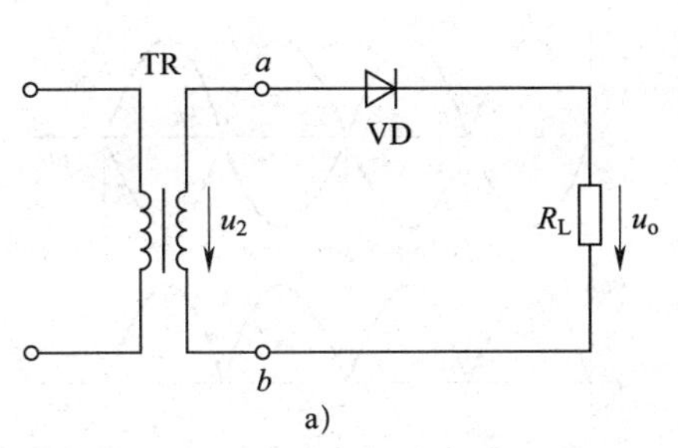

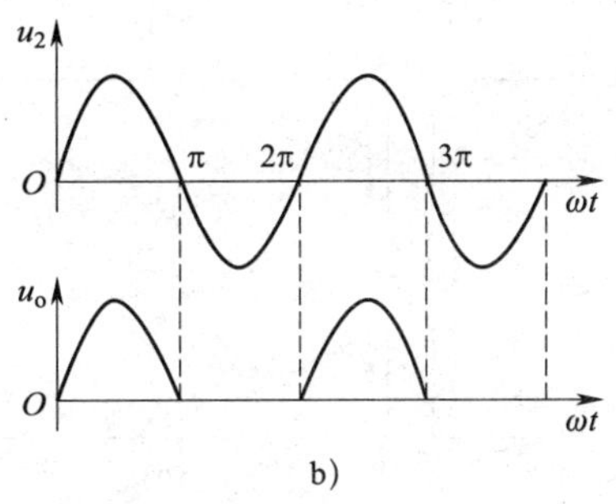

图 3–33 单相半波整流电路及波形图

a）单相半波整流电路 b）整流电路输入、输出波形图

整流二极管 VD 使得单相半波整流电路只有一个方向的电流通过负载，负载上只能得到半个周期的电压和电流，如图 3–33b 所示，故称为半波整流。

单相半波整流电路结构简单，但电能利用率低，输出电压脉动大，输出脉动直流电压也低。半波整流电路输出电压、电流平均值如下。

$$U_0=0.45u_2$$

$$I_0=\frac{U_0}{R_L}=0.45\frac{u_2}{R_L}$$

式中 U_0——输出电压平均值，V；

I_0——输出电流平均值，A；

u_2——变压器二次绕组输出电压，V；

R_L——负载电阻，Ω。

（2）单相全波整流电路

单相全波整流电路如图 3–34a 所示，该电路由整流二极管 VD_1、VD_2、负载电阻 R_L 和电源变压器 T_R 的二次绕组并联组成。全波整流电路，可看作是由两个半波整流电路组成的。变压器 T_R 的二次绕组需引出一个抽头，把二次绕组分成两个对称的绕组，从而引出大小相等但极性相反的两个电压 u_a、u_b，构成 u_a、VD_1、R_L 回路和 u_b、VD_2、R_L 回路。单相全波整流电路输入、输出波形图如图 3–34b 所示。

在 0 ~ π 间，u_a 对 VD_1 为正向电压，VD_1 导通；u_b 对 VD_2 为反向电压，VD_2 不导通。负载 R_L 两端的电位是左低右高；在 π ~ 2π，u_b 对 VD_2 为正向电压，VD_2 导通；u_a 对 VD_1 为反向电压，VD_1 不导通。负载 R_L 两端的电位依然是左低右高；全波整流电路在交流电的正、负半周均有电流通过负载，电能利用率较高。全波整流电路输出电压、电流平均值分别为：

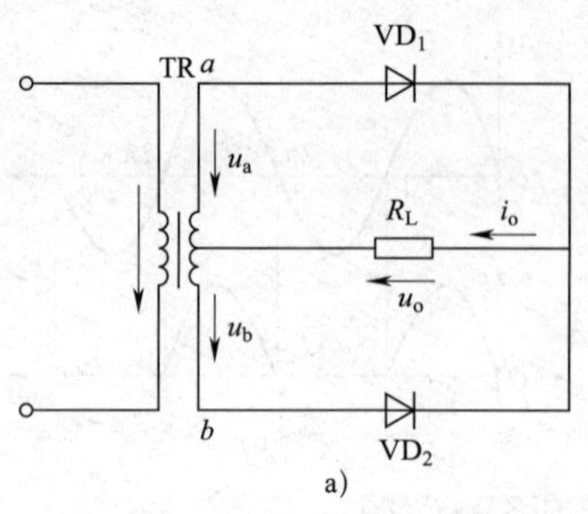

a）

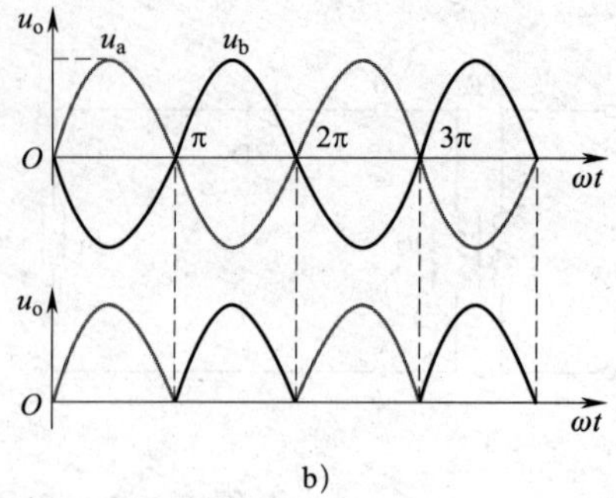

b）

图 3–34 单相全波整流电路及波形

a）单相全波整流电路 b）单相全波整流电路输入、输出波形图

$$U_0=0.9u_a$$

$$I_0=\frac{U_0}{R_L}\approx 0.9\frac{u_a}{R_L}$$

式中 U_0——输出电压平均值，V；

I_0——输出电流平均值，A；

u_a——变压器二次绕组输出电压的一半，V；

R_L——负载电阻，Ω。

（3）单相桥式整流电路

目前在实践中广泛应用的是桥式整流电路，单相桥式整流电路由变压器和四个二极管组成，如图 3–35 所示。

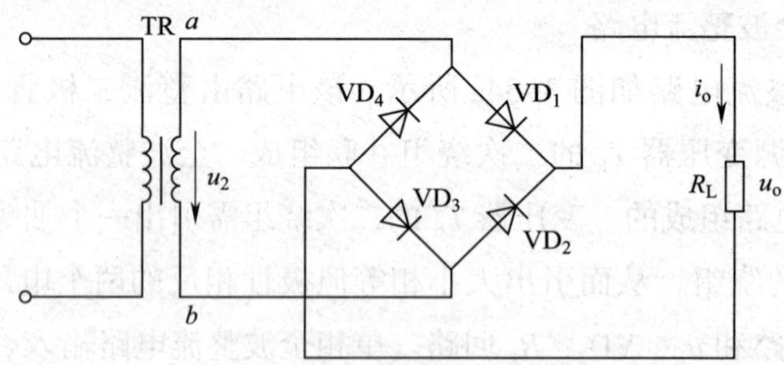

图 3–35 单相桥式整流电路原理图

四个二极管接成了桥式，在四个顶点中，相同极性接在一起的一对顶点接向直流负载 R_L，不同极性接在一起的一对顶点接向交流电源。输入、输出波形图如图 3–36 所示。

$u_2>0$ 时，VD_1、VD_3 导通，VD_2、VD_4 截止，电流经 $a\rightarrow VD_1\rightarrow R_L\rightarrow VD_3\rightarrow b$ 形成回路。

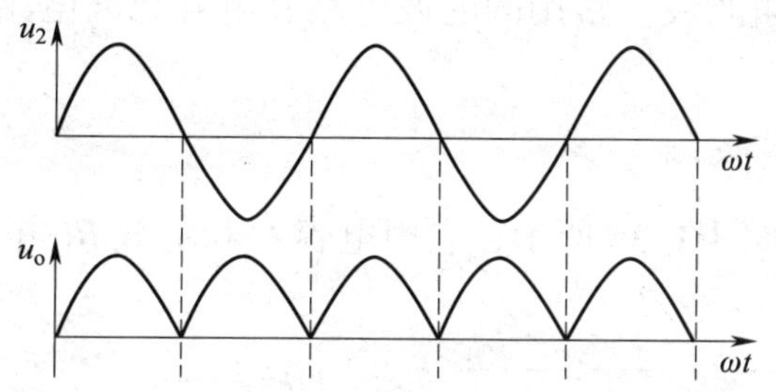

图 3–36 单相桥式整流电路输入、输出波形图

$u_2<0$ 时，VD_2、VD_4 导通，VD_1、VD_3 截止，电流经 $b \rightarrow VD_2 \rightarrow R_L \rightarrow VD_4 \rightarrow a$ 形成回路。

由上述分析可知，桥式整流电路输出的平均电压和电流是半波整流的两倍。即

$$U_0=0.9u_2$$

$$I_0=0.9\frac{u_2}{R_L}$$

式中 U_0——输出电压平均值，V；

I_0——输出电流平均值，A；

u_2——变压器二次绕组输出电压，V；

R_L——负载电阻，Ω。

桥式整流电路与半波整流电路相比，电源利用率提高了一倍，同时输出电压波动小，因此，桥式整流电路得到了广泛应用。该电路的缺点是二极管用得较多，电路连接复杂，容易出错，为了解决这一问题，生产厂家常将四个整流二极管集成在一起构成桥堆，实物图及电路图如图 3–37 所示。

a）

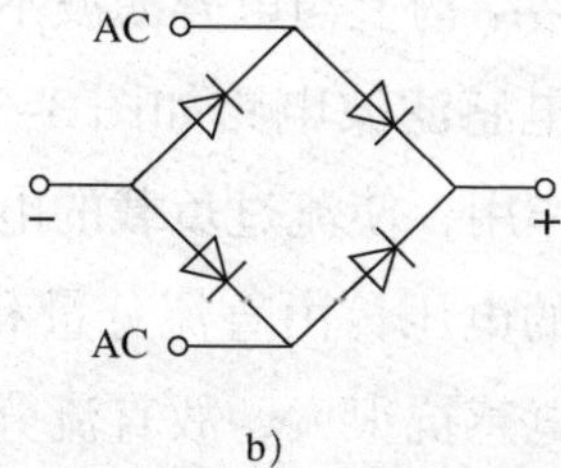

b）

图 3–37 桥堆实物图及电路图

a）桥堆实物图 b）桥堆电路图

2. 滤波电路

经整流得到的直流输出，所含的脉动成分过大，把脉动直流电的交流成分

过滤掉，这个过程叫滤波。常用的滤波电路有电容滤波电路、电感滤波电路和复式滤波电路等。

（1）电容滤波电路

电容滤波电路如图 3–38 所示，它由电容 C 和负载 R_L 并联组成。

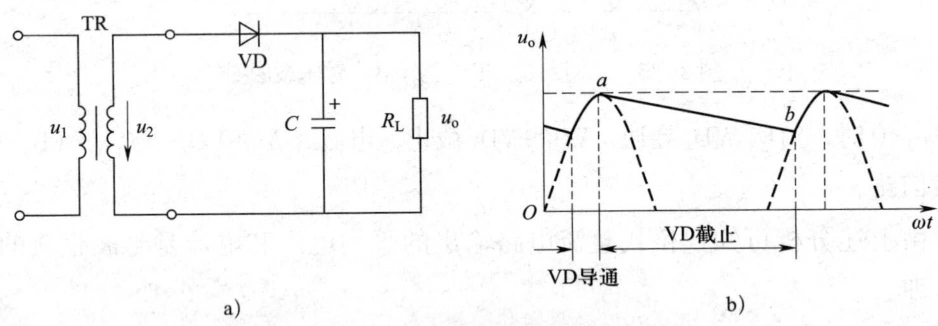

图 3–38　单相半波整流电容滤波电路

a）电容滤波电路　b）电容滤波电路波形图

当 $u_2>u_C$ 时，VD 导通，C 充电，充电很快，输出电压 u_o 随 u_2 上升。当 $u_C=\sqrt{2}\,u_2$ 时，u_2 开始下降，至 $u_2<u_C$ 时，VD 反偏截止，由 C 向 R_L 放电，放电较慢，输出电压 u_O 随 u_C 按指数规律缓慢下降。当 $u_2>u_C$ 时，C 又被充电，此时，$u_O>u_2$；当 $u_2<u_C$ 时，VD 又截止，C 又放电，如此不断地充电、放电，使输出电压 u_o 的脉动程度大为减小。电容 C 起蓄电供电的作用，使负载的电流和电压变得平滑。由于电容储能有限，一般电容滤波电路只适用于负载电流较小的场合。

（2）电感滤波电路

电感也是储能元件，电流增大时，电感将电流转变成磁能储存起来；电流减小时，电感将磁能释放出来转变成电流，从而使负载的电流变得平滑。但是电感滤波在电路结构上与电容滤波不同，电感要与负载串联。

桥式整流电感滤波电路如图 3–39a 所示，它由电感 L 和负载 R_L 串联组成。电感 L 起滤波作用，使流过负载的电流变得平滑，如图 3–39b 所示。

整流输出的电压，由直流分量和交流分量叠加而成。因电感线圈的直流电阻很小，交流电感抗很大，故直流分量通过，交流分量将全部降到电感线圈上，这样在负载 R_L 得到比较平滑的直流电压。其输出电压为：

$$u_L=0.9u_2$$

式中　u_L——输出电压，V；

u_2——变压器二次绕组输出电压，V。

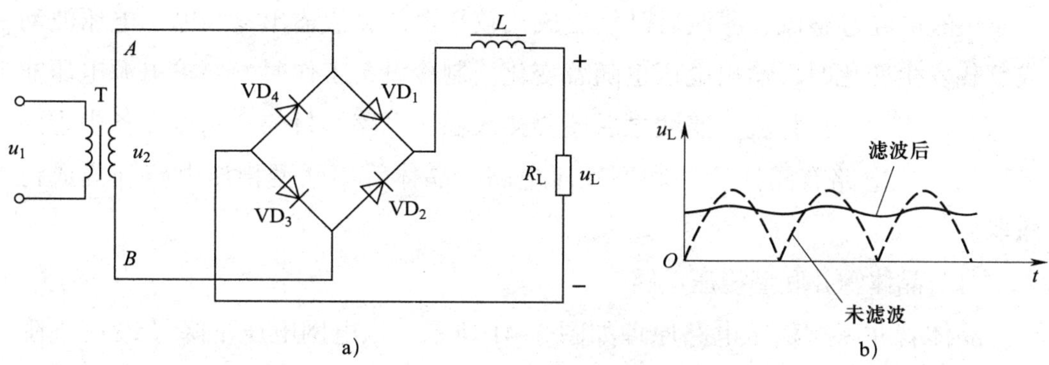

图 3-39 桥式整流电感滤波电路

a）桥式整流电感滤波电路 b）桥式整流电感滤波工作波形

（3）复式滤波电路

为进一步减小输出电压的波动，可采用电容和电感组成的多种复式滤波电路。*LC*- r 型滤波电路如图 3-40a 所示，该电路实质上是经过了电感、电容两次滤波，所输出的直流电压和电流更平滑。*LC*- π 型滤波电路如图 3-40b 所示，由于有三个元件进行滤波，所以滤波效果比 *LC*- r 型的更好。*RC*- π 型滤波电路如图 3-40c 所示，在负载电流不大的情况下，为了降低成本，减小体积和质量，用电阻代替电感。但电阻对交流和直流成分均产生压降，导致输出电压下降。

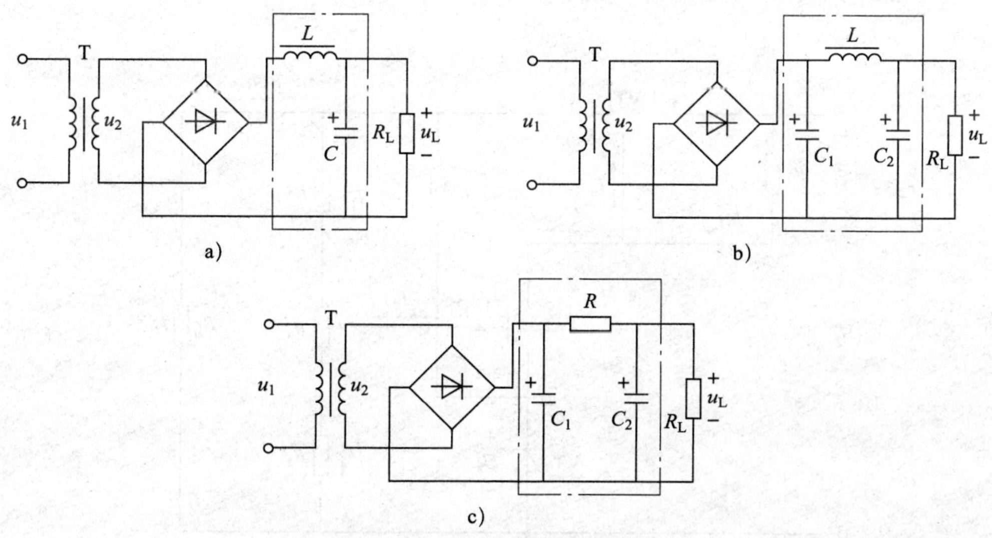

图 3-40 常用复式滤波电路

a）*LC*- r 型滤波电路 b）*LC*- π 型滤波电路 c）*RC*- π 型滤波电路

3. 稳压电路

交流电经过整流、滤波后已经变成比较平滑的直流输出，当电源电压波动或负载发生变化时，输出电压也随着变化。制冷设备工作时，要求电源电压非常稳定，因此，在整流、滤波之后还要接入稳压电路。目前，制冷设备中主要采用的稳压电路有晶体管并联型稳压电路、晶体管串联型稳压电路和集成稳压器。

（1）晶体管并联型稳压电路

晶体管并联型稳压电路原理如图 3–41 所示。当电网电压下降导致 U_i 下降时，输出电压 U_O 也将随之下降，但此时晶体管的电流 I_Z 急剧减小，则在电阻 R 上的压降减小，以此来补偿 U_i 的下降，使输出电压 U_O 基本保持不变。如果输入电压 U_i 升高，R 上压降增大，其工作过程与上述相反，输出电压 U_O 仍保持基本不变。

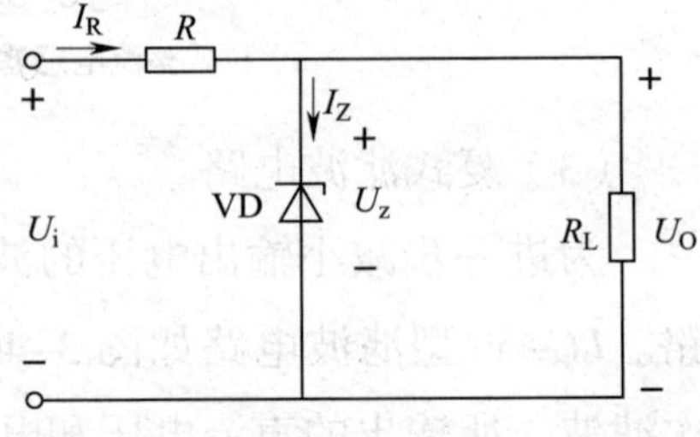

图 3–41　晶体管并联型稳压电路原理

由以上分析可知，晶体管稳压原理是利用晶体管两端电压 U_Z 的微小变化，引起电流 I_Z 较大的变化，通过流过电阻 R 的电流的变化，来调整负载 R_L 两端电压，保证输出电压基本恒定，从而达到稳压作用。

（2）晶体管串联型稳压电路

晶体管串联型稳压电路原理如图 3–42 所示，输入电压 U_i 减小时，输出电

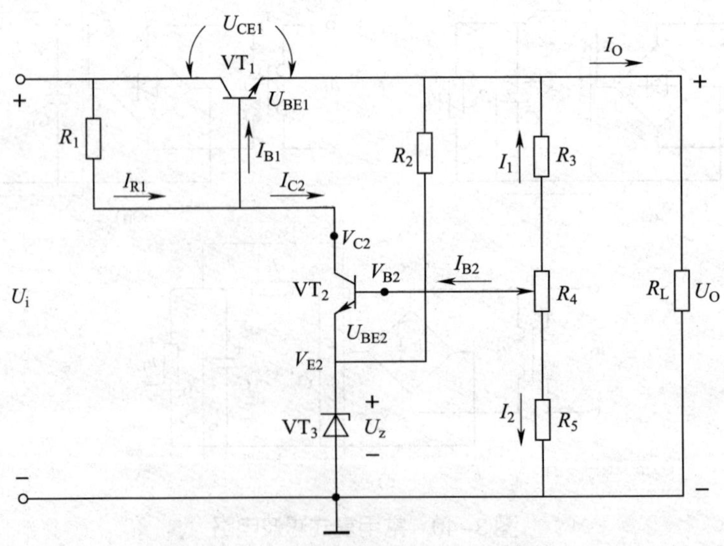

图 3–42　晶体管串联型稳压电路原理

压 U_O 有下降趋势，通过取样电阻 R_4 的分压使比较放大管 VT_2 的基极电位 V_{B2} 下降，而比较放大管 VT_2 的发射极电压不变（$V_{E2}=U_Z$），因此 U_{BE2} 下降，此时比较放大管 VT_2 导通能力减弱，V_{C2} 升高，调整晶体管 VT_1 导通能力增强，VT_1 集、射之间的电阻 R_{CE1} 下降，管压降 U_{CE1} 下降，使输出电压 U_O 上升，从而保证了 U_O 基本不变。由此看出，稳压的过程实质上是通过负反馈使输出电压维持稳定的过程。

由上述分析可知，晶体管串联型稳压电路主要由取样电路、比较放大电路、基准电路和调整电路等部分组成，如图 3-43 所示。

（3）集成稳压器

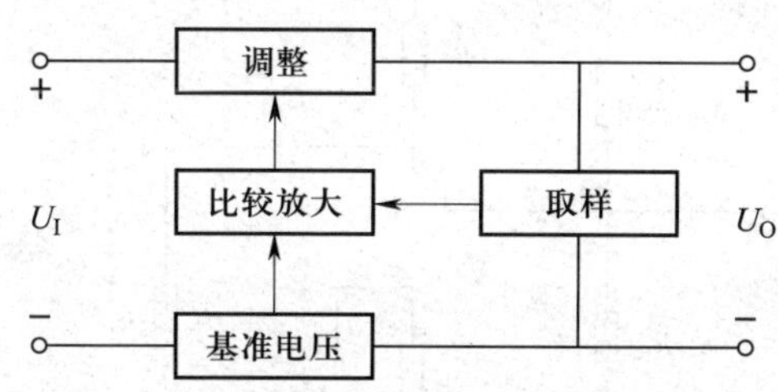

图 3-43 晶体管串联型稳压电路方框图

多数电子设备都离不开稳压电源，把复杂的稳压电路集成为一个元件，形成集成稳压器。目前小功率集成稳压器主要采用三端集成稳压电路，该集成电路有输入、输出和公共端三个端子。按输出电压是否可调，该电路可分为固定式和可调式；按输出电压方向的不同，可分为正输出和负输出等。三端固定式集成稳压器的外形和管脚排列如图 3-44 所示。

电路中常用的集成稳压器主要有 78××系列、79××系列、可调集成稳压器、精密电压基准集成稳压器等。

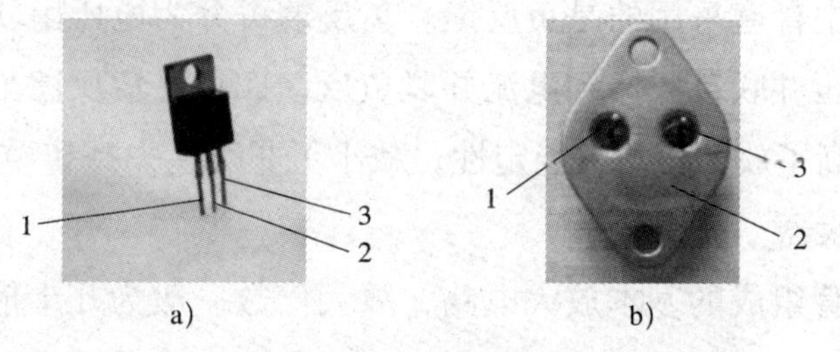

图 3-44 集成稳压器

a）塑料封装集成稳压器 b）金属封装集成稳压器

1—输入 2—接地 3—输出

4. 放大电路

（1）共射极放大电路

放大电路（又称放大器）广泛应用于各种电子设备中，如制冷控制系统、音响设备、自动控制系统等。共射极放大电路如图 3-45 所示。

在放大电路中，输入信号 u_i、电容 C_1、三极管基极和发射极构成输入回路，电容 C_2、R_L、三极管发射极和集电极构成输出回路，发射极是输入、输出回路的公共点，故称共发射极放大器电路，由于输出的是放大的电压信号，故为电压放大器。

（2）正反馈和负反馈

有时需要把放大电路输出回路中的某个电量（电压或电流）的一部分或全部送回到输入回路中（作用于输入回路中），这种输出信号的反送过程就叫反馈，如图 3–46 所示。

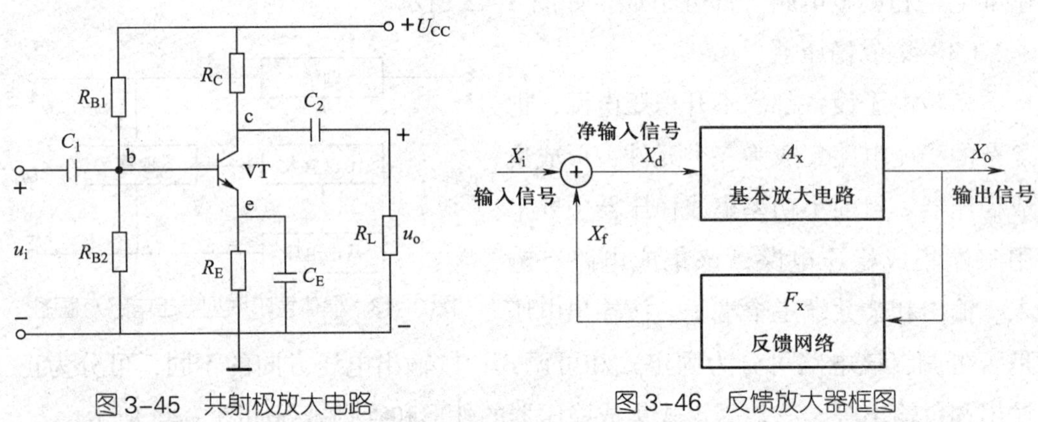

图 3–45　共射极放大电路　　　图 3–46　反馈放大器框图

根据反馈对净输入信号的影响可将反馈分为正反馈和负反馈。正反馈是指能使净输入信号增强的反馈；负反馈是指使净输入信号削弱的反馈。

在放大电路中普遍采用的是负反馈。负反馈可分为电压串联负反馈、电流串联负反馈、电压并联负反馈和电流并联负反馈四种。负反馈虽然降低了电压放大倍数，但提高了放大倍数的稳定性，减小了非线性失真和噪声。

（3）多级放大器

由一只三极管组成的基本放大电路，放大倍数一般为几十倍至数百倍，在实际工作中，这样的放大倍数往往是不够的，为此经常需要把若干个基本放大电路串联起来，组成多级放大器。多级放大器的框图如图 3–47 所示。

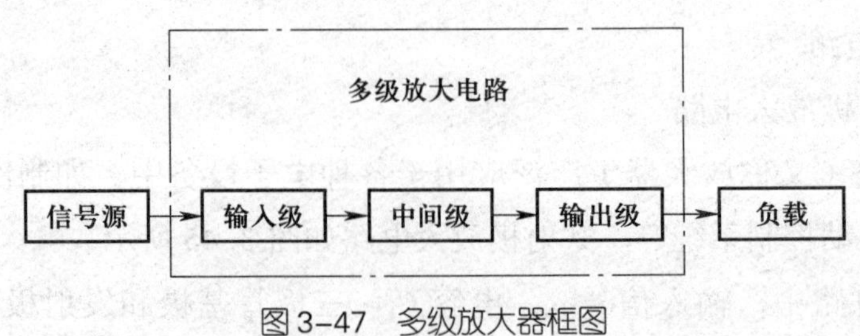

图 3–47　多级放大器框图

两个或两个以上的单级放大电路所组成的电路称为多级放大电路。在多级放大电路中，各级放大器之间的连接方式叫作“耦合”，常见的耦合方式有阻容耦合、变压器耦合、直接耦合和光电耦合四种。

（4）集成运算放大器

由于多级放大电路元器件多，所占空间大，需要将多级放大电路元器件和导线集成到一块半导体基片上，封装在一个壳内构成集成运算放大器。

集成运算放大器是一种高电压增益、高输入电阻和低输出电阻的多级直接耦合放大电路，它的类型很多，电路也不一样，但结构具有共同之处，一般由四部分组成，分别为输入级、中间级、输出级和偏置电路。

集成运算放大器工作在线性区且处于深度负反馈状态时，集成运算放大电路的输出量与输入量为线性关系。调整负反馈电路与输入电路的结构和参数，可实现对信号的比例、加、减等运算。其基本运算电路及运算关系见表 3-3。

表 3-3　集成运算放大器基本运算电路及运算关系

运算名称	基本电路	运算关系	说明
同相比例运算	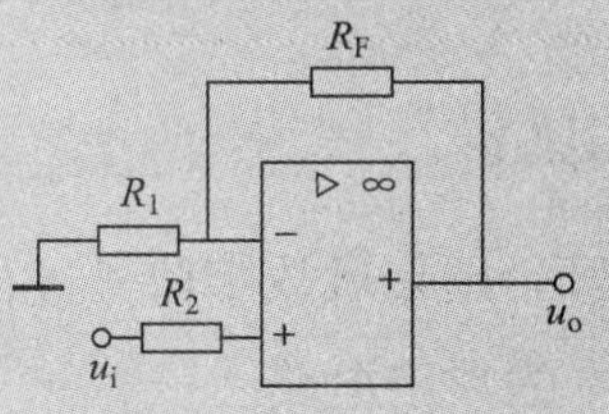 R_F R_1 R_2 u_i u_o ▷∞ − +	$u_o=\left(1+\frac{R_F}{R_1}\right)u_i$ 当 $R_F=0$ 或 $R_1=\infty$ 时，$u_o=u_i$（电压跟随器） 平衡电阻 $R_2=R_1//R_F$	（1）构成电压串联负反馈 （2）实现了同相比例运算 （3）$A_{uF}\geqslant 1$
反相比例运算	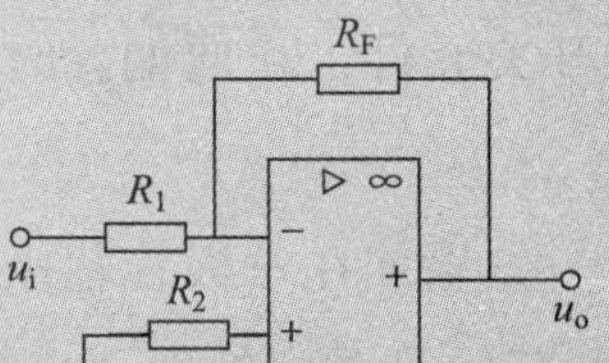 R_F R_1 R_2 u_i u_o ▷∞ − +	$u_o=-\frac{R_F}{R_1}u_i$ 当 $R_F=R_1$ 时，$u_o=-u_i$（反相器） 平衡电阻 $R_2=R_1//R_F$	（1）构成电压并联负反馈 （2）反相输入端“虚地” （3）实现反相比例运算
反相加法运算	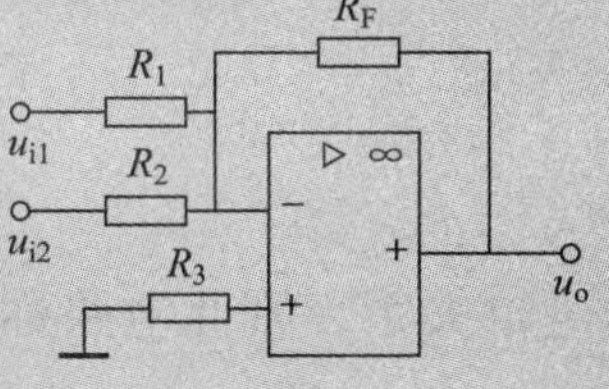 R_F R_1 R_2 R_3 u_{i1} u_{i2} u_o ▷∞ − +	$u_o=-\left(\frac{R_F}{R_1}u_{i1}+\frac{R_F}{R_2}u_{i2}\right)$ 当 $R_1=R_2=R_F$ 时， $u_o=-(u_{i1}+u_{i2})$ 平衡电阻： $R_3=R_1//R_2//R_F$	（1）反相加法运算电路的特点与反相比例运算电路的特点相同 （2）实现了加法运算

续表

运算名称	基本电路	运算关系	说明
减法运算	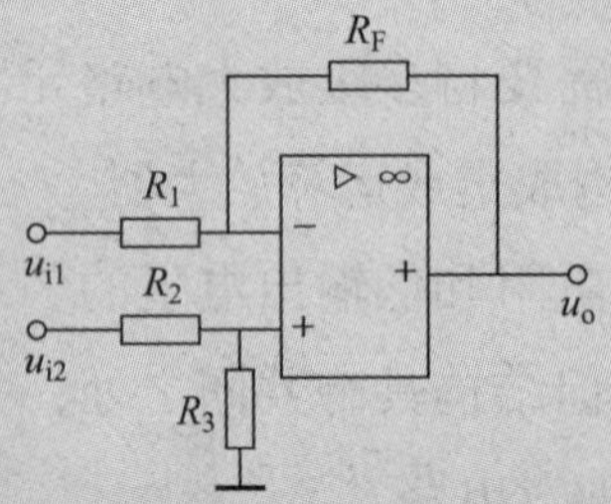 R_F R_1 R_2 R_3 u_{i1} u_{i2} u_o ▷∞ − + +	$u_o=\left(1+\frac{R_F}{R_1}\right)\left(\frac{R_3}{R_2+R_3}\right)u_{i2}-\frac{R_F}{R_1}u_{i1}$ 当 $R_1=R_2$，$R_3=R_F$ 时， $u_o=\frac{R_F}{R_1}(u_{i2}-u_{i1})$ 平衡电阻：$R_1//R_F=R_2//R_3$	（1）R_F 对 u_{i1} 构成电压并联负反馈，对 u_{i2} 构成电压串联负反馈 （2）它由同相比例放大和反相比例放大组合而成 （3）实现了减法运算
电压比较	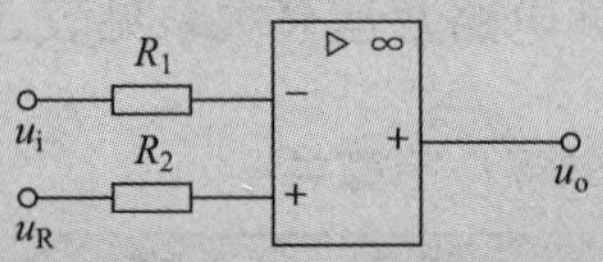 R_1 R_2 u_i u_R u_o ▷∞ − + +	当 $u_i<u_R$ 时，输出为高电平 当 $u_i>u_R$ 时，输出为低电平	$u_i=u_R$ 时，输入电压只跟一个参考电压 u_R 进行比较，因此称为“单门限电压比较器” 若 $u_R=0$，比较器称为“过零电压比较器”

三、二极管和三极管的开关特性及门电路

数字信号是指在数值上和时间上不连续的信号。用来对数字信号进行传递、处理的电子电路称为数字电路。门电路就是最基本的数字电路。

1. 二极管和三极管的开关特性

二极管的单向导通性，可将二极管当作一个开关元件，正向偏置时相当于一个开关闭合，反向偏置时相当于一个开关断开。

三极管具有饱和、放大和截止三种工作状态。如果加在三极管基极上的电压（或电流）使三极管工作在饱和或截止工作区，三极管对应处于开或关状态。

将有电流通过（闭合）当作 1，无电流通过当作 0，二极管和三极管均可用作逻辑开关。

2. 逻辑量和门电路

（1）逻辑量

如果电路的输入与输出信号之间存在一定的逻辑关系，则此电路称为逻辑电路。电子电路中通常采用正逻辑关系：把高电平表示为逻辑 1，把低电平表

示为逻辑 0。

（2）门电路

利用二极管和三极管的开关特性获得高、低电平，用以实现逻辑运算的电子电路，称为门电路。最基本的门电路有与门、或门和非门，逻辑符号如图 3–48 所示。

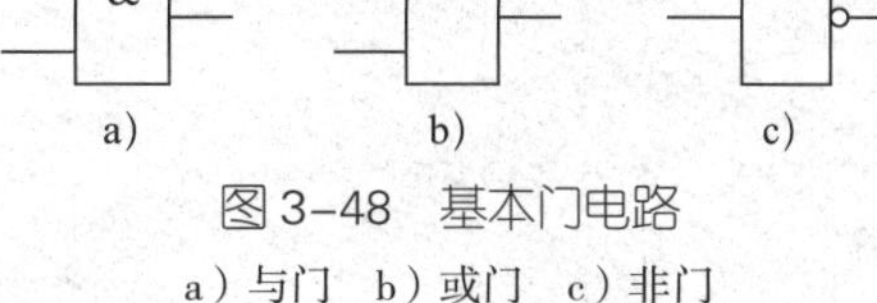

a)　b)　c)

图 3–48　基本门电路
a）与门　b）或门　c）非门

基本门电路的组合构成复合门电路。有与非门、或非门、与或门、异或门和同或门（又称异或非门）等，如图 3–49 所示。

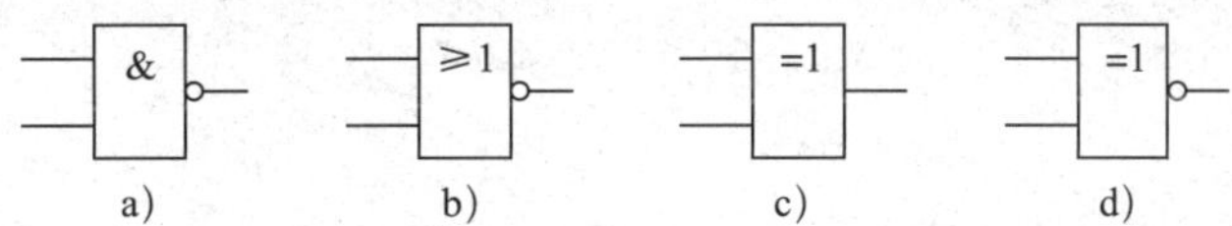

a)　b)　c)　d)

图 3–49　复合逻辑门电路的逻辑表达式
a）与非门　b）或非门　c）异或门　d）同或门

与门的逻辑表达式为：$Y=AB$，其逻辑功能为：全 1 出 1，有 0 出 0。

或门的逻辑表达式为：$Y=A+B$，其逻辑功能为：有 1 出 1，全 0 出 0。

非门的逻辑表达式为：$Y=\overline{A}$，其逻辑功能为：1 变为 0，0 变为 1。

与非门的逻辑表达为：$Y=\overline{AB}$，其逻辑功能为：有 0 出 1，全 1 出 0。

或非门的逻辑表达为：$Y=\overline{A+B}$，其逻辑功能为：全 0 出 1，有 1 出 0。

异或门的逻辑表达为：$Y=\overline{A}B+A\overline{B}$，其逻辑功能为：相异出 1，相同出 0。

同或门的逻辑表达为：$Y=AB+\overline{A}\,\overline{B}$，其逻辑功能为：相同出 1，相异出 0。

复合门的输入、输出见表 3–4。

表 3–4　复合门的输入、输出

复合门	与非门			或非门			异或门			同或门		
逻辑表达	$Y=\overline{AB}$			$Y=\overline{A+B}$			$Y=\overline{A}B+A\overline{B}$			$Y=AB+\overline{A}\,\overline{B}$		
输入、输出量	输入		输出	输入		输出	输入		输出	输入		输出
	A	B	Y	A	B	Y	A	B	Y	A	B	Y
	0	0	1	0	0	1	0	0	0	0	0	1
	0	1	1	0	1	0	0	1	1	0	1	0
	1	0	1	1	0	0	1	0	1	1	0	0
	1	1	0	1	1	0	1	1	0	1	1	1
口诀	有 0 出 1 全 1 出 0			全 0 出 1 有 1 出 0			相异出 1 相同出 0			相同出 1 相异出 0		

职业模块 4 机械基础知识

培训课程 1　识图基础知识

学习单元 1　视图

学习单元 2　零件图

学习单元 3　装配图

培训课程 2　加工和装配精度

学习单元 1　表面粗糙度和几何公差

学习单元 2　公差与配合

培训课程 3　机械传动、连接和密封

学习单元 1　机械传动

学习单元 2　连接和密封

培训课程 1　识图基础知识

学习单元 1　视　图

熟悉各类视图的含义及作用

了解视图的识读方法

一、视图的含义及作用

产品或机械设备在设计、制造、检验、安装等过程中所使用的工程图样总称为机械图样。设计者通过图样来表达设计意图；制造者根据图样进行制造与加工以及检验；使用者通过图样了解设备的构造与性能，掌握设备的正确使用和维护方法。图样是指导生产和技术交流的重要工具，因此图样有“工程界的语言”之称。

图样由图形、符号、文字和数字等组成。物体的形状是多种多样的，尺寸大小也各不相同，视图是表达物体形状和尺寸的手段。视图主要用来表达物体的结构和形状，常用的有基本视图、向视图、局部视图、斜视图等。

二、基本视图

1. 三视图

物体按正投影法向投影面投射所得到的投影称为物体的视图，观察空间中的一个物体可从前后、左右、上下六个方向进行观察。物体从前向后投射所得的投影，称为主视图；物体从上向下投射所得的投影，称为俯视图；物体从左向右投射所得的投影，称为左视图。这三个视图就是常见的三视图，对于大多数物体，三视图基本上能反映其基本形状和大小。

主视图是最主要最核心的视图，主视图能反映物体的左右、上下的方位关系、物体的长度和高度。俯视图反映物体的左右、前后的方位关系、物体的长度与宽度。左视图能反映物体的前后、上下的方位关系、物体的高度和宽度。

三视图的关系如下：

主、俯视图共同反映物体的长度方向的尺寸，简称“长对正”；

主、左视图共同反映物体的高度方向的尺寸，简称“高平齐”；

俯、左视图共同反映物体的宽度方向的尺寸，简称“宽相等”。

例如，书本的三视图如图 4–1 所示。

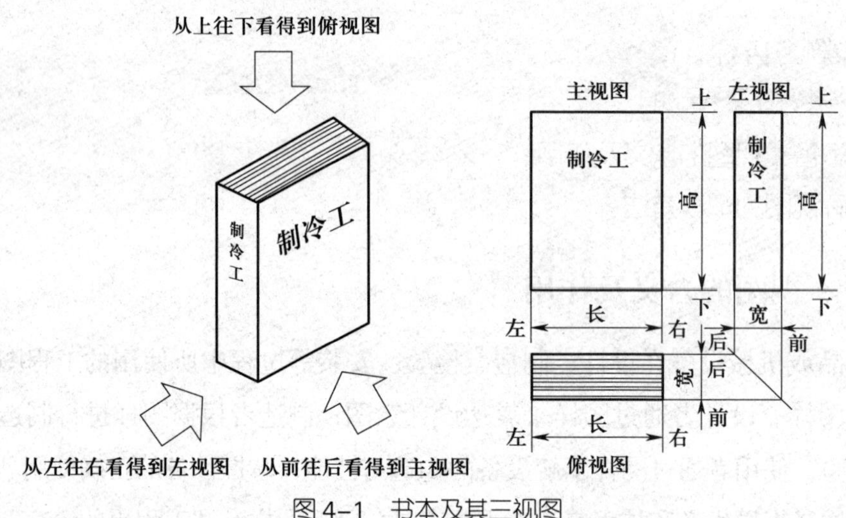

图 4–1　书本及其三视图

2. 六视图

对于一些结构较复杂的物体，仅用三视图不能完全表达其形状、结构，需要在原有三视图的基础上，增设右视图（由右向左投射所得的视图）、仰视图（由下向上投射所得的视图）、后视图（由后向前投射所得的视图），如图 4–2 所示。

3. 图线要求

图 4–2 中的视图由不同的图线构成，国家标准中对图线有明确的规定，图样中常用的图线有粗实线、细实线、细虚线、细点画线、细双点画线、波浪线

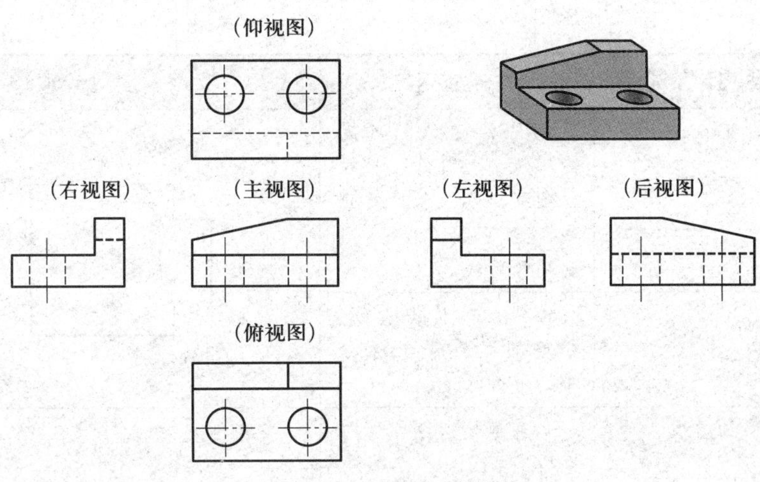

图 4–2　六个基本视图

等，粗实线一般表示物体上存在且可见的轮廓线，细实线不表示轮廓线，而细虚线表示看不到但实际存在的轮廓线，细点画线一般表示物体的对称中心线、轴线等。常用线型的应用参考《机械制图　图样画法　图线》（GB/T 4457.4—2002），举例见表 4–1。

表 4–1　图线线型及应用举例

代码	图线名称及线型	一般应用	应用示例
01.1	细实线	过渡线、尺寸线、尺寸界线、指引线和基准线、剖面线、重合剖面的轮廓线、短中心线、螺纹牙底线、表示平面的对角线、零件成形前的弯折线、辅助线、投射线、网格线、重复要素表示线……	01.1　01.1
	波浪线	断裂处的边界线、视图和剖视图的分界线[①]	01.1　01.1
	双折线	断裂处的边界线、视图和剖视图的分界线[①]	01.1　01.1

续表

代码	图线名称及线型	一般应用	应用示例
01.2	粗实线	可见棱边线、可见轮廓线、相贯线、螺纹牙顶线、螺纹长度终止线、齿顶圆（线）、剖切符号用线	
04.1	细点画线	轴线、对称中心线、分度圆（线）、孔系分布的中心线、剖切线	
02.1	细虚线	不可见棱边线、不可见轮廓线	
05.1	细双点画线	相邻辅助零件的轮廓线、可动零件的极限位置的轮廓线、重心线、延伸公差带表示线、轨迹线……	

①在一张图样上一般采用一种线型，即采用波浪线或双折线。

在同一张图纸上，细实线与粗实线一定要粗细分明。细虚线、细点画线、细双点画线等线型一定要相交于画线处，如图 4–3a 所示。画圆的中心线时，圆心应是长画线的交点；细点画线用作对称中心线、轴线时，其超出机件最外轮廓线应在 3 ~ 5 mm 的范围内；在较小的图形上绘细点画线、细双点画线有困难时，可用细实线绘制，如图 4–3b 所示。

4. 尺寸要求

图线绘制的图形只能表达物体的形状，而其大小则要由标注的尺寸确定。《机械制图　尺寸注法》（GB/T 4458.4—2003）规定了尺寸标注的具体方法。一个完整的尺寸包括尺寸线、尺寸界线和尺寸数字，如图 4–4 所示。

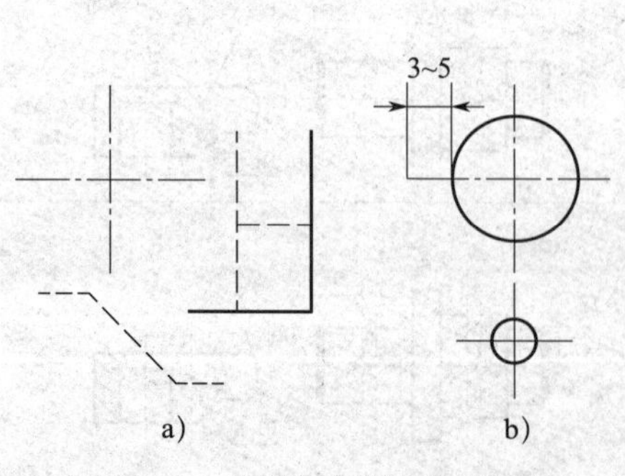

图 4–3　建议采用的图线规格

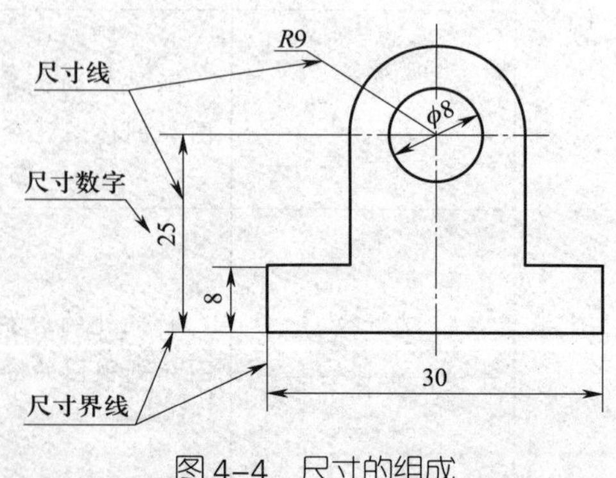

图 4–4　尺寸的组成

标注尺寸时常见的符号或缩写词见表 4–2。

表 4–2　标注尺寸的常见符号或缩写词

名称	直径	半径	球直径	球半径	厚度	正方形	45°倒角	深度	沉孔或锪平	埋头孔	均布	弧长
符号或缩写词	ϕ	R	$S\phi$	SR	t	□	C	↧	⌴	∨	EQS	⌒

三、向视图

图 4–2 中的各个视图也可不按照既定的位置关系配置，即将基本视图移动到其他位置进行配置，这种可以自由配置的视图称为向视图，如图 4–5 所示。绘制向视图时应先用箭头指明投射方向，注上大写字母，再在视图上方用大写字母标出其名称。

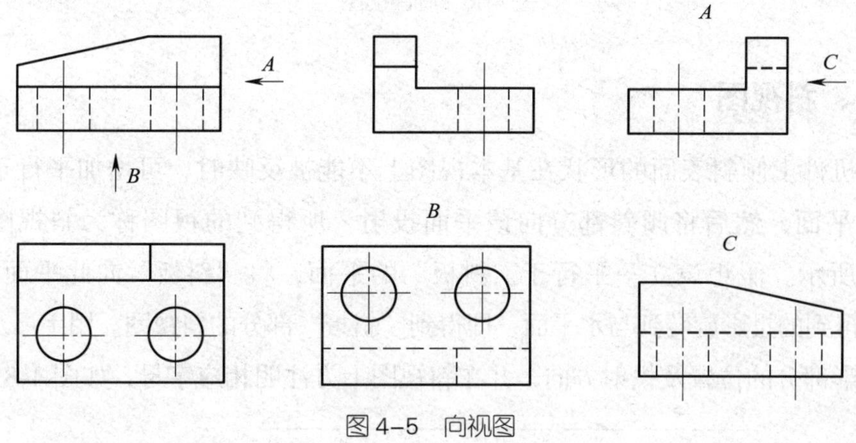

图 4–5　向视图

四、局部视图

当机件的某一部分没有表达清楚，又没有必要画出整个基本视图时，可以只将机件的某一部分向基本投影面投射，所得到的视图称为局部视图，如图 4–6 所示。图中，机件左方凸台在主、俯视图中不能表达清楚，采用“*A*”向局部视图可以清楚地表示出凸台的形状。局部视图的范围用波浪线表示，同时用字母及箭头指明投影部位及投射方向，并在局部视图上方标出对应的字母。局部视图一般配置在箭头所指方向，并与有关视图保持投影关系。由于布局等原因，局部视图也可配置在其他适当的位置。如果需要表示的结构是完整的，外轮廓为封闭图形时，波浪线可以省略，如图 4–6 中右侧的凸台结构，采用了 *B* 向局部视图来表达。

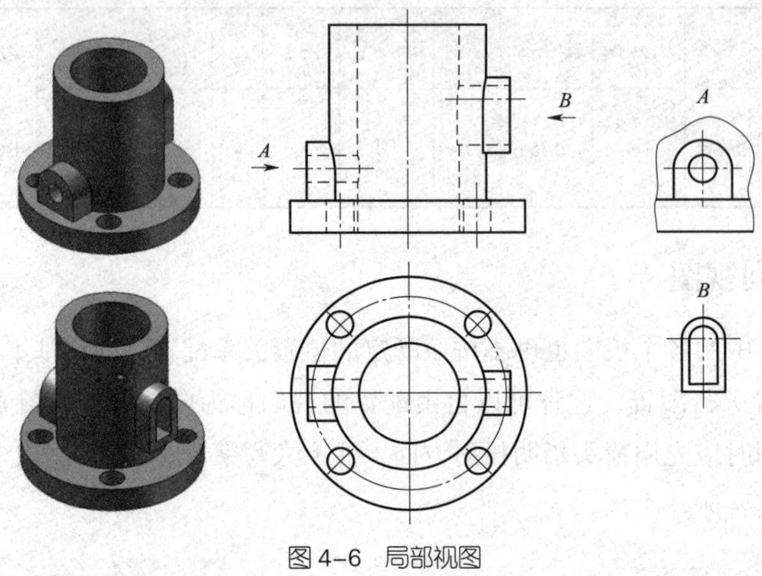

图 4–6　局部视图

五、斜视图

当机件上倾斜表面的形状在基本视图上不能被反映时，可增加平行于倾斜表面的平面，然后将倾斜部分向该平面投射，所得到的视图称为斜视图，如图 4–7 所示。假想设立一平行于“斜板”的平面，将“斜板”向此平面投射，再将所得到的投影旋转到与水平面，即得到“斜板”部分的斜视图。用字母及箭头指明投影部分的位置及投射方向，并在斜视图上方注明相应字母，如图 4–8 所示。

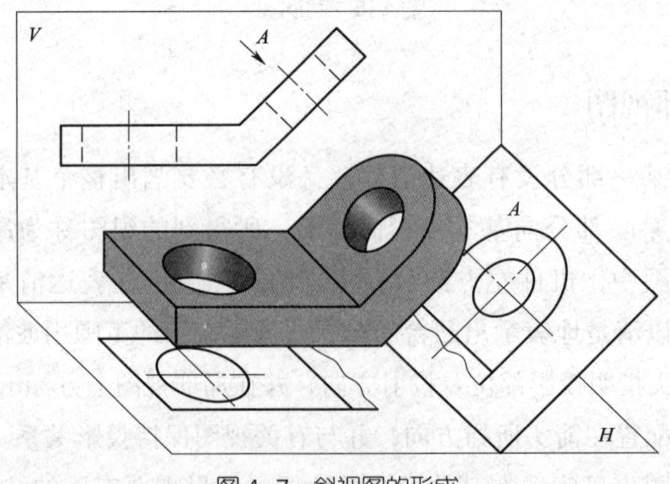

图 4–7　斜视图的形成

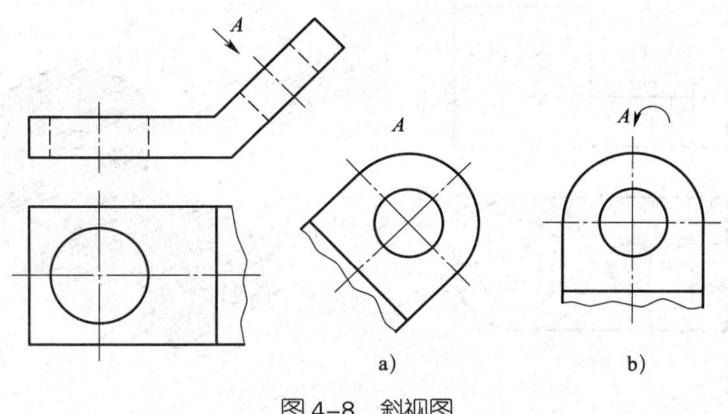

图 4–8　斜视图

斜视图一般按投影关系配置，如图 4–8a 所示，必要时也可配置在其他适当位置，如图 4–8b 所示。在不致引起误解时，允许将图形旋转，同时标注旋转方向符号，旋转符号半径大小与斜视图标记字母字高相同，字母写在箭头附近。

六、剖视图

为了清楚地表达机件内部或被遮盖部分的结构、形状，避免图形上出现过多的虚线，导致层次不清楚，给读图带来困难，绘图时可采用“剖视图”。假想用剖切面剖开机件，将处在观察者和剖切面之间的部分移去，而将其余部分向投影面投射，所得到的图形称为剖视图，如图 4–9c 所示。剖视图可简称为剖视，主要用来表达机件的内部结构。通过图 4–9a 视图与图 4–9d 剖视图的比较，可以看出，由于主视图采用了剖视的画法，将机件上不可见部分变成了可见的，图中原有的虚线变成了实线，再加上剖面线的作用，使机件的内部结构、形状表达既清晰又有层次感，同时画图、看图、标注尺寸都很方便。

用剖切面完全剖开机件后所得到的剖视图称为全剖视图。全剖视图主要用于外形简单、内部结构复杂的机件。当机件具有对称平面时，向垂直于对称平面的投影面上投射所得到的图形，可以以对称中心线为界，一半画成剖视图，另一半画成视图，这样的表达方法获得的剖视图称为半剖视图。半剖视图中剖视部分表达了机件的内部结构，另一半视图部分表达了机件的外部形状，所以很容易据此想象出整个机件的内、外部结构形状。半剖视图适用于内、外形都需要表达，且形状对称的机件，如图 4–10 所示。

用剖切面局部地剖开机件，所得的剖视图称为局部剖视图。如图 4–11 所示，主视图剖切一部分，用来表达内部结构；保留的局部外形部分，用来表达

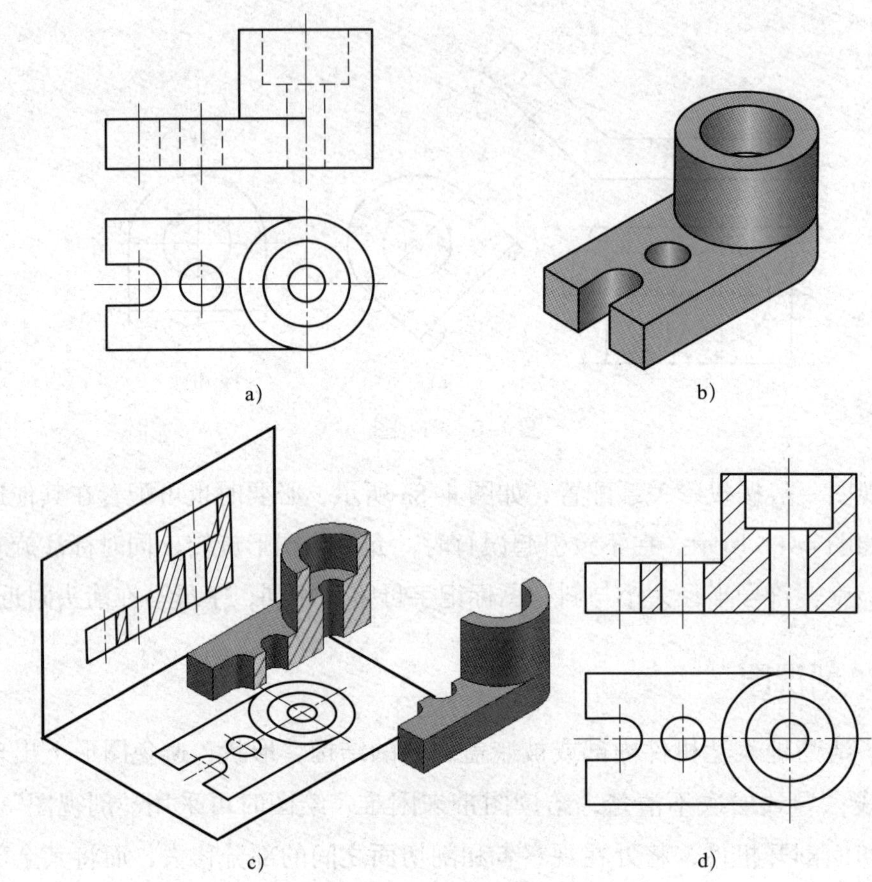

图 4-9　剖视图

a）机件的视图　b）机件的立体图　c）剖视图的形成　d）剖视图

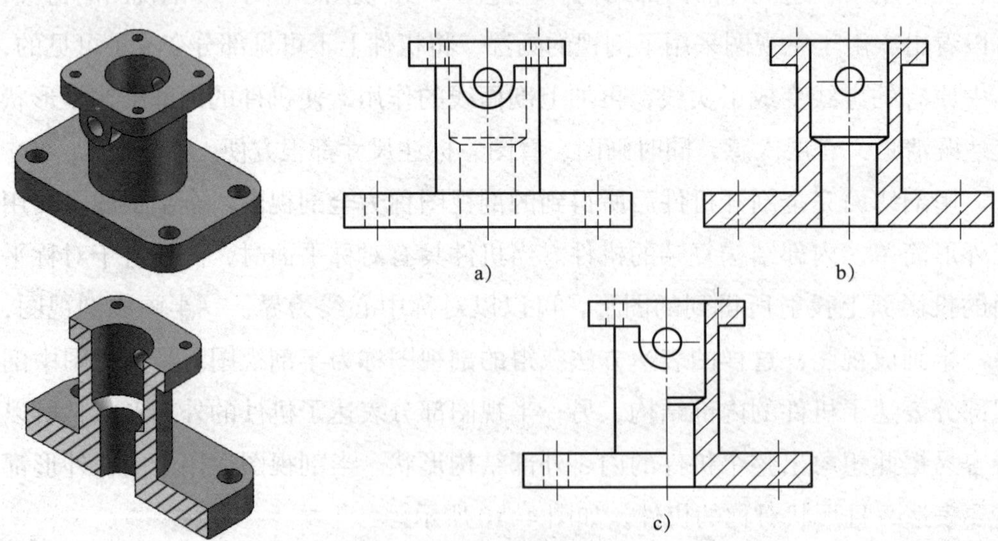

图 4-10　全剖视图和半剖视图

a）视图　b）全剖视图　c）半剖视图

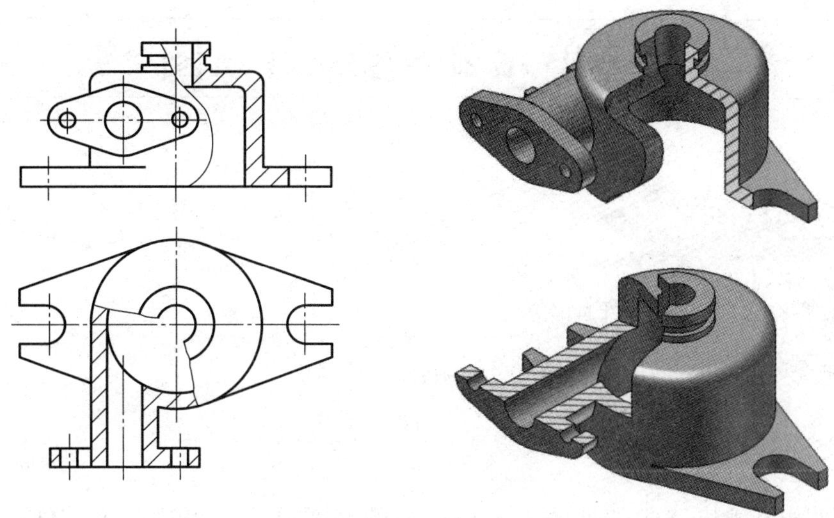

图 4–11　局部剖视图

凸缘形状及其位置。俯视图剖切局部，用于表达凸缘内孔结构。局部剖视图具有同时表达机件内、外结构的优点，适用于不宜采用全剖，也不宜采用半剖视的情况。局部剖视图不受机件是否对称的限制，在什么位置剖切、剖切范围有多大，均可根据需要而定，因此应用比较广泛。

七、断面图

假想用剖切面将机件的某处切断，仅画出该剖切面与机件接触部分的图形称为断面图，也可简称为断面。断面上一般应画出剖面符号。断面图与剖视图不同，仅画出断面形状，无须画出剖切面后方结构的投影。

根据断面在图中位置不同，断面图可分为移出断面图（见图 4–12）和重合断面图（见图 4–13）两种。

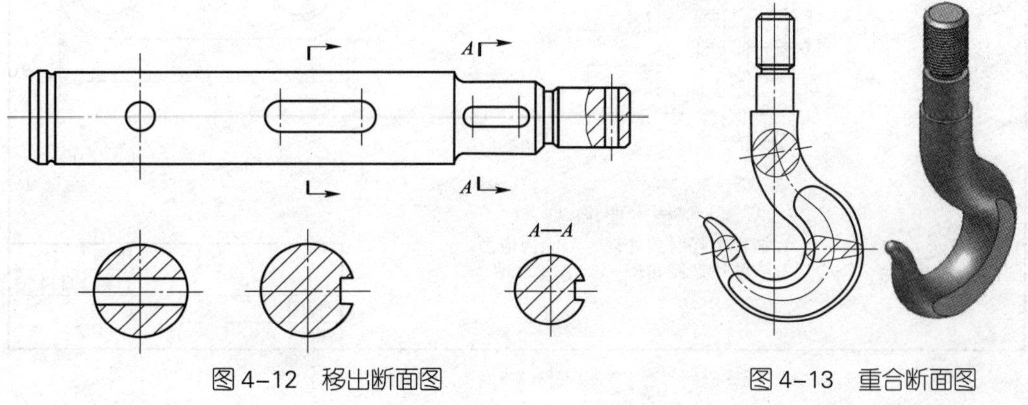

图 4–12　移出断面图　　图 4–13　重合断面图

学习单元 2 零　件　图

了解零件图的内容和作用

了解零件图的识读方法

一、零件图的内容

零件是组成机器或部件的不可再拆分的基本单元，表达单个零件的图样称为零件图。零件图是制造和检验零件的重要技术文件，在零件生产过程中起着指导作用，所以零件图必须具有加工和检验零件的全部内容。

从阀盖零件图（见图 4–14、图 4–15）中可以看出，一张完整的零件图应具有如下内容。

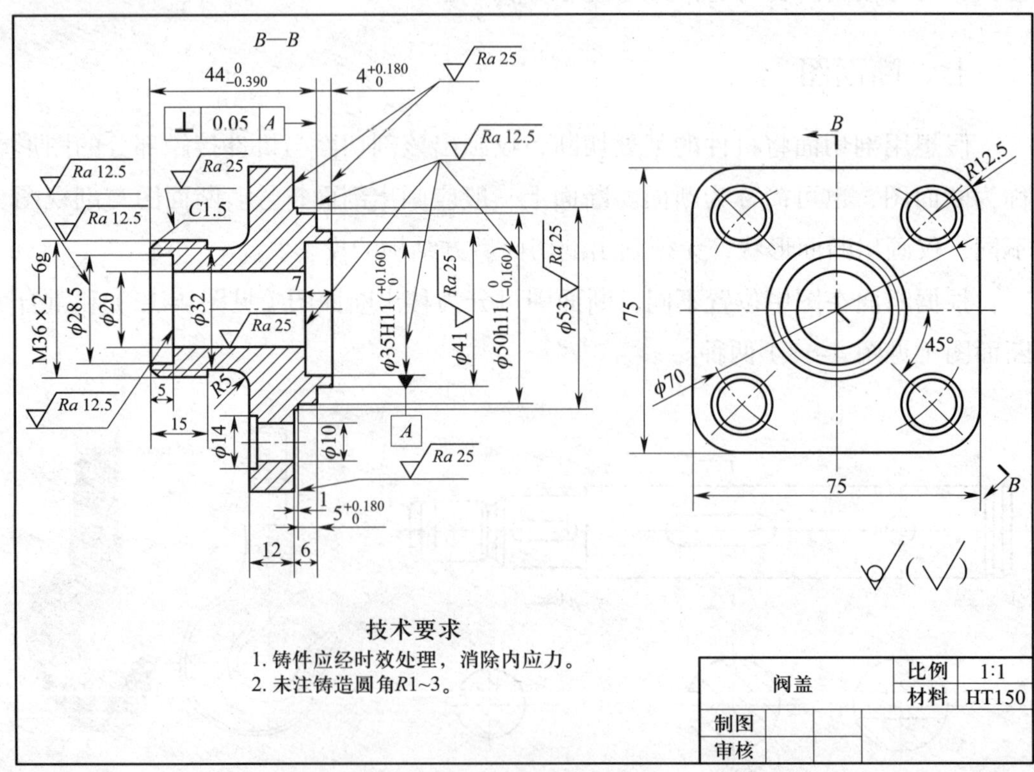

图 4–14　阀盖零件图

图 4–15 阀盖模型

1. 一组视图

用视图、剖视图、断面图、局部放大图以及其他规定画法和简化画法，正确、完整、清晰和简便地表达出零件的各部分形状和结构。

2. 完整尺寸

零件图中应正确、完整、清晰、合理地标注出制造和检验零件时所需的全部尺寸。

3. 技术要求

零件图中必须用规定的代号、符号和文字注解标注出制造和检验零件时在技术指标上应达到的要求，如表面结构、尺寸公差、几何公差、材料和热处理、检验方法以及其他特殊要求等。

4. 标题栏

说明零件的名称、材料、数量、比例、图号，以及设计、审核者的姓名、日期等内容。

二、识读零件图

在制冷工安装与维修作业中，需要识读零件图。因此，必须掌握正确的读图方法，具备识图的能力。

1. 读零件图的要求

（1）了解零件的名称、材料、比例。

（2）分析零件图形，弄清零件的结构、形状、相对位置及功用。

（3）了解零件的制造方法和技术要求。

2. 读零件图的方法和步骤

（1）阅读标题栏。了解零件的名称、材料、比例等。

（2）分析视图。分析视图时，一般按以下步骤：①首先找到主视图，再看有多少视图、剖视图和断面图；②弄清各视图、剖视图和断面图的名称、剖切位置、剖切方法及各视图之间的投影关系；③有无局部放大图和简化画法。

（3）分析形体。先看整体后看细节，先主要部分后次要部分，先易后难。

（4）分析尺寸。把视图、尺寸、形体结构三者结合起来，看清零件的结构。

（5）分析技术要求。了解尺寸公差、几何公差、表面结构等技术要求。

三、零件测绘

维修作业时，有时会碰到某一零件损坏，而又无配件或图样，这时就必须对已有零件进行测量并绘制该零件的零件图，称为零件测绘。零件测绘的方法和步骤如下。

1. 了解和分析测绘对象

了解零件的名称、材料及其在机器或部件中的位置、作用及与相邻零件的关系，然后对零件的内、外结构、形状进行分析。

2. 确定表达方案

选基本视图，主视图应按其工作位置及形状、结构特征选定，为将细节表达清楚，可用局部剖视表示。

3. 绘制零件草图

根据选定的表达方案，画出视图、剖视图等图形。

4. 测量和标注尺寸

选定基准，画出所有的尺寸界线、尺寸线和箭头，再依次测量、标记尺寸。

5. 写技术要求

主要尺寸要保证其精度，并给出公差。运动的表面及对形状、位置要求较严格的线、面等要素，要给出既合理又经济的表面粗糙度或几何公差要求。有配合关系的孔与轴，要查阅与其相配合的轴与孔的相应资料（装配图或零件图），以核准配合制度和配合性质。

6. 根据零件草图画零件图

学习单元3 装 配 图

学习目标

了解装配图的作用和内容

了解装配图的识读方法

一、装配图的作用和内容

1. 装配图的作用

表达装配体（机器或部件）的图样，称为装配图。在机器的生产过程中，先根据零件图把零件加工出来，再根据装配图将零件装配成机器；在使用和维修过程中，装配图可帮助人们了解机器或部件的构造、各零件间的相对位置、连接装配关系和该机器的工作原理。装配图是安装、调整、检验、使用和维修的重要技术文件。

2. 装配图的内容

如图 4–16、图 4–17 所示，分别是千斤顶的轴测图和装配图。综合两图可知，一张完整的装配图应具有下列基本内容。

（1）一组视图

用以表达机器或部件的工作原理、结构、形状、各零件的装配关系、零件的连接方式以及零件的主要结构、形状。

（2）必要的尺寸

用来表达机器或部件的规格、性能以及装配、安装、检验、运输等方面所必需的尺寸。

（3）技术要求

用文字或符号来说明机器或部件在装配、调整、检验、试验和使用等方面的要求。

（4）零件的序号、明细栏和标题栏

用以说明机器或部件中各零件的名称、数量、材料、标准件规格等，以及机器或部件的名称、图样比例、绘图者姓名等内容。

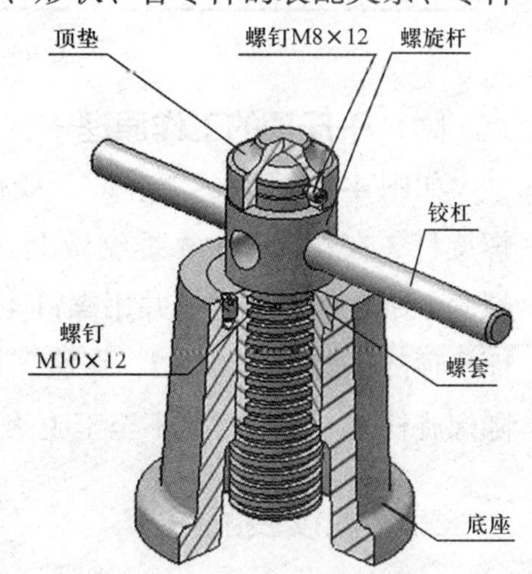

图 4–16 千斤顶轴测图及工作原理

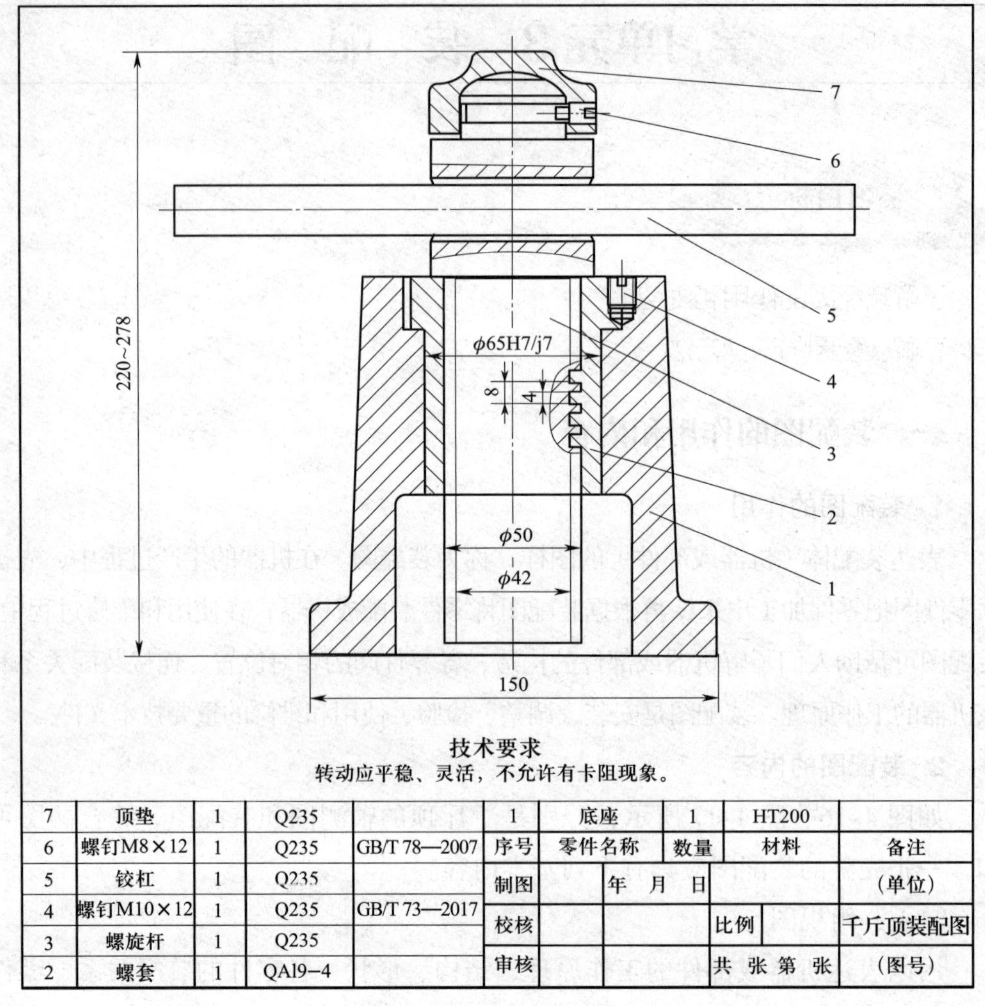

序号	零件名称	数量	材料	备注
7	顶垫	1	Q235	
6	螺钉M8×12	1	Q235	GB/T 78—2007
5	铰杠	1	Q235	
4	螺钉M10×12	1	Q235	GB/T 73—2017
3	螺旋杆	1	Q235	
2	螺套	1	QAl9−4	
1	底座	1	HT200	

制图	年　月　日		（单位）
校核		比例	千斤顶装配图
审核		共　张 第　张	（图号）

图 4–17　千斤顶装配图

附：千斤顶的工作原理

如图 4–17 所示：工作时，铰杠 5 穿在螺旋杆 3 顶部的孔中，旋动铰杠 5，螺旋杆 3 在螺套 2 中靠螺纹做上、下移动，顶垫 7 上的重物则随之而升、降。螺套 2 镶在底座 1 里，并用螺钉 4 定位，磨损后便于更换修配。螺旋杆 3 的球面形顶部，套一个顶垫 7，靠螺钉 6 与螺旋杆 3 连接而不固定，既可防止顶垫 7 随螺旋杆 3 一起旋转又不至于脱落。

二、识读装配图

1. 装配图的表达方法

装配图和零件图的表达方法基本相同，但是零件图所表达的是单个零件的图样，装配图所表达的则是由若干个零件所组成的机器或部件的图样，因而表达的侧重面也就不同。装配图着重表达机器或部件的工作原理、各零件间的装配关系以及主要零件的基本形状，因此，装配图有专门的规定画法和表达方法，其包括以下内容。

（1）两相邻零件的接触面或配合面画一条共有的轮廓线；而非接触面或非配合面，即使其间隙很小，也必须画出两条轮廓线。

（2）相邻两金属零件的剖面线应该区别开；同一零件的剖面线，在各个视图上应保持一致。

（3）对于一些标准件（如螺栓、螺钉、螺母等）和实心件（如轴、手柄、连杆等），应区别处理：①若剖切平面通过其基本轴线或对称平面时，则这些零件按不剖绘制；②必要时，对需表达部分做局部剖视，主视图需表达轴上键的装配关系，则对轴做局部剖视；③若剖切平面垂直于上述零件的基本轴线或对称平面时，则应画出剖面线。

此外装配图有时会采用以下特殊画法：①沿接合面剖切或拆卸画法；②单独画某一个零件；③假想画法，当需要表示运动件的活动范围和极限位置时，可采用假想画法，用双点画线画出运动件的活动范围和极限位置；④简化画法，对于装配图中螺栓连接若干相同的零件组，允许仅详细地画出一组或几组，其余则以点画线表示中心位置；⑤夸大画法，在装配图中，当绘制直径或厚度小于 2 mm 的孔或薄片以及较小的间隙时，允许该部分不按原绘图比例而夸大画出；⑥展开画法，在装配图中为了表达传动机构的传动路线和零件间的装配关系，可假想按传动顺序沿轴线剖切，然后依顺序展开，将剖切面均旋转到与选定的投影面平行的位置，再画出其剖视图。

2. 装配图的尺寸标注

装配图表达的是机器或部件，尺寸标注也与零件图不同，通常只需标注下列几种尺寸。

（1）性能（规格）尺寸

说明机器或部件的性能（规格）和特征的尺寸，是设计和用户选用产品的主要依据。

（2）装配尺寸

保证机器或部件正确装配及说明装配要求的尺寸，包括配合尺寸（表示两零件间配合性质的配合尺寸）和相对位置尺寸（表示零件装配时需保证的相对位置尺寸）。

（3）安装尺寸

表示将部件安装到机器或其他部件上所需的尺寸。

（4）总体尺寸

表示机器或部件所占空间大小的尺寸，即总长、总宽和总高尺寸。它是机器或部件在包装、运输、厂房设计时所需的数据。

（5）其他重要尺寸

在设计过程中，经计算或选定的尺寸，不包括在上述四类尺寸中而又应该标注出的尺寸。

3. 读装配图的方法和步骤

在装配或安装机器或部件时，必须读懂装配图才能正确地进行工作。读装配图要求了解机器或部件的用途和工作原理，了解各零件间的装配关系、连接形式，搞清各零件的名称、数量、材料、结构和作用。装配图的主要识读步骤如下。

（1）概括了解

从装配图的标题栏和有关说明书中了解机器或部件的名称、用途和工作原理，并了解零件或标准件的名称、数量。

（2）分析视图

对视图进行初步分析，根据图纸上的视图、剖视图、断面图等的配置和标注，从而了解每个视图所表达的重点。

（3）分析装配关系和工作原理

将装配体分成几条装配干线，了解各组成部分的装配关系和装拆顺序，深入分析机器或部件的装配关系和工作原理，弄清零件之间的相对位置。

（4）分析零件

从零件的编号，投影的轮廓剖面线的方向和间隔，以及某些规定画法，来分析零件的投影，从而了解各零件的结构、形状和作用，分析其与相关零件的连接关系。

（5）总结

对各个零件的形状、结构了解以后，最后再对部件的工作情况、装配和连接关系、装拆顺序等重新研究、总结，想象出整个部件的结构、形状。

培训课程 2

加工和装配精度

学习单元 1　表面粗糙度和几何公差

了解粗糙度及其标注方法

了解几何公差的标注方法

认识几何公差符号

一、表面粗糙度

1. 表面粗糙度的概念

被加工表面无论加工得多么光滑，在显微镜下都可以看到许多微小的峰谷。零件加工表面上这种具有较小的间距和微小峰谷所组成的微观几何形状特性称为表面粗糙度。

表面粗糙度是评定零件表面质量的一项重要技术指标，降低零件表面粗糙度可以提高其表面耐腐蚀性、耐磨性和疲劳强度等，但其加工成本也会相应提高。表面粗糙度的选用，应该使之满足零件表面的使用功能要求，并兼顾经济性。

2. 表面粗糙度的图形符号

表面粗糙度图形符号的种类、名称、尺寸及其含义见表 4–3。

表面粗糙度参数值应用实例见表 4–4。

表 4–3　表面粗糙度符号

符号名称	符号	含义
基本图形符号	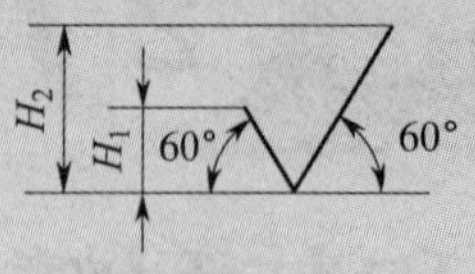 H_2　H_1　60°　60° d'=0.35 mm （d'—符号线宽）	基本图形符号，表示指定表面可用任何方法获得，当不加注表面结构参数值或有关说明（如表面处理、局部热处理状况等）时，仅用于简化代号标注
扩展图形符号		基本图形符号上加一短横，表示指定表面是用去除材料的方法获得的。如车、铣、钻、磨、剪切、抛光、腐蚀、电火花加工、气割等
	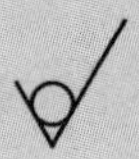	基本图形符号上加一个圆圈，表示指定表面是用不去除材料的方法获得的。如铸、锻、冲压变形、热轧、冷轧、粉末冶金等
完整图形符号	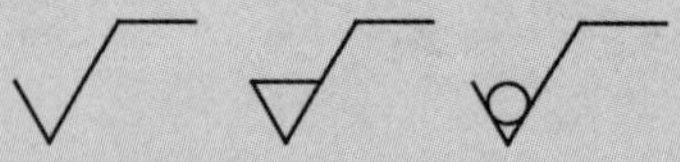	在以上各种符号的长边上加一横线，以便注写对表面结构的各种要求

注：表中 d'、H_1 和 H_2 的大小是当图样中尺寸数字高度选取 h=3.5 mm 时按《产品几何技术规范（GPS）技术产品文件中表面结构的表示法》（GB/T 131—2006）的相应规定给定的。表中 H_1=3.5 mm，H_2=7 mm，H_2 是最小值，必要时允许加大。

表 4–4　表面粗糙度（*Ra*）的应用举例

Ra（μm）	加工方法	应用举例
100	气割、锯、模锻、粗刨、粗铣、粗车、钻孔、粗砂轮磨等加工	在混凝土基础上的机座底面等
50		非配合表面，如倒角、退刀槽、轴端面、齿轮及带轮侧面，螺钉过孔，支架、外壳、衬套、盖等端面，平键及键槽上、下面等
25		
12.5		
6.3	半精车、半精铣、半精刨、精镗、精铰、刮研等	要求有定心及配合特性的固定支承面，轴肩、键和键槽工作面，燕尾槽表面，箱体接合面，低速转动的轴颈，V 带轮槽表面等
3.2		
1.6		
0.8	精车、精铣、精拉、精铰、半精磨等	中速转动轴颈，过盈配合的孔 H7，间隙配合的孔 H8、H7，滑动导轨面，滑动轴承轴瓦的工作面，分度盘表面，曲轴、凸轮的工作面等
0.4		
0.2		

续表

Ra（μm）	加工方法	应用举例
0.1	精磨、抛光、研磨、珩磨、超精加工等	活塞和活塞销表面，要求气密的表面，齿轮泵轴颈，液压传动孔表面，阀的工作面，气缸内表面等
0.05		
0.025		
0.012		量块工作面，高压油泵中柱塞和柱塞套的配合表面，仪器的测量表面，光学测量仪器中的金属镜面等

二、几何公差

1. 几何误差

零件加工后，不仅有尺寸的误差，而且零件几何要素的实际形状对理想形状或实际位置对其理想位置也会有误差。若零件的几何误差过大，也会影响机器的质量。在一般情况下，零件的几何公差可由机床的精度和加工工艺加以保证，因此，只有对要求较高的零件，才在图样上标注几何公差。

《产品几何技术规范（GPS） 几何公差 形状、方向、位置和跳动公差标注》（GB/T 1182—2018）规定了 14 项几何公差的几何特征和符号，见表 4–5。

表 4–5 几何公差的几何特征和符号

公差类型	几何特征	符号	有无基准	公差类型	几何特征	符号	有无基准
形状公差	直线度	⏤	无	位置公差	位置度	⌖	有或无
	平面度	⏥	无		同心度（用于中心点）	◎	有
	圆度	○	无				
	圆柱度	⌭	无		同轴度（用于轴线）	◎	有
	线轮廓度	⌒	无				
	面轮廓度	⌓	无		对称度	⌯	有
方向公差	平行度	//	有		线轮廓度	⌒	有
	垂直度	⊥	有		面轮廓度	⌓	有
	倾斜度	∠	有	跳动公差	圆跳动	↗	有
	线轮廓度	⌒	有				
	面轮廓度	⌓	有		全跳动	⌰	有

2. 几何公差的标注

几何公差框格由几何特征符号、公差值、基准字母等组成，如图 4–18 所示。基准符号由带大写字母的方框、直线和三角形（涂黑或空白）组成。基准标注如图 4–19 所示。

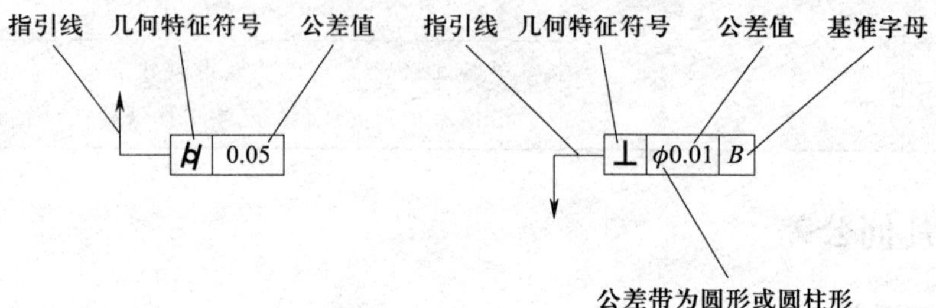

图 4–18 几何公差的标注

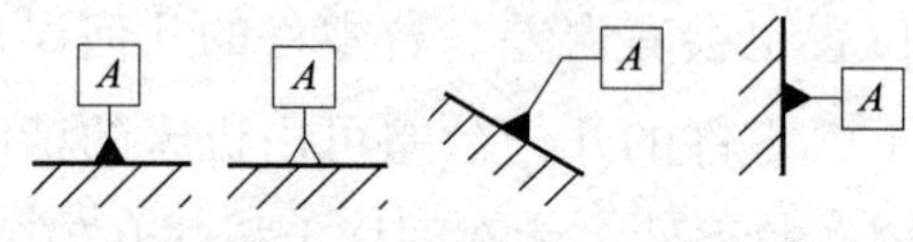

图 4–19 基准标注

学习单元 2 公差与配合

了解公差基本概念

理解孔和轴公差带的三种配合类型

一、零件的互换性和公差

1. 零件的互换性

在大批量生产中，要求成批生产出来的相同零件，不需经过选择或修配，装配起来就能满足使用要求，零件的这种性质叫作互换性。

零件具有互换性有利于机械工业广泛地协作，有利于进行高效率的专业化生产，还可以缩短生产周期、降低成本、保证质量、便于维修等。

2. 公差基本概念

在零件加工过程中，由于受到机床、刀具、夹具、量具和操作人员的技术水平等方面的影响，加工出来的零件尺寸必然存在一定的误差。这个误差范围由极限偏差来保证。为了使零件具有互换性，必须严格按照极限偏差进行加工和检验。

（1）公称尺寸

公称尺寸是指设计时根据零件的使用要求确定的尺寸。

（2）实际尺寸

实际尺寸是指通过测量获得的某一孔、轴的尺寸。

（3）极限尺寸

极限尺寸是指一个孔或轴允许的尺寸的两个极端，它包括上极限尺寸（孔或轴允许的最大尺寸）和下极限尺寸（孔或轴允许的最小尺寸）。

（4）偏差与极限偏差

偏差指某一尺寸减其公称尺寸所得的代数差。极限偏差是指上极限偏差和下极限偏差。轴的上、下极限偏差代号用小写字母 es、ei 表示；孔的上、下极限偏差代号用大写字母 ES、EI 表示。

上极限偏差（ES、es）：上极限尺寸减其公称尺寸所得的代数差。

下极限偏差（EI、ei）：下极限尺寸减其公称尺寸所得的代数差。

（5）尺寸公差（简称公差）

公差就是上极限尺寸减去下极限尺寸，或上极限偏差减去下极限偏差。尺寸公差一定为正，表示允许尺寸的变动范围。上述基本概念如图 4–20 所示。

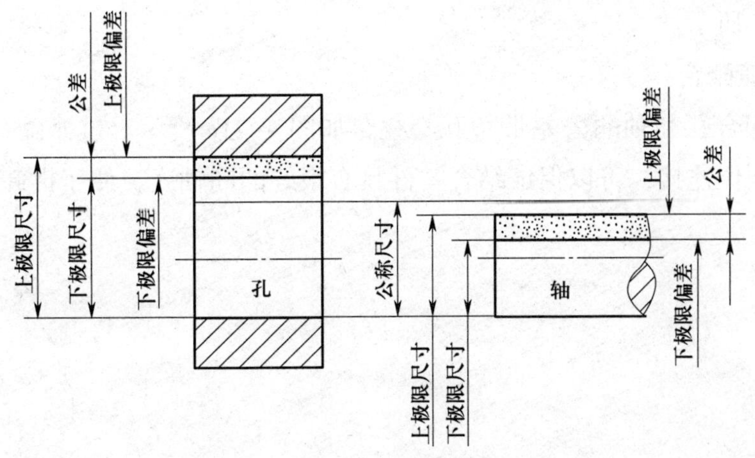

图 4–20　尺寸公差基本概念示意图

二、孔和轴的配合

公称尺寸相同且相互接合的孔和轴公差带之间的关系称为配合。国标将配合分为如图 4–21 所示的三种：孔的尺寸减去与其配合的轴的尺寸所得的数值为正时，属间隙配合；为负时，属过盈配合；介于两者之间，差值可正、可负的是过渡配合。

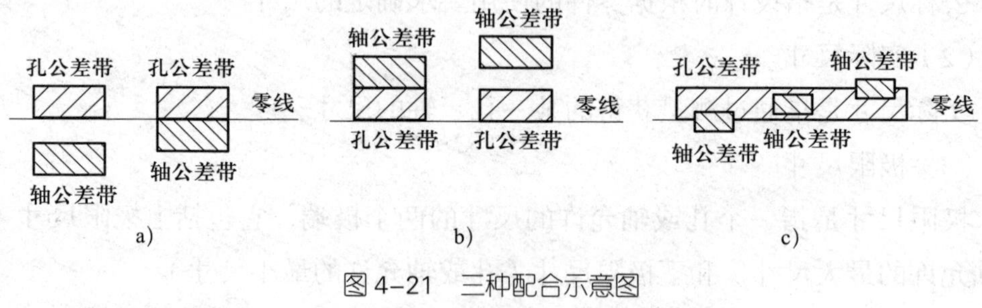

图 4–21　三种配合示意图

a）间隙配合　b）过盈配合　c）过渡配合

1. 间隙配合

间隙配合是具有间隙（包括最小间隙等于零）的配合，主要用于孔、轴间的活动连接。间隙的作用在于储藏润滑油，补偿温度引起的变形，补偿弹性变形及制造与安装误差等。间隙配合时孔的公差带在轴的公差带之上，如图 4–21a 所示。

2. 过盈配合

过盈配合是具有过盈（包括最小过盈等于零）的配合，用于孔、轴间的紧密连接，不允许两者有相对运动。过盈配合时孔的公差带在轴的公差带之下，如图 4–21b 所示。

3. 过渡配合

这种配合孔和轴的公差带相互交叠，如图 4–21c 所示。过渡配合主要用于孔、轴的定位连接，可以保证结合零件具有很好的同轴度，便于拆卸和装配。

培训课程 3

机械传动、连接和密封

学习单元 1 机械传动

了解机械传动的形式分类

了解轴承的结构和滚动轴承的代号

利用机械方式传递动力和运动称为机械传动，机械传动在制冷与空调装置中应用非常广泛，常见的机械传动方式有带传动、链传动、齿轮传动、蜗杆传动、摩擦轮传动、齿轮齿条传动、螺旋传动等。各种机械传动都各有特点，分别适用于不同的条件，在制冷、空调设备中，应用最多的是带传动、链传动和齿轮传动。

制冷设备管路的连接有螺纹连接、法兰连接、焊接和卡扣连接等。

制冷系统的运动部件要与外界环境隔绝，良好的密封对其正常工作至关重要。

一、带传动

按传动带的截面形状不同，带传动分为平带、V 带、圆带、多楔带传动等，在制冷、空调设备中应用的带传动主要是 V 带传动。

1. V 带传动的工作原理

V 带传动是依靠传动带与带轮接触面之间产生的摩擦力来传递运动和动力，

是一种利用传动带作为中间挠性件的机械传动。V 带传动一般由主动带轮、从动带轮以及张紧在带轮上的传动带组成，如图 4–22 所示。

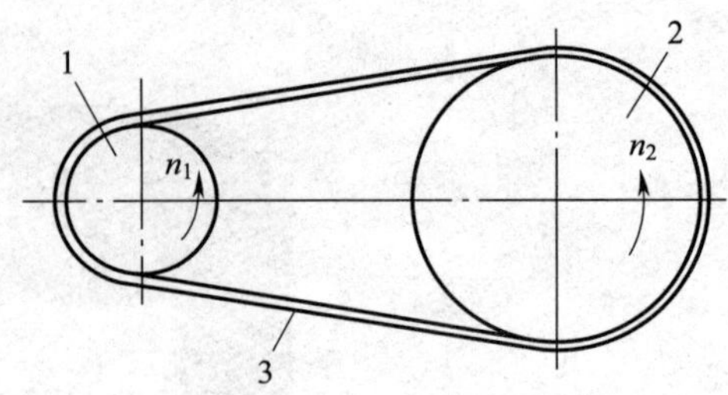

图 4–22 V 带传动的组成

1—带轮（主动轮） 2—带轮（从动轮） 3—传动带

V 带传动的传动比为：

$$i_{12}=\frac{n_1}{n_2}=\frac{d_2}{d_1}$$

式中 n_1——主动带轮的转速，r/min；

n_2——从动带轮的转速，r/min；

d_1——主动带轮的直径，mm；

d_2——从动带轮的直径，mm。

当 V 带所传递的力大于所能提供的摩擦力时，V 带就会在带轮上产生相对滑动，称为打滑。打滑的结果将使传动失效，因此应当避免出现打滑现象。打滑使得动力传递不足，从动带轮转速下降。产生打滑的原因主要是 V 带使用一段时间后，V 带被拉长。如 V 带表面没有明显磨损、起毛、脱皮、跳线等现象，可以用调整主动带轮与从动带轮的间距的方法消除；否则应更换 V 带。在 V 带传动的过程中，如带速太低，当传递的功率一定时，则所需圆周力增大，就会引起打滑；如带速太高，则惯性力又会使带与带轮间的压紧程度减小，传动能力降低。V 带的根数多，传动功率大，但过多则会受力不均匀。

2. V 带传动的应用特点及使用注意事项

V 带传动的优点：①结构简单，制造、安装精度要求不高，使用维护方便，适用于两轴中心距较大的场合；②传动平稳，噪声低，有缓冲、吸振的作用；③过载时，传动带会在带轮上打滑，可以防止薄弱零件的损坏，起安全保护作用。

V 带传动的缺点：①不能保证准确的传动比；②外廓尺寸大，传动效率低。

V 带传动在工作一段时间后，带会因为塑性变形而松弛，传动能力下降，此时带需要重新张紧，常见的张紧方法有调整中心距法、张紧轮法。

V 带的使用注意事项有：① V 带传动装置必须加防护罩，以免发生意外事故；② V 带传动的两轮轴线应相互平行，各带轮轴线的平行度应小于 0.006 L（L，两轮中心距）；③两轮相对应的 V 形槽的对称平面应重合，误差不得超过 20′，否则将加剧带的磨损，甚至使带从带轮上脱落；④安装 V 带时，应先缩小中心距，将 V 带套入槽中后，再调整中心距并予以张紧，不应将 V 带硬往带轮上撬，以免损坏带的工作表面和降低带的弹性；⑤ V 带不宜与酸、碱或油接触，工作温度不宜超过 60 ℃，应避免日光直接暴晒；⑥需定期检查 V 带，发现其中一根过度松弛或损坏时，应全部更换新带，不能新、旧带混合使用。

二、链传动的工作原理

链传动是以链条为中间挠性元件，将主动链轮的运动和动力传递到从动链轮的一种传动方式，如图 4–23 所示。

链传动的传动比：

$$i_{12}=\frac{n_1}{n_2}=\frac{z_2}{z_1}$$

式中 n_1——主动链轮的转速，r/min；

n_2——从动链轮的转速，r/min；

z_1——主动链轮的齿数，个；

z_2——从动链轮的齿数，个。

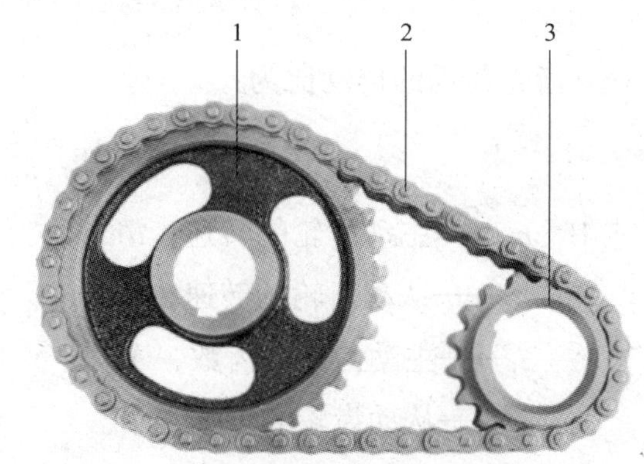

图 4–23　链传动的组成

1—主动链轮　2—链条　3—从动链轮

三、齿轮传动

齿轮传动是利用齿轮副来传递运动和动力的一种机械传动。齿轮是广泛应用于机器和部件中的传动零件。它的主要作用有传递动力、改变转速和改变旋转方向。常用的齿轮传动按照两轴的相互位置不同可分为以下三大类：

圆柱齿轮传动。用于两平行轴间的传动，如图 4–24a 所示；

锥齿轮传动。用于两相交轴间的传动，如图 4–24b 所示；

蜗杆传动。用于两交错轴间的传动，如图 4–24c 所示。

齿轮上的齿称为轮齿，轮齿是齿轮的主要结构，在齿轮的参数中，模数和压力角已标准化的齿轮称为标准齿轮。

齿轮的基本参数有齿数、模数和压力角等。一对齿相互接触并进行相对运动的状态称为啮合。两圆柱齿轮要想正确啮合，其模数和压力角必须相等。

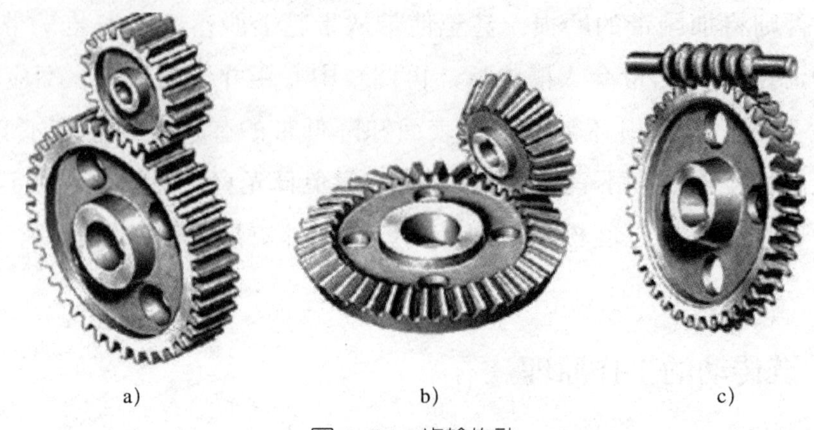
a) b) c)

图 4–24 齿轮传动

a）圆柱齿轮传动 b）锥齿轮传动 c）蜗杆传动

齿轮传动的传动比为：

$$i_{12}=\frac{n_1}{n_2}=\frac{z_2}{z_1}$$

式中 n_1——主动齿轮的转速，r/min；

n_2——从动齿轮的转速，r/min；

z_1——主动齿轮的齿数，个；

z_2——从动齿轮的齿数，个。

四、联轴器的作用及分类

联轴器是机械传动中的常用部件，用来连接两传动轴，使其一起转动并传递转矩，有时也可作为安全装置。根据联轴器中是否包含弹性元件，将联轴器分为刚性联轴器和弹性联轴器两大类。

刚性联轴器有凸缘联轴器和套筒联轴器两种，如图 4–25 所示。

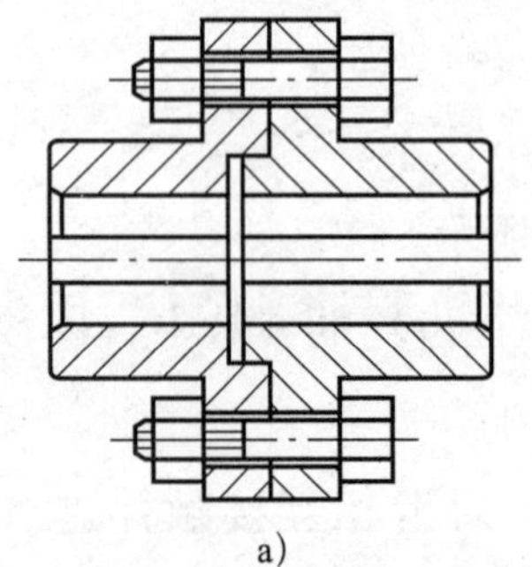
a)

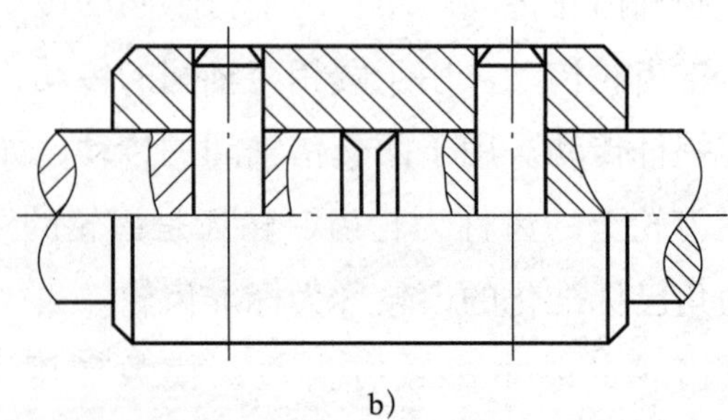
b)

图 4–25 刚性联轴器

a）凸缘联轴器 b）套筒联轴器

弹性联轴器根据其所具有弹性元件材料的不同，分为金属弹簧式弹性联轴器和非金属弹性元件式弹性联轴器两种。弹性套柱销联轴器和弹性柱销联轴器就是典型的非金属弹性元件式弹性联轴器，如图 4–26 所示。

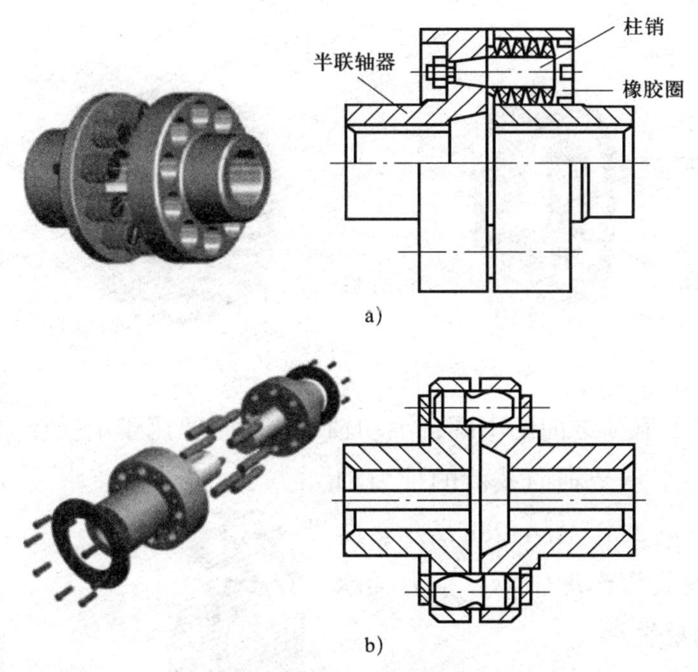

a）

b）

图 4–26 弹性联轴器

a）弹性套柱销联轴器 b）弹性柱销联轴器

五、轴承

1. 轴承的作用和分类

轴承是支撑轴及轴上零（部）件，减少转轴与支撑之间的摩擦和磨损，保持轴的旋转精度的零件。根据支撑处相对运动表面的摩擦性质，可将轴承分为滑动轴承和滚动轴承两大类。滑动轴承通常是与特定的轴相配合，通常需要单独设计制造；滚动轴承是标准件。

2. 滚动轴承的结构

滚动轴承是用作支撑旋转轴和承受轴上载荷的标准件。它具有结构紧凑、摩擦阻力小等优点，因此得到广泛应用。在进行工程设计时，滚动轴承可按国家标准中规定的代号选用。

滚动轴承的种类很多，一般由内圈、外圈、滚动体和保持架组成，如图 4–27 所示。内圈装在轴颈上，与轴一起转动；外圈装在机座或零件的轴承孔内，一般情况下不转动。内、外圈上有凹槽，可作为滚动体的滚动导轨并能降低滚动体与内、外圈间的接触应力。当内、外圈之间相对旋转时，滚动体沿着滚道滚动，保持架使滚动体均匀分布在滚道上，并减少滚动体之间的碰撞和磨损。

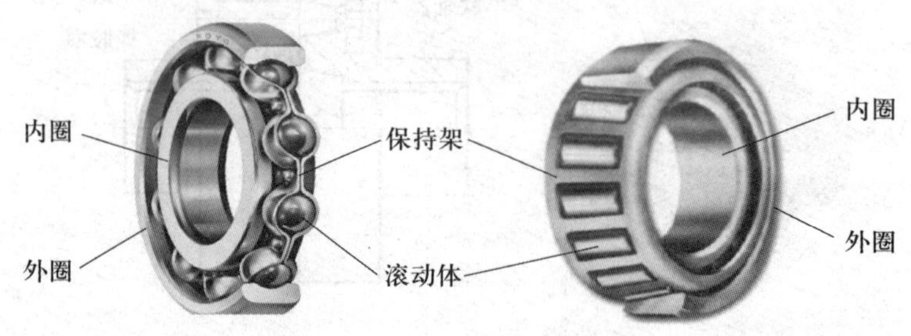

图 4–27　滚动轴承的结构

按所承受的载荷方向的不同，滚动轴承分为主要用于承受径向载荷的向心轴承和主要用于承受轴向载荷的推力轴承，分别如图 4–28a、图 4–28b 所示。向心轴承常用的是深沟球轴承，推力轴承常用的是推力球轴承。

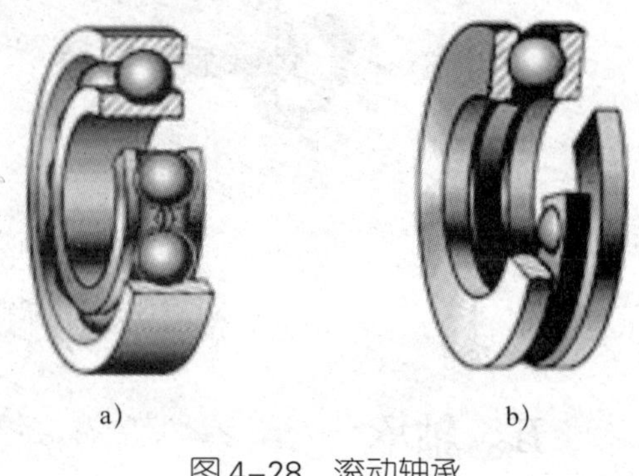

图 4–28　滚动轴承
a）向心轴承　b）推力轴承

按滚动体的种类不同，滚动轴承又分为滚动体为球的球轴承和滚动体为滚子的滚子轴承。常用的球轴承有深沟球轴承、推力球轴承和调心球轴承，常用的滚子轴承有圆柱滚子轴承、圆锥滚子轴承等。

3. 滚动轴承的标记和代号

滚动轴承的结构形式、特点、承载能力、类型和内径尺寸等均采用代号来表示，参考《滚动轴承　代号方法》（GB/T 272—2017）。滚动轴承的标记由名称、代号和标准编号组成。其格式为：

名　称	代　号	标准编号

滚动轴承的基本代号由轴承类型代号、尺寸系列代号和内径代号构成，尺寸系列代号又分为宽度系列代号和直径系列代号两部分，基本代号的格式如下。

类型代号　　尺寸系列代号　　内径代号

滚动轴承的基本类型见表 4–6。

表 4–6　滚动轴承的类型代号

代号	轴承类型	代号	轴承类型
0	双列角接触球轴承	7	角接触球轴承
1	调心球轴承	8	推力圆柱滚子轴承
2	调心滚子轴承和推力调心滚子轴承	N	圆柱滚子轴承
3	圆锥滚子轴承		双列或多列用字母 NN 表示
4	双列深沟球轴承	U	外球面球轴承
5	推力球轴承	QJ	四点接触球轴承
6	深沟球轴承	C	长弧面滚子轴承（圆环轴承）

学习单元 2　连接和密封

了解密封的作用和分类

理解螺纹连接的类型

掌握进行螺纹连接的预紧和防松方法

一、螺纹连接

1. 螺纹的基本要素

螺纹连接是制冷空调设备中最常用的可拆卸连接，也是应用最广泛的紧固方式。螺纹是零件上常见的一种结构，分外螺纹和内螺纹。在圆柱或圆锥外表面上的螺纹称外螺纹，在圆柱或圆锥内表面上的螺纹称内螺纹。

螺纹的基本要素如下。

（1）牙型

螺纹轴线平面内的螺纹轮廓形状称为牙型。其凸起部分称为螺纹的牙，凸起的顶端称为螺纹的牙顶，沟槽的底部称为螺纹的牙底。常见的螺纹牙型有三角形、梯形和锯齿形等，如图 4–29 所示。

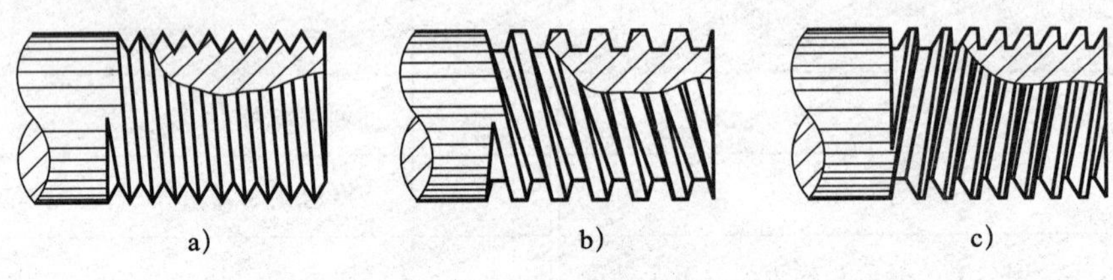

图 4–29　螺纹的牙型

a）三角形　b）梯形　c）锯齿形

（2）公称直径

代表螺纹尺寸的直径称为公称直径。螺纹的直径有大径、小径和中径。

1）大径。螺纹的最大直径。大径是指和外螺纹牙顶或内螺纹牙底相切的假想圆柱或圆锥的直径。其代号为 d（外螺纹）、D（内螺纹），对于紧固螺纹和传动螺纹来说，其大径就是螺纹的公称直径，如图 4–30 所示。

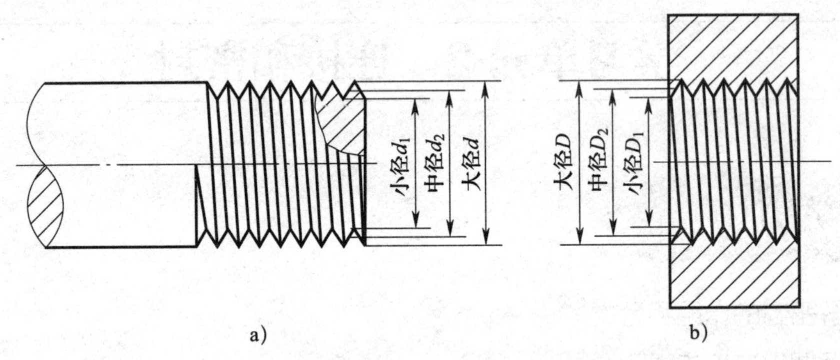

图 4–30　螺纹的大径和小径

a）外螺纹　b）内螺纹

2）小径。螺纹的最小直径。小径是指和外螺纹牙底或内螺纹牙顶相切的假想圆柱或圆锥的直径。其代号为 d_1（外螺纹）、D_1（内螺纹），如图 4–30 所示。

3）中径。一个假想圆柱或圆锥的直径。中径是指母线通过牙型上沟槽与牙厚宽度相等的假想圆柱或圆锥的直径。其代号为 d_2（外螺纹）、D_2（内螺纹），如图 4–31 所示。

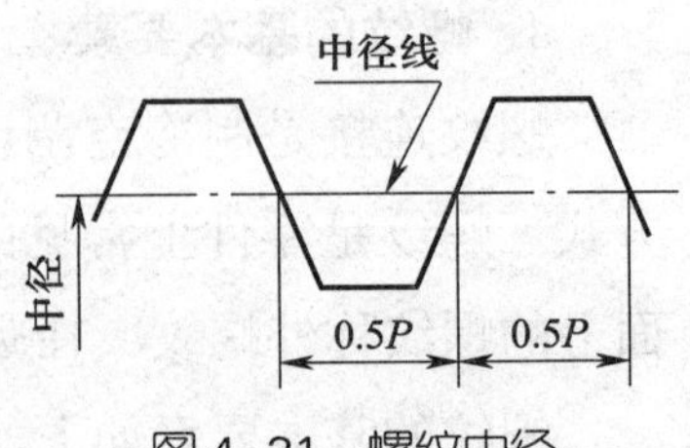

图 4–31　螺纹中径

（3）线数

螺纹有单线和多线之分。只有一个起始点的螺纹称单线螺纹，如图 4–32a 所示。具有两个或两个以上起始点的螺纹称多线螺纹，如图 4–32b 所示。

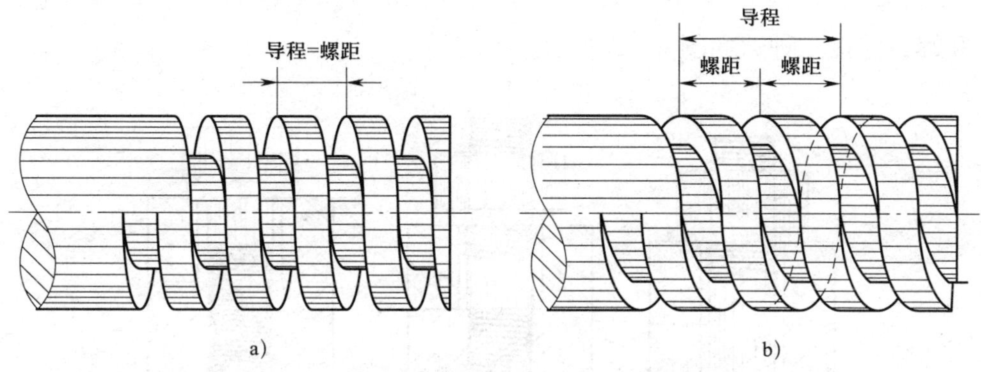

图 4–32　螺纹的线数、导程和螺距

a）单线螺纹　b）双线螺纹

（4）螺距和导程

螺纹上相邻两牙体对应牙侧与中径线相交两点间的轴向距离称为螺距，记为 P。同一条螺纹上最邻近的两同名牙侧与中径线相交两点间的轴向距离称为导程，记为 P_h。对于单线螺纹，有 $P=P_h$；对于线数为 n 的多线螺纹，有 $P=P_h/n$，如图 4–32 所示。

（5）旋向

与螺旋线的旋向一样，螺纹分右旋螺纹和左旋螺纹两种，左旋螺纹记为 LII，右旋螺纹则不必标出。

国家标准规定了常用螺纹的牙型、公称径和螺距。凡是这三项都符合标准的，称为标准螺纹；牙型符合国家标准，公称径和螺距不符合国家标准的，称为特殊螺纹；牙型不符合国家标准的称为非标准螺纹。

（6）螺纹分类

螺纹按用途可分为以下四类。

1）紧固螺纹。是指用来连接零件的螺纹，如应用最广泛的普通螺纹。

2）传动螺纹。是指用来传递动力和运动的螺纹，如梯形螺纹、锯齿形螺纹和矩形螺纹等。

3）管螺纹。如 55°非密封管螺纹、55°密封管螺纹、60°密封管螺纹等。

4）专用螺纹。如自攻螺钉用螺纹、木螺钉螺纹、气瓶专用螺纹等。

内、外螺纹总是成对使用的，只有当内、外螺纹的牙型、公称直径、线数、螺距和导程、旋向五个要素完全一致时，才能正常地旋合。

2. 螺纹连接的基本类型

根据两连接件的结构和工艺要求，螺纹紧固件的连接有螺栓连接、螺柱连接和螺钉连接三种，如图 4–33 所示。

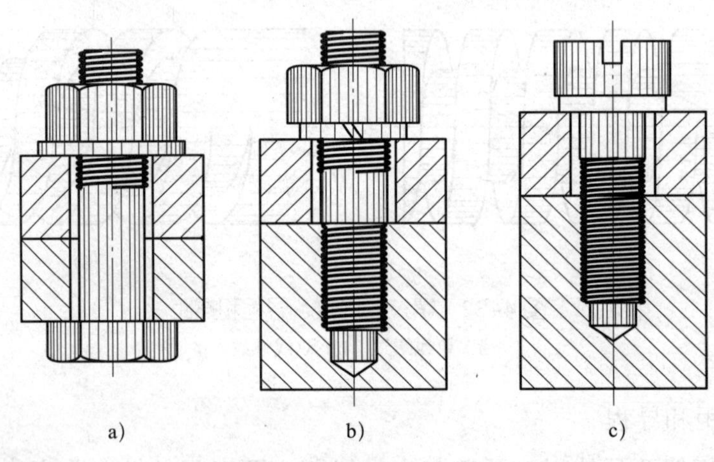

图 4–33　螺纹紧固件连接
a）螺栓连接　b）螺柱连接　c）螺钉连接

螺栓连接适用于连接两个不太厚的并能钻成通孔的零件。连接时用螺栓、螺母和垫圈把被连接的零件连接在一起，最常用的是六角头螺栓连接，如图 4–33a 所示。

螺柱连接适用于被连接零件之一较厚，不允许被钻成通孔的情况，连接件有螺柱、螺母和垫圈，如图 4–33b 所示。连接前，先在较厚的零件上制出不穿通的内螺纹，钻头头部形成的锥顶角为 120°，再在较薄的零件上加工出通孔。螺柱两端都加工有螺纹。连接时，将螺柱的一端（称旋入端）全部旋入较厚零件中的螺孔中，另一端（称紧固端）穿过较薄零件的通孔，套上垫圈，再用螺母拧紧，即完成螺柱连接。

螺钉的种类较多，按其用途可分为连接螺钉和紧定螺钉两类。连接螺钉一般用于受力较小而不需经常拆卸的场合，如图 4–33c 所示。被连接螺钉连接的零件中，一个加工出螺孔，另一个加工出光孔。紧定螺钉用于固定零件。

3. 螺纹连接的预紧和防松

在实际应用中，绝大多数螺纹连接在装配时都必须进行预紧，预紧的目的是增强连接的可靠性和紧密性，以防止受载后被连接件间出现缝隙或发生相对滑移，特别是对于像气缸盖、连杆、管路法兰等紧密性要求较高的螺纹连接，预紧更为重要。但过大的预紧力会导致整个连接的结构尺寸增大，也会使连接件在装配或偶然过载时被拉断。因此，为了保证连接所需要的预紧力，又不使连接件过载，对重要的螺纹连接，在装配时要按规定的预紧力预紧。

为了防止连接松脱，保证连接安全、可靠，设计时必须采取有效的防松措施。防松的根本目的是防止螺纹副的相对转动。螺纹连接的防松措施主要有：①摩擦力防松，如双螺母防松、弹簧垫圈防松、自锁螺母防松；②直接锁住，如开口销配合槽形螺母防松、止动垫圈防松、串联钢丝防松；③破坏螺纹副关系，如冲点、铆冲、焊接、粘结。常用防松措施的结构形式、特点和应用见表 4–7。

表 4–7 常用防松措施的结构形式、特点和应用

防松方法	结构形式	特点和应用
双螺母防松	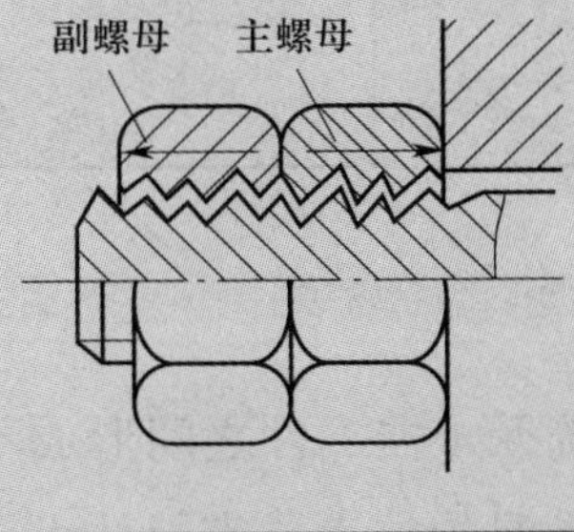 副螺母 主螺母	用两个螺母对顶着拧紧，使旋合螺纹间始终受到附加摩擦力的作用。这种防松方法，结构简单，适用于平稳、低速运转和重载的连接，如压缩机地脚螺栓等
弹簧垫圈防松	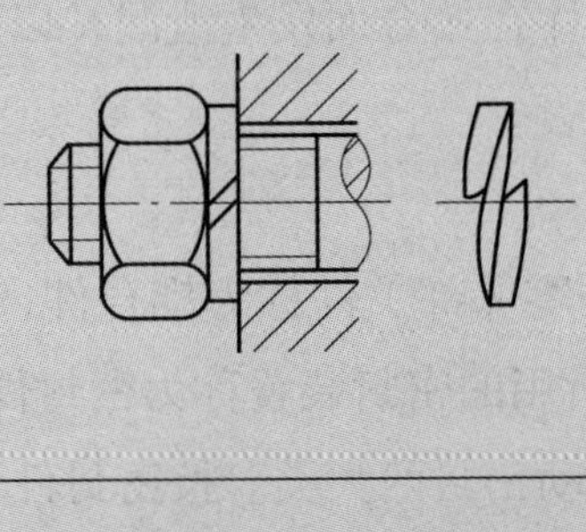	拧紧螺母后弹簧垫圈被压平，垫圈的弹性恢复力使螺纹副轴向压紧，同时垫圈斜口的尖端抵住螺母与被连接件的支撑面，也有防松作用。这种防松方法，结构简单，应用方便，广泛用于一般的连接，如压缩机气缸盖与机体连接等
开口销配合槽形螺母防松	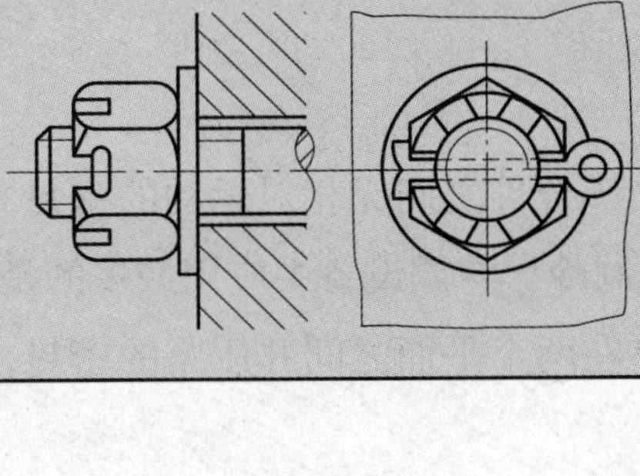	拧紧槽形螺母后，将开口销插入螺栓尾部小孔和螺母的槽内，再将开口销销口的尾部分开，使螺母锁紧在螺栓上。这种防松方法适用于有较大冲击、振动的高速机械中的连接，如大型压缩机连杆等

续表

防松方法	结构形式	特点和应用
止动垫圈防松		将止动垫圈套入螺栓，并使内舌放入螺栓（轴）上的小槽中，再拧紧螺母，最后将止动垫圈的另一边向上弯，使之和螺母的一边贴紧，此时止动垫圈约束螺母而自身又约束在螺栓（轴）上。这种防松方法，结构简单，使用方便，防松可靠，用于风机等设备
串联钢丝防松		用低碳钢丝穿入各螺钉头部的孔内，将各螺钉串联起来，使其相互制约。这种结构需要注意钢丝穿入的方向。该防松方法主要适用于螺钉组连接，防松可靠，但装拆不便

二、密封

在两个机械零（部）件或工艺系统元（器）件之间形成不渗漏连接所采用的装置称为密封，应用密封装置解决渗漏的技术是密封技术。密封的主要功能是防止密封容器或管道内的液体或气体在接合面发生泄漏，以及防止杂物（水、灰尘、空气）从外部渗入。

1. 密封的分类

在密封技术中，需要密封的两个零（部）件称为耦合件，被密封的接合面（通常是平面或柱面）称为密封面，所用的密封装置称为密封件。根据耦合件是否存在相对运动，密封分为静密封和动密封两大类。按密封件形状和结构不同，分为 O 形圈密封和填料密封。

2. 静密封

静密封是指被密封部位的两个耦合件之间无相对运动的密封，静密封分为垫密封、胶密封和波纹管密封等，制冷、空调设备中应用最多的是垫密封。

垫密封是一种依靠片状结构垫在两个平面之间并压紧的密封，在法兰连接处用得很多，密封垫有非金属密封垫、金属密封垫、非金属—金属组合密封垫三种。使用密封垫的原理是：利用密封垫产生弹性或塑性变形，以填满接合面上微小的凸凹不平，阻止泄漏发生。密封垫材料的硬度一定要低于两个压紧平面材料的硬度，二者之间相差越大，实现密封就越容易。当使用金属密封垫时，多用较软的金属材料。非金属密封垫的主要材料有柔性石墨类、聚四氟乙烯类和橡胶类等，橡胶材料弹性好、密封紧密，常用于法兰密封垫。石棉橡胶板致密且耐压性好，用于端盖、阀门、法兰连接的密封。半封闭制冷压缩机用密封垫如图 4–34 所示。

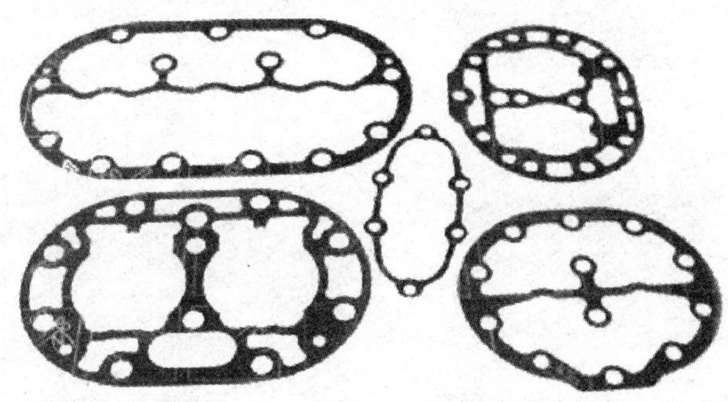

图 4–34　半封闭制冷压缩机用密封垫

3. 动密封

动密封是指被密封部位的两个耦合件之间有相对运动的密封。根据运动形式，动密封分为旋转密封和往复密封两种。按密封件与运动的零部件是否接触，分为接触式密封和非接触式密封。

接触式密封主要有油封、胀圈密封、机械密封、填料密封、成形密封等。非接触式密封主要有全封闭密封、磁流体密封、浮环密封、迷宫密封、离心密封等。一般来说，接触式密封的密封性能较好，但因受到摩擦损伤的限制，故多适用于密封面线速度较低的场合。非接触式密封的密封性能较差，适用于较高线速度的场合。

4. O 形圈密封

O 形圈是一种圆形截面的橡胶密封环，安装在槽中并经适量压缩，从而起到密封作用。O 形圈在静密封和动密封中均可使用，是一种价廉、有效的密封件，材质为具有良好弹性的橡胶，无论是受到机械压力的作用还是流体压力的作用，都会使 O 形圈受到压力而变形并紧贴在密封面上形成密封。

5. 填料密封

填料密封主要应用在阀门中，通常由较柔软的线状物编织而成，填充在密封腔体内，从而实现密封。填料密封最早是以棉麻等纤维塞在泄漏通道内来阻止液流泄漏，由于填料来源广泛、加工容易、价格低廉、密封可靠、操作简单，所以沿用至今。目前填料密封被广泛用于离心泵和搅拌器的转轴密封，以及各种阀门的阀杆旋动密封等。

职业模块 5 制冷基本操作

培训课程 1　钳工基础知识

学习单元 1　钳工常用设备、工具和量具

学习单元 2　钳工基本操作

培训课程 2　焊接基础知识

培训课程 1 钳工基础知识

学习单元 1 钳工常用设备、工具和量具

学习目标

了解钳工常用设备、工具和量具的名称及结构

熟悉钳工常用设备、工具和量具的作用

制冷、空调系统零部件的维护和修理往往需要进行钳工作业。钳工操作是利用台虎钳为夹具，固定待加工工件，利用锯、锉刀、旋具、扳手、丝锥、板牙、台钻、手电钻等工具或设备，按技术要求进行加工、修整和装配的操作。

一、钳工主要设备

钳工主要设备有钳工工作台和台虎钳。

1. 钳工工作台

钳工工作台（简称钳台）是摆放和固定台虎钳的工作台，钳台的高度以台面上安装的台虎钳上端到站立着的人下巴之间的竖直距离约一前臂加一拳的高度为宜，如图 5-1 所示，钳台的高度通常为 800 ~ 900 mm，钳台的长宽尺寸可根据加工需要确定。

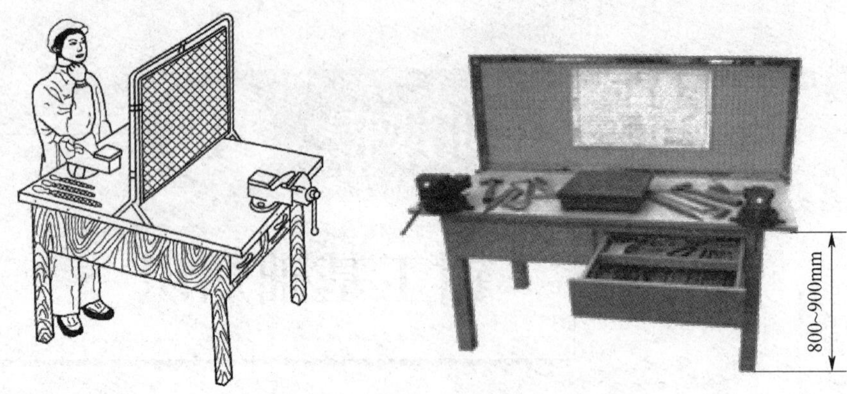

图 5–1　钳台及其高度的确定示意图

2. 台虎钳

台虎钳是用来固定待加工工件的夹具。其规格用钳口的宽度表示，常见的有 100 mm、125 mm 和 150 mm 等。台虎钳分为固定式台虎钳和回转式台虎钳两种，如图 5–2 所示。

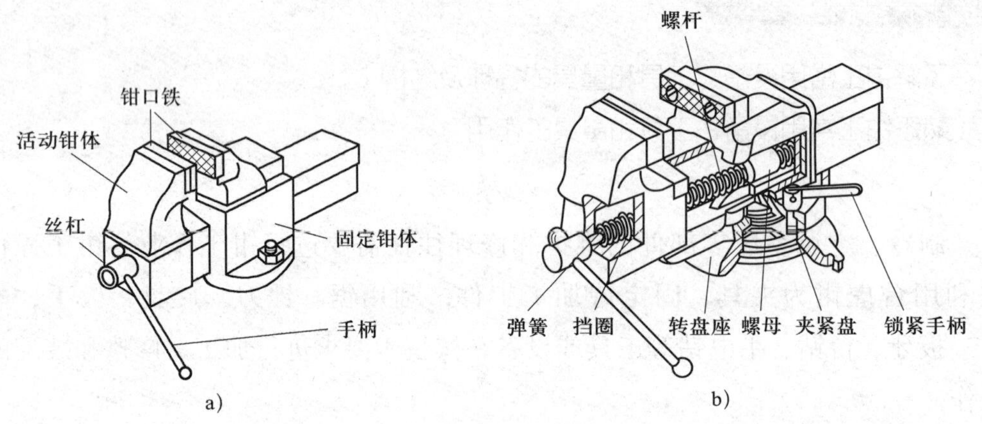

图 5–2　台虎钳

a）固定式台虎钳　b）回转式台虎钳

二、常用工具

制冷、空调系统维修和维护保养常用的手工具分为钳工通用工具和制冷作业专用工具。

1. 钳工通用工具

钳工通用工具有扳手、旋具、钳子和铆钉枪等。其具体形状和用途见表 5–1。

2. 制冷作业专用工具

制冷作业专用工具主要有割管器、倒角器、扩管器、弯管器和封口钳等。

表5-1 钳工通用工具

分类	名称	外形	用途
扳手	活扳手		活扳手的开口宽度可在一定尺寸范围内调节，用于拧转不同规格的六角头或方头螺栓（螺钉）、螺母，通用性好
	双开口呆扳手		双开口呆扳手用于拧转一定尺寸的六角头或方头螺栓（螺钉）、螺母，其两端开口的宽度不同，每把扳手可适用两种规格的螺栓、螺母
	内六角扳手		内六角扳手用于拧转内六角螺栓（螺钉），可承受的力矩大
	梅花扳手		梅花扳手用于拧转不同规格的六角头螺栓（螺钉）、螺母，可承受的力矩大。梅花扳手特别适用于工作空间狭小、螺栓或螺母位于凹处，无法使用呆扳手和活扳手的场合
	套筒扳手		套筒扳手由不同规格的套筒、传动附件和连接件组成。其用于拧转不同规格的六角头螺栓（螺钉）、螺母，可承受的力矩大。套筒扳手特别适用于空间狭小、倾斜、螺栓或螺母位于深凹处的场合

续表

分类	名称	外形	用途
扳手	扭力扳手		在紧固螺纹紧固件时，需要控制施加的扭矩大小，以保证螺纹能达到紧固要求且防止因扭矩过大而损坏螺纹。用扭力扳手时，先设定好一个需要的扭矩值上限，当施加的扭矩达到设定值时，扳手会发出“咔嗒”声或扳手连接处折弯一点角度，表示已经紧固，不需要再加力了
旋具	普通旋具		普通旋具用于拧转开槽的螺钉，分为十字旋具和一字旋具
	扭力旋具		在紧固螺钉时控制施加的扭矩大小，以保证螺纹能达到紧固要求且防止因扭矩过大而损坏螺纹。用扭力旋具时，先设定好一个需要的扭矩值上限，当施加的扭矩达到设定值时，扭力旋具会发出“咔嗒”声或打滑，表示已经紧固，不需要再用力了
钳子	尖嘴钳		尖嘴钳用于在狭小空间中夹持或折弯片状和丝状工件，可切断细金属丝，其柄部带有绝缘套
	钢丝钳		钢丝钳用于夹持或折弯片状和丝状工件、切断金属丝等，其柄部带有绝缘套
铆钉枪	铆钉枪		铆钉枪用于各类金属板材、管材等的紧固铆接。使用时，其枪头内爪抓紧钉芯，钉体置入孔中，压合铆钉枪手柄，可将钉芯拉断，使待铆工件铆固

（1）割管器

割管器是用来切割铜管和铝管的工具，有普通割管器和小型割管器两类，如图5–3所示。

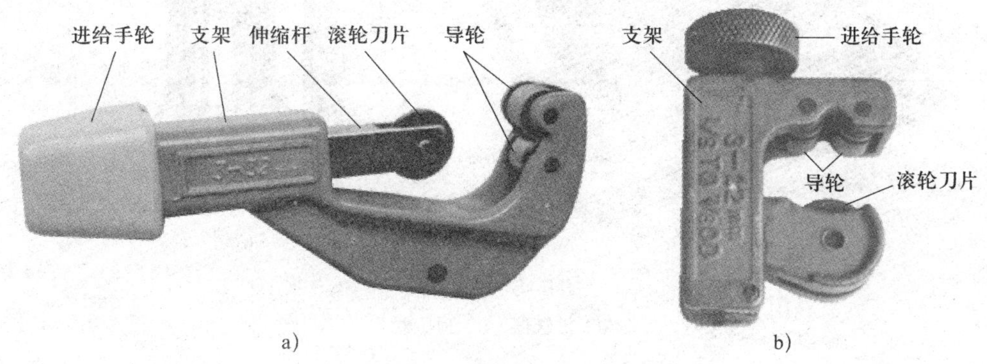

图5–3 普通割管器和小型割管器

a）普通割管器 b）小型割管器

（2）倒角器

经割管器切割的铜管切口处会有内、外径变小的内卷边现象，用倒角器可以清除切口的毛刺和内卷边。圆筒形内外倒角器如图5–4所示，兼具内倒角器和外倒角器两种功能。

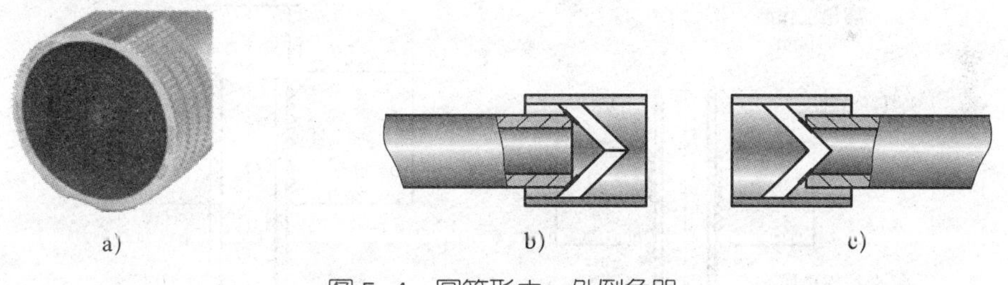

图5–4 圆筒形内、外倒角器

a）倒角器外形 b）外倒角示意 c）内倒角示意

（3）扩管器

扩杯形口（又称胀管）和扩喇叭口操作的目的是为焊接做准备，所用的工具就是扩管器，如图5–5所示。扩管器又称胀管器，常用的扩管器是由顶压器、顶锥和扩管夹具等组成的一套工具。选用不同的顶锥（见图5–6）可以对铜管进行扩喇叭口和扩杯形口的操作。扩杯形口操作示意图及合格的杯形口如图5–7所示。

（4）封口钳

封口钳用来夹扁铜管，封闭小型制冷系统的工艺口，如图5–8所示。

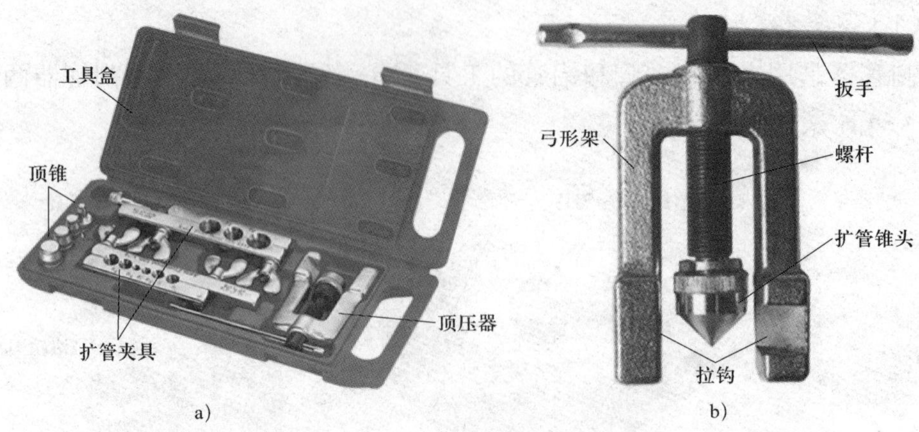

图 5-5 扩管器

a）扩管器 b）顶压器

图 5-6 顶锥

a）扩喇叭口用的扩管锥头 b）扩杯形口用的胀管模具

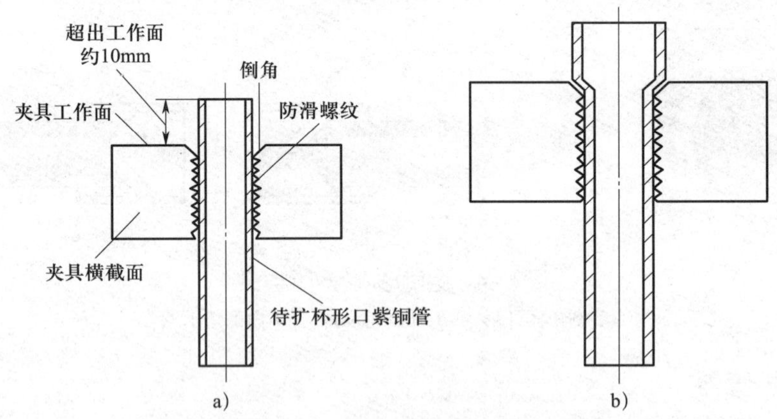

图 5-7 扩杯形口操作示意图及合格的杯形口

a）扩杯形口操作工艺示意图 b）合格的杯形口

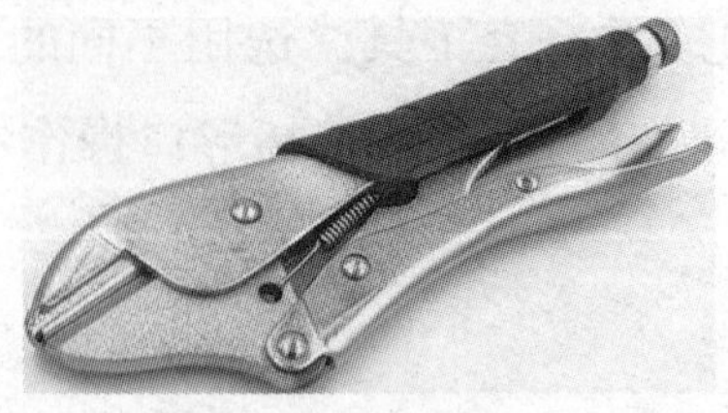

图 5-8 封口钳

三、钳工常用量具

制冷作业常用的量具主要有游标卡尺、千分尺和角度尺等。

1. 游标卡尺

一般长度测量可以用钢直尺，精确测量需要用游标卡尺。游标卡尺不仅可以测量工件的长度，还可以测量工件的外径、内径和深度。游标卡尺的结构如图 5–9 所示，它由尺身、游标、内测量爪、外测量爪、深度尺和固定螺钉等构成。

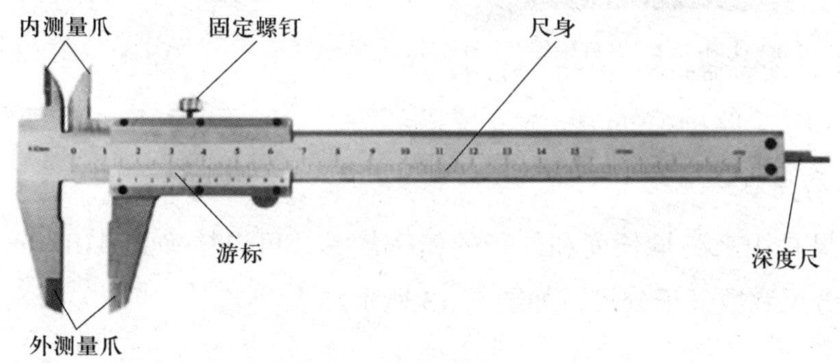

图 5–9 游标卡尺

（1）游标卡尺的分度值

游标卡尺上，尺身刻度每格的长度与游标上每格的长度之差称为分度值。分度值越小，测量结果越精确。游标卡尺的分度值有 0.10 mm、0.05 mm 和 0.02 mm 三种。常用的分度值为 0.02 mm，如图 5–10 所示，游标上共有 50 格。

（2）游标卡尺的读数方法

游标卡尺的读数分三步，如图 5–11 所示。①读取整数部分。整数部分从尺身上读取，为 24 mm。②读取小数点后第一位数字。尺身刻线与游标刻线对齐处在游标上的数字 5 和数字 6 之间，前边是 5，则 5 就是小数点后第一位数字（即 5 × 5 × 0.02 mm=0.5 mm）。③读取小数点后第二位数字。尺身和游标在 5 后第二格对齐，每格 0.02 mm，共 0.04 mm。所以小数点后第二位数是 4。最终被测量的尺寸为整数部分 + 小数部分，即 24.54 mm。

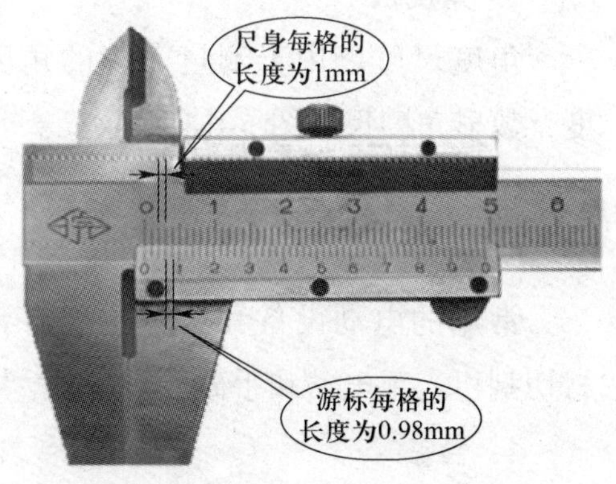

图 5–10 0.02 mm 分度值游标卡尺

注：小数部分读数还可以读出游标上第几条刻线与尺身某一条刻线对得最齐，该图中为

"27"，则小数部分读数为 27×0.02 mm=0.54 mm。

（3）数显游标卡尺

数显游标卡尺设有显示屏，用于显示所测量的数据，使用方便，如图 5-12 所示。

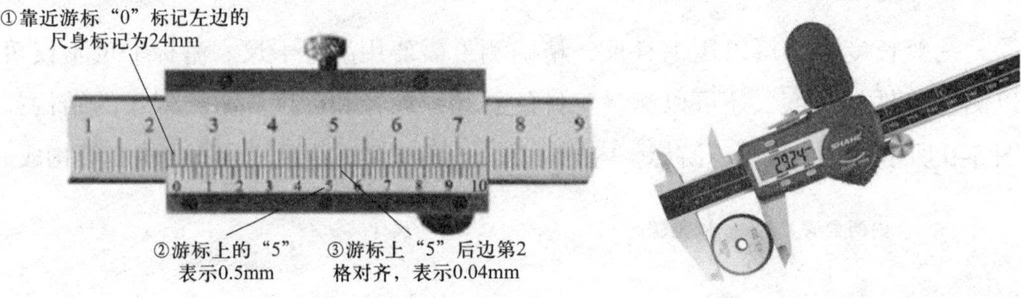

图 5-11 0.02 mm 分度值游标卡尺读数

图 5-12 数显游标卡尺

2. 千分尺

千分尺是用来测量长度和外径的精密量具，可以精确到 0.01 mm。千分尺有普通千分尺和数显千分尺，如图 5-13 所示。

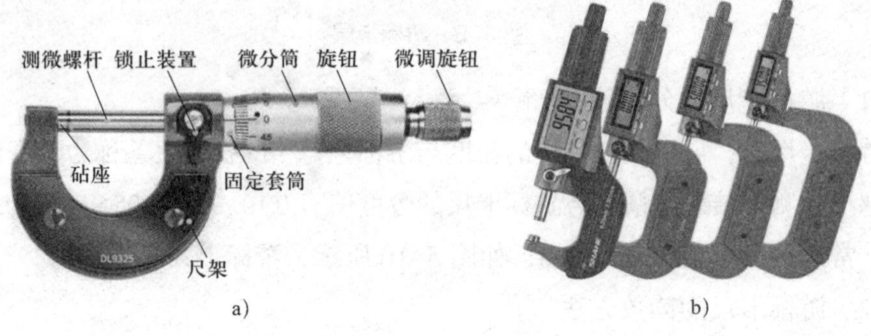

图 5-13 千分尺

a）普通千分尺 b）数显千分尺

3. 角度尺

角度尺可以用于测量工件的角度、水平度、垂直度，数显角度尺如图 5-14 所示。

图 5-14 数显角度尺

四、电动设备和工具

常用的电动设备和工具主要有台钻、砂轮机、型材切割机、手电钻和手砂轮机等。

1. 台钻

台钻如图 5-15 所示，用于在小型工件上钻、扩 ϕ12 mm 以下的孔。

台钻使用注意事项包括但不限于以下几点。

（1）安装、拆卸钻头应使用专用钥匙，不允许采用敲击的方法，钻头装夹必须牢固、可靠。

（2）钻孔前应可靠夹持工件，防止其甩出伤人。

（3）使用台钻时，必须戴防护眼镜，绝对不可以戴手套，衣服袖口必须扎紧，女工必须戴工作帽。

（4）若钻薄板孔，应采用较小进给量。

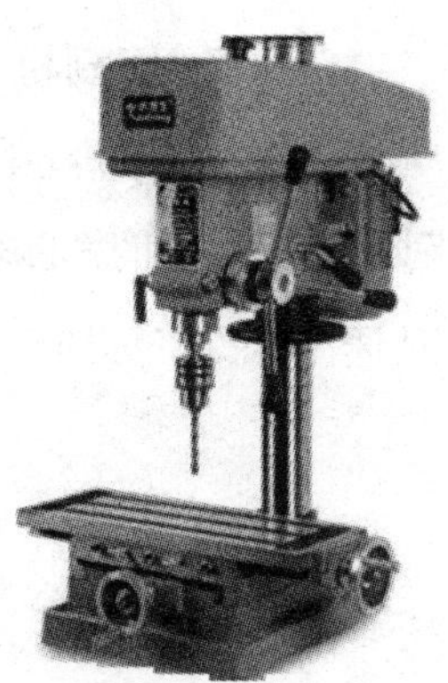

图 5–15　台钻

（5）若钻通孔时，应确保钻头穿过工作台让刀孔，或在工件与工作台之间垫上木块，以防钻头损伤工作台面。

（6）若切屑缠绕在工件或钻头上时，则应提升钻头，清除断屑。

（7）当需要更换传动带位置变换主轴转速时，必须在停机断电状态下进行。

2. 砂轮机

砂轮机是用来刃磨各种刀具、工具的设备，如图 5–16 所示，其使用注意事项如下。

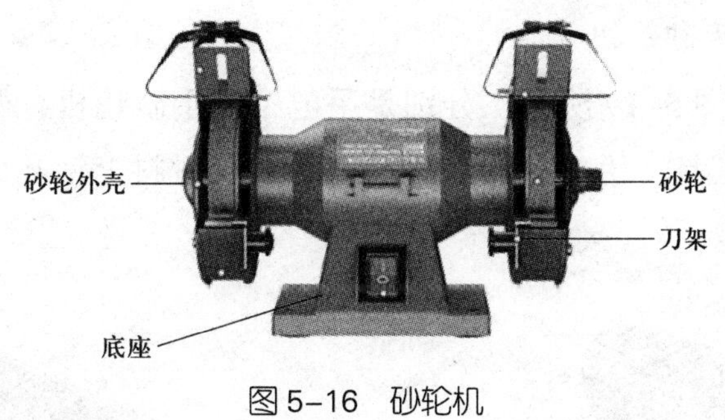

图 5–16　砂轮机

（1）使用前，应检查砂轮机是否稳定，砂轮罩是否安全、可靠，砂轮机托架和砂轮之间的距离不大于 3 mm，以防工件被带入托架与砂轮之间而将砂轮挤坏。如砂轮出现裂纹应立即将其更换。

（2）应检查砂轮机的旋转方向，确保磨屑向下飞离砂轮。

（3）砂轮机启动后，等其旋转平稳后再磨削。磨削时磨削者应站在砂轮机的侧面，且用力适中。

（4）若发现砂轮外圆径向圆跳动较大，应立即停用。严禁两人在同一轮片上磨削。

3. 型材切割机

型材切割机如图 5–17 所示，可用于切割管、带、棒等型材。使用时注意：砂轮额定线速度必须小于许用值，且小于 80 m/s；切割时要均匀下压砂轮，切割速率由工件材质决定，也不可用力过大。

图 5–17　型材切割机

4. 手电钻和手砂轮机

如图 5–18 和图 5–19 所示，分别是手电钻和手砂轮机，两者均为使用交流电源的手持电动工具。手电钻用于在金属和其他材料上钻孔。手砂轮机用于去除毛刺、磨平焊缝。

图 5–18　手电钻

图 5–19　手砂轮机

使用手持电动工具时应做到以下几点。

（1）购买和使用经检验合格的手持电动工具。

（2）使用前检查电源线的绝缘有无损坏，接头有无拉脱，工具内外有无受潮或进水，夹头等外露运动件有无异常。

（3）不允许戴各类纤维手套，以防止在运动件上缠绕造成人身伤害，但可以戴橡胶和塑料手套。

（4）使用中，若出现电动机转速持续下降、电动机超温、异常噪声等情况，应立即停用并断开电源。

（5）在雨雪天或大雾天，不许在室外使用手持电动工具。

学习单元2　钳工基本操作

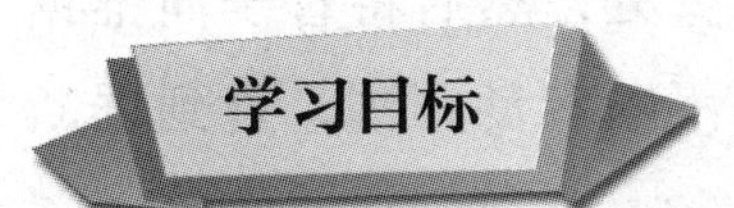

了解钳工作业内容

熟悉钳工常用设备、工具和量具的使用方法

钳工操作范围很广，在制冷与空调系统安装、维护和修理工作中，常用的操作主要有划线、锯削、锉削、攻螺纹、刮削、钻孔、铰孔、研磨及装配等。

一、锯削

锯削操作所用工具为手锯，它由锯弓和锯条组成，如图5-20所示。锯削前，先将锯条安装在锯弓上，锯齿朝前进的方向。锯条安装的松紧程度由锯弓上的蝶形螺母调节，过紧会使锯条失去弹性，锯削时容易折断；过松会使锯条扭曲，也容易折断。

锯削时的站位和姿势要正确：左脚向前跨出半步，左膝稍弯曲，右脚稍向后，右腿伸直。锯削时推力和压力由右手控制，压力不要过大，左手配合扶正锯弓，如图5-21所示。手锯推出时为切削行程，应施加压力，返回行程不切削，不加压力，自然拉回。

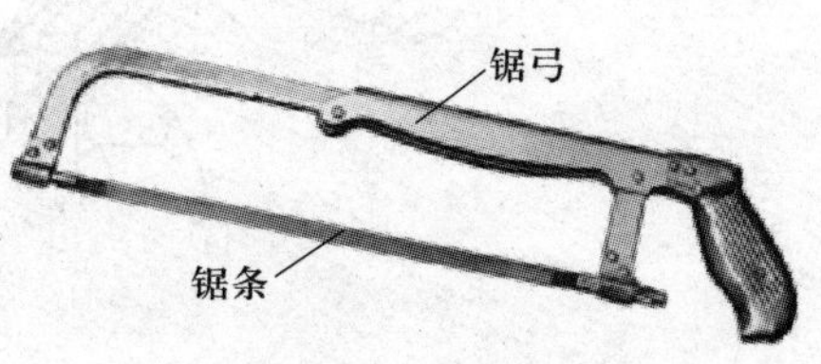

图5-20　手锯

锯削金属时，起锯角一般为 15°，起锯角过大，锯齿会钩住工件的棱边，锯齿容易折断。起锯压力要小，往复距离要短，推锯要稳。

如遇工件需要深锯，锯条安装时可偏转 90°，然后再锯削，如图 5–22 所示。

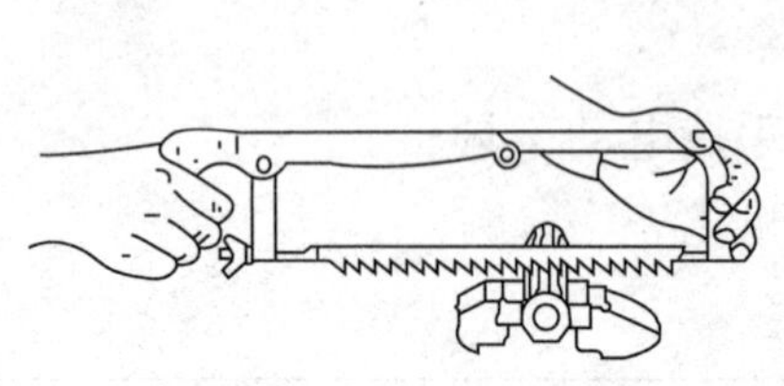

图 5–21 锯削操作示意图

图 5–22 深缝锯削示意图

锯削薄壁管材料时，不可在一个方向一直锯削到结束，否则锯齿容易被管壁钩住而崩裂。应该先在一个方向锯削到内壁处，然后将管子向推锯方向转过一定角度继续锯削，如此逐渐改变方向不断转动锯削，直到锯断为止。

二、锉削

锉刀是锉削金属的工具。锉刀的锉齿分粗、中、细几类。为适应加工件不同部位的锉削，锉刀有平锉（又称板锉）、方锉、三角锉、圆锉、半圆锉等。

用粗齿锉刀粗锉工件时，用右手握锉刀柄，拇指放在锉刀柄上面，其余四指放在下面，手心抵住锉柄的端面。左手的掌部压在锉刀端部或左手掌压在锉刀尖的端面，其余四指弯曲向手心，如图 5–23a 所示。

用细齿锉刀精锉工件时，用力比粗锉时要小，可用左手的拇指、中指及食指捏住锉刀端部，如图 5–23b 所示。

用整形锉刀锉削金属时，一般用单手操作。

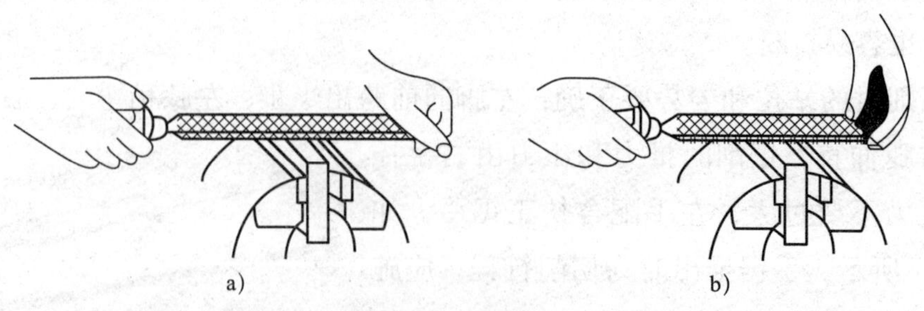

a) b)

图 5–23 锉削操作

a）用粗齿锉刀粗锉工件 b）用细齿锉刀精锉工件

三、攻螺纹与套螺纹

1. 攻螺纹

攻螺纹是用丝锥来切削内螺纹。丝锥分普通螺纹丝锥和管螺纹丝锥两类。丝锥的结构如图 5–24 所示，丝锥由工作部分和柄部组成，锥柄部分的后部带有方头，其作用是把丝锥固定在铰杠上。

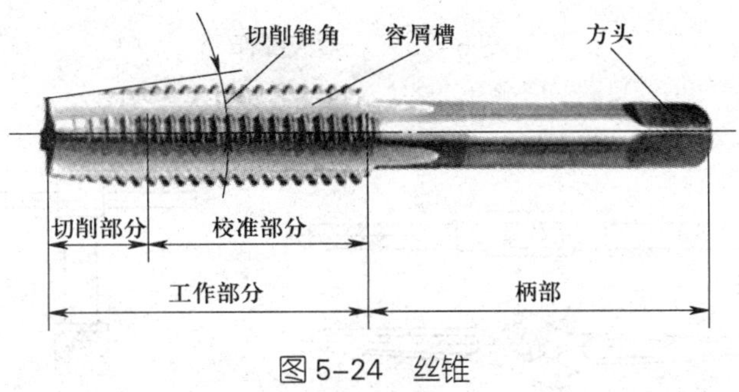

图 5–24　丝锥

攻螺纹操作可分为三步：第一步是钻底孔并倒角。攻螺纹前要先在工件上钻好底孔并倒角，便于丝锥开始切削时容易切入。所钻的底孔直径应略小于丝锥或者内螺纹大径，普通螺纹底孔直径可用以下经验公式计算。

对于塑性小的材料：$D_{底}=D-(1.05\sim1.1)P$

对于塑性大的材料：$D_{底}=D-P$

式中　$D_{底}$——螺纹底孔直径，mm；

D——螺纹大径，mm；

P——螺距，mm。

第二步是装夹。即将工件装夹在台虎钳上，使孔口表面与台虎钳平行，将丝锥的方榫插入丝锥扳手并拧紧。第三步是攻螺纹。在将丝锥攻入底孔 1 ~ 2 圈后，应及时将丝锥扳手卸下，检查丝锥与工件表面的垂直度。丝锥每旋转 1 ~ 2 圈要倒旋约 1/4 圈，以排出切屑，避免因切屑阻塞而卡住丝锥。攻螺纹的操作如图 5–25 所示。

铰杠是手工攻螺纹时用来夹持丝锥的工具。铰杠分为普通铰杠（见图 5–26a）和丁字形铰杠（见图 5–26b）两类。每类铰杠又有固定式和可调式两种。

2. 套螺纹

套螺纹是用板牙在工件上切削外螺纹，板牙也分普通螺纹板牙和管螺纹板牙两类，板牙架是固定板牙的夹具，板牙和板牙架如图 5–27 所示。

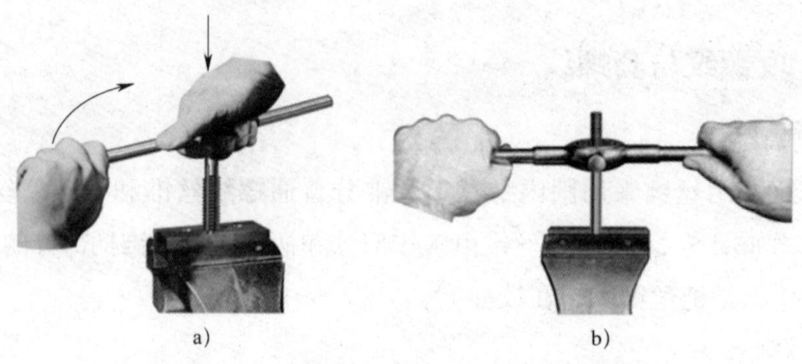

a）　　b）

图 5-25　攻螺纹操作

a）单手施压攻螺纹　b）双手施压攻螺纹

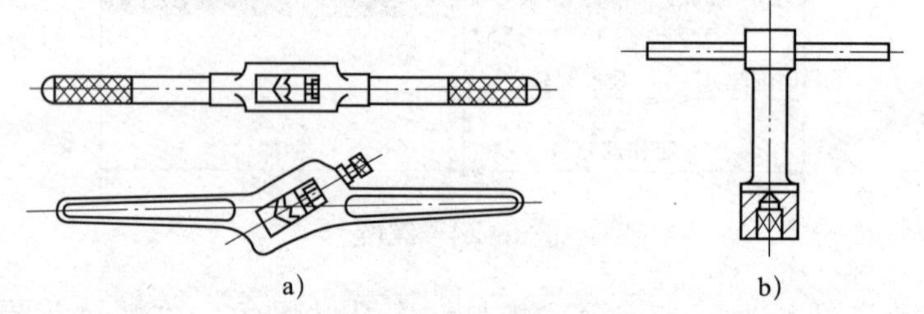

a）　　b）

图 5-26　铰杠

a）普通铰杠　b）丁字形铰杠

a）　　b）

图 5-27　板牙和板牙架

a）板牙　b）板牙架

套螺纹的方法和要点如下。

（1）用 V 形木块或厚铜衬作为衬垫，将工件夹持在台虎钳上。

（2）起套时，一手用手掌按住板牙架中部，并沿圆杆轴向施压，压力要大；另一手沿顺时针方向慢慢切进，并保证板牙端面与圆杆轴线垂直。

（3）在套螺纹过程中，应经常倒转 1/4 ~ 1/2 圈，以利于断屑和排屑。在板牙切入圆杆 2 ~ 3 牙时，应及时检查垂直度。

（4）正常套螺纹时，要将板牙自然引进，不要施加压力。

（5）套螺纹时要加切削液，以延长板牙的使用寿命和降低螺纹表面的粗糙度值。

培训课程 2

焊接基础知识

学习目标

了解焊接设备及其组成
熟悉气焊操作步骤和注意事项
熟悉电焊的操作步骤和注意事项

制冷系统安装、维护和修理工作中，铜管连接常用的焊接方法是气焊。结构架和钢管的连接通常采用焊条电弧焊。

气焊是指利用可燃气体与氧气燃烧产生的高温火焰，使工件和（或）焊条熔化，从而实现连接的操作。常用的可燃气体有乙炔和液化石油气等。焊条电弧焊是利用电弧放电产生的热量，熔化焊条与工件，从而获得牢固接头的焊接过程。

根据焊接时工件是否熔化，焊接可分为熔焊和钎焊两种。熔焊是焊接火焰熔化工件接缝处的金属和焊条，从而达到金属间牢固连接的方法。而钎焊是不熔化工件，仅熔化焊丝，使金属间牢固连接的方法。

一、气焊设备

以氧乙炔焊为例，一套完整的气焊设备包括氧气瓶、乙炔气瓶、焊炬、减压器和胶管等。气焊设备的连接示意图如图 5–28 所示。

1. 氧气瓶

标准氧气瓶的公称容积为 40 L，满瓶压力为 15 MPa，瓶体表面涂淡蓝色，并写有黑色的“氧”字，如图 5–29a 所示。套在瓶体上的两个橡胶圈，可在受

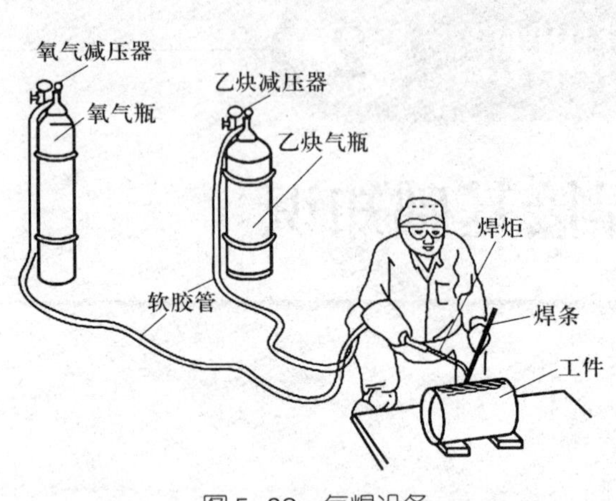

图 5–28 气焊设备

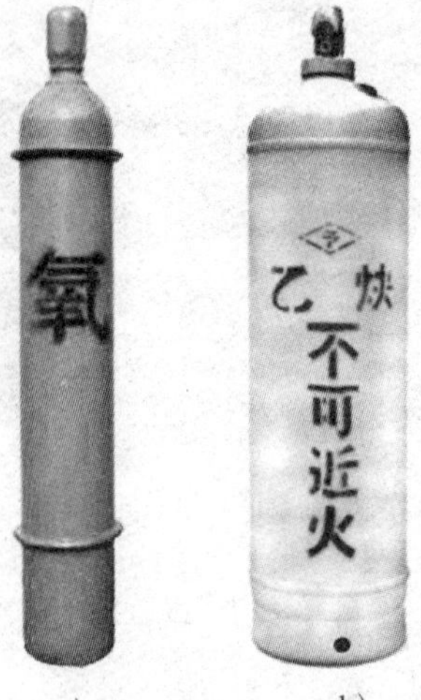

a) b)

图 5–29 氧气瓶和乙炔气瓶
a）氧气瓶 b）乙炔气瓶

撞击时起缓冲作用。氧气瓶体上部瓶头的内壁有锥形螺纹用以旋上瓶阀，瓶头外面套着瓶箍，用来固定瓶帽，瓶帽的作用是保护瓶阀不受意外碰撞而损坏。

氧气瓶使用注意事项如下。

（1）禁止氧气瓶与油脂接触。操作氧气瓶时，应先将手上（或手套上）、操作用的扳手上的油污擦洗干净。

（2）氧气瓶应远离易燃易爆物品、明火和热源，其安全距离应达到 10 m 以上；同时应保持与乙炔气瓶的距离不小于 3 m。

（3）冬季使用氧气瓶，如遇瓶阀或减压器冻结，可用温水或温度不超过 40 ℃的热源解冻，禁止用明火烘烤。

（4）钢瓶中的氧气不得用尽，应保留 0.1 MPa 以上的余压，以防止其他气体进入钢瓶而产生爆炸隐患。

（5）若场地上既有电焊又有气焊时，氧气瓶要保证绝缘，不可导电。

（6）安装减压器前，先开启瓶阀吹掉瓶口污物。

（7）开启瓶阀时人应站在侧面操作，动作要轻缓，禁止用锤子等硬物敲击。

2. 乙炔气瓶

乙炔气瓶是储存和运输乙炔的高压容器，其外形与氧气瓶相似，但直径稍大，外表涂白色，并写上红色“乙炔”字样，如图 5–29b 所示。乙炔溶解于丙酮，其溶解度与压力成正比，根据这个特性，可以用较小的容积来储存和运输较多的乙炔，乙炔气瓶又称溶解乙炔气瓶。

乙炔气瓶使用注意事项如下。

（1）乙炔气瓶无论是使用还是存放都要保持直立，不得卧置，以防止丙酮随乙炔流出。

（2）乙炔气瓶体温度最高不得超过 40 ℃，以防止温度过高使瓶中的丙酮溶解能力降低而造成危险。夏季露天作业时，乙炔气瓶要防止暴晒；冬季使用时如遇冻结，应用温度不超过 40 ℃的温水解冻，不得使用开水或水蒸气。

（3）乙炔气瓶应避免撞击或剧烈振动，以防止填料下沉而出现空洞。

（4）使用乙炔时要严格控制其流量，因流量过大会使丙酮一起排出而造成危险。

（5）乙炔气瓶必须连接乙炔减压器才能使用，绝不允许在有漏气的情况下使用。

（6）乙炔气瓶与明火之间应保持 10 m 以上距离，并远离热源。

（7）乙炔气瓶的使用压力不得超过 0.15 MPa，输出流量不得大于 15 ~ 25 m^3/h，以免供气不足和带走过多丙酮。乙炔气瓶中必须保留 0.1 MPa 以上的余压。

（8）乙炔气瓶要保持接地，防止静电积蓄产生火花发生爆炸事故；严禁气瓶下垫绝缘物品。

3. 气体减压器

气体减压器的作用是把气瓶内的较高压力的气体，减压到所需的工作压力，并保持稳定。氧气减压器和乙炔减压器使用时应注意以下安全要求。

（1）不同气体的减压器不得混用并在气瓶上安装牢固。减压器出口与胶管接头必须用钢丝拧紧，以防止其脱开伤人。

（2）连接减压器前，必须先开启瓶阀吹除瓶阀接口内的污物，开启瓶阀时，出口处不得对准操作者或他人，以防高压气体冲出伤人。

（3）减压器严禁接触油类。减压器发生冻结时，应用热水或水蒸气解冻，严禁明火烘烤。

（4）减压器使用完毕，应放松调压螺钉，关闭瓶阀，并放尽减压器内余气。

4. 焊炬

焊炬是气焊的主要工具，按可燃气体与氧气混合的方式分为射吸式焊炬和等压式焊炬两种。目前国内普遍使用射吸式焊炬。其型号中“H”代表焊炬，“01”代表射吸式，后面的数字如 6、12、20 等，表示可焊的低碳钢最大厚度（mm）。

焊炬的结构和形状如图 5-30 所示。使用时应注意下列安全要求。

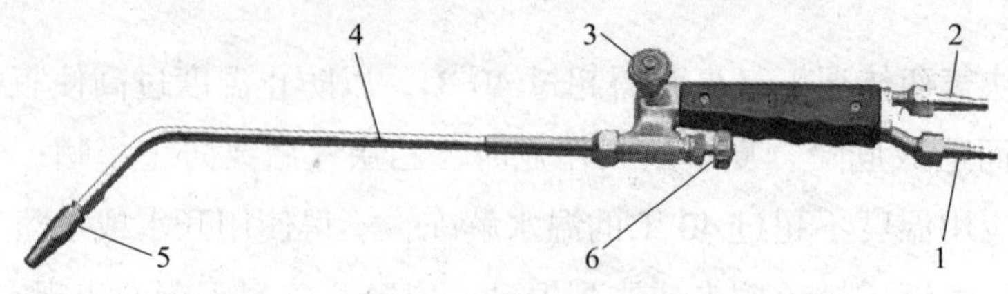

图 5-30　射吸式焊炬

1—氧气接头　2—乙炔接头　3—乙炔调节阀

4—混合气管　5—焊嘴　6—氧气调节阀

（1）焊炬与乙炔胶管接通之前，必须检查其射吸性能。检查方法如下：先接好氧气胶管，开启乙炔调节阀，再开启氧气调节阀，用手指按在乙炔接头上，若手感到有一股吸力，则表明射吸能力是正常的。如果没有吸力，甚至氧气从乙炔接头中倒流出来，则说明射吸能力不正常，必须进行修理，否则严禁使用。

（2）点火前，应检查其连接处和各气阀的密封性，发现漏气必须进行修理。

（3）如发现漏气现象，应立即停止工作，消除漏气后，才能继续使用。

（4）焊炬各连接部位、各气体通路及阀门等处，均不许沾染油脂，以防爆炸。

5. 胶管

输送氧气、乙炔和液化石油气的胶管由内、外胶层和中间棉或化纤织物组成，胶管使用注意事项如下。

（1）必须使用符合有关国家标准规定的专用胶管，绝不能使用不合格的其他类型的胶管，禁止使用没有通过压力试验的胶管。

（2）新胶管在使用前，必须先把胶管内壁的滑石粉吹除干净，以防止其堵塞气道。不准用氧气吹除乙炔胶管内的堵塞物。

（3）氧气胶管、乙炔胶管、液化石油气胶管不准互相代用和混用。

（4）根据国家标准《气体焊接设备 焊接、切割和类似作业用橡胶软管》（GB/T 2550—2016），氧气胶管为蓝色，乙炔胶管为红色，最大工作压力分别为 2 MPa 和 0.3 MPa，使用温度为 -20 ~ 45 ℃。

（5）使用胶管时，应避免其受到外界挤压和砸碰等机械损伤，不得折叠，不能与炽热的焊件接触，并防止与酸、碱、油类及其他有机溶剂等能损坏胶管的物质接触。

二、气焊安全要求

进行氧乙炔焊应严格遵守以下要求。

（1）接好减压器后，才能缓慢开启瓶阀，开启过快易损坏高压表和瓶阀。

（2）调节氧气减压器，控制氧气的出口压力为 0.15 ~ 0.2 MPa；调节乙炔减压器，控制乙炔的出口压力为 0.01 ~ 0.02 MPa。

（3）先开氧气阀，再开乙炔阀，点火后进行调整使火焰长度适中，然后再调节焊炬的氧气阀形成中性焰。

（4）点火时，焊嘴方向应避开人，以免将人烧伤。

（5）严禁在氧气阀和乙炔阀都开启时用手或其他物体堵住焊嘴出口，以防止氧气倒流。

（6）焊嘴不得过分受热，若焊嘴的温度过高，应放入水中冷却。

（7）停止使用时，焊炬应先关乙炔阀，然后关氧气阀。

（8）乙炔胶管在使用中发生破裂着火时，应先将焊炬熄灭，然后停止供气。氧气胶管着火时，应迅速关闭氧气阀，停止供氧。

（9）可燃易燃物料与焊接作业点火源之间的距离不应小于 10 m，工作地区必须配有足够的水源、灭火工具和器材，并应根据物料的燃烧性能选用灭火器材。

（10）工作完毕，应关闭氧与乙炔气瓶阀，松开减压器螺钉，放出胶管内的余气，卸下减压器。收起焊炬及胶管，及时清扫现场。

三、气焊火焰的调整

根据氧气与乙炔混合室内混合比的不同，燃烧后的火焰可分为中性烟、碳化焰和氧化焰三种。气焊之前须调整火焰，它关系到焊接质量和操作安全。

1. 中性焰

当氧气与乙炔的混合比为 1.1 ~ 1.2 时，乙炔能充分燃烧，没有过剩的乙炔和氧气，这时形成的火焰为中性焰。中性焰有白亮的焰心、相对较暗的内焰和淡蓝色的外焰三部分。乙炔—氧气燃烧的中性焰最高温度可达 3 100 ~ 3 150 ℃。

2. 碳化焰

当氧气与乙炔的混合比小于 1.1 时，氧气相对不足，火焰存在游离碳，称碳化焰。碳化焰火焰长且柔软，混合比小到一定程度，将会冒黑烟。火焰温度较低，为 2 700 ~ 3 000 ℃。

3. 氧化焰

当氧气与乙炔的混合比大于 1.2 时，火焰较中性焰变短，火焰外形成富氧区，并有急促的“嘶嘶”声，称氧化焰。氧化焰只有青白色焰心和淡紫色外焰两部分，最高温度可达 3 300 ℃。

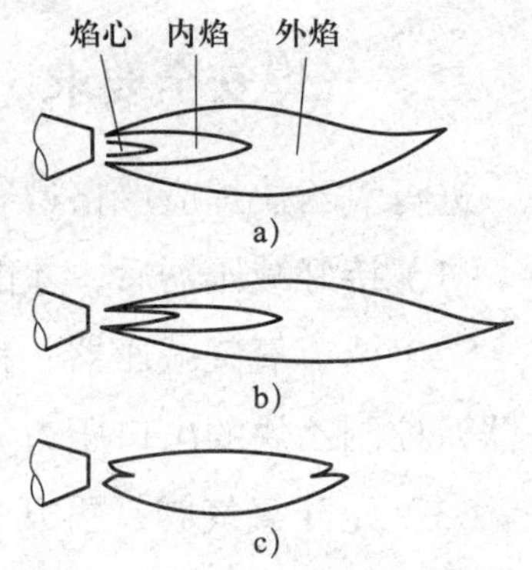

图 5–31　中性焰、碳化焰和氧化焰
a）中性焰　b）碳化焰　c）氧化焰

三种火焰的外形如图 5–31 所示。在制冷与空调系统安装、维护和维修中的气焊、气割作业中，如果没有特殊要求，应将火焰调成中性焰。

四、钎焊

钎焊适合小直径铜管的焊接。根据焊料熔点的不同，可将钎焊分为软钎焊和硬钎焊两种。软钎焊的钎料熔点低于 450 ℃，硬钎焊的钎料熔点高于 450 ℃，硬钎焊接头能承受的压力高于软钎焊接头能承受的压力。为增加焊接接头连接面的面积，通常采用搭接焊或套接焊以提升钎焊接头的承压能力。

1. 相同管径铜管的焊接

相同管径的铜管焊接时，可采用如图 5–32 所示的焊接结构，其中扩杯形口套接的配合间隙为 0.05 ~ 0.35 mm。插入深度为管外径的 3/4，且不小于 6 mm。系统管插入压缩机管的深度应大于 10 mm。

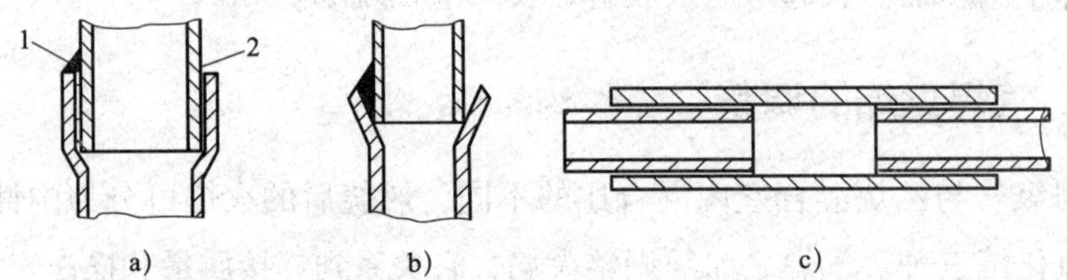

图 5–32　相同管径的铜管焊接
a）扩杯形口套接（1—焊后　2—焊前）　b）扩喇叭口套接　c）套管套接

2. 不同管径铜管的焊接

对于不同管径铜管间的焊接：若管径相差不大，可以直接插入焊接；若管径相差较大，要先把大管径的管口夹扁，再插入小直径的铜管，如图 5–33 所示。

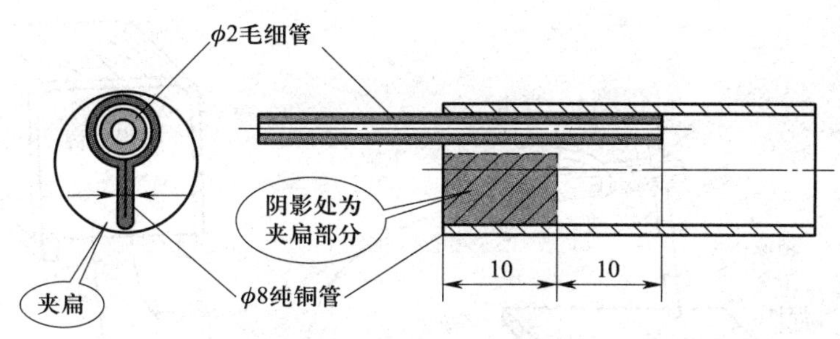

图 5–33 不同管径的铜管焊接

3. 氧乙炔钎焊操作步骤和工艺

（1）焊接前准备

准备焊接用气体，检查焊接用设备、工具等；进行焊件的预加工（扩喇叭口或扩杯形口）和固定，准备焊料；穿戴好防护用品；点火并调整火焰。

（2）焊件预热

将焰心尖端距焊件 2 ~ 4 mm，与管子垂直，对焊缝全长均匀加热，并涂上钎剂。加热时间不可过长，以免焊件氧化和熔化。

（3）施焊

当铜管呈暗红色，钎剂成为透明液体且均匀浸润焊缝时，将涂有钎剂的焊料送入加热，直到焊料充分熔化并填满焊缝。

（4）冷却

移去火焰，在焊料完全凝固之前，保持焊件不相互错位。

（5）清洁与检验焊接质量

将残留的钎剂和焊渣清除干净，检查焊缝是否整齐、饱满、圆滑，是否有凹凸不平、气泡和夹渣等现象。

（6）收尾

清理工作地点，收放好设备和工具等。

五、焊条电弧焊

1. 焊条电弧焊的设备与器材

焊条电弧焊是用手工操纵焊条进行焊接的，所用的设备是焊机，器材有焊钳、电焊面罩、焊条、夹具等。焊接电弧由焊机电源供给，利用正负两极瞬间短路时产生的高压电弧熔化电焊条上的焊料和被焊材料，焊条电弧焊设备如图 5–34 所示。

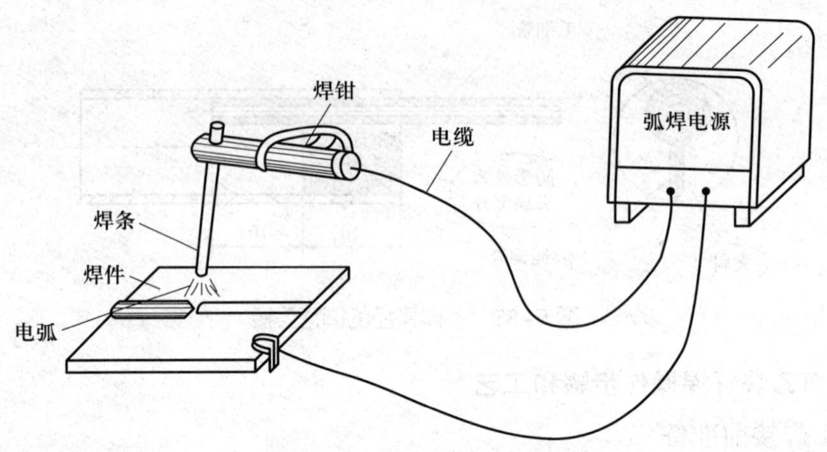

图 5–34　焊条电弧焊简图

（1）焊机

常用的焊机有交流弧焊机和整流式直流弧焊机两类。使用焊机时，要严格遵循焊机说明书上的技术参数和安全操作方法。使用前应检查焊机与焊钳、焊件的接线是否正确，确保已拧紧接线柱上的螺母，确保电缆绝缘层和熔丝完好，确保接地良好等。

（2）焊条

应根据焊件的材料和厚度选择焊条。焊接 Q235 等碳素结构钢工件时，宜采用 J426（E4316）、J427（E4315）焊条；焊接 10 钢等材质的无缝钢管作为制冷剂和载冷剂管道时，宜采用 J426（E4316）、J422（E4303）、J427（E4315）焊条；对于低温钢制成的工件，宜采用 J507R 焊条。焊条的直径主要取决于焊件的厚度，焊件厚度为 2 mm 时，焊条直径为 1.6 ~ 2 mm；焊件厚度为 3 mm 时，焊条直径为 2.5 ~ 3.2 mm。

焊接电流一般随焊条直径增加而增加：焊条直径为 1.6 mm 时，焊接电流为 25 ~ 40 A；焊条直径为 2 mm 时，焊接电流为 40 ~ 65 A；焊条直径为 2.5 mm 时，焊接电流为 50 ~ 90 A；焊条直径为 3.2 mm 时，焊接电流为 90 ~ 130 A。

（3）焊钳

焊钳的主要作用是夹持焊条和传导焊接电流。焊钳在使用中应防止摔碰，并应经常检查焊钳和焊接电缆连接是否牢固，手柄是否绝缘良好。

（4）焊接电缆

焊接电缆的作用是传导焊接电流。一般使用纯铜软线，要求具有足够的截面积和导电能力。确保外皮绝缘性能良好，以免产生短路而损坏电焊机。长度根据工作需要而定，但不要过长。

2. 焊条电弧焊工艺

焊条电弧焊的工艺包括引弧、焊缝起头、运条、收弧、接头、收尾等。

（1）引弧

引弧方法有直击法和划擦法。直击法是将焊条垂直地接触焊件表面，当焊条末端与焊件表面轻碰时，立即将焊条提起并使之与焊件保持一定的距离，从而引燃电弧。划擦法是将焊条端部在焊件表面轻轻擦过，与划火柴动作相似，从而引起电弧。划擦法容易掌握，但使用不当会擦伤工件表面。

（2）焊缝起头

焊缝起头是指刚开始焊接的部分，在引弧后把电弧稍微拉长，对焊缝端头进行必要的预热，然后再将电弧缩短到正常的长度进行焊接。

（3）运条

焊条除了均匀地向熔池送进，以保持必要的电弧长度外，还要不断地沿焊缝运动，这就叫运条。对于不开坡口的平焊、横焊等，焊条沿着焊接的方向一直向前运动；对于开坡口的平焊、横焊、立焊等，在沿着焊接的方向向前移动的同时，还要横向摆动，形成锯齿形摆动前移。

（4）收弧

受焊条长度的限制，焊接中经常需要换焊条，换焊条时应将电弧逐步引向斜前方，同时慢慢抬高焊条。

（5）接头

因焊接工作是断续进行的，为了保证焊缝的连续性，换焊条后应退焊一小段进行接头。

（6）收尾

当一条焊缝焊完后，应把收尾处的弧坑填满，否则焊缝收尾不好会形成低于焊件表面的弧坑。收尾时焊条做横向摆动，同时上下移动，焊缝饱满后把电弧拉向一侧，提起灭弧。

3. 焊条电弧焊的安全要求

焊接电弧不仅放出大量的热，而且发出强烈的弧光，对人体会产生危害。同时，有触电、烫伤危险，另外还有烟尘和有害气体的危害。因此，电弧焊时，必须严格遵守安全操作规程，注意劳动防护。

（1）电弧焊的操作规范

焊接时触电事故有直接触电和间接触电两种，具体见本书职业模块 8 中培训课程 2 学习单元 2“用电安全和消防知识”的相关内容。为预防触电，电弧焊应遵守以下操作规范。

1）电焊机外壳必须牢靠接零或接地，电焊机的一次侧的接线、修理及检查应由专业电工进行。

2）在搬运、检修电焊机、更换熔丝、改变极性和改变二次回路时，必须切断电源后才能进行。

3）焊钳应有良好的绝缘性能和隔热性能，工作中断时，焊钳要放在安全地方，防止焊钳接触人体。

4）焊接时，必须穿戴干燥的工作服、电焊手套和绝缘鞋。

5）焊接电缆绝缘应完好，防止电缆被碾压，绝缘层被电弧、炽热的焊缝金属等烧坏。绝缘层如有破损，应立即进行修理。

6）在潮湿的地方焊接时，应用干燥木板或橡胶板等绝缘物作为垫板。

7）在夜间操作或光线暗的场合焊接时，使用的照明灯电压不超过 36 V。

8）在金属容器内、金属构架上或其他狭小场合焊接时，不允许使用无绝缘外壳的焊钳，而且要设监护人，随时注意焊工的安全状况，发现危险征兆，应立即切断电源，使用的行灯电压为 12 V 安全电压。

（2）弧光辐射伤害的预防

弧光辐射的危害主要有：①过强可见光耀眼炫目；②过强的红外线对人体组织加热，使眼睛产生灼伤和灼痛；③过强的紫外线会伤害皮肤，导致电光性眼炎。预防弧光辐射伤害的措施如下。

1）操作时必须佩戴电焊防护面罩，面罩应该轻便、合适、耐高温、绝缘隔热且不漏光。

2）操作前，应穿好工作服，防止弧光灼伤皮肤。

3）操作引弧时，应注意周围人员，以免强烈的弧光伤害他人。在人多的场合焊接时，应用屏风和隔板遮光，避免周围人员受弧光伤害。

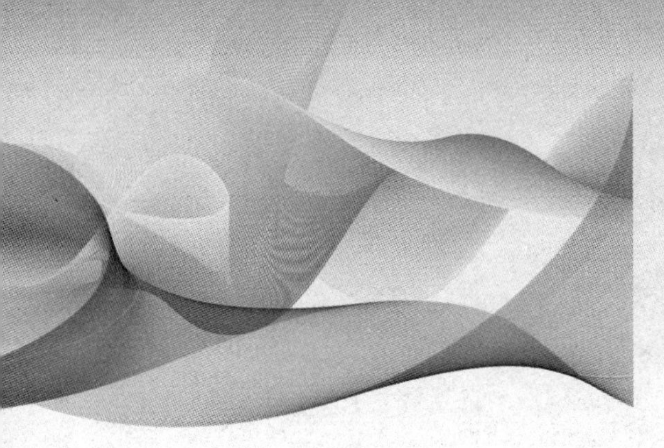

职业模块 6 制冷基础原理

培训课程 1　蒸气压缩式制冷循环基础

学习单元 1　蒸气压缩式制冷循环的组成和图示

学习单元 2　单级蒸气压缩式制冷循环的能效

学习单元 3　蒸气压缩式制冷循环的工况

学习单元 4　复杂蒸气压缩式制冷循环

培训课程 2　蒸气压缩式制冷循环的部件、介质和控制

学习单元 1　制冷压缩机

学习单元 2　冷凝器和蒸发器

学习单元 3　节流装置

学习单元 4　辅助设备

学习单元 5　制冷剂、载冷剂和冷冻机油

学习单元 6　电动机启动和制冷系统控制

培训课程 3　吸收式制冷循环

培训课程 1 蒸气压缩式制冷循环基础

所谓制冷，就是指在一定的环境条件下，采用人工的方法，对某一控制区域或者控制对象进行冷却降温，使其温度降到低于其所在环境温度的某个数值，即形成低温。同时，能排出环境或介质向该低温对象的温差传热量，来维持低温。因此，简单地说：制冷就是形成并维持低温。

工程上通过制冷系统的连续工作来实现制冷，制冷系统是由若干设备和零部件组成的。工作介质（简称“工质”）按照一定的顺序流经这些设备和部件，通过状态（相态、温度、压力）变化来进行能量转换，达到制冷目的，这种工作介质就叫制冷剂。

制冷剂周而复始地在制冷系统中流动循环，即制冷循环。为了确保制冷循环的安全、可靠，制冷系统中的制冷剂一定要是流体，即液态或气态，杜绝其变为固态的可能性。

按照制冷剂从低压到高压采用的方法不同，工程上常用的制冷循环有蒸气压缩式制冷循环和吸收式制冷循环两大类。

学习单元 1　蒸气压缩式制冷循环的组成和图示

了解蒸气压缩式制冷循环的组成

熟悉蒸气压缩式制冷循环的温熵图（T–s图）和压焓图（lg$p$–h图）

能够在某种制冷剂的压焓图上绘制特定的蒸气压缩式制冷循环路径

一、制冷剂的温熵图（*T*–*s* 图）和压焓图（lg*p*–*h* 图）

1. 制冷剂的 *T*–*s* 图

制冷剂的温熵图以比熵 *s*［简称熵，单位为 kJ/（kg · K）］为横坐标，以热力学温度 *T*（单位为 K）为纵坐标，如图 6–1 所示。图中，*C* 是临界点，*AC* 是饱和液体线，*BC* 为干饱和蒸气线，T_c 是制冷剂的临界温度，其中 *AC* 线、T_c 线和纵坐标所围区域是过冷液体区。*AC* 线和 *BC* 线之间的区域是湿蒸气区，该区域内任意一点都是制冷剂饱和液体与干饱和蒸气的混合物，也称气液共存态。*BC* 线和 T_c 线右上侧区域是过热蒸气区。状态点 1、2、3、4 和 5 分别代表了过冷液体、饱和液体、湿蒸气、干饱和蒸气和过热蒸气五种状态。温熵图可以概括地说是：一点（临界点 *C*）、两线（饱和液体线 *AC* 和干饱和蒸气线 *BC*）、三区（过冷液体区、湿蒸气区和过热蒸气区）和五种状态（状态点 1 ~ 状态点 5）。

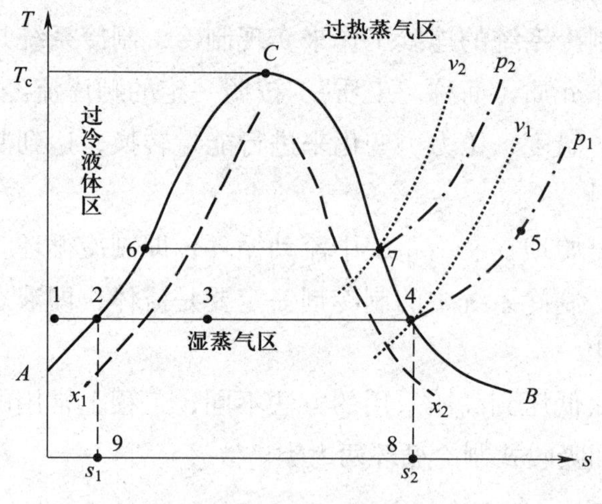

图 6–1　制冷剂的 *T*–*s* 图

温熵图中具体内容说明如下。

（1）等温线。图 6–1 中与横坐标平行的细实线是等温线，如 1、2、3、4 状态点位于同一条等温线上，又如等临界温度线 T_c。

（2）等熵线［即等比熵线，单位为 kJ/（kg · K）］。图 6–1 中与纵坐标平行的虚线是等熵线，如 s_1 和 s_2，其中 $s_1<s_2$。

（3）等压线（绝对压力，Pa）。在过冷液体区，等压线接近同温度对应的饱和线 *AC*；在湿蒸气区，由于饱和压力与饱和温度一一对应，等压线与等温线重合；在过热蒸气区，等压线是上凹的曲线，图 6–1 中的两条点画线为过热区的两条等压线。其中 A–2–3–4–5–p_1 就是一条完整的等压线，压力值为 p_1。另外一条 A–6–7–p_2 是压力为 p_2 的等压线，其中 $p_1<p_2$。

（4）等容线（即等比体积线，单位为 m^3/kg）。图 6–1 中 v_1 和 v_2 就是两条等容线（两条点线），其中 $v_1>v_2$。

（5）干度。在湿蒸气区，任何一点（如 3 点）是由同温同压下的饱和液体和干饱和蒸气组成，用干度 x 表示干饱和蒸气在湿蒸气中的质量分数，定义如下：

$$x=\frac{m_{干饱和蒸气}}{m_{湿蒸气}}=\frac{m_{干饱和蒸气}}{m_{干饱和蒸气}+m_{饱和液体}}$$

式中 x——湿饱和蒸气的干度，$0\leqslant x\leqslant 1$；

m——质量，kg。

（6）等干度线。图 6–1 中虚线 x_1、x_2 表示等干度线，$x_1<x_2$，其中饱和液体线 AC 的干度是 0，干饱和蒸气线 BC 的干度为 1。

（7）汽化潜热。在 A–2–3–4–5–p_1 的加热过程中，除 2–3–4 段外，其他阶段制冷剂的温度随着加热不断升高。而 2–3–4 段，制冷剂在定压加热中温度不变，而是完成从饱和液体到干饱和蒸气的相态变化，该过程需要吸收大量的热，即汽化潜热，单位质量制冷剂的汽化潜热值可用图 6–1 中 2–3–4–8–9–2 围成的面积表示，汽化潜热记为 r，单位为 kJ/kg。制冷循环中正是利用制冷剂在相态变化中吸收或者释放汽化潜热来实现制冷或制热的。

（8）饱和温度与饱和压力。在图 6–1 中，线段 2–3–4 和线段 6–7 均代表汽化过程，该过程既是等温过程，也是等压过程，一定的压力对应一定的饱和温度，一定的温度对应一定的饱和压力。以水为例，见表 6–1，101 420 Pa 对应的饱和温度为 100 ℃，31 200 Pa 压力对应的饱和温度为 70 ℃。反过来，也可以说 100 ℃水的饱和压力为 101 420 Pa，也可以说 70 ℃水的饱和压力为 31 200 Pa。同样地，纯物质制冷剂的饱和压力与饱和温度是一一对应的。R22 的饱和参数见表 6–2。

（9）过热度和过冷度。一定压力下，过冷液体的温度低于该压力对应的饱和温度，这个温度差值称为过冷度。101 420 Pa 下 90 ℃的过冷水，其过冷度是 10 ℃。一定压力下，过热蒸气（见图 6–1 中状态点 5）的温度高于其饱和温度，两个温度间的差值即是过热度。101 420 Pa 下，110 ℃的过热蒸气的过热度为 10 ℃。

表 6-1　H_2O 饱和压力与饱和温度参数表

饱和温度（℃）	饱和压力（MPa）	饱和液体密度（kg/m^3）	干饱和蒸气密度（kg/m^3）	饱和液体焓（kJ/kg）	干饱和蒸气焓（kJ/kg）	饱和液体熵[kJ/(kg·K)]	干饱和蒸气熵[kJ/(kg·K)]
10	0.001 23	999.65	0.009	42.021	2 519.2	0.151	8.900
20	0.002 34	998.16	0.017	83.914	2 537.4	0.297	8.666
30	0.004 25	995.61	0.030	125.73	2 555.5	0.437	8.452
40	0.007 38	992.18	0.051	167.53	2 573.5	0.572	8.256
50	0.012 35	988.00	0.083	209.34	2 591.3	0.704	8.075
60	0.019 95	983.16	0.130	251.18	2 608.8	0.831	7.908
70	0.031 20	977.73	0.198	293.07	2 626.1	0.955	7.754
80	0.047 41	971.77	0.294	335.01	2 643.0	1.076	7.611
90	0.070 18	965.30	0.424	377.04	2 659.5	1.193	7.478
100	0.101 42	958.35	0.598	419.17	2 675.6	1.307	7.354
110	0.143 38	950.95	0.827	461.42	2 691.1	1.419	7.238
120	0.198 67	943.11	1.122	503.81	2 705.9	1.528	7.129

注：由于焓和熵的数值随参考状态点而变化，不同表格（图）中的参考状态点可能不同，因此，查找数据时要确保在同一个表格（图）上查找，不能跨表格（图）个查找。

表 6-2　R22 饱和压力与饱和温度参数表

饱和温度（℃）	饱和压力（MPa）	饱和液体密度（kg/m^3）	干饱和蒸气密度（kg/m^3）	饱和液体焓（kJ/kg）	干饱和蒸气焓（kJ/kg）	饱和液体熵[kJ/(kg·K)]	干饱和蒸气熵[kJ/(kg·K)]
−60	0.038	1 463.7	1.863	−21.621	223.71	−0.097	1.054
−55	0.050	1 449.7	2.415	−16.252	226.13	−0.072	1.039
−50	0.065	1 435.6	3.088	−10.862	228.53	−0.047	1.025
−45	0.083	1 421.3	3.901	−5.445 6	230.90	−0.024	1.012
−40	0.105	1 406.8	4.873	0.000 00	233.24	0.000	1.000
−35	0.132	1 392.1	6.025	5.479 0	235.54	0.023	0.989
−30	0.164	1 377.2	7.379	10.995	237.80	0.046	0.979
−25	0.201	1 362.0	8.958	16.553	240.02	0.069	0.969
−20	0.245	1 346.5	10.790	22.157	242.18	0.091	0.960
−15	0.296	1 330.8	12.901	27.810	244.28	0.113	0.951

续表

饱和温度（℃）	饱和压力（MPa）	饱和液体密度（kg/m³）	干饱和蒸气密度（kg/m³）	饱和液体焓（kJ/kg）	干饱和蒸气焓（kJ/kg）	饱和液体熵［kJ/（kg·K）］	干饱和蒸气熵［kJ/（kg·K）］
−10	0.355	1 314.7	15.322	33.517	246.31	0.134	0.943
−5	0.422	1 298.3	18.086	39.284	248.27	0.156	0.935
0	0.498	1 281.5	21.229	45.113	250.16	0.177	0.928
5	0.584	1 264.3	24.792	51.011	251.96	0.198	0.921
10	0.681	1 246.7	28.820	56.982	253.67	0.219	0.914
15	0.789	1 228.6	33.362	63.033	255.28	0.240	0.907
20	0.910	1 209.9	38.477	69.171	256.77	0.261	0.901
25	1.044	1 190.7	44.232	75.402	258.14	0.282	0.895
30	1.192	1 170.7	50.705	81.737	259.37	0.302	0.888
35	1.355	1 150.1	57.988	88.185	260.45	0.323	0.882
40	1.534	1 128.5	66.193	94.760	261.36	0.344	0.876
50	1.943	1 082.3	85.952	108.36	262.55	0.385	0.862
60	2.428	1 030.4	111.590	122.73	262.66	0.428	0.848

注：由于焓和熵的数值随参考状态点而变化，不同表格（图）中的参考状态点可能不同，因此，查找数据时要确保在同一个表格（图）上查找，不能跨表格（图）个查找。

2. 制冷剂的 lg*p*–*h* 图（压焓图）

压焓图主要用于对制冷循环进行能量分析，压焓图以压力的对数 lg$p$ 为纵坐标，以制冷剂的比焓（简称焓）h 为横坐标，具体如图 6–2 所示。压焓图中的参数和等参数线说明如下。

（1）等温线

压焓图上的等温线是图 6–2 中的细实线，通常采用摄氏温标，单位为℃，等温线 t_1 在过冷液体区近似为平行于纵坐标的直线，在湿蒸气区为平行于横坐标的直线，在过热蒸气区为下凹的曲线。

（2）等熵线

过热区的等熵线近似为斜线，图 6–2 中粗实线所示的两条等熵线 s_1 和 s_2，$s_1>s_2$。

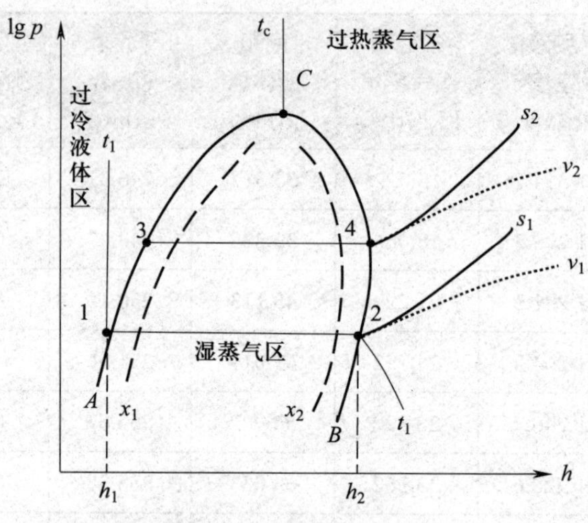

图 6–2 制冷剂的压焓图

（3）等容线

图 6–2 中 v_1 和 v_2 就是两条等容线，其中 $v_1>v_2$。

（4）等干度线

图 6–2 中，虚线表示等干度线，其中饱和液体线 *AC* 的干度是 0，干饱和蒸气线 *BC* 的干度为 1，$0<x_1<x_2<1$。

饱和液体线 *AC* 与干饱和蒸气线 *BC* 将压焓图分为过冷液体区、湿蒸气区和过热蒸气区三个区。

（5）等焓线

图 6–2 中虚线 h_1 和 h_2 代表两条等焓线。

（6）汽化潜热

图 6–2 中 1→2 过程为等温等压吸热汽化过程，过程中吸收的汽化潜热可用下式来计算。即可以用 1 到 2 的线段长度来表示汽化潜热的大小。

$$r=h_2-h_1$$

式中　r——汽化潜热，kJ/kg；

　　h_1、h_2——1、2 两状态点的焓，kJ/kg。

3. 常用制冷剂的 lg*p*–*h* 图

制冷剂按照其化学组成分为无机类制冷剂和有机类制冷剂两大类。无机类制冷剂主要有 H_2O、NH_3、CO_2 等，有机类制冷剂有 R22、R23、R134a、R290、R404A、R407C、R410A 等。至于工程中选用哪种制冷剂，取决于低温温度区间、制冷剂的性质、能效、环保和安全性等因素的考量。常用制冷剂的压焓图见附图 1 ~ 附图 8。

二、单级蒸气压缩式制冷循环的组成和图示

单级蒸气压缩式制冷循环是最基本的制冷循环，许多复杂的蒸气压缩式制冷循环，如多级压缩、具有回热的循环、复叠式制冷循环等，都是在其基础上改进而来的。

1. 单级蒸气压缩式制冷循环的组成

单级蒸气压缩式制冷循环是指低温低压的制冷剂蒸气仅经过一级压缩就达到冷凝压力的循环。单级压缩制冷机组主要由压缩机、冷凝器、蒸发器、节流装置四个主要部件组成，该循环流程如图 6–3 所示。

（1）压缩机

压缩机的主要作用是压缩制冷剂，同时具有输送制冷剂和推动制冷循环的作用。压缩机把吸入的低温低压的制冷剂蒸气从状态 1 压缩成高温高压的蒸气（状态点 2）。这个过程需要消耗能量，即输入功。理论上，压缩机吸入的是制冷剂的干饱和蒸气，但其状态极不稳定，很容易凝结变为液体。某些类型的压缩机内如存在液体，便会发生液击事故，从而损坏压缩机。为了杜绝湿压缩工况，一般压缩机入口吸入的是有 5 ~ 10 ℃过热度的过热蒸气。

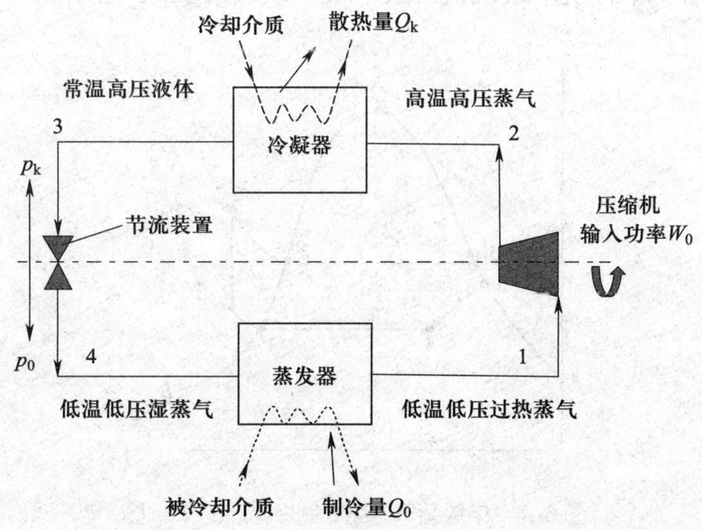

图 6–3　单级蒸气压缩式制冷循环原理图

（2）冷凝器

冷凝器是换热器，是制冷剂与冷却介质热量交换的平台。高温高压的制冷剂在冷凝器中定压放热冷凝，变成冷凝压力 p_k 下的饱和液体或者过冷液体（状态 3）。该过程是放热过程，释放的热量 Q_k 被冷却介质带走。冷凝器可分为风冷和水冷两种。理想情况下，状态 3 的温度接近冷却介质的温度。实际上，状态 3 的温度一般稍高于冷却介质的入口温度。

（3）节流装置

节流装置的主要作用是降压并调节制冷剂的流量。通过节流装置，制冷剂压力从 p_k 下降到 p_0，制冷剂具有节流冷效应的特性，经过节流装置后，制冷剂的温度降低到蒸发压力 p_0 所对应的饱和温度，具有了冷却其他介质的制冷能力。

（4）蒸发器

蒸发器也是换热器，是制冷剂与被冷却介质热量交换的平台。在蒸发器中，被冷却介质释放热量 Q_0，低温低压的制冷剂湿蒸气吸收热量 Q_0 从而蒸发汽化，变成干饱和蒸气或者过热蒸气，进入压缩机，然后开始下一个循环。

2. 单级蒸气压缩式制冷循环的过程分析和图示

制冷剂连续不断地流过压缩机、冷凝器、节流装置和蒸发器，最后再进入压缩机，制冷剂的状态也进行着 1 → 2 → 2′ → 3′ → 3 → 4 → 1′ → 1……周而复始的变化。制冷循环的温熵图和压焓图如图 6–4 和图 6–5 所示。

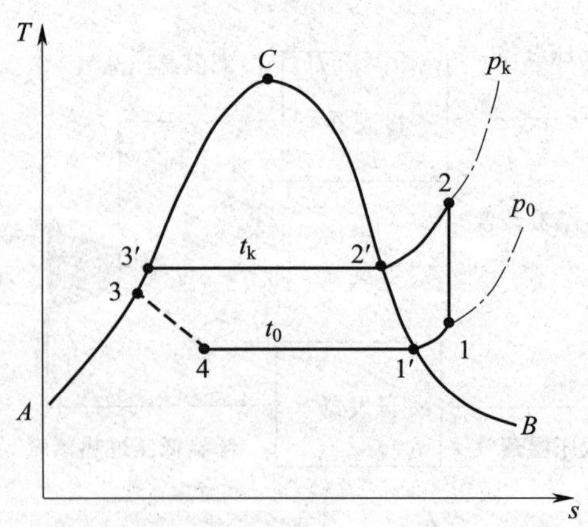

图 6–4　单级蒸气压缩式制冷循环的 T–s 图

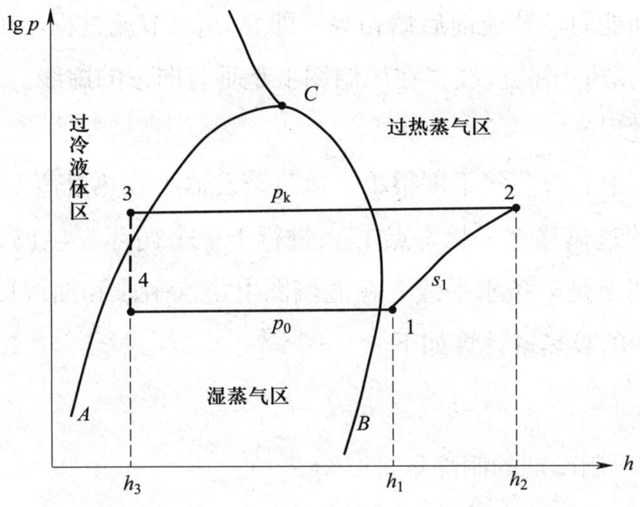

图 6–5　单级蒸气压缩式制冷循环的 lg$p$–h 图

（1）压缩过程

1→2 是制冷剂流过压缩机的压缩过程，这个过程进行得很快，制冷剂来不及放热，理想化为定熵过程，即 $s_1=s_2$。故压缩过程在 T–s 图上是一条垂直向上的直线；在 lg$p$–h 图上，从 1 状态点出发沿着等熵线 s_1，最后与冷凝压力 p_k 线相交于 2 状态点。单位质量制冷剂在压缩过程中消耗的压缩功用下式计算。

$$w_0=h_2-h_1$$

式中　w_0——1 kg 制冷剂被压缩需要消耗的理论轴功，kJ/kg；

h_1、h_2——1、2 两状态点的焓，kJ/kg。

（2）冷凝过程

压缩机出口（状态点 2）是高温高压的过热蒸气，进入冷凝器后在冷凝压力 p_k 下被冷却介质定压冷却到过冷液体（状态点 3）。该过程在压焓图中是一条水平线，在温熵图上分为曲线段和水平段两段。单位质量制冷剂在冷凝过程释放的热量如下。

$$q_k=h_2-h_3$$

式中　q_k——1 kg 制冷剂流过冷凝器向冷却介质释放的热量，kJ/kg；

h_2、h_3——2、3 两状态点制冷剂的焓，kJ/kg。

（3）节流过程

冷凝器出口的制冷剂（状态点 3）是常温高压的过冷液体，并不具备制冷能力，因制冷剂具有节流冷效应，经过节流装置，变为低温低压的饱和湿蒸气，从而具备了冷却能力。节流前后焓相等，即 $h_3=h_4$。节流过程不可逆，用虚线表示，在 $T-s$ 图上是熵增的虚线，在压焓图上是垂直向下的虚线。

（4）蒸发过程

状态点 4 的饱和湿蒸气干度很小，流过蒸发器吸收热量蒸发、汽化和过热，变成了低压下的过热蒸气（状态点 1），进行下一个循环。4–1 过程是等压吸热过程，在压焓图上是一条水平线，在温熵图上由水平段和曲线段组成。1 kg 制冷剂在蒸发器中的吸热量计算如下。

$$q_0=h_1-h_4$$

式中 q_0——1 kg 制冷剂的制冷量，kJ/kg；

h_1、h_4——1、4 两状态点制冷剂的焓，kJ/kg。

从制冷循环图示可知，$T-s$ 和 $\lg p-h$ 图都有助于理解制冷循环原理。在压焓图中，单位质量制冷剂循环中热量和功的交换可以用线段直观表示。

学习单元 2　单级蒸气压缩式制冷循环的能效

了解能效的含义

熟悉单级蒸气压缩式制冷循环能量守恒和能效指标

能够利用压焓图分析某一制冷循环的能效

能效是指能源转换利用效率，其根本计算方法是收获除以代价，对蒸气压缩式制冷循环来说，收获就是循环的制冷量，代价就是消耗的轴功。

一、制冷循环的能量平衡

如图 6–5 所示，制冷剂经历了 1–2、2–3、3–4 和 4–1 四个过程。一个制冷循环结束时，制冷剂回到初始状态，从低温吸热 q_0，消耗轴功 w_0，向高温环境放热 q_k。根据能量转换与守恒定律，三者之间满足以下关系。

$$q_k=q_0+w_0$$

上式说明：经过一个循环，制冷剂将在蒸发器吸收的热量加上压缩机消耗的压缩轴功，全部转换成冷凝热释放到环境。

二、制冷循环的性能指标

1. 制冷量和输气量

（1）制冷量

假定制冷系统中的制冷剂流量为 m，则该制冷循环的制冷量可用下式计算。

$$Q_0=mq_0$$

式中　q_0——1 kg 制冷剂的制冷量，kJ/kg；

m——制冷剂循环量，kg/s；

Q_0——制冷系统的制冷量，kW。

（2）压缩机的实际输气量

压缩机的实际输气量可用下式计算。

$$V_a=mv_1$$

式中　V_a——压缩机的实际输气量，m^3/s；

v_1——压缩机入口制冷剂的比体积，m^3/kg。

（3）压缩机的理论输气量

压缩机的理论输气量可以如下计算。

$$V_h=\frac{V_a}{\lambda}=\frac{mv_1}{\lambda}$$

式中　λ——压缩机的输气系数；其余符号同上。

2. 制冷机的功率

制冷机的功率通常有三种，分别是压缩机轴功率、压缩机电动机的输入功率和制冷装置总输入功率。

（1）压缩机轴功率

压缩机轴功率是指压缩机主轴上所测得的功率，用 N_s 表示。对于全封闭和半封闭式压缩机，轴功率与压缩机电动机的输入功率相等。

$$N_s=mw_0$$

式中　N_s——压缩机的轴功率，kW；

m——制冷剂的循环量，kg/s；

w_0——1 kg 制冷剂被压缩需要消耗的理论轴功，kJ/kg。

（2）压缩机电动机的输入功率

压缩机电动机的输入功率是指在压缩机电动机的电源线上测得的功率。用符号 N_e 表示，其与压缩机轴功率之间的关系如下式。

$$N_s=\eta_{mo}N_e$$

式中　N_s——压缩机的轴功率，kW；

η_{mo}——压缩机的电动机效率，%；

N_e——压缩机电动机输入功率，kW。

（3）制冷装置输入总功率

实际上，制冷装置中除了压缩机需要耗电外，空调室内、外机的风扇、空调和冰箱控制线路、显示线路也要耗电。把制冷装置总的耗电量记为制冷装置输入总功率，即在制冷装置电源进线上测得的功率，也是其铭牌功率，用 N_{in} 表示。

三、制冷循环的能效

制冷循环的能效分析采用制冷系数、热泵工作性能系数 COP（coefficient of performance）和能效比 EER（energy efficiency ratio）等指标。

1. 制冷系数

制冷系数是指制冷循环消耗单位理论轴功所产生的制冷量，制冷系数是评价制冷循环能量转换利用效率的重要指标，在给定的蒸发温度和冷凝温度下，制冷系数越大，表示制冷循环的能量转换利用效率越高，经济性越好。制冷系数是优选制冷剂的关键指标。其计算式如下。

$$\varepsilon=\frac{q_0}{w_0}$$

式中　ε——制冷循环的制冷系数；

q_0——1 kg 制冷剂的制冷量，kJ/kg；

w_0——1 kg 制冷剂消耗的理论压缩轴功，kJ/kg。

2. 热泵工作性能系数

当制冷循环冬季制热时，其收获是在冷凝器中的放热量，循环的性能系数用 COP 表示，是指单位轴功率所产生的制热量，定义见下式。

$$COP=\frac{q_k}{w_0}$$

式中 q_k——1 kg 制冷剂的冷凝放热量，kJ/kg；

w_0——1 kg 制冷剂消耗的理论压缩轴功，kJ/kg。

3. 能效比

制冷装置的能效比表示制冷装置制冷量与制冷装置总输入功率的比值，其定义见下式。能效比是制冷装置能效的综合性评价指标，它不仅反映了制冷循环的能量转换利用情况，也包括了制冷装置所有部件的电耗。它是制冷装置的铭牌数据之一，也是判断制冷装置能效等级的依据。

$$EER = \frac{Q_0}{N_{in}}$$

式中 N_{in}——制冷装置总输入功率，kW；

Q_0——制冷装置的制冷量，kW。

学习单元 3　蒸气压缩式制冷循环的工况

了解工况变化时会影响到的循环参数和性能指标

熟悉制冷性能随主要参数的变化趋势

能借助压焓图对制冷循环的变工况进行分析

制冷设备所在的环境温度时刻在变化，同时，蒸发温度会根据需要进行调整。不管是冷凝温度还是蒸发温度的变化，都会改变循环路径，从而影响整机性能。

一、冷凝温度对制冷循环的影响

如图 6-6 所示，原制冷循环为 1-2-3-4-1。当蒸发温度不变、冷凝温度升高时，则制冷循环变成了 1-2′-3′-4′-1。比较发现，两个循环有以下不同之处。

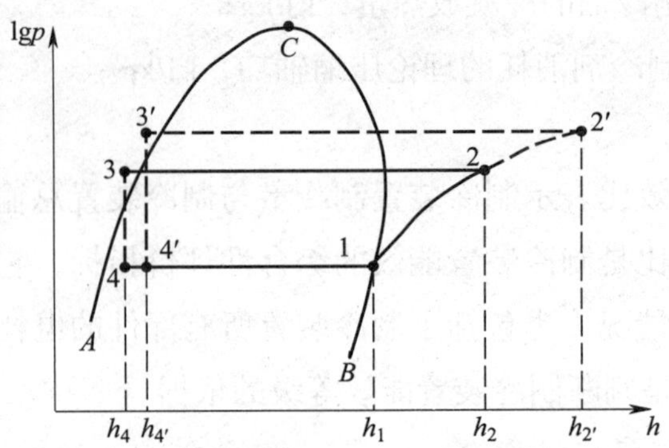

图 6–6　冷凝温度对蒸气压缩式制冷循环的影响

1. 压缩机排气温度升高

冷凝温度升高直接导致冷凝压力升高，压缩机排气压力和温度升高，这对压缩机的工作非常不利。

$$p_{2'}>p_2;\ t_{2'}>t_2$$

2. 1 kg 制冷剂的制冷量降低

冷凝温度升高直接导致冷凝与蒸发压差比原来的增加，节流损失增加，导致 1 kg 制冷剂的制冷量由原来的（$h_1–h_4$）减少为（$h_1–h_{4'}$）。

3. 压缩 1 kg 制冷剂消耗的理论轴功增加

冷凝压力升高，压缩 1 kg 制冷剂消耗的理论轴功由（$h_2–h_1$）增加为（$h_{2'}–h_1$）。

4. 制冷系数降低

冷凝温度升高不但导致制冷量降低，而且还导致理论单位质量制冷剂的轴功提高，从而降低了制冷系数。因此，在满足需要的情况下，制冷循环的冷凝温度要尽可能地低。根据《中华人民共和国节约能源法》的相关规定，要求公共建筑舒适性空调的冬季室内空调温度不高于 20 ℃。

二、蒸发温度对制冷循环的影响

如图 6–7 所示，原制冷循环为 1–2–3–4–1。当冷凝温度不变、蒸发温度降低时，则制冷循环变为 1′–2′–3–4′–1′。比较可知，两个循环有以下不同之处。

1. 压缩机排气温度升高

蒸发温度降低，冷凝温度不变，压缩机压缩比升高，排气温度升高，即 $t_{2'}>t_2$。

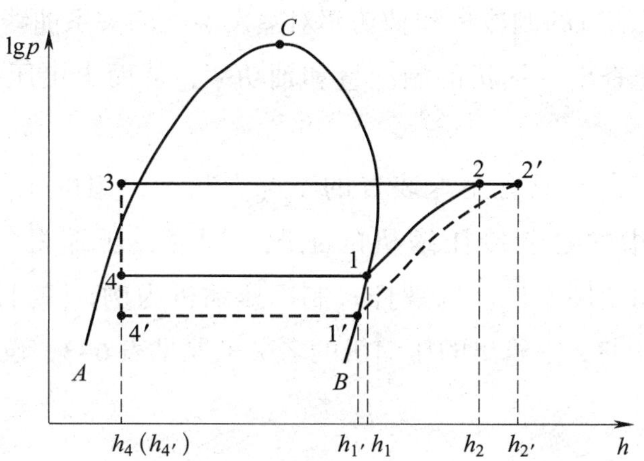

图 6–7 蒸发温度对压缩蒸气制冷循环的影响

2. 单位质量制冷剂的制冷量降低

蒸发温度降低，1 kg 制冷剂的制冷量减少，$h_{1'}-h_{4'}<h_1-h_4$。

3. 单位质量制冷剂消耗的理论轴功增加

蒸发温度降低，1 kg 制冷剂消耗的理论轴功增加，$h_{2'}-h_{1'}>h_2-h_1$。

4. 制冷系数降低

蒸发温度降低，不但导致 1 kg 制冷剂的制冷量减少，而且还导致 1 kg 制冷剂的理论压缩轴功增加，从而降低了制冷系数。因此，在满足需要的情况下，不能降低蒸发温度。根据《中华人民共和国节约能源法》的有关规定，要求公共建筑舒适性空调的夏季室内空调温度不低于 26 ℃。

三、制冷机的工况

图 6–8 给出了某全封闭压缩机的性能曲线，从该图中可以明显看出，冷凝温度与蒸发温度对制冷量的影响与前面的分析一致。

对于单级蒸气压缩式制冷循环，循环参数和制冷性能会随冷凝温度和蒸发温度的变化而变化。因此，在对制冷设备的制冷量、功率消耗、制冷系数、*COP* 或能效比等性能指标进行比较和评估时，必须确保比较工况（如冷凝温度、蒸发温度、过冷度和过热度等条件）的统一。脱离工况谈性能指标就失去了比较评估的意义。

为了确定制冷压缩机的性能，压缩机的制造厂家对其所生产的各种类型的压缩机都要在实验台上，针对某种制冷剂和一定的工作转速，测试出压缩机在不同工况下的制冷量和轴功率，并据此绘制出压缩机的性能曲线，即在不同的冷凝温度下，压缩机的制冷量和轴功率对蒸发温度的关系曲线。我们可以根据运行工况方便地查出压缩机的制冷量和轴功率，从而求出压缩机的性能系数*COP*。

从对象来说，工况有制冷装置的工况、制冷机组的工况和制冷压缩机的工况，通常指的是制冷压缩机的工况。同时，压缩机的工况有名义工况、设计工况和使用工况。以螺杆式制冷压缩机为例，《螺杆式制冷压缩机》（GB/T 19410—2008）中给出的压缩机的名义工况见表6–3，设计和使用条件见表6–4。

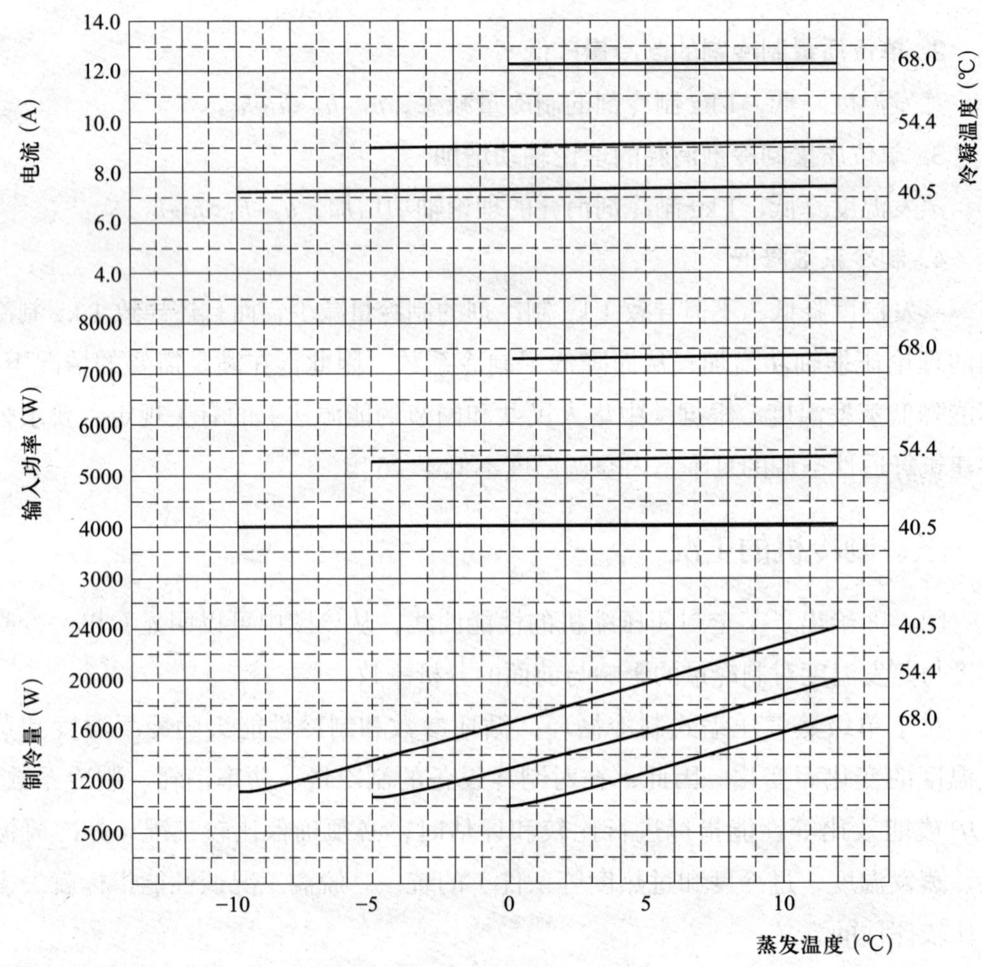

图6–8　某全封闭压缩机的性能曲线

表 6-3 螺杆式压缩机及机组的名义工况 ℃

<table>
<tr><th>类型</th><th>吸气饱和（蒸发）温度</th><th>排气饱和（冷凝）温度</th><th>吸气温度[b]</th><th>吸气过热度[b]</th><th>过冷度</th></tr>
<tr><td>高温</td><td>5</td><td>50</td><td>20</td><td rowspan="2">—</td><td rowspan="5">0</td></tr>
<tr><td>高温</td><td>5</td><td>40</td><td>20</td></tr>
<tr><td>中温</td><td>−10</td><td>45</td><td rowspan="3">—</td><td rowspan="3">10 或 5[a]</td></tr>
<tr><td>中温</td><td>−10</td><td>40</td></tr>
<tr><td>低温</td><td>−35</td><td>40</td></tr>
</table>

注：上标 a 用于 R717；上标 b 为吸气温度适用于高温名义工况，吸气过热度适用于中温、低温名义工况。

表 6-4 螺杆式压缩机及机组的设计和使用条件 ℃

<table>
<tr><th rowspan="2">类型</th><th rowspan="2">吸气饱和（蒸发）温度</th><th colspan="2">排气饱和（冷凝）温度</th></tr>
<tr><th>高冷凝压力</th><th>低冷凝压力</th></tr>
<tr><td>高温（热泵）</td><td>−15 ~ 12</td><td>25 ~ 60</td><td rowspan="3">25 ~ 45</td></tr>
<tr><td>高温（制冷）</td><td>−5 ~ 12</td><td>25 ~ 60</td></tr>
<tr><td>中温</td><td>−25 ~ 0</td><td>25 ~ 55</td></tr>
<tr><td>低温</td><td>−50 ~ −20</td><td>20 ~ 50</td><td>20 ~ 45</td></tr>
</table>

学习单元 4 复杂蒸气压缩式制冷循环

了解常见的两级压缩制冷循环和复叠式制冷循环的组成

掌握两级压缩和复叠式制冷循环的原理

在环境温度一定的条件下，单级蒸气压缩式制冷所能达到的最低蒸发温度受控于制冷剂的物性参数、压缩机所能达到的压缩比和压缩机的容许排气温度等。即便选用物性参数最合适的制冷剂，由于以下原因，采用单级压缩依然难以满足要求。

压缩机容积效率的限制。冷凝温度和冷凝压力一定，蒸发温度低，对应的蒸发压力也低，导致压缩机的压缩比大。对于活塞式压缩机，由于余隙容积的存在，压缩比越大，压缩机容积效率越低，吸气量和制冷量也越低。

压缩机排气温度的限制。在其他条件不变的情况下，蒸发压力越低，压缩比越大，排气温度越高，超过了压缩机的允许排气温度。

一般的开启式活塞压缩机，单级压缩比为 8 ~ 13。当制冷剂为 R717 时，因其绝热指数较大，因此压缩比较小，$\varepsilon \leqslant 8$。对于大多数卤代烃，其绝热指数较小，故压缩比的最大值可适当放大到 10。半封闭和全封闭压缩机的压缩比可增加到 14。在通常的环境温度下，使用中温制冷剂采用单级压缩制冷可获得 –40 ℃以上的低温。

为了克服单级压缩制冷循环的局限，在要求蒸发温度较低的场合，多采用多级压缩（常见的是两级压缩）或复叠式制冷循环来获得较低的蒸发温度。

一、两级压缩制冷循环

两级压缩就是把两台压缩机串联起来，制冷剂通过第一级压缩机被压缩到某一中间压力，被排出后流经中间冷却器等压进行冷却，再进入第二级压缩机被压缩到冷凝压力。两级压缩机通过“接力”压缩实现了从蒸发压力到中间压力，再到冷凝压力的过程。中间冷却器的设置可以降低第二级压缩机的吸、排气温度。根据中间冷却器和节流装置工况的不同，两级压缩制冷循环又有两级压缩中间完全冷却一级节流制冷循环、两级压缩中间不完全冷却一级节流制冷循环、两级压缩中间不完全冷却两级节流制冷循环等。

1. 两级压缩中间完全冷却一级节流制冷循环

两级压缩中间完全冷却是指将低压级压缩机的排气等压冷却成干饱和蒸气，一级节流是指制冷剂由冷凝压力直接节流降压到蒸发压力。其优点为：节流前过冷度较大，可以利用其较大的压力差，实现远距离或高位差供液，便于调节。大多数两级压缩制冷循环都是采用一级节流，该循环的原理图和压焓图如图 6–9 所示。

如图 6–9 所示，冷凝器出口的饱和液体制冷剂（状态点 5）分成两路。

第一路为多数制冷剂，该部分制冷剂经中间冷却器被冷却成过冷液体（状态点 7)，再流经节流阀 V_1 节流降压成蒸发压力下的湿饱和蒸气（状态点 8），经蒸发器吸热蒸发为低压干饱和蒸气（状态点 1），被低压级压缩机吸入并压缩到中间压力（状态点 2），进入中间冷却器并被冷却到中间压力下的干饱和蒸气（状态点 3），进入高压级压缩机并被继续压缩到冷凝压力的过热蒸气（状态点 4），最后进入冷凝器并被冷却到状态点 5，进入下一个循环。该路制冷剂的循环路线为 5 → 7 → 8 → 1 → 2 → 3 → 4 → 5。

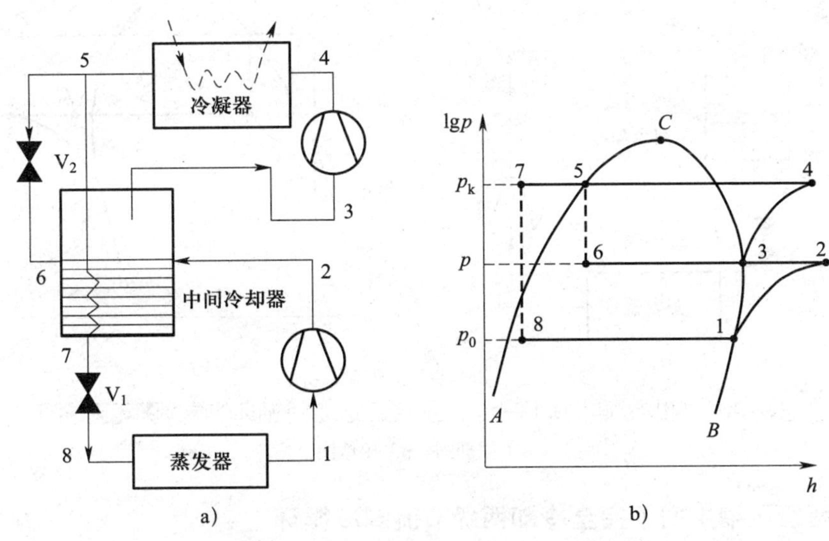

图 6-9　两级压缩中间完全冷却一级节流循环的原理图和压焓图

a）原理图　b）压焓图

第二路为少量制冷剂，该部分制冷剂直接流经节流阀 V_2 节流降压降温到中间压力下的湿饱和蒸气（状态点 6），进入中间冷却器，与来自低压级压缩机出口中间压力的过热蒸气（状态点 2）混合，并吸热使其充分冷却，形成中间压力下的干饱和蒸气（状态点 3），最后被高压级压缩机吸入并压缩到冷凝压力下的过热蒸气（状态点 4）。该路制冷剂的循环路线为 5 → 6 → 3 → 4 → 5。

2. 两级压缩中间不完全冷却一级节流制冷循环

两级压缩中间不完全冷却是指将低压级压缩机的排气冷却使其温度降低，但是高于中间压力的饱和温度，即高压级压缩机吸入的是中间压力下的过热蒸气。该循环的原理图和压焓图如图 6-10 所示。

冷凝器出口的制冷剂分为两路，第一路制冷剂循环为 5 → 7 → 8 → 1 → 2 → 3 → 4 → 5，第二路制冷剂循环为 5 → 6 → 6′→ 3 → 4 → 5。在中间冷却器中，第一路制冷剂被已节流为中间压力的第二路制冷剂（状态点 6，湿饱和蒸气）冷却到过冷液体（状态点 7），第二路制冷剂吸收热量变为中间压力的干饱和蒸气（状态点 6′），之后与来自低压级压缩机出口的中间压力的第一路制冷剂（状态点 2）混合，形成状态点 3 的过热蒸气进入高压级压缩机。

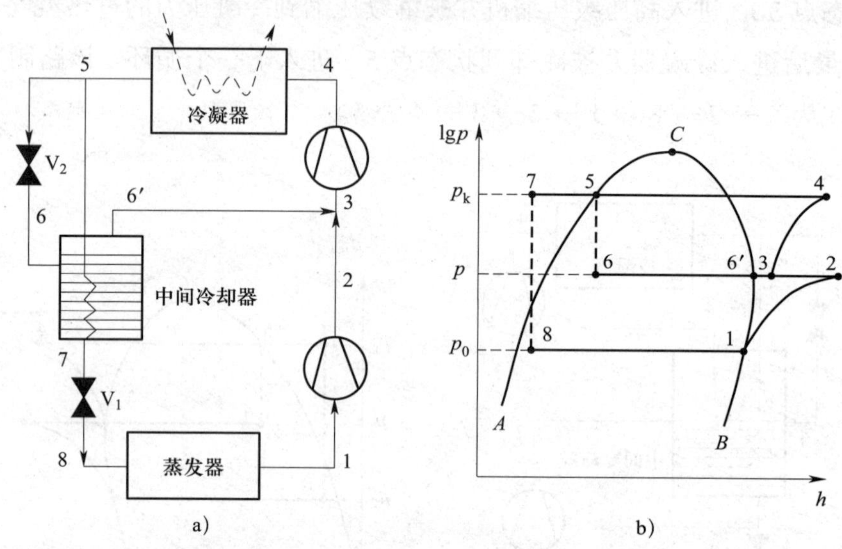

图 6–10 两级压缩中间不完全冷却一级节流制冷循环的原理图和压焓图

a）原理图 b）压焓图

3. 两级压缩中间不完全冷却两级节流制冷循环

该制冷循环的原理图和压焓图如图 6–11 所示，其制冷剂也分为两路，在中间冷却器中分开，第一路制冷剂循环为 5 → 6 → 7 → 8 → 1 → 2 → 3 → 4 → 5，第二路制冷剂循环为 5 → 6 → 6′ → 3 → 4 → 5。

在中间冷却器中，通过节流阀 V_2 的中间压力湿饱和蒸气（状态点 6）进行气液分离，分成了中间压力的饱和液体（状态点 7，第一路）和干饱和蒸气（状态点 6′，第二路）。第一路流过节流阀 V_1、蒸发器、低压级压缩机后（状态点 2），又与第二路在中间压力下混合成过热蒸气（状态点 3），而后进入高压级压缩机。

相对于单级节流，采用两级节流可以减少节流能量损失，提升单位质量制冷剂的制冷量。中间不完全冷却又可以保证高压级压缩机吸入的是过热蒸气，从而避免了湿压缩工况。

4. 带有中间负荷的两级压缩循环

对于需要设置两个蒸发温度的制冷装置，可以把中间冷却器同时作为低压循环的储液器使用，如图 6–12 所示。

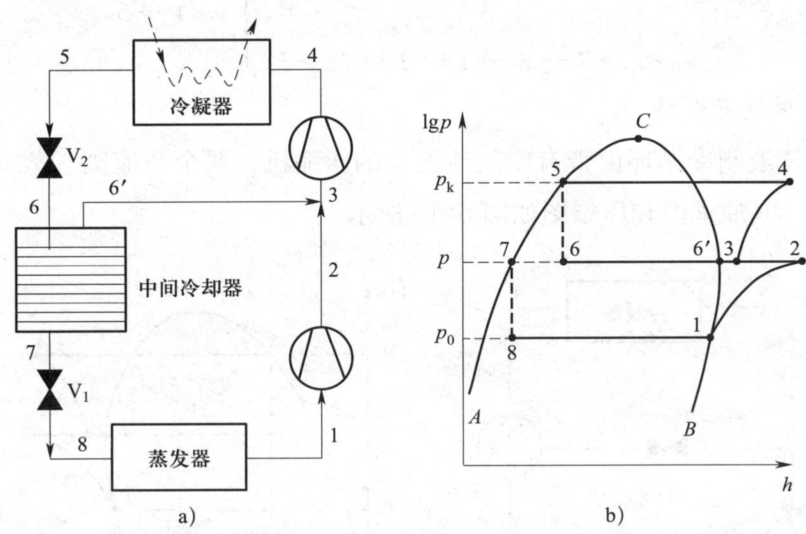

图 6-11 两级压缩中间不完全冷却两级节流制冷循环原理图和压焓图

a）原理图 b）压焓图

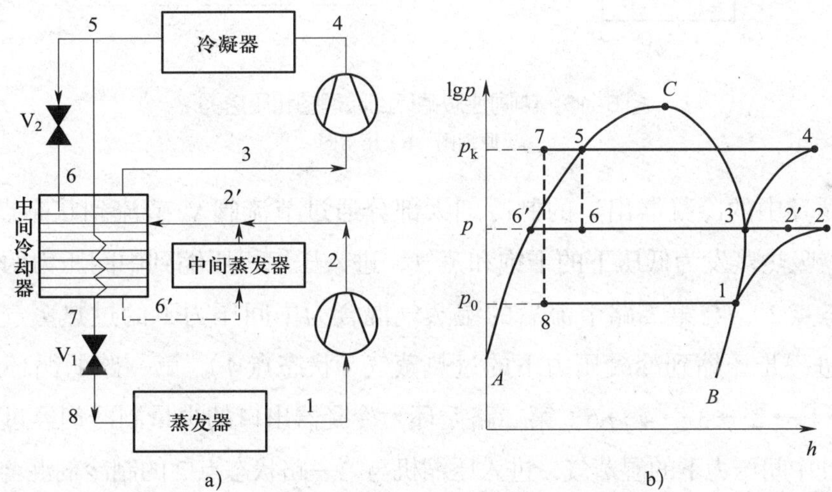

图 6-12 带有中间负荷的两级压缩循环原理图和压焓图

a）原理图 b）压焓图

该循环中的中间冷却器有三个作用：其一，向中间蒸发器提供中间压力的饱和液体（状态点 6′），并在中间蒸发器中吸收热量；其二，用于冷凝器出口部分制冷剂的过冷（过程 5→7）；其三，就是提供中间压力的干饱和蒸气（状态点 3）作为高压级压缩机的吸气。

冷凝器出口的制冷剂分成两路，两路路径如下。在中间冷却器中进行了不同状态制冷剂的换热和混合。中间冷却器和中间蒸发器间有一个小循环。

$$\left.\begin{array}{l} 5 \to 6 \to \left\{\begin{array}{l} 6' \to 2' \to 3 \\ 3 \end{array}\right. \\ 5 \to 7 \to 8 \to 1 \to 2 \to 2' \to 3 \end{array}\right\} \to 4 \to 5$$

5. 中间注液循环

中间注液制冷循环由带有中间注液口的压缩机、两个节流阀、蒸发器和冷凝器组成，其原理图和压焓图如图 6–13 所示。

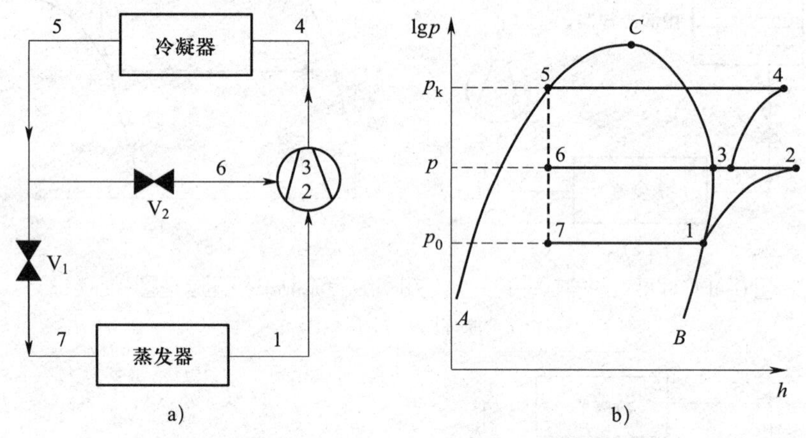

图 6–13　中间注液循环的原理图和压焓图

a）原理图　b）压焓图

该循环中的冷凝器出口的制冷剂大部分通过节流阀 V_1 节流到状态点 8，流经蒸发器吸热蒸发为低压下的干饱和蒸气，进入压缩机压缩到中间压力的过热蒸气（状态点 2），与第二路节流后的湿蒸气混合为中间压力下的过热蒸气（状态点 3），进一步压缩到冷凝压力下的过热蒸气（状态点 4）。第一路的循环路线为 5 → 7 → 1 → 2 → 3 → 4 → 5。第二路循环为冷凝器出口的少量制冷剂经过节流阀 V_2 节流到中间压力下的湿蒸气，进入压缩机与第一路状态点 2 的制冷剂混合到状态点 3，继续压缩到冷凝压力的过热蒸气。第二路循环的路线为 5 → 6 → 3 → 4 → 5。

6. 中间注气循环

中间注气制冷循环由带有中间注气口的压缩机、两个节流阀、蒸发器、冷凝器和气液分离器组成，其原理图和压焓图如图 6–14 所示。

该循环采用两级节流，冷凝器出口的饱和液体经过节流阀 V_2 节流为中间压力的湿蒸气（状态点 6），进入气液分离器分成两路，第一路为主要部分中间压力的饱和液体（状态点 7），进入节流阀 V_1 节流为蒸发压力下的湿蒸气（状态点 8），进入蒸发器。该路循环的路线为 1 → 2 → 3 → 4 → 5 → 6 → 7 → 8 → 1。

第二路为少部分中间压力的干饱和蒸气（状态点6′），通过压缩机的注气口进入压缩机，与第一路制冷剂（状态点2）混合，继续被压缩到冷凝压力。第二路的循环路线为5→6→6′→3→4→5。

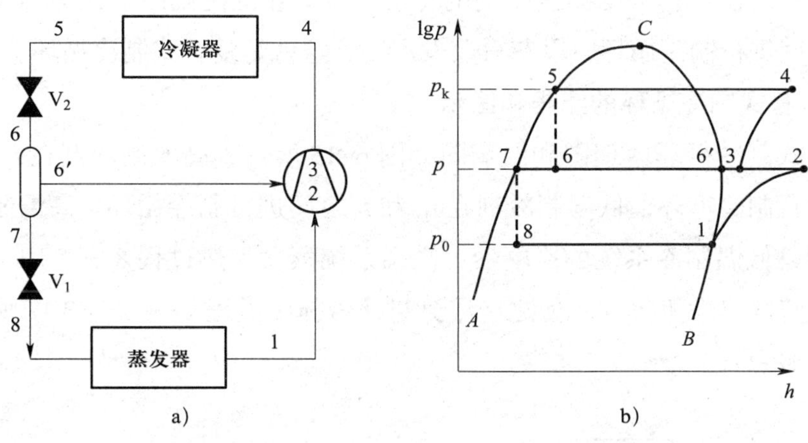

图6-14 中间注气循环的原理图和压焓图

a）原理图 b）压焓图

二、复叠式制冷循环

1. 采用复叠式制冷循环的原因

制冷循环的实现，受到蒸发压力和冷凝温度两个条件的制约。蒸发压力不能过低，其一，若蒸发压力远低于大气压，则会造成蒸发器内外压差过大，蒸发器真空度难以维持，空气易进入制冷系统。其二，蒸发压力过低，压缩机吸入的制冷剂的密度低，系统制冷剂的循环量和制冷量减少。其三，过低的蒸发压力难以开启压缩机的吸气阀。

若为了提高蒸发压力选用低温制冷剂，则很有可能会导致冷凝温度高于制冷剂的临界温度，致使制冷剂无法凝结。

由此可见，采用单一制冷剂很难兼顾两方面的要求。例如，某制冷设备由工作环境所决定的冷凝温度为50 ℃，蒸发温度要求为-80 ℃，采用单种制冷剂进行多级压缩，会遇到以下问题。

（1）若选用中温制冷剂R22，则-80 ℃所对应的蒸发压力为10.5 kPa，此压力很低，不足以打开压缩机的吸气阀。

（2）若选用低温制冷剂R170（乙烷），对应的蒸发压力为0.157 MPa，蒸发压力低的问题解决了，但其临界温度为32.2 ℃，制冷循环的冷凝温度高于乙烷的临界温度，乙烷将在冷凝器中无法凝结。

可见同一种制冷剂的物性限制了冷凝温度与蒸发温度之间温差过大的制冷循环的实现。用中温制冷剂在冷凝温度和中间温度之间循环，用于获得中间温度，把该中间温度作为低温制冷剂的冷凝温度，让低温制冷剂在中间温度与蒸发温度之间进行制冷循环，以获得蒸发温度，这就是复叠式制冷循环。

2. 复叠式制冷循环的流程和图示

复叠式制冷循环原理图和温熵图如图 6–15 所示，高温制冷剂在 t_k 和 t_{0h} 温度之间进行制冷循环，低温制冷剂在 t_{kl} 和 t_0 之间进行制冷循环。高温制冷系统的蒸发器是低温制冷系统的冷凝器。高温系统蒸发吸热过程 8 → 5 用于冷却低温制冷系统的压缩机排气，使之冷凝到过冷液体（过程 2 → 3′→ 3）。两者之间的传热温差为 $t_{0h}-t_{kl}$。

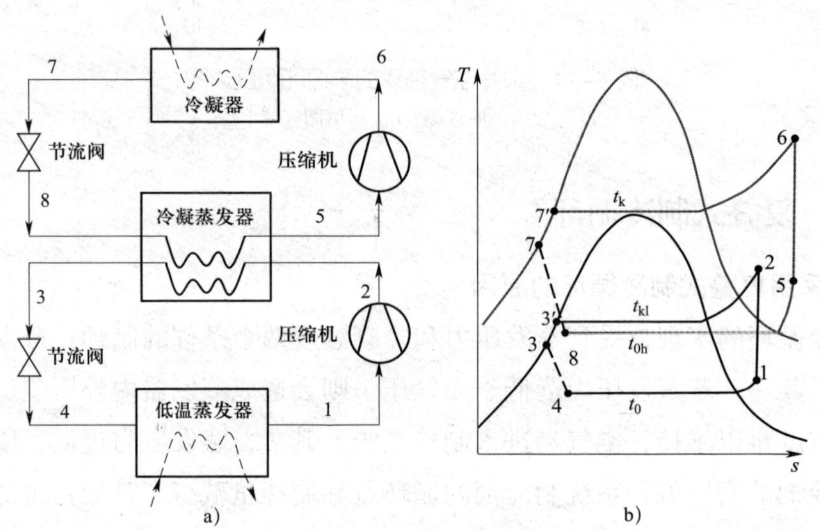

图 6–15 复叠式制冷循环原理图和温熵图

a）原理图 b）温熵图

三、复杂制冷循环的应用

对于低温制冷系统，根据所需制冷温度的不同，制冷系统的形式及循环也不同。

当所需制冷温度≥ −80 ℃时，可用两个单级压缩制冷系统复叠。

当所需制冷温度为 −110 ~ −80 ℃时，可用一个单级压缩制冷系统与一个两级压缩制冷系统复叠。

当所需制冷温度为 −150 ~ −100 ℃时，则用三个单级压缩制冷系统或两个单级压缩制冷系统与一个两级压缩制冷系统组成三元复叠制冷系统。

培训课程 2 蒸气压缩式制冷循环的部件、介质和控制

蒸气压缩式制冷循环的实现不但需要蒸发器、压缩机、冷凝器和节流装置四大部件，而且还需要油分离器、集油器、储液器、气液分离器、干燥过滤器、回热器、再热器、紧急泄氨阀和四通换向阀等辅助设备，也离不开制冷剂、载冷剂和润滑油等介质来流动循环、传输能量和润滑密封冷却，更离不开电控系统的安全保护和运行调节。

学习单元 1 制冷压缩机

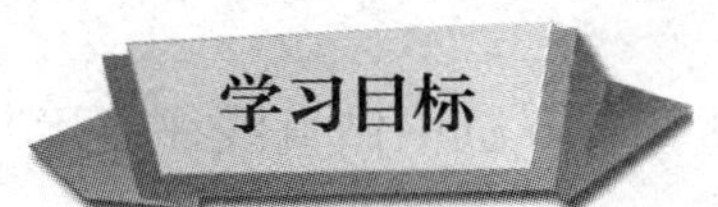

了解蒸气压缩式制冷循环的辅助设备
熟悉蒸气压缩式制冷循环的压缩机、蒸发器、冷凝器、节流装置
能够分析制冷剂在蒸气压缩式制冷循环四大部件中的变化规律

制冷压缩机是压缩式制冷系统中的重要部件，也是主要的耗电（功耗）部件。

一、制冷压缩机的分类和应用

制冷压缩机应用领域很广，大小各异，制冷压缩机的分类方法众多。

1. 按照制冷量大小分类

制冷压缩机按制冷量大小可分为大型、中型和小型三类，具体见表 6-5。

表 6–5　制冷压缩机按制冷量的分类

类型	制冷量（kW）		主要用途
	空调	其他工况	
小型	<25	<12	商业制冷设备、医疗设备、低温试验和小型空调器、电冰箱、冷柜、冷藏陈列柜、小型冷库
中型	25 ~ 1 163	12 ~ 580	大中型冷库、冷藏运输、一般工业和民用制冷空调装置
大型	>1 163	>580	石油化工、天然气液化、大型空调等工业应用场合

2. 按照蒸发温度分类

按制冷循环蒸发温度，压缩机又可分为低温用压缩机（–45 ~ –20 ℃）、中温用压缩机（–25 ~ 0 ℃）、高温用压缩机（–15 ~ 15 ℃）三种类型。

3. 按照压缩机工作原理分类

按照压缩机的工作原理，可分为容积型压缩机和速度型压缩机两大类。

（1）容积型压缩机

容积型压缩机依靠压缩腔容积的变化周期性地吸入、压缩、排出制冷剂蒸气。按压缩腔容积变化的方式，容积型压缩机可分为往复活塞式压缩机和回转式压缩机两类。

往复活塞式压缩机的气缸和活塞组成压缩腔，活塞在气缸中做直线往复运动，从而使压缩腔容积发生变化。

回转式压缩机的气缸和转子形成压缩腔，压缩腔容积随着转子的旋转而不断改变，从而完成吸气、压缩和排气过程。回转式压缩机有螺杆式压缩机、涡旋式压缩机、滚动转子式压缩机等。

（2）速度型压缩机

速度型压缩机先提高制冷剂气体速度，再将其动能转变成压力能，来实现对制冷剂的压缩。离心式压缩机就是最典型的速度型压缩机。

4. 按照压缩机的封装形式分类

制冷剂流经压缩机被压缩时，是不允许泄漏的。根据防止泄漏所采取的密封结构形式，以及压缩机和电动机是否封装在一起，压缩机可分为开启式压缩机和封闭式压缩机，其中封闭式压缩机又进一步分为半封闭式压缩机和全封闭式压缩机两种。

5. 按照压缩过程的级数分类

对于压缩比较低的制冷循环，一般采用单级压缩，即制冷剂一次性地从蒸发压力被压缩到冷凝压力，压缩过程是单级的。单级压缩机的结构简单。

对于压缩比高的制冷循环，压缩机排气温度不能过高，为了保证压缩机的正常工作，需要采用分级压缩和级间冷却的技术，对应的压缩机就是多级的。多级压缩机的结构复杂。

目前常用压缩机的制冷量范围和应用场合见表 6–6。

表 6–6　常用压缩机的制冷量范围和应用场合

<table>
<tr><th colspan="4">种类</th><th>密封形式</th><th>制冷量（kW）</th><th>应用场合</th></tr>
<tr><td rowspan="11">容积型</td><td rowspan="4">往复式</td><td colspan="2" rowspan="3">活塞式</td><td>全封闭式</td><td>0.06～20</td><td>各种小型制冷、空调装置</td></tr>
<tr><td>半封闭式</td><td>0.75～90</td><td>小型冷库、大型空调装置</td></tr>
<tr><td>开启式</td><td>0.4～120</td><td>中、小型空调系统</td></tr>
<tr><td colspan="2">斜盘式</td><td>开启式</td><td>0.75～9</td><td>车载空调</td></tr>
<tr><td rowspan="7">回转式</td><td rowspan="3">螺杆式</td><td>单螺杆式</td><td>全封闭式</td><td>15～50</td><td>小型冷库、大型空调系统</td></tr>
<tr><td rowspan="2">双螺杆式</td><td>半封闭式</td><td>30～550</td><td>大型冷冻空调和热泵系统</td></tr>
<tr><td>开启式</td><td>30～2 800</td><td>大型冷冻空调热泵系统、车载空调</td></tr>
<tr><td colspan="2" rowspan="2">涡旋式</td><td>全封闭式</td><td>2.2～45</td><td>空调和冷水机组</td></tr>
<tr><td>开启式</td><td>2.2～13</td><td>车载空调</td></tr>
<tr><td colspan="2" rowspan="2">滚动转子式</td><td>全封闭式</td><td>0.1～5.5</td><td>车载空调</td></tr>
<tr><td>开启式</td><td>0.75～7.5</td><td>小型制冷装置</td></tr>
<tr><td colspan="2" rowspan="2">速度型</td><td colspan="2" rowspan="2">离心式</td><td>半封闭式</td><td rowspan="2">5 000 以上</td><td rowspan="2">大型冷冻设备、热泵空调</td></tr>
<tr><td>开启式</td></tr>
</table>

二、活塞式压缩机

活塞式压缩机排气量小，一般用于大、中（电动机功率 60 ~ 600 kW）、小（电动机功率小于 60 kW）型制冷系统，分为开启式压缩机、半封闭式压缩机和全封闭式压缩机三类。

1. 开启式压缩机

开启式压缩机机体主要含有曲轴箱和压缩腔两大部分，压缩机伸出机体的曲轴与电动机通过联轴器或者 V 带连接，由电动机带动曲轴转动，从而实现对制冷剂的压缩。

开启式活塞制冷压缩机普遍用于中型制冷系统，其制冷量一般在 25 kW 以上。该类压缩机体积大、质量大、容易拆卸修理。制冷剂蒸气不经过电动机，容积效率较高。该类压缩机适用于压缩机被内燃机驱动的场合，或对铜有腐蚀的制冷剂系统（如氨系统）。

开启式活塞制冷压缩机典型结构如图 6–16 所示。它由机体、传动机构（轴承、曲轴、连杆、活塞销、活塞等）、配气机构（吸、排气阀和吸排气通道等）、润滑系统、轴封装置等零部件组成。

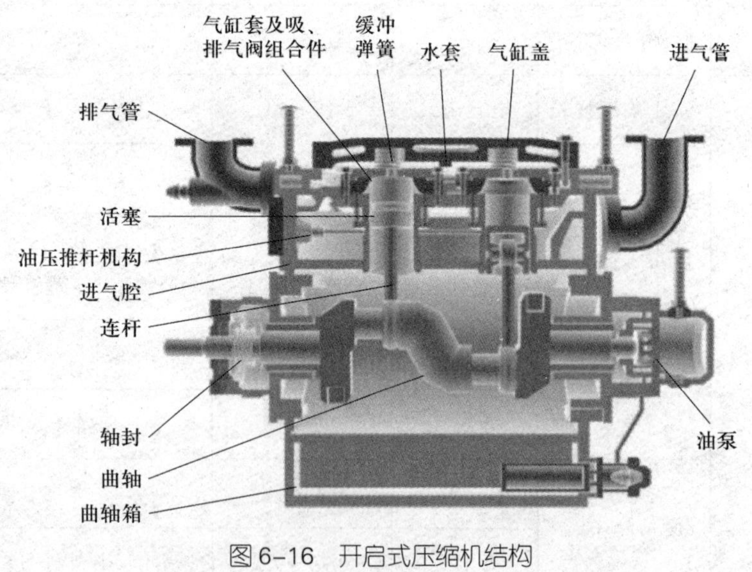

图 6–16　开启式压缩机结构

机体用来承装所有零部件，上部设有气缸和吸排气通道，下部为曲轴箱，用于存放润滑油。

气缸中装有气缸套，吸、排气阀组合件布置在气缸套上部，通过缓冲弹簧被气缸盖压紧。

连杆装在曲轴上，连杆通过活塞销连接活塞，带动活塞在气缸套内做往复运动。活塞上面装有 1 ~ 3 道气环和 1 道油环，分别用于密封制冷剂和回油。

曲轴用两个滑动轴承支撑。由于曲轴箱内压力为制冷系统的蒸发压力，为防止制冷剂向外或者空气向内渗漏，在曲轴自由端设置轴封。轴封装置不可能绝对密封，且机械密封长时间运转会磨损，制冷剂很可能会缓慢泄漏。因此，必须定时维修。

开启式制冷压缩机采用压力润滑，曲轴箱底部的润滑油经粗滤油网被油泵吸入，加压并经精过滤器后从曲轴两端进入，送至需要润滑的部位，最后落入曲轴箱底部，进入粗滤油网循环。

开启式压缩机的曲轴转速低，有 720 r/min、960 r/min、1 440 r/min 等。

2. 半封闭式压缩机

半封闭式压缩机机体和电动机的机壳制成一体，电动机直接驱动压缩机，机体两端靠端盖、密封垫片压紧密封，可以减少泄漏，拆卸密封盖可进行维修。

半封闭式压缩机的结构如图 6–17 所示。其内置电动机有低温制冷剂蒸气冷却或空气冷却两种方式。较小设备采用自然风冷，较大设备采用强制风冷。

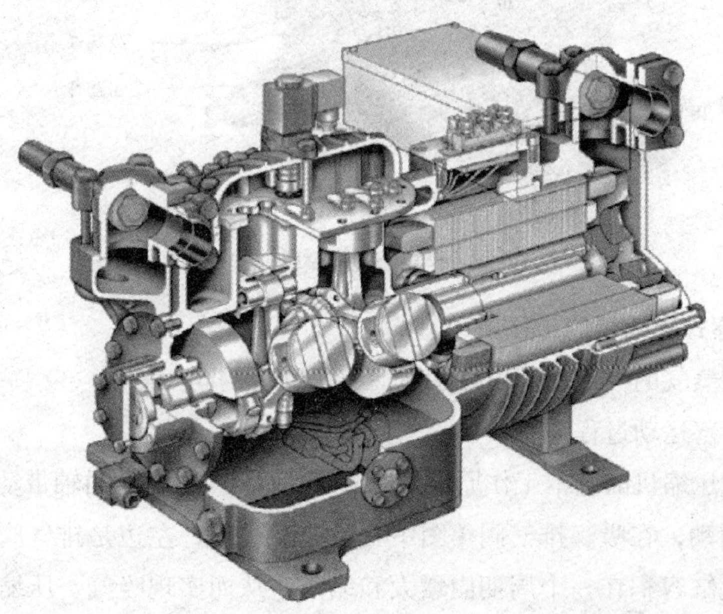

图 6–17　半封闭式活塞制冷压缩机

半封闭式活塞制冷压缩机没有轴封装置，避免了泄漏量大的缺点，密封性好。无须联轴器，简化了结构，体积和质量有所减小。其曲轴与电动机轴同轴，转速可以提高，转速有 1 450 r/min 和 2 900 r/min 等。

半封闭式压缩机适用于制冷剂不腐蚀铜、电动机直接驱动、电动机功率为 60 kW 以下的场合。

3. 全封闭式压缩机

全封闭式压缩机多用于小型制冷系统，如冰箱，其结构如图 6–18 所示。它将电动机和压缩机封装在由上、下壳焊接在一起的封闭腔内。电动机的转子通过曲轴和连杆机构将转动转变为活塞的往复直线运动。压缩机机壳外仅仅有电输入接口、吸气管、排气管和工艺管四个接口。

全封闭式压缩机的制冷剂和冷冻机油不易泄漏，但也造成难以维修的缺点，因此，全封闭式压缩机在设计和制造时应保证其长期稳定运行而不需维修。

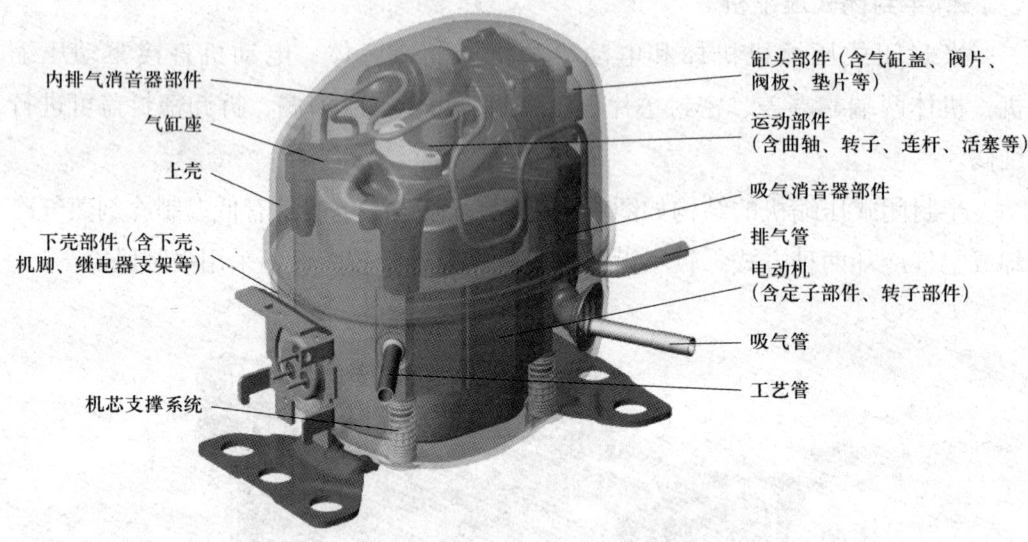

图 6–18 全封闭式压缩机整体透视图

4. 活塞式压缩机的工作原理

制冷剂蒸气的吸入和排出往往在活塞压缩机的同一侧。

（1）活塞运动过程

活塞式压缩机的基本工作原理如图 6–19 所示。转动的曲轴带动活塞在气缸中做往复运动，在吸、排气阀（图中右边是吸气阀，左边是排气阀）的协同作用下，使气缸容积在一个周期内增大和缩小，从而实现吸气、压缩、排气和膨胀一个完整的工作过程。

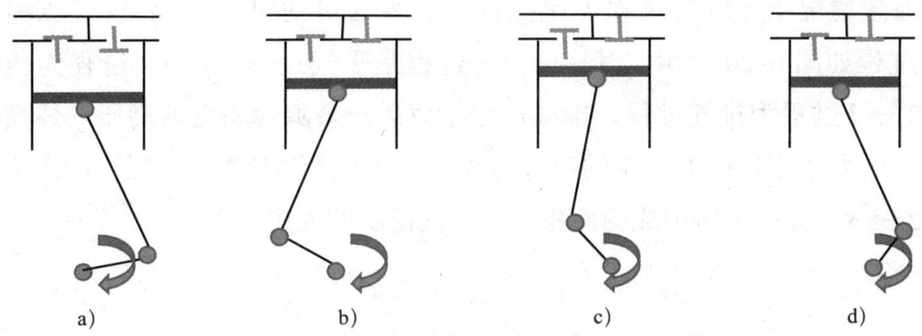

图 6–19 活塞式压缩机的基本工作原理
a）吸气过程 b）压缩过程 c）排气过程 d）膨胀过程

1）吸气过程。如图 6–19a 所示，当气缸内的蒸气完成上一轮膨胀过程后，活塞继续向下移动时，气缸容积增大，气缸内蒸气压力低于吸气腔内的压力，吸气阀两侧压差克服吸气阀片的弹簧力，开启吸气阀，吸气过程开始。活塞继续下移到最下端（称作下止点）时，气缸容积最大，其内部充满了低压蒸气，吸气过程结束，吸气阀关闭。

2）压缩过程。如图 6–19b 所示，当活塞由下止点开始往上移动时，吸、排气阀均关闭，气缸容积逐渐缩小，蒸气压力逐渐升高，当压力升高至略高于排气腔压力时，排气阀打开，压缩过程结束。

3）排气过程。如图 6–19c 所示，活塞继续向上移动，高压蒸气排入排气腔中；当活塞移至最上端（上止点）时，排气过程结束。阀片依靠弹力恢复原状，排气阀关闭。由于吸、排气阀及其控制机构的存在，导致活塞与气缸壁之间有间隙，该间隙形成了活塞式压缩机的余隙容积。等量容积的高压蒸气不能排出，而是剩余在气缸内。

4）膨胀过程。如图 6–19d 所示，当活塞由最上端开始向下移动时，气缸工作容积逐渐扩大，余隙容积内的高压蒸气开始膨胀，其压力开始下降。当压力下降到略低于吸气腔内的蒸气压力时，膨胀过程结束，开启下一轮的吸气过程。

随着曲轴的连续旋转，活塞在气缸内不停地往复运动，从而使压缩机在制冷系统中周期性地压缩气体。

（2）活塞式压缩机理论工作循环

通常用 p–V 图来分析活塞式压缩机的工作过程，p–V 图以绝对压力 p 为纵坐标，以体积 V 为横坐标。由于 p–V 图能用某一过程的线与坐标轴围成的面积表示该过程功耗的大小，因此 p–V 图又叫示功图。

理想情况下（所有过程无摩擦损失，视为可逆过程），活塞式压缩机的工作过程如图 6–20 所示。其中 4 → 1 过程是吸气过程，1 → 2 过程为压缩过程，2 → 3 过程为排气过程，排气过程结束后，余隙容积内的高压气体要膨胀到吸气压力才能进行下一轮的吸气过程，3 → 4 就代表这一过程。该图中循环 1 → 2 → 3 → 4 → 1 所围成的面积代表了理论压缩轴功的大小。

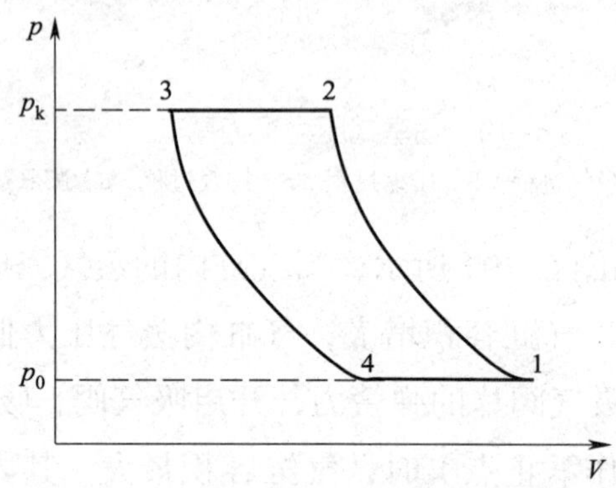

图 6–20　活塞式压缩机的理想压缩过程图示

压缩机吸气压力就是制冷循环中的蒸发压力 p_0，排气压力就是制冷循环中的冷凝压力 p_k，因此，图中各参数的关系式如下：

$$p_1=p_4=p_0;\ p_2=p_3=p_k$$

1）压缩比。压缩机排气压力与吸气压力的比值称为压缩机的压缩比，在单级压缩制冷循环中即为冷凝压力与蒸发压力的比值，其定义如下：

$$\varepsilon_c=\frac{p_2}{p_1}=\frac{p_k}{p_0}$$

式中　ε_c——压缩机的压缩比；

p_1——压缩机的吸气压力，Pa；

p_2——压缩机的排气压力，Pa；

p_k——制冷系统的冷凝压力，Pa；

p_0——制冷系统的蒸发压力，Pa。

2）活塞排量。活塞从上止点到下止点移动的距离称活塞行程。一个活塞行程中扫过的气缸容积称为气缸工作容积，又称活塞排量，其数值等于活塞面积与活塞行程的乘积，计算式如下：

$$V_a=\frac{\pi D^2}{4}S$$

式中　V_a——活塞排量，m^3；

D——活塞直径，m；

S——活塞行程，m；

π——圆周率，3.141 6。

3）理论输气量。压缩机在单位时间内所能压缩和输送的气体容积，称为压缩机的理论输气量，其计算式如下：

$$V_h = \frac{n}{60}V_a = \frac{n\pi D^2 S}{240}$$

式中　V_h——理论输气量，m^3/s；

n——曲轴转速，r/min。

4）压缩机的理论功率。压缩机的理论功率，可用下式进行计算：

$$W_0=\rho_1 V_h（h_2-h_1）$$

式中　ρ_1——压缩机吸气状态点的气体密度，kg/m^3；

h_1——压缩机吸气的焓，kJ/kg；

h_2——压缩机排气的焓，kJ/kg；

W_0——压缩机的理论功率，kW。

（3）活塞式压缩机的实际工作循环

如压缩机工作时，无任何损失，则其工作循环称为压缩机的理论工作过程，又称压缩机的理论循环，如图 6-21 中实线循环过程 1 → 2 → 3 → 4 → 1 所示。

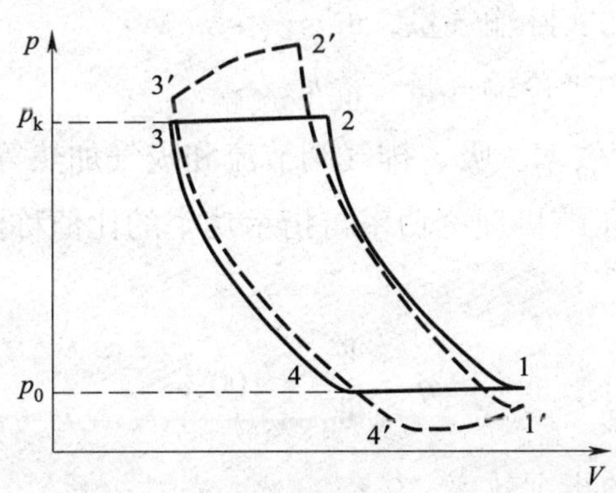

图 6-21　活塞式压缩机的实际循环

实际上，活塞式压缩机很难按照上述的理想过程工作，主要有以下原因。

1）吸、排气阀的节流作用：在吸气过程和排气过程中，由于要克服吸、排气阀上的弹簧力，致使吸气压力小于理论吸气压力，排气压力高于理论排气压力。这就增加了压缩机的压缩比，从而使功耗增加。同时，也增大了余隙容积内残留高压气体膨胀体积，减少了吸入的气体的体积。

2）活塞和气缸对吸入气体的热膨胀作用：压缩结束后，气体温度升高，长期工作的压缩机气缸和活塞温度高，对刚吸入的气体有热膨胀效应，导致吸入的气体质量减少。

3）部件间隙导致的泄漏：气缸与活塞和活塞环之间的间隙，会导致制冷剂的泄漏。

4）摩擦损失：活塞移动过程中，摩擦会导致机械功转化为热量而耗散，更加提升了排气温度，也使整个循环过程不可逆。

鉴于以上原因，实际的活塞式压缩机的工作循环过程如图 6-21 中的虚线循环过程 $1' \rightarrow 2' \rightarrow 3' \rightarrow 4' \rightarrow 1'$ 所示。

压缩机的实际循环与理论循环的差异，导致实际循环的参数偏离理论循环的参数。

（4）压缩机的效率

1）压缩机的容积效率。压缩机实际输气量与理论输气量的比值，称为压缩机的容积效率，其定义如下：

$$\lambda = \frac{V_a}{V_h} \times 100\%$$

式中　λ——压缩机的容积效率，%；

V_a——压缩机的实际输气量，m^3/s；

V_h——压缩机的理论输气量，m^3/s。

2）压缩机的指示效率。吸、排气阀节流和吸气加热等，导致压缩机的指示功率大于理论功率。压缩机理论功率与指示功率的比值称为压缩机的指示效率，其定义如下：

$$\eta_i = \frac{W_0}{W_i} \times 100\%$$

式中　η_i——压缩机的指示效率，%；

W_0、W_i——分别为压缩机的理论功率、指示功率，kW。

3）压缩机的机械效率。部件间因摩擦生热引起的耗散效应无处不在，活塞式制冷压缩机中，克服压缩机中各运动部件的摩擦阻力造成摩擦损耗。假定由电动机传到压缩机主轴上的功率称为轴功率 W_s，则压缩机指示功率与轴功率之比，就是压缩机的机械效率，其定义如下：

$$\eta_m = \frac{W_i}{W_s} \times 100\%$$

式中　η_m——压缩机的机械效率，%；

W_i、W_s——分别为压缩机的指示功率、轴功率，kW。

4）压缩机的电动机效率。压缩机轴功率与电动机功率之比，称为压缩机的电动机效率，其定义如下：

$$\eta_{mo} = \frac{W_s}{W_e} \times 100\%$$

式中　η_{mo}——电动机效率，%；

W_s、W_e——分别为压缩机的轴功率、电动机输入功率，kW。

综合上述公式可知，从电动机输入功率到压缩机的理论压缩功率，经历了层层损耗，压缩机理论压缩轴功率与电动机输入功率之比，称为电效率，其定义如下。

$$\eta_e = \frac{W_0}{W_e} \times 100\% = \eta_i \eta_m \eta_{mo}$$

式中　η_e——压缩机效率，%；

W_0、W_e——分别为压缩机理论压缩轴功率、电动机的输入功率，kW。

三、螺杆式压缩机

1. 螺杆式压缩机的结构和工作原理

螺杆式压缩机由机壳、转子、平衡活塞、轴承、轴封和能量调节机构等组成。机壳内壁与一对啮合运动着的凸转子和凹转子共同形成一个封闭空间，称为基元容积。凸转子为主动螺杆，凹转子为从动螺杆，随着两者的啮合运动，基元容积也周期性地发生变化，实现吸气、压缩、排气过程，如图 6–22 所示。

图 6–22　双螺杆式压缩机的工作过程

a）吸气　b）封闭　c）压缩　d）排气

2. 螺杆式压缩机的分类

常用的螺杆式压缩机有双螺杆式压缩机和单螺杆式压缩机两类。

双螺杆式压缩机的结构如图 6–23a 所示，根据螺杆转子与压缩机是否为一个整体，双螺杆式压缩机也分为封闭式、半封闭式和开启式。图 6–23a 属开启式。

单螺杆式压缩机由机壳、螺杆转子、星轮等组成，如图 6–23b 所示。其基元容积由机壳内壁、螺杆转子的齿间凹槽和星轮围成。由于螺杆实际上是蜗杆，星轮又与蜗轮截面类似，因此，单螺杆式压缩机又称蜗杆压缩机。

图 6–23　双螺杆式压缩机和单螺杆式压缩机

a）双螺杆式压缩机　b）单螺杆式压缩机

3. 螺杆式压缩机的能量调节

螺杆式压缩机能量调节的方式有滑阀调节、旁通调节、吸气节流调节、转停调节和变频调节等，常用的是滑阀调节和旁通调节。滑阀调节的原理如图 6–24 所示，图 6–24a 为满负荷时，滑阀关闭；图 6–24b 为部分负荷时，滑阀打开，被吸入的部分制冷剂通过滑阀开启的间隙回流到吸气端，实现了部分气体的压缩。

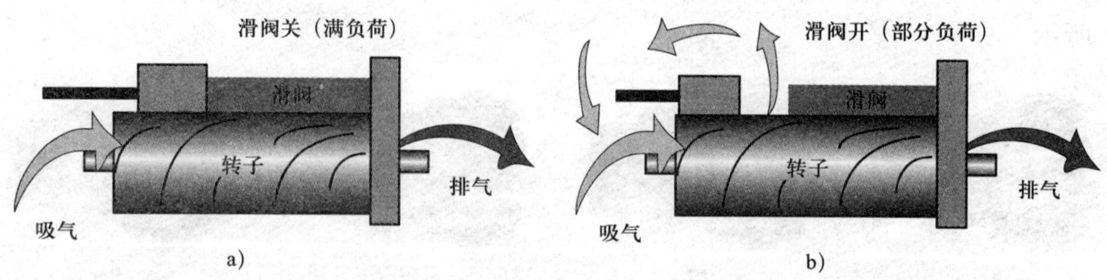

图 6–24　滑阀调节原理示意

a）满负荷时　b）部分负荷时

螺杆式压缩机可实现制冷量在 15%～100% 范围内的无级调节，且制冷量在 60% 以上时，压缩机功耗与制冷量成正比，这有利于其节能高效运行。

4. 螺杆式压缩机的特点

螺杆式压缩机的优点：①易损件少，可靠性和效率高，有利于操作自动化，适用于大中型系统；②负荷可调节性好，调节方式多，部分负荷效率高；③对湿压缩不敏感，不用过分担心轻微的液击现象。

螺杆式压缩机啮合件的加工精度高，价格昂贵。转速可达 1 800～9 000 r/min，转速高，运行噪声大。螺杆式压缩机对装配精度要求高。

四、离心式压缩机

1. 离心式压缩机的结构

单级离心式压缩机主要由吸气室、叶轮、扩压器、蜗壳等组成，如图 6–25 所示。

对于多级离心式压缩机，还设有弯道和回流器等部件。如图 6–26 所示，一个工作叶轮和与其相配合的固定元件，如吸气室、扩压器、弯道、回流器等，组成压缩机的一个级。多级离心式压缩机通过多个级数串联，获得较高的压缩比。

为了减少压缩机功耗和防止排气温度过高，级数较多的离心式压缩机可分为几段，每段包括一到几级，段间进行中间冷却以降低排气温度。

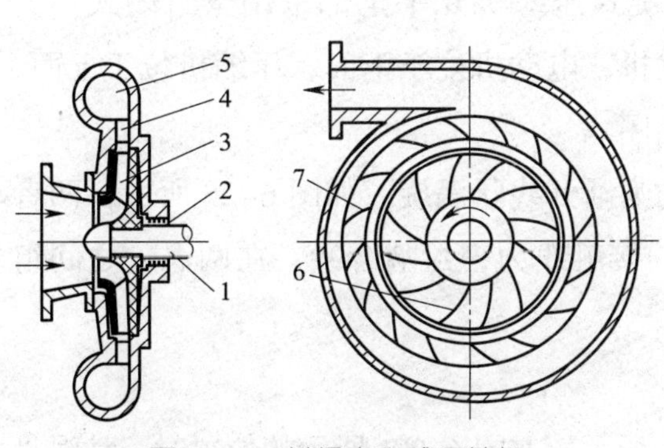

图 6–25 单级离心式压缩机

1—主轴 2—轴封 3—叶轮 4—扩压器

5—蜗壳 6—叶轮叶片 7—扩压器叶片

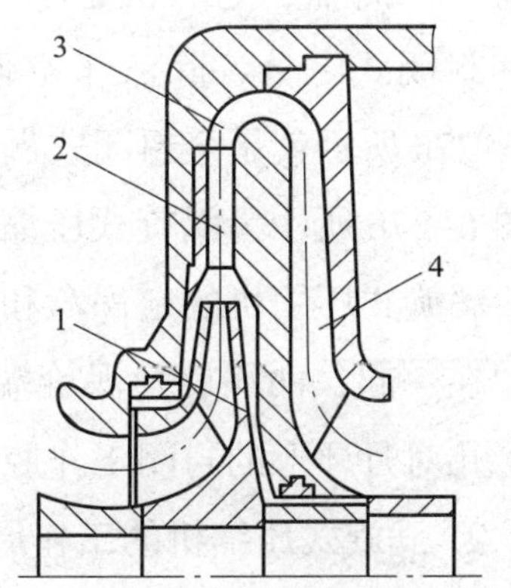

图 6–26 多级离心式压缩机的中间级

1—叶轮 2—扩压器

3—弯道 4—回流器

由于主轴转速很高，电动机需要通过齿轮增速器带动主轴。

离心式制冷压缩机有开启式和半封闭式之分。

2. 离心式压缩机的工作原理

以图 6–26 的中间级为例，制冷剂蒸气进入叶轮流道，叶轮高速旋转，制冷剂蒸气在叶轮带动下速度和动能增加。高速制冷剂蒸气在扩压器中把动能转换为压力能，通过转向弯道进入下一级叶轮，进一步压缩。离心式压缩机的制冷量调节方式有进气节流调节、进口可转导叶调节、转速调节等。

3. 离心式压缩机的特点

离心式压缩机的优点：①制冷量可达 5 000 kW 以上，能效比高，适用于大型系统；②相同制冷量时，外形尺寸小，占地面积约为活塞式压缩机的一半；③没有往复运动，易损件少，连续运行周期长，维护费用约为活塞式的 1/5；④可以多级压缩，一台机组可实现多个蒸发温度；⑤转动平稳，噪声低；⑥进口导叶进行能量调节，调节范围和节能效果好；⑦离心式压缩机是连续吸气和排气的，而活塞式和螺杆式压缩机是周期性工作，间歇排气。

离心式压缩机的缺点：①单级压缩比小；②低负荷时易导致制冷剂从冷凝器向压缩机回流，发生喘振现象；③加工和装配精度高，价格昂贵。

五、涡旋式压缩机

1. 涡旋式压缩机的结构

涡旋式压缩机的结构如图 6–27 所示。它由定涡盘、动涡盘、防动涡盘自转机构、曲轴、电动机定子和转子及机体等部分组成。涡旋式压缩机有开启式和封闭式之分，除汽车空调外，涡旋式压缩机几乎全部采用全封闭式。如图 6–27a 所示就是全封闭式涡旋式压缩机，电动机位于下面，压缩机位于上面。如图 6–27b 所示为涡旋式压缩机的剖面图。

涡旋式压缩机的定涡盘和动涡盘均为渐开线状涡旋，如图 6–28 所示，两者倒扣在一起，两涡旋及涡旋端板之间的接触线为密封啮合线，在两涡旋之间组成了几对月牙形的封闭工作腔。

2. 涡旋式压缩机的工作原理

涡旋式压缩机的工作原理如图 6–29 所示，在图 6–29a 所示的位置时，动涡盘中心在定涡盘中心的右侧，涡旋外圈部分封闭，此时一对工作腔吸气结束，所吸气体如点状阴影所示。在涡盘中心，另一对工作腔的压缩过程结束，即将排气。

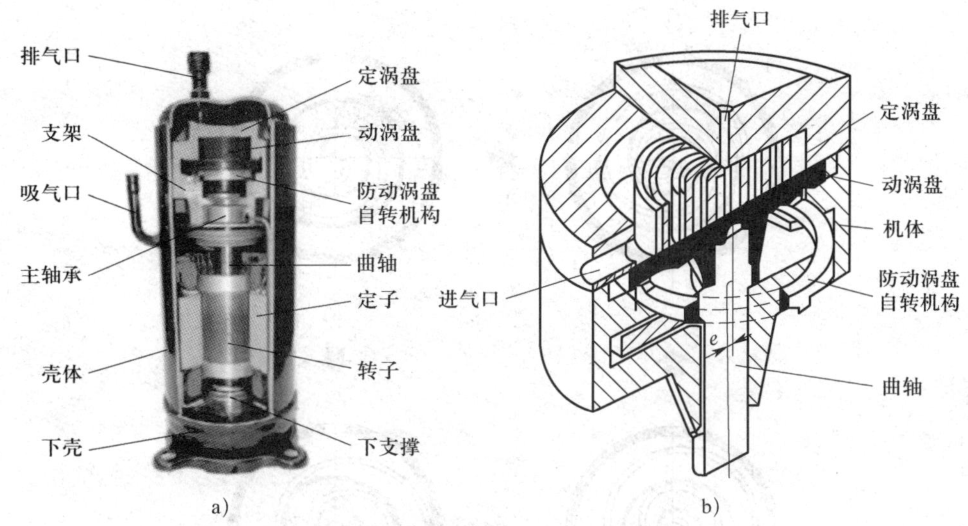

图 6–27 涡旋式压缩机的结构

a）全封闭式涡旋式压缩机 b）涡旋式压缩机的剖面图

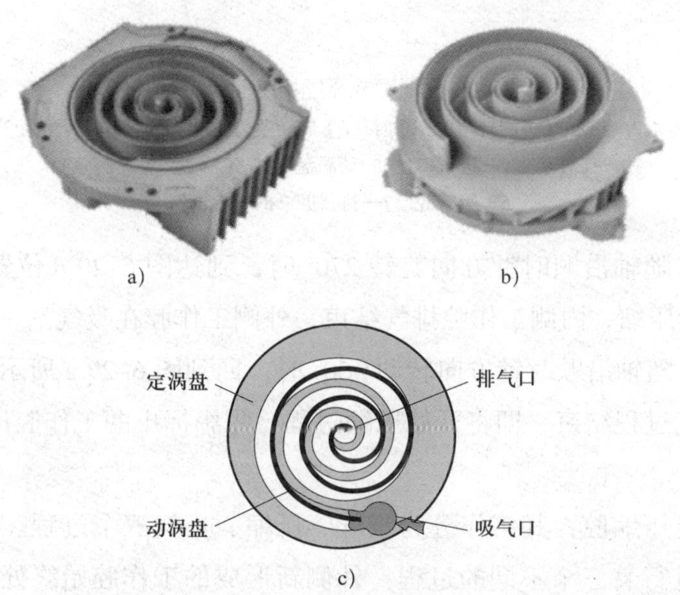

图 6–28 定涡盘、动涡盘和月牙形工作腔

a）定涡盘 b）动涡盘 c）月牙形工作腔

当动涡盘随轴沿顺时针方向旋转 90° 到达图 6–29b 位置时，工作腔在减小，空间内的制冷剂蒸气被压缩。同时，涡旋外侧又张开，形成新的工作腔开始吸气，同时，涡盘中心的一对工作腔正在排气。

当动涡盘随轴沿顺时针方向旋转 180° 时，到达图 6–29c 位置，涡旋的外、中、内三对工作腔分别在吸气、压缩和排气。

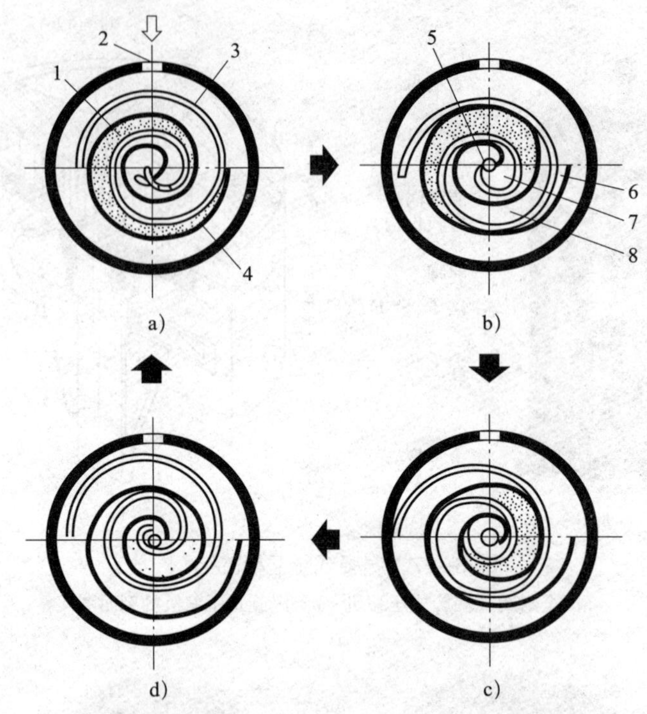

图 6–29　涡旋式压缩机的工作原理

a）旋转角为 0° 时　b）旋转角为 90° 时　c）旋转角为 180° 时　d）旋转角为 270° 时

1—工作腔　2—进气口　3—动涡盘　4—定涡盘　5—排气口

6—吸气腔　7—排气腔　8—压缩腔

当动涡盘随轴沿顺时针方向旋转 270° 时，到达图 6–29 d 位置，标出阴影的压缩腔继续压缩，内侧工作腔排气结束，外侧工作腔在吸气。

当动涡盘随轴沿顺时针方向转动 360° 时，回到图 6–29 a 所示的原始位置，外侧部位吸气过程结束，即将开始压缩过程。阴影标出的工作腔压缩完成将要排气。

对于特定压缩腔，其工作分为吸气、压缩、排气三个过程。在任一瞬时，不同工作腔进行着三个不同的过程：外侧新形成的工作腔始终处于吸气过程；中心部位工作腔始终在排气；而中间的工作腔则一直在压缩。

3. 涡旋式压缩机的特点

与活塞式压缩机相比，涡旋式压缩机的优点：①涡旋式压缩机吸、排气过程连续进行、运转平稳、振动小、噪声小；②涡旋式压缩机没有吸、排气阀，工作可靠、使用寿命长、效率高。

使用涡旋式压缩机的注意事项：①涡旋式压缩机不可以倒转，其三相电动机应设置断相和相序保护器；②涡旋式压缩机的制冷系统中，制冷剂的含水率必须小于 0.02%，不凝气体体积分数小于 1%，残留氧必须小于 0.1%；③由于涡旋式压缩机无排气阀，当压缩机停止工作时，就会因为膨胀而逆转。这时高温排气和润滑油会倒流回吸气管。因此，涡旋式压缩机的吸气管道应装内置止回阀，以防压缩机逆转和排气倒流。

涡旋式压缩机广泛应用于冷藏柜、小型冷库和制冷量为 7 ~ 26 kW 的房间空调器中。

六、滚动转子式压缩机

1. 滚动转子式压缩机结构和工作原理

滚动转子式压缩机由气缸、转子（滚动活塞）、曲轴、滑板和电动机等零件组成，如图 6–30 所示。滚动转子式压缩机也有开启式和全封闭式两种，除汽车空调外，几乎全部采用全封闭式。全封闭式也有立式和卧式两种，图 6–30 所示为立式，电动机在壳内上部，压缩机布置在下部。

曲轴旋转中心与气缸中心重合于 O 点。转子为偏心并套在曲轴上的圆环形轮，其圆心为 O'。转子外壁与气缸内壁相切，转子沿气缸内表面滚动，从而形成一个总容积不变的月牙形的工作腔。

气缸上开有吸气孔和排气孔，没有吸气阀，排气孔处装设排气阀，以防排气回流。在气缸的吸气孔和排气孔之间装设一个可以滑动的滑板，在弹簧力作用下压紧转子外壁，从而将工作腔隔成两部分——吸气腔和排气腔。这两个腔的容积随主轴旋转而变化，实现了吸气、压缩、排气工作过程。

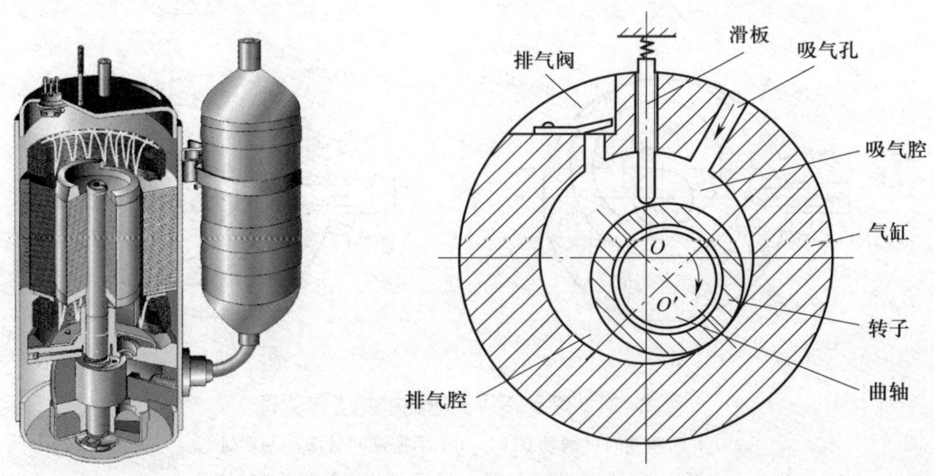

图 6–30 滚动转子式压缩机

如图 6–31 所示，当气缸处于图 6–31a 位置时，气缸内为一个完整的月牙形工作腔，腔内充满了低压气体，此时吸气结束，不压缩，不排气。

当活塞逆时针滚动 90°，到达图 6–31b 位置时，滑片把月牙形容积分割为吸气腔 B 和排气腔 A 两部分。吸气腔容积增大，吸入蒸气，排气腔内的蒸气受压缩，压力升高。

活塞继续逆时针滚动，吸气腔不断扩大，排气腔不断缩小，压力逐渐升高，当压力升高到稍大于排气阀后的冷凝压力和阀片弹簧力之和时，排气阀开启并排气，此时吸气腔在吸气，如图 6–31c 所示。

当活塞滚动至图 6–31d 位置时，吸气腔接近最大，排气腔接近最小，吸气、排气过程均接近结束。活塞继续滚动到如图 6–31a 位置，进入下一工作循环。

滚动转子式压缩机的吸气几乎是连续的，而排气则是间歇的，转子每旋转一圈，排气一次。

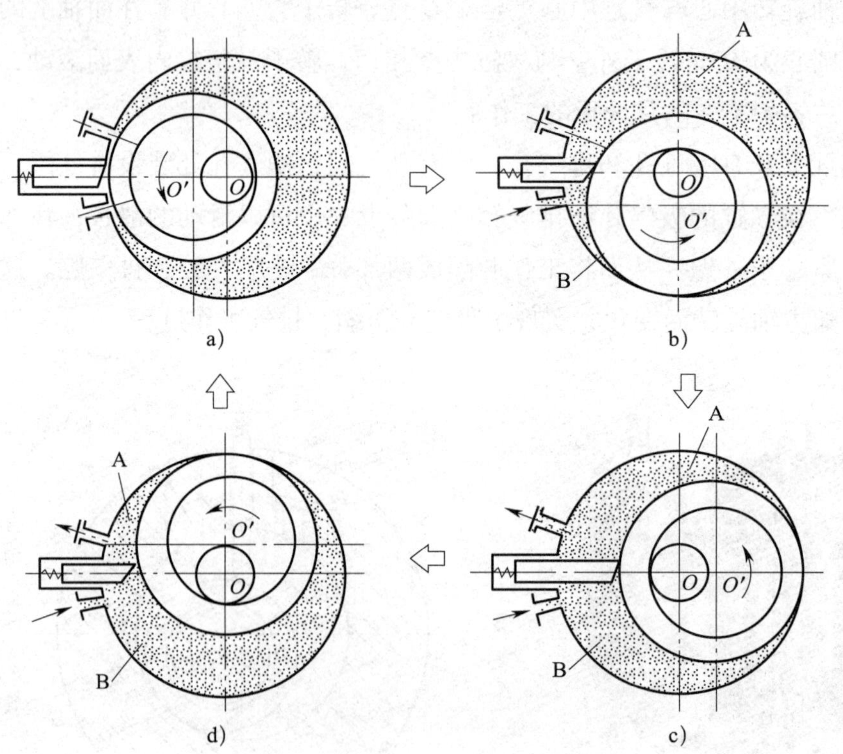

图 6–31　滚动转子式压缩机的工作原理

a）活塞逆时针滚动 0° 时　b）活塞逆时针滚动 90° 时

c）活塞逆时针滚动 180° 时　d）活塞逆时针滚动 270° 时

A—排气腔　B—吸气腔

2. 滚动转子式压缩机的特点

滚动转子式压缩机吸气管前装有气液分离器以防液击。蒸气被压缩后，通过排气阀和消声器进入机壳内。压缩机机壳内和电动机周围充满了高温高压气体。

与活塞式压缩机相比，滚动转子式压缩机的优点：①没有往复运动机构，无吸气阀，零部件（特别是易损件）少；②体积小，质量小，结构紧凑；③振动小，噪声较低；④容积效率、机械效率和能效比高。

滚动转子式压缩机广泛应用于房间空调器和部分电冰箱、冷柜中。对于制冷量在 1.5 ~ 7 kW 的房间空调器，滚动转子式制冷压缩机几乎取代了活塞式压缩机。

七、磁悬浮压缩机

磁悬浮压缩机使用磁悬浮轴承，利用磁场力使转子处于悬浮状态，在旋转时轴承与轴之间不接触，因此没有机械摩擦。磁悬浮压缩机不再需要机械轴承及其配套的润滑系统。图 6–32 所示是两级压缩的磁悬浮离心式压缩机，主要组成部分有永磁同步直流电动机、永磁体材料制成的电动机转子和驱动轴、磁悬浮轴承、叶轮、可调节的进口导流叶片、磁悬浮轴承控制系统和变频控制器等。

磁悬浮压缩机的优点：①不需要冷冻机油润滑系统，减少了油路和油泵，制冷系统中无冷冻机油，降低了换热热阻，提升了换热效率；②维护费用约为含油压缩机的一半；③质量轻，是传统压缩机的 1/5；④运行噪声低，在 70 dB 以内；⑤软启动，启动电流仅需 2 A，远低于传统压缩机启动电流 500 ~ 600 A；⑥运行效率高。

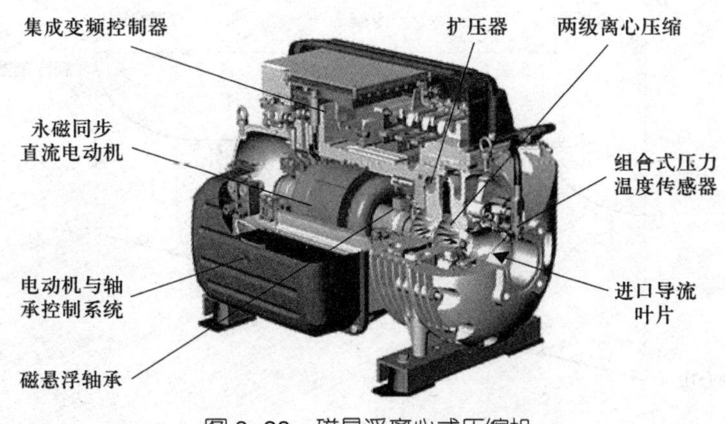

图 6–32　磁悬浮离心式压缩机

学习单元 2　冷凝器和蒸发器

了解常用冷凝器和蒸发器的种类和结构

熟悉常用冷凝器和蒸发器的特点

能够分析冷凝器和蒸发器的传热过程并进行简单的换热计算

一、冷凝器

冷凝器的作用就是把压缩机排出的高压过热蒸气凝结为同压力下的饱和液体或过冷液体。常用的冷却介质有空气和水。

1. 冷凝器的传热过程

（1）制冷剂在冷凝器中的变化过程

制冷剂在逆流式冷凝器中的冷却过程分为三个阶段，如图 6–33 所示。

第一个阶段，由过热蒸气冷却为同压力下的干饱和蒸气。温度从压缩机的排气温度下降到冷凝温度。由于制冷剂蒸气的比热容小，该阶段释放的热量较少。制冷剂压力不变，温度降低。

第二个阶段，由干饱和蒸气冷凝为同温同压下的饱和液体，制冷剂在该阶段释放大量汽化潜热，是放热过程的主要阶段。该阶段制冷剂等温等压凝结放热。

第三个阶段，由饱和液体继续被冷却为过冷液体。

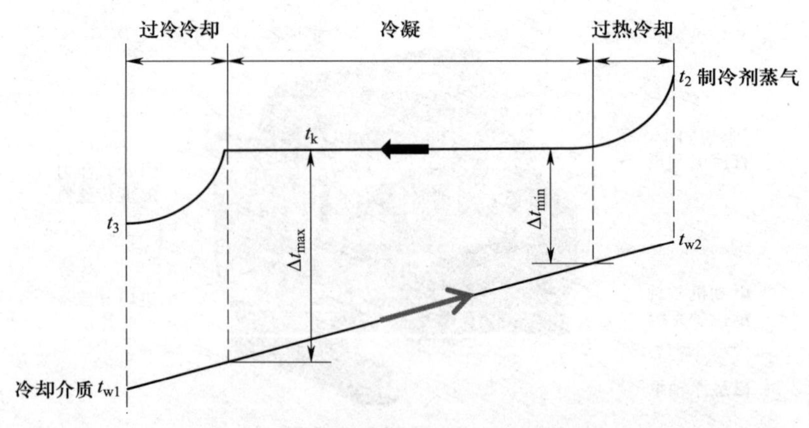

图 6–33　冷凝器中的传热过程及传热温差

（2）冷却介质在冷凝器中的变化过程

除了蒸发冷却型冷凝器外，冷却介质不发生相变，冷却介质在冷凝器中进行不断吸热升温的显热变化过程。

（3）冷凝器中的传热温差

以冷却介质不相变的逆流式冷凝器为例，分析其传热过程。可以看出，在换热器不同截面，两种流体的传热温差一直在变化，取对数平均温差作为冷凝器的平均传热温差，计算式如下。

$$\Delta t_m = \frac{\Delta t_{max} - \Delta t_{min}}{\ln \frac{\Delta t_{max}}{\Delta t_{min}}}$$

式中　Δt_m——冷凝器的对数平均温差，℃；

Δt_{max}——冷凝器的最大传热温差，℃；

Δt_{min}——冷凝器的最小传热温差，℃。

上式中最大温差和最小温差都是中间某个截面的温差，难以确定，故往往采用进、出口两个截面的温差来计算，计算式如下：

$$\Delta t_{max}=t_3-t_{w1};\quad \Delta t_{min}=t_2-t_{w2}$$

式中　t_2——压缩机排气温度，℃；

t_3——冷凝器出口制冷剂的温度，℃；

t_{w1}——冷却介质流进冷凝器的温度，℃；

t_{w2}——冷却介质流出冷凝器的温度，℃。

（4）冷凝器传热量和传热面积的计算

已知传热系数、传热温差和换热面积，传热量可以用下式计算：

$$Q_k=KF_o\Delta t_m$$

式中　Q_k——冷凝器的换热量，kW；

K——冷凝器的传热系数，W/（m^2·K）；

F_o——换热面积，m^2；

Δt_m——冷凝器的对数平均传热温差，℃。

已知传热系数、传热温差和冷凝热量，可用下式确定冷凝器的换热面积，式中各项含义同上。

$$F_o = \frac{Q_k}{K\Delta t_m}$$

（5）冷却介质循环量的计算

已知冷凝器的散热量和冷却介质的进、出口温度，则冷却介质循环量可用下式计算：

$$m_w = \frac{Q_k}{c_{pw}(t_{w2} - t_{w1})}$$

式中 m_w——冷却介质循环量，kg/s；

Q_k——冷凝器的换热量，kW；

c_{pw}——冷却介质的定压比热容，kJ/（kg·K）；

t_{w1}——冷却介质流进冷凝器的温度，℃；

t_{w2}——冷却介质流出冷凝器的温度，℃。

2. 冷凝器的分类

制冷系统中，冷凝器种类很多，形式各异。按照冷却介质和冷却方式的不同，分为空冷式冷凝器、水冷式冷凝器和蒸发式冷凝器三大类。冷凝器的分类框图如图 6–34 所示。

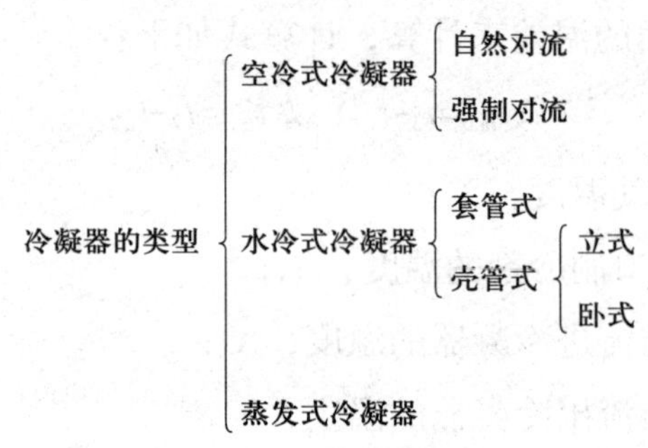

图 6–34 冷凝器的分类

空冷式冷凝器的冷却介质是空气，且空气在管外流动，制冷剂蒸气在管内凝结。空冷式冷凝器不需要冷却水，因而使用和安装都比较简单方便，特别适用于中小型制冷空调系统。但空冷式冷凝器传热系数小，若用于大中型系统时体积比较大。通常空气式冷凝器的空气侧传热比较差，往往采用翅片强化传热，长期运行将会导致翅片表面积灰并使传热恶化，故需要及时清洗。按照驱动空气流动方式的不同，空冷式冷凝器又分为自然对流和强制对流两类。

水冷式冷凝器的特点是传热系数大，冷凝器体积小，适用于大中型系统。水冷式冷凝器需要增设冷却水循环系统，结构复杂，长期运行管壁上结水垢后传热效果变差，需定期清除水垢。常见的水冷式冷凝器有套管式冷凝器、壳管式冷凝器等，其中壳管式冷凝器又可分为立式壳管式冷凝器和卧式壳管式冷凝器。

（1）自然对流空冷式冷凝器

自然对流空冷式冷凝器无须风机，结构简单紧凑。传热系数小，辐射和对流换热的总传热系数为 9 ~ 16 W/（m^2 · K）。这种冷凝器多用于冰箱、冷柜等小型冷藏装置。

自然对流空冷式冷凝器有线管式、板管式和百叶窗式等类型。线管式空冷器由两面焊有钢丝的蛇形管组成，通常冷凝管为单层卷焊镀锌钢管（简称镀锌管）。蛇形管水平盘绕，钢丝垂直点焊在蛇形管束上，如图 6–35a 所示。

冰箱中常用板管式冷凝器，如图 6–35b 所示。它由钢板和蛇形管组成，钢板就是冰箱外壳板，铜管水平盘绕，粘结或压紧在钢板上，并嵌在保温材料（隔热层）内。

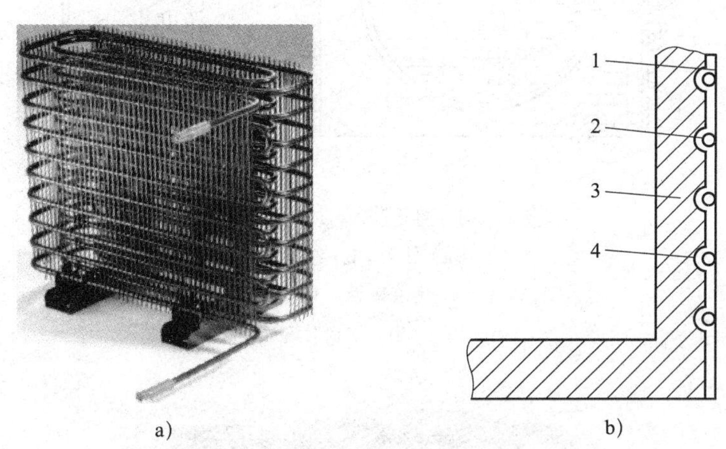

图 6–35 线管式和板管式冷凝器

a）线管式 b）板管式

1—冰箱外壳板 2—冷凝管 3—隔热层 4—胶带纸密封层

（2）强制对流空冷式冷凝器

强制对流空冷式冷凝器主要用于小型冷库、冷藏陈列柜及各种分体式空调器上，如图 6–36 所示，是由纯铜管和铝翅片组成套片式翅片管。制冷剂蒸气在管内冷凝，空气在轴流风机作用下横向流过翅片管。这种冷凝器的制冷剂通道由一组或几组蛇形管构成，制冷剂蒸气进入蛇形管后自上而下地流动，冷凝液体从底部排出。

强制对流空冷式冷凝器（中型套片管式）与轴流风机配套使用，如图 6–37 所示，其传热系数与翅片有关，为 30 ~ 35 W/（m^2 · K），约是自然对流传热系数的 2 倍。

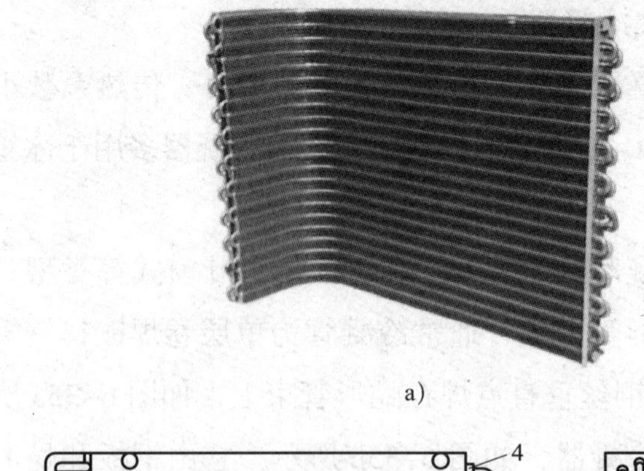

a)

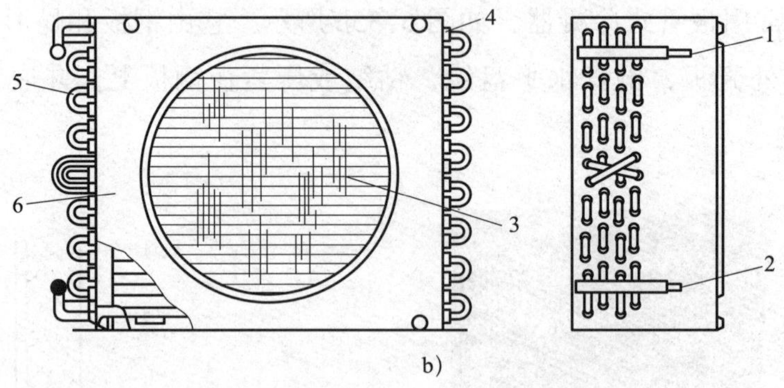

b)

图 6–36 强制对流翅片管冷凝器

a）外形 b）结构

1—进气集管 2—出液集管 3—翅片 4—蛇形管

5—弯头 6—强制对流风罩

图 6–37 强制对流空冷式冷凝器（中型套片管式）与轴流风机配套使用

（3）套管式水冷冷凝器

将小直径的管套入大直径的管内，并保持两管同轴，形成套管式冷凝器，如图 6–38 所示。图 6–38a 中制冷剂在内、外管间流动，冷却水在内管流动；也有制冷剂在内管流动，冷却水在两管间流动的情况；两种流体始终保持逆向流动。套管式冷凝器的传热系数为 1 000 ~ 1 900 W/（m^2·K）。有时为了满足换热要求，需要较长的套管，可将其盘成图 6–38b 所示的盘管式套管。

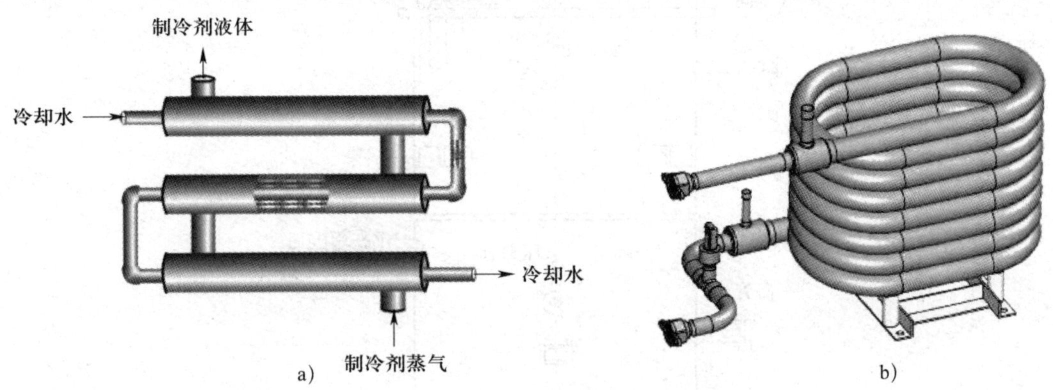

图 6–38 套管式冷凝器内部结构和盘管外形

a）套管式冷凝器内部结构 b）盘管外形

套管式冷凝器的优点是结构简单、耐高压、传热面积易于通过管长调整等；缺点是金属耗用量大。

（4）立式壳管式水冷冷凝器

用于氨制冷系统的立式壳管式水冷冷凝器如图 6–39 所示。制冷剂在壳内流动，冷却水在管内流动。制冷剂过热蒸气从壳体中部进气管进入，在壳内的立管外冷却进而凝结成液体，由下部的出液管流出。冷却水经壳体上部配水箱的螺旋形布水器分配到各立管管内，依靠重力作用流下，与制冷剂换热并升温，最后进入冷凝器下面的落水池中。

立式壳管式水冷冷凝器的优点：可以露天安装，节约机房面积；冷却水靠重力下流，所需压头小，冷却水泵扬程小；传热管为直管，冷却水开放在大气环境中，清洗水垢较方便，并可以在运行中清洗水垢，也可以使用水质标准不太高的水源。

立式壳管式水冷冷凝器的缺点：冷却水温升小，因而冷却水循环量较大；水在管内分布不均匀，管内面积不能全部浸润，因此，传热系数不大，体积较大。

（5）卧式壳管式水冷冷凝器

卧式壳管式水冷冷凝器外形和接管如图 6–40 所示。制冷剂在壳内流动，制冷剂过热蒸气从壳体左上部进气管进入壳体内，在水平管簇外凝结，由下部的出液口流出。冷却水在管内流动，在右侧封头处下进上出，在水平管内强制

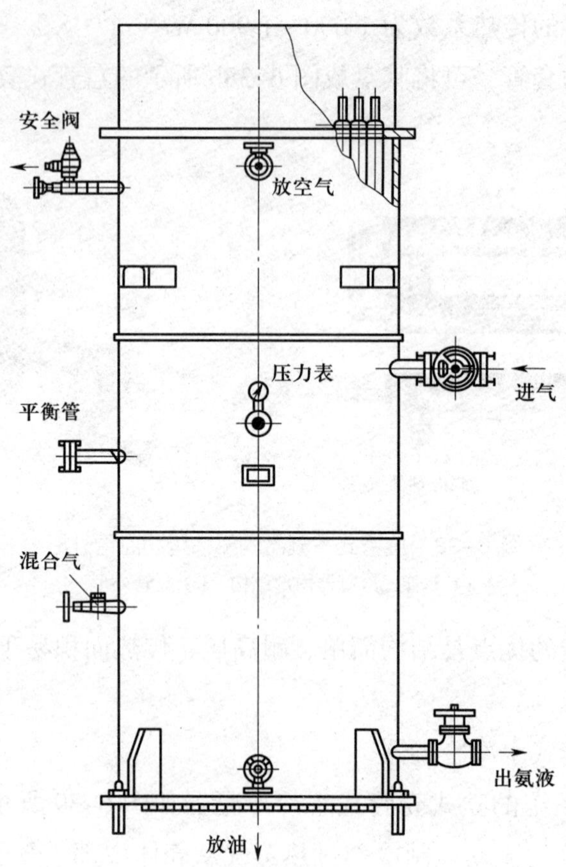

图 6-39　立式壳管式水冷冷凝器

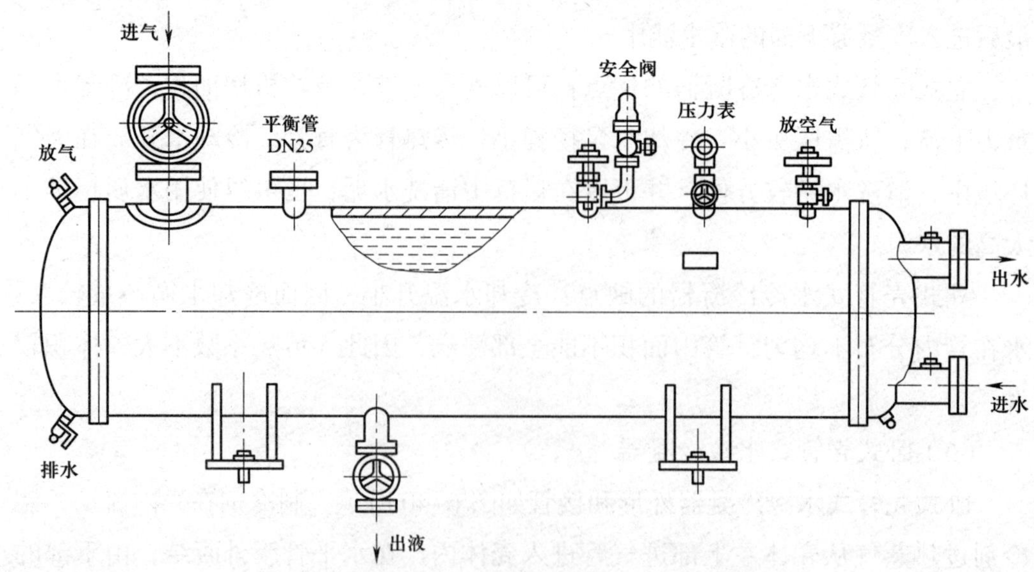

图 6-40　卧式壳管式水冷冷凝器外形和接管

对流。左侧封头上有放空气的螺塞，其作用是排除水中的空气。左侧封头下设排水螺塞，可以将冷凝器内的冷却水完全排放出来，多在停机维修时使用。

卧式壳管式水冷冷凝器既可以用于大中型氨冷冻系统，又可用于冷水机组。

（6）蒸发式冷凝器

在蒸发式冷凝器中，有三种介质，分别是制冷剂、喷淋水和环境湿空气。蒸发式冷凝器利用喷淋水在制冷剂盘管外吸收热量，冷却管内制冷剂并使之凝结为液体。喷淋水中的一小部分水蒸发，大部分水吸收制冷剂的冷凝热后温度升高。不饱和湿空气流过蒸发式冷凝器，与喷淋水直接接触进行热湿交换：带走热量，吸收并带走少量蒸发的水蒸气，冷却喷淋水。

从效果上看，蒸发式冷凝器实现了水冷式冷凝器和冷却水循环系统加起来的功能，但结构上较之简单。它的耗水量少，适用于缺水地区，但蒸发式冷凝器也有管外结垢后难以清洗的缺点。

按水和空气的流动方向不同，蒸发式冷凝器分为逆流式、顺流式、横流式和混流式等。如图6–41所示是典型的逆流蒸发式冷凝器。

影响蒸发式冷凝器性能的因素很多，最重要的是环境空气的湿球温度。湿球温度越低，换热效果越好。

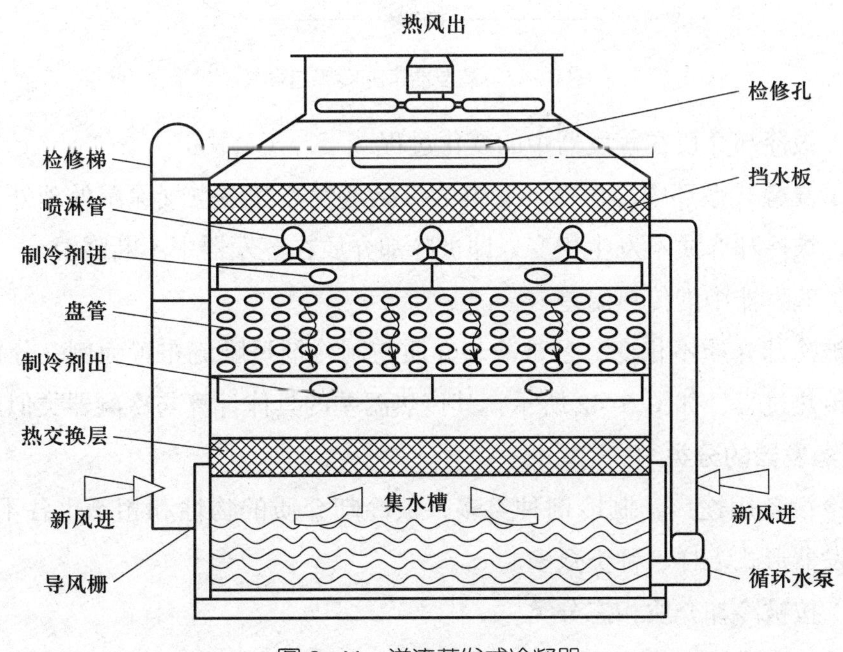

图6–41 逆流蒸发式冷凝器

二、蒸发器

蒸发器的作用就是通过制冷剂蒸发带走载冷剂或者被冷却介质的热量，使之降温，或者吸收空间余热，使之维持低温。

1. 蒸发器的传热过程

（1）制冷剂在蒸发器中的变化过程

制冷剂在蒸发器中的冷却过程分为两个阶段，如图 6–42 所示。

第一个阶段为蒸发，制冷剂由湿饱和蒸气吸热汽化，变为同温同压下的干饱和蒸气。该过程吸收大量的汽化潜热，是等温等压过程。

第二个阶段为过热吸热。制冷剂由干饱和蒸气继续吸热变为同压下的过热蒸气。过热阶段吸收的热量较少，制冷剂压力近似不变，温度升高。

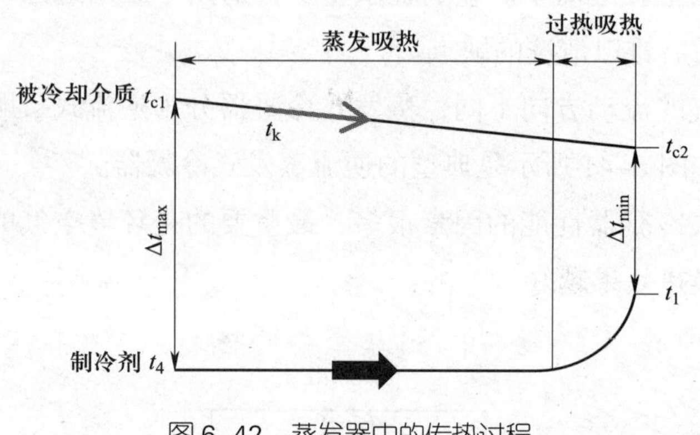

图 6–42　蒸发器中的传热过程

（2）被冷却介质在蒸发器中的变化过程

除了复叠式循环中高压循环系统的冷凝蒸发器和湿空气除湿处理外，多数情况下，被冷却介质不发生相变，即被冷却介质在蒸发器中不断降温。

（3）蒸发器中的传热温差

以被冷却介质不相变，且被冷却介质与制冷剂呈顺流布置为例，分析蒸发器中的传热过程，如图 6–42 所示，其传热温差的具体计算与冷凝器类似。

2. 蒸发器的分类

制冷设备用途广，制冷剂种类多，被冷却介质的物性和相态也各不相同，导致蒸发器形式多样、种类众多。

（1）按被冷却介质相态分类

按被冷却介质相态不同，有冷却固体的蒸发器、冷却液体的蒸发器和冷却气体的蒸发器三类。

1）冷却固体的蒸发器。制冷剂与管壁直接接触，被冷却固体与管壁直接接触，从制冷剂—管壁—被冷却固体，热量以热传导方式传递，换热效果差。冷库用的搁架排管、直冷式冰箱和冷柜的冷冻室的蒸发器等均是冷却固体的蒸发器。

2）冷却液体的蒸发器。被冷却介质是液体，从制冷剂到传热壁面到被冷却液体之间主要以对流换热方式进行热量传递，换热效果好。冷水机组的蒸发器、盐水制冰的蒸发器等均是冷却液体的蒸发器。

冷却液体的蒸发器中被冷却液体多数为载冷剂，按照载冷剂的循环方式可分为开式循环和闭式循环两种。

开式循环是指载冷剂与大气直接接触的循环，这种循环能耗较大，载冷剂易吸收空气中的水蒸气，且易进入灰尘和杂物。开式循环常用于盐水制冰、肉禽预冷等场合。

闭式循环是指载冷剂在封闭系统中流动，仅在系统最高处有一管口与大气环境相通的循环，这种循环可利用重力回流，能耗较少，载冷剂不易被污染；但系统初投资大，需设定压设备和膨胀设备。闭式循环常用于中央空调和工艺冷却等场合。

3）冷却气体的蒸发器。该类蒸发器主要有冷库用的冷风机、间冷式冰箱和冷柜的蒸发器、冷藏陈列柜的蒸发器、分体式空调的室内机等。被冷却介质是气体，传热壁面与被冷却气体之间是对流换热，该蒸发器的换热效果比冷却固体的蒸发器好，比冷却液体的蒸发器差。

（2）按结构形式分类

按结构形式的不同，蒸发器可分为壳管式、壳盘管式、套管式、立管式、螺旋管式、翅片管式、光管排管式、板管式、板翅式、螺旋板式、板片式等类型。

壳管式、壳盘管式、套管式、螺旋板式、板片式等类型均是冷却液体用的蒸发器，其配套液体载冷剂系统通常采用闭式系统。

立管式和螺旋管式通常用于冷却液体，也可以用于冷却气体。如用于冷却液体，则其配套液体载冷剂系统通常采用开式系统。

翅片管式通常用于冷却气体，被冷却气体一般采用强制对流。

光管排管式和板管式可以用于冷却气体，也可以用于同时冷却固体和气体。

如用于冷却气体，则被冷却气体一般采用自然对流。

板翅式蒸发器可以用于冷却气体，也可以用于冷却液体。如用于冷却气体，则被冷却气体一般采用强制对流；如用于冷却液体，则其配套液体载冷剂系统通常采用闭式系统。

（3）按液体制冷剂的充满程度分类

根据液体制冷剂的充满程度，蒸发器可分为满液式蒸发器和干式蒸发器两种。在满液式蒸发器中，制冷剂在管外蒸发，且存在制冷剂自由液面。由此可知，其结构必为壳管式。在干式蒸发器中，制冷剂在较小的空间内蒸发，不存在制冷剂自由液面，其结构形式多种多样。

3. 冷却空气的蒸发器

冷却空气的蒸发器是直接让湿空气流过蒸发器，被制冷剂冷却。根据制冷剂温度可实现三种冷却：等湿冷却（干冷）、减湿冷却和结霜冷却。

等湿冷却的条件是换热器表面的温度高于湿空气的露点温度，湿空气仅仅降温，含湿量不变，没有凝结水从湿空气中析出，属于对湿空气的干冷。

减湿冷却的条件是换热器表面的温度低于湿空气的露点温度，经过蒸发器的湿空气不仅降温，而且减湿，有凝结水从湿空气中析出，要考虑凝结水的排出。

结霜冷却的条件是换热器表面的温度低于 0 ℃，湿空气经过换热表面时将在表面结霜，形成一层热阻使换热变差，此时需要考虑融霜问题。

冷却空气的蒸发器根据空气的流动动力分为强制对流蒸发器和自然对流蒸发器两种。自然对流蒸发器结构简单，但是换热效果差；强制对流蒸发器需要风机驱动，结构相对复杂，换热效果较自然对流蒸发器好，因此，多数采用强制对流方式。

（1）翅片管式蒸发器

分体式空调的室内机属于翅片管式蒸发器，如图 6–43 所示，管内是制冷剂，管外是风机驱动的空气。

翅片管多采用小管径薄壁铜管，外径为 7 ~ 16 mm，壁厚为 0.35 ~ 0.5 mm。翅片用铝制成，厚度为 0.2 ~ 0.6 mm，空调器用翅片间距为 1.5 ~ 2.5 mm，冷柜用翅片间距多为 4 mm。冷库用时则与库温有关，当库温为 0 ℃以上时，翅片间距为 4 ~ 6 mm；当库温为 –23 ~ –18 ℃时，翅片间距为 8 ~ 12 mm。翅片管的传热系数为 30 ~ 35 W/（m^2 · K）。

图 6–43 分体式空调室内机的翅片管式蒸发器

减湿冷却用的翅片管式蒸发器，采用小间距的翅片管束。翅片间距越小，管外侧的换热面积越大，同时凝结水容易占据空气流通通道，增加流动阻力，减少风量，降低传热系数。为了消除这种现象，常在铝翅片表面浸亲水性表面涂膜，使其上的凝结水成为膜状，以减小空气的流动阻力。

翅片管式蒸发器与风机组装成一体称为冷风机，冷藏用冷风机空气温降为 2 ~ 4 ℃，冻结用冷风机空气温降为 8 ~ 12 ℃。

（2）排管式蒸发器

排管式蒸发器多采用空气自然对流冷却，根据其安装位置的不同，可分为顶排管式蒸发器和墙排管式蒸发器等。如图 6–44 所示，水平吊装在天花板上的是顶排管式蒸发器，垂直靠墙安装的是墙排管式蒸发器。按构造不同，排管式蒸发器可分为立式排管式蒸发器、卧式排管式蒸发器和盘管式排管式蒸发器等类型。按传热管轴线方向的不同，排管式蒸发器有立管式蒸发器、横管式蒸发器和蛇形管式蒸发器等种类，目前多采用蛇形管式蒸发器。

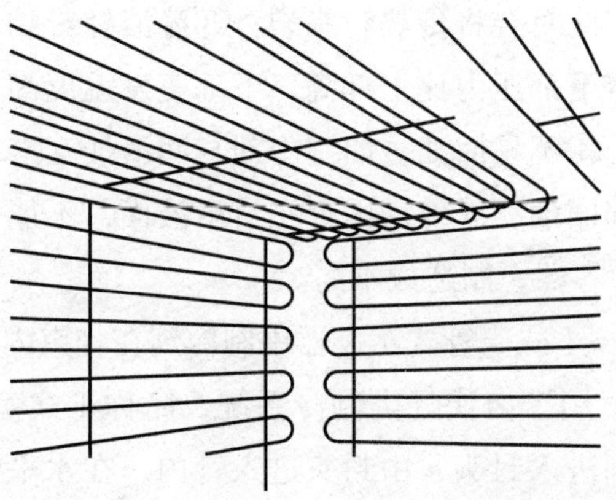

图 6–44 光管排管式蒸发器安装位置示意图

如图 6–45 所示的纵向翅片管式排管蒸发器，结构简单，制造容易，但体积、质量均较大。这种蒸发器通常用于冷库直接膨胀式和重力供液式库房系统。其传热系数很小，墙排管式蒸发器约为 10 W/（m^2·K），顶排管式蒸发器仅为 7 W/（m^2·K）左右。

图 6–45 纵向翅片管式排管式蒸发器

4. 冷却液体的蒸发器

冷却液体的蒸发器用来冷却冷媒水、盐水、乙二醇水溶液等液体载冷剂，常见的有壳管式、沉浸式、板式等多种。

（1）壳管式蒸发器

按制冷剂的充满程度，壳管式蒸发器有满液式蒸发器和干式蒸发器两种。

1）满液式蒸发器。满液式蒸发器又称为卧式蒸发器，由壳体、端盖、管束、管板和集气室等组成，如图 6–46 所示。节流后的制冷剂进入壳体内，在壳体内管隙间汽化。壳体与传热管之间充满制冷剂液体，仅有 2 ~ 3 排管子露出液面。由循环泵加压的载冷剂进入水平管束内流动并被冷却。

满液式蒸发器的优点：传热系数大，制冷剂侧沿程阻力损失小。

满液式蒸发器的缺点：①制冷剂充注量大，对氨系统来说安全性不好，对氟利昂系统来说成本过高；②载冷剂在管内流动，当蒸发温度低于载冷剂凝固温度时，容易冻结，此时会将传热管胀裂；③静液柱影响较大，壳内制冷剂有一定充注高度，使得下部压力比上部高，下部蒸发温度高于上部，制冷剂密度越大，影响越显著；④不易回油，如制冷剂与润滑油互溶或制冷剂密度大于润滑油时，无法从下部回油；⑤外壳内存在自由液面，不能用于车船；⑥这种蒸发器为质量大的压力容器，制造成本高。

2）干式蒸发器。干式壳管式蒸发器中制冷剂在管束内部流动，载冷剂充满壳体与管外空间，适用于卤代烃类制冷系统，简称干式蒸发器。如图 6–47 所示，节流后的制冷剂进入封头，由封头进入管内，在水平管内换热汽化。载冷剂在管簇外纵、横向混流。

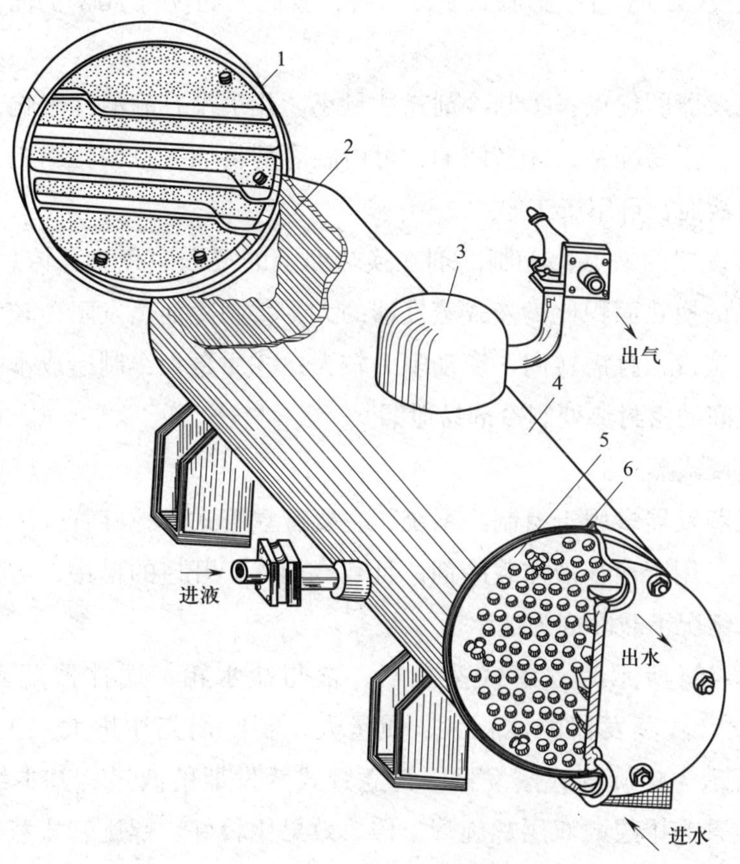

图 6-46　满液式蒸发器

1—端盖　2—蒸发管　3—集气室　4—壳体

5—管板　6—橡胶垫圈

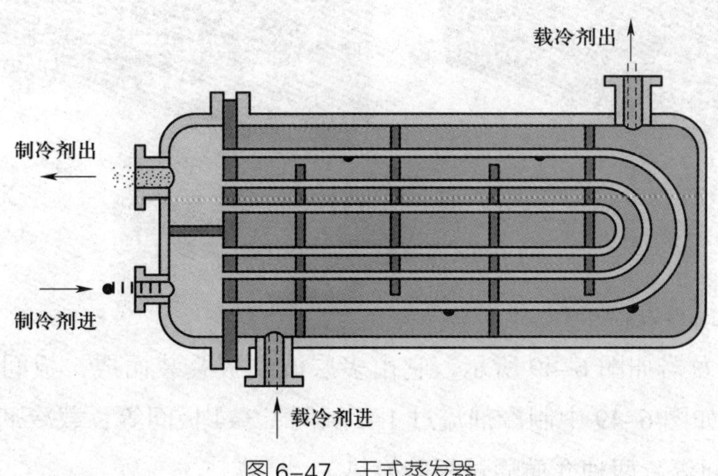

图 6-47　干式蒸发器

干式蒸发器用于直接膨胀式制冷系统，管内大约仅有 30% 的面积被制冷剂浸润。

干式蒸发器的优点：①制冷剂充注量小，几乎没有静液柱影响；②载冷剂在管外流动，不易冻结；③易回油，可由制冷剂将油夹带回压缩机；④不存在制冷剂自由液面，可用于车船。

干式蒸发器的缺点：①制冷剂在换热面上的浸润面积小，传热系数较小，同样制冷量的换热面积比满液式蒸发器的大；②制冷剂蒸发阻力较大，由于制冷剂在管内蒸发，且需转向，流动阻力较大；③质量大，制造成本高；④在封头与管板之间的密封垫处制冷剂易泄漏。

（2）沉浸式蒸发器

沉浸式蒸发器多用于氨制冷系统，主要有立管式和螺旋管式两种，均属满液式蒸发器，用于冷却液体载冷剂，且载冷剂置于开口的槽中，与大气直接接触，大多数情况下载冷剂为盐水。

如图 6–48a 所示为立管式蒸发器，常与盐水箱、搅拌器配套，用于盐水制冰。立管式蒸发器的体积大、质量大，制冷剂充注量大，正在被淘汰。图 6–48b 所示为螺旋管式蒸发器，是立管式蒸发器的改进，基本结构与之相同，仅传热管为单层或双层螺旋管，传热效果比较好，螺旋管式蒸发器的体积大、质量大、制造成本高、制冷剂充注量大。

图 6–48　立管式蒸发器和螺旋管式蒸发器

a）立管式蒸发器　b）螺旋管式蒸发器

（3）板式蒸发器

板式蒸发器如图 6–49 所示，它由多层波纹板叠装而成，板间间隔流动着两种介质。如图 6–49 中制冷剂流过 1–2 板间、3–4 板间等，载冷剂流过 2–3 板间、4–5 板间等，两种介质通过板壁换热。

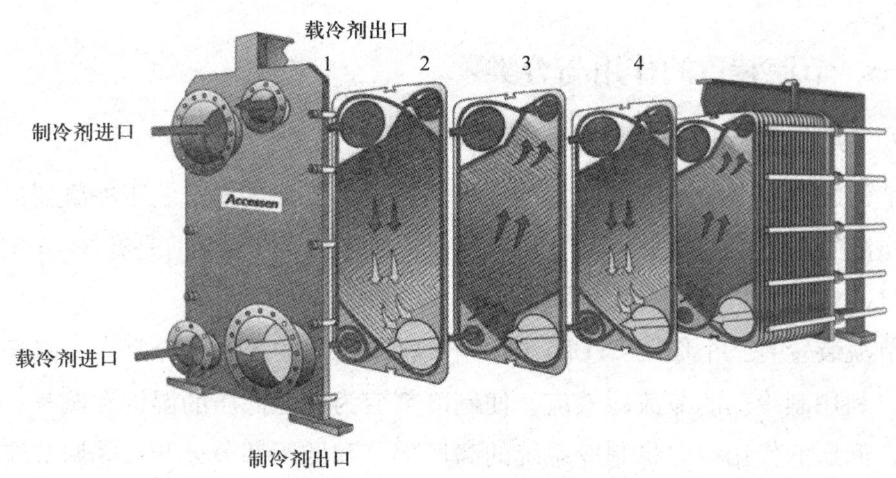

图6-49 板式蒸发器

为了强化传热，板片采用人字形波纹片，人字夹角有60°、90°、110°、120°、140°等多种，不同夹角的板片的传热系数和流动阻力不同。

相邻板片采用交错摆放，即一个板片的波峰与另一个板片的波谷接触，一个板片的波谷与另一个板片的波峰接触，尽可能地增加换热面积。板式蒸发器用的板片厚度通常为0.3～0.4 mm，板片间距通常为2～3 mm。

板式蒸发器的优点：①传热系数大，是壳管式蒸发器的3～5倍；②传热温差大，在同样的流体进、出口温度条件下，板式蒸发器的对数平均温差较大；③端部温差小，板式蒸发器的端部温差可小于1 ℃；④体积和质量小，板式蒸发器的体积仅为壳管式蒸发器的1/10～1/5，质量仅为壳管式蒸发器的1/5；⑤价格较低，用不锈钢制成的板式蒸发器，其价格低于壳管式蒸发器的价格；⑥制冷剂充注量小，仅为壳管式蒸发器制冷剂充注量的1/5～1/2。

学习单元3 节流装置

了解电子膨胀阀、浮球阀和毛细管等节流装置及其原理

熟悉内平衡式热力膨胀阀和外平衡式热力膨胀阀的结构和原理

一、节流装置的作用与分类

1. 节流装置的作用与过程特点

节流装置是制冷系统的四大基本部件之一。节流装置安装于冷凝器或储液器的出液管上，为了减少节流损失，制冷剂在进入节流装置前是有 3 ~ 5 ℃过冷度的过冷液体。

节流装置有三个作用：①降压作用，将制冷剂的压力由冷凝压力降至蒸发压力，利用制冷剂的节流冷效应，使制冷剂变为低温低压的湿饱和蒸气；②分隔高、低压的作用，即将制冷系统的高压部分和低压部分分开；③调节流量作用，部分节流装置根据冷负荷的变化调节进入蒸发器的制冷剂流量，使制冷剂液体尽量浸润蒸发器的传热表面，充分发挥蒸发器的换热作用，同时保证压缩机吸气口具有一定的过热度。

节流过程具有如下特点：①任何物质流经节流装置都是降压的，具有节流冷效应的制冷剂流过节流装置，其温度也是降低的，且节流温降与压降有关；②节流过程近似看成绝热过程，节流前后制冷剂的焓相等；③节流过程不可逆且熵增。

2. 节流装置的分类

节流装置的种类很多，可分为可调节节流装置与不可调节节流装置两大类。可调节的节流装置有热力膨胀阀、电子膨胀阀、浮球阀、手动节流阀、恒压节流阀等。不可调节的节流装置有毛细管、节流短管和孔板等。

（1）热力膨胀阀

热力膨胀阀是根据蒸发器出口处制冷剂过热度来控制制冷循环通断和流量的节流装置，适用于各种系统，目前广泛应用于各种工业制冷装置、商业和家用冷藏与空调装置。

（2）电子膨胀阀

电子膨胀阀是一种新型的节流装置，有电磁式和电动式两类，它同样根据蒸发器出口制冷剂过热度来控制制冷循环通断和流量，但需用配套的单片机来控制系统。电子膨胀阀主要用于与变频调速配合使用的空调器和冷水机组、温度需要精确控制以及负荷变化很大的制冷装置中。

（3）浮球阀

浮球阀是根据液位控制通断和流量的装置，适用于具有自由液面容器的系统，如具有满液式蒸发器、两级蒸气压缩的中间冷却器、高压储液器等容器的系统。

（4）毛细管

毛细管主要应用于各种小型制冷、空调装置中，如电冰箱、冷柜、房间空调器、小型空气去湿机等。

手动节流阀是所有膨胀阀的原型和基础，类似于圆锥形通道的截止阀，用于试验用制冷装置，作为其他节流装置的备用件或用于制冷装置定型试验等。

二、热力膨胀阀

热力膨胀阀能在一定范围内自动调节制冷剂循环量，既可用于氟利昂制冷系统，也可用于氨制冷系统，是应用场合最多的节流装置。

1. 工作原理

热力膨胀阀主要用于没有自由液面的蒸发器，如干式壳管式蒸发器、排管式蒸发器。按压力平衡方式不同，有内平衡式热力膨胀阀和外平衡式热力膨胀阀之分。

内平衡式热力膨胀阀由阀体及感应机构（包括感温包或感温毛细管、传送毛细管和膜盒）、执行机构（包括膜片、推杆和阀芯）、调整机构（即弹簧和调整螺钉）等部分组成，如图 6-50a 所示。

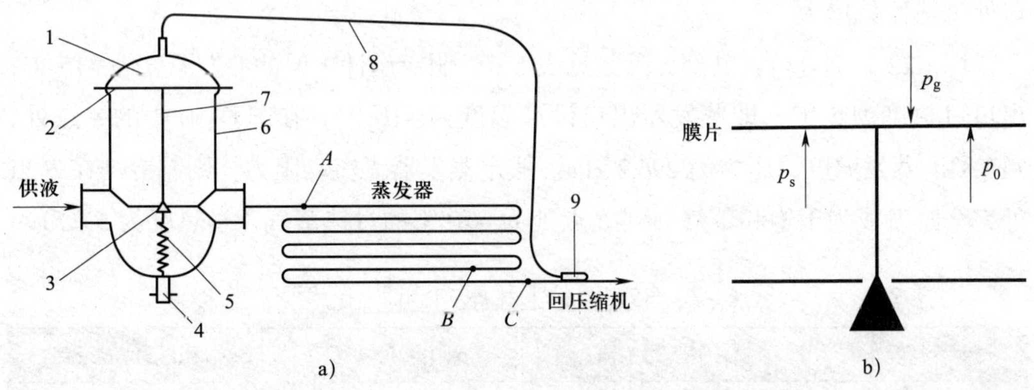

图 6-50　典型内平衡式热力膨胀阀的结构与工作原理

a）结构　b）工作原理

1—膜盒　2—膜片　3—阀芯　4—调整螺钉　5—弹簧

6—阀体　7—推杆　8—毛细管　9—感温包

A、*B*、*C*—测量点

热力膨胀阀的进口接在冷凝器的出液管上，出口接在蒸发器制冷剂进口管上，感温包紧贴在蒸发器出口管上。在感温包中充有感温工质（可以与制冷剂相同或者不同），蒸发器出口温度变化会通过感温包传递给感温工质，感温包的压力随温度改变，压力的改变通过毛细管传递到膜片上部。

作用在膜片上的力有三个，如图 6–50b 所示：①向下使阀开启的力 p_g；②向上使阀关闭的蒸发压力 p_0；③向上使阀关闭的弹力所产生的当量压力 p_s。

当蒸发器出口过热度在设定值时，$p_g=p_s+p_0$，膜片保持平衡，推杆和阀芯无移动，制冷剂流量不变。

当进入蒸发器的制冷剂流量变小或者蒸发器负荷增加时，蒸发器出口过热度增加，导致 $p_g>p_s+p_0$，膜片受到的合力向下，膜片向下弯曲，推杆和阀芯下移，开启度增大，制冷剂流量加大，制冷剂在蒸发器吸热增加，出口过热度回落。

当流入蒸发器的制冷剂流量过大或者蒸发器负荷减小时，蒸发器出口过热度减小，导致 $p_g<p_s+p_0$，膜片受到向上的合力，向上弯曲，推杆和阀芯上移，开启度减小，制冷剂流量减小，制冷剂在蒸发器吸热减少，出口过热度回升。

2. 内平衡式热力膨胀阀的问题

内平衡式热力膨胀阀的平衡压力为蒸发器进口处制冷剂的蒸发压力。制冷剂流过蒸发器是有阻力的，因此，蒸发器的出口压力小于其进口压力，流动阻力越大，蒸发器出口压力越小，对应的饱和温度越低，当出口温度不变时，出口处过热度就增大。

以 R22 为例分析，其部分参数见表 6–7。假定设计工况的蒸发温度为 –15 ℃，出口过热度为 5 ℃，即蒸发器出口设计温度为 –10 ℃。在图 6–50 中的 *A* 点处，–15 ℃的蒸发温度，压力为 296.2 kPa。假定蒸发器无流动阻力，则制冷剂在 *B* 点处完全蒸发成为干饱和蒸气，到 *C* 点处为 –10 ℃的过热蒸气（过热度为 5 ℃）。

表 6–7　R22 部分饱和压力与饱和温度表

饱和温度（℃）	饱和压力（kPa）	饱和温度（℃）	饱和压力（kPa）
−20	245.31	0	497.99
−15	296.20	5	584.11
−10	354.79	10	680.95
−5	421.80	15	789.31

如制冷剂在蒸发器中的流动阻力不大，假定为 10 kPa，则在 C 点处制冷剂的压力降至 286.2 kPa，所对应的饱和温度约为 -16 ℃，为了保持感温工质的压力不变，使膜片处于平衡状态，C 点处制冷剂的温度仍应是 -10 ℃，实际过热度增大为 6 ℃，说明制冷剂在 B 点上游不远处蒸发完毕，蒸发器中过热段虽然有所延长，但仍可接受。

如蒸发器中的流动阻力较大，假定为 50 kPa，则 C 点处制冷剂的压力降低至 246.2 kPa，所对应的饱和温度约为 -20 ℃，C 点处制冷剂的温度仍应是 -10 ℃，过热度为 10 ℃，制冷剂在 B 点上游很远处就蒸发完毕，这就意味着蒸发器中有较多面积与过热蒸气相接触，其传热系数降低，传热效果变差。

因此，内平衡式热力膨胀阀只适用于制冷剂流动阻力不大于 15 kPa 的小型蒸发器。

3. 外平衡式热力膨胀阀

对于制冷剂流动阻力大于 15 kPa 或制冷量较大的蒸发器，多采用外平衡式热力膨胀阀，其结构和工作原理如图 6-51 所示。

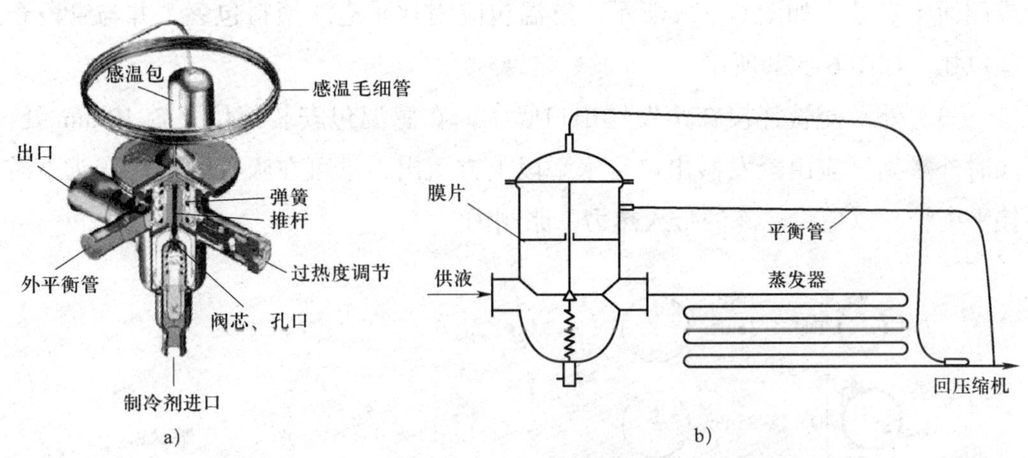

图 6-51 外平衡式热力膨胀阀的结构和工作原理

a）结构 b）工作原理

外平衡是指在膜片下方用隔板隔出一个密封空腔，密封腔与蒸发器出口制冷剂侧用平衡管连通，膜片下方作用的平衡压力 p_0 是蒸发器出口处的压力。解决了蒸发器进、出口的压差较大时，内平衡式热力膨胀阀的出口过热度过大的问题。

采用外平衡式热力膨胀阀节流，使蒸发器进口处压力有所提高，蒸发器平均传热温差有所减小，有效蒸发面积应有所增大。但压缩机吸气压力高于采用内平衡式热力膨胀阀系统，节流损失减少，使能效比稍有提高。但是，外平衡式热力膨胀阀结构较复杂，且系统中增加了两处连接口，也增加了泄漏的可能性。

4. 热力膨胀阀的安装要点

在安装之前，应检查感温包及毛细管内充注的工质是否泄漏。在安装时应注意以下事项。

（1）热力膨胀阀应安装在冷凝器或储液器与蒸发器之间的管道上，并尽可能靠近蒸发器。热力膨胀阀入口接冷凝器或者储液器的出口，热力膨胀阀出口接在蒸发器入口。阀体以膜盒向上垂直安装，不能倾斜或倒置。

（2）感温包位置应比阀体低，并在压缩机吸气口上游 0.5 m 以上，不应贴在管路容易产生积液的部位，如弯管处。

为了减小感温包与蒸发器出口管内制冷剂的传热热阻，减小热力膨胀阀的反应滞后时间，提高热力膨胀阀的工作稳定性。感温包应水平放置或头部向下，紧贴在蒸发器的出口管上。对于管径小于等于 25 mm 的出口管，感温包可紧贴管子侧上方；对于管径大于 25 mm 的出口管，感温包应位于管子侧下方 45° 处或侧面中点处，如图 6–52a 所示。感温包应用软质泡沫塑料包裹，并与管段合理包扎，如图 6–52b 所示。

（3）外平衡管连接在蒸发器出口管上，在感温包安装部位下游 10 mm 处。同时外平衡管应由蒸发器出口管水平段上方引出，不可在吸气管集液弯头下游接平衡管，以免将冷冻油带入热力膨胀阀内。

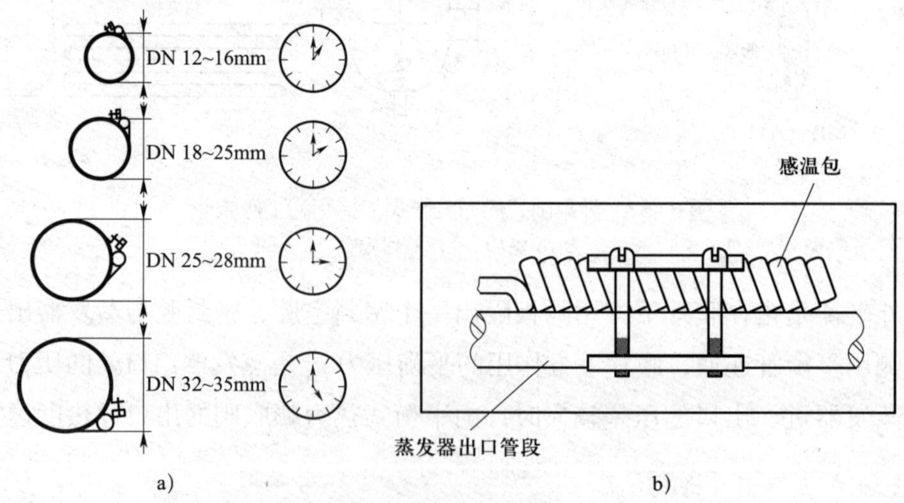

图 6–52　热力膨胀阀感温包的安装、包扎示意图

a）感温包的安装　b）感温包的包扎

（4）在制冷系统调试时，需要对热力膨胀阀进行调整。当热力膨胀阀进入正常运行后，它就能自动调节了。

热力膨胀阀的调整是通过调节杆来调整弹簧的压力，也就是调整热力膨胀阀的静止过热度。顺时针旋转调节杆是往内旋进，弹簧被压紧；逆时针旋转调节杆是往外旋出，弹簧放松。通常调节杆每转一圈，过热度改变 1 ~ 1.5 ℃，弹簧压得越紧，其过热度越大。一般应调节到使蒸发器出口处制冷剂过热度为 3 ~ 5 ℃为宜。

调整热力膨胀阀时，可在压缩机吸气管道上装一只压力表以观察吸气压力（蒸发压力）的变化情况，根据表压力的高低来决定热力膨胀阀的旋进或旋出。热力膨胀阀的调整一般分粗调和细调两步。先粗调，每调一次可旋转调节杆一圈左右；当蒸发压力接近所需数值而又没有达到时，再细调，每次转 1/4 ~ 1/2 圈。由于感温包到膜片的传递反应滞后，每调一次，应等待系统运行 10 min 左右，观察变化情况，再确定下一次的调整方向，切忌一次调得过多。

5. 热力膨胀阀的参数和工况

根据《制冷用热力膨胀阀》（JB/T 3548—2013）的内容，热力膨胀阀的参数如下。

（1）蒸发温度使用范围

有高温（–10 ~ 15 ℃）、中温（–25 ~ 10 ℃）、中低温（–40 ~ 10 ℃）和低温（–60 ~ –25 ℃）四个范围。

（2）名义制冷量、静止过热度和开启过热度

名义制冷量是在规定的制冷能力试验条件下，流过热力膨胀阀的制冷剂质量流量和热力膨胀阀入口处焓值与蒸发温度下饱和蒸气焓值之差的乘积。静止过热度是使热力膨胀阀从关闭到开启或从开启到关闭时所设定的过热度。开启过热度是使热力膨胀阀从开始开启到名义制冷量对应的开度所需要的过热度。

（3）名义工况

为测试膨胀阀的名义制冷量所规定的工况，各种场合下热力膨胀阀的名义工况见表 6–8。

表 6-8　热力膨胀阀的名义工况　℃

名义工况	进入热力膨胀阀制冷剂液体温度	冷凝温度[a]	蒸发温度[b]	热力膨胀阀静止过热度	热力膨胀阀开启过热度
1	34	38	5	4	4
2			−7		
3			−23		
4			−40		

a. 在热力膨胀阀入口处测得，混合制冷剂的冷凝温度为冷凝泡点温度。

b. 在热力膨胀阀出口处（内平衡式）或热力膨胀阀外平衡管处（外平衡式）测得，混合制冷剂的蒸发温度为蒸发露点温度。

三、电子膨胀阀

电子膨胀阀是近年来使用较多的节流装置，广泛应用于冷库、冻结装置、冷水机组和变频空调器等制冷系统中，对系统的自动控制和节能运行至关重要。

1. 电子膨胀阀的分类

电子膨胀阀有电磁式和电动式两种，电动式电子膨胀阀应用数字信号进行精确控制，因此，一般来说，电子膨胀阀特指电动式电子膨胀阀。

电子膨胀阀又分为直动式和减速式两种，如图 6-53 所示。直动式电子膨胀阀的电动机直接带动阀芯移动，从而调节制冷剂流量。直动式电子膨胀阀具有结构较简单，调节迅速的优点。减速式电子膨胀阀的电动机通过减速齿轮副带动阀芯，电动机旋转力矩可较小，调节较精密，适用于制冷量较大的场合。

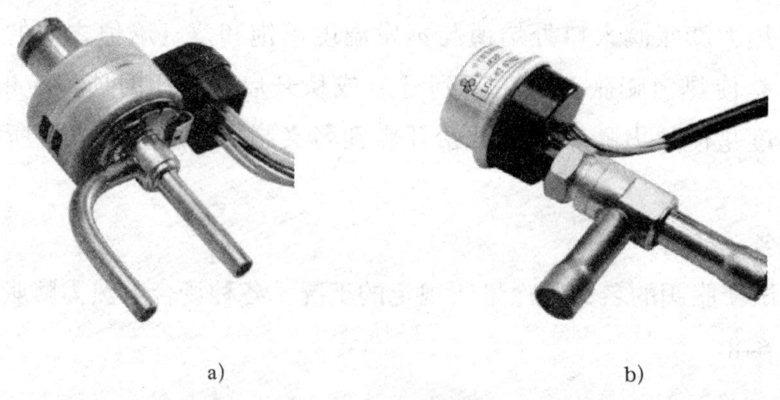

a)　　b)

图 6-53　电子膨胀阀

a）直动式电子膨胀阀　b）减速式电子膨胀阀

2. 电子膨胀阀的控制原理

以减速式电子膨胀阀为例。温度传感器为两个热敏电阻，一个贴在蒸发器两相段管外壁上，测得制冷剂的饱和温度（蒸发温度），另一个贴在蒸发器出口管外壁上，测得压缩机吸气温度，两者之差即过热度信号。制冷系统的微处理器接收到过热度信号，根据过热度大小，通过转换电路在 4 相 8 拍脉冲步进电动机的各相绕组上施加不同电压，如图 6–54 所示，使脉冲步进电动机动作并控制阀门的开启程度，从而调节制冷剂流量。

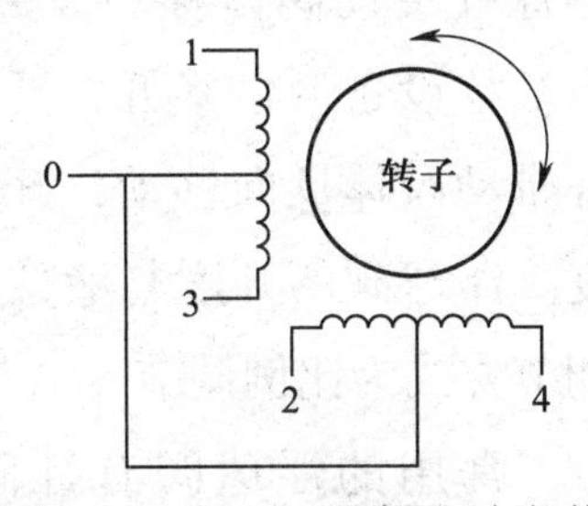

图 6–54 电子膨胀阀脉冲步进电动机的原理

由于脉冲可以正、反变化，脉冲步进电动机可以正、反换向。制冷剂在电子膨胀阀中的流向是可逆的，其流量特性基本上是线性的。

3. 电子膨胀阀特点

采用电子膨胀阀节流后，制冷系统的四个基本部件均可实现计算机自动控制。电子膨胀阀节流与变频调速技术相结合，系统运行参数可由计算机进行处理；压缩机、风机、水泵等零部件可根据需要控制转速和启停；冷剂流量可随过热度变化而调节。这样可以达到节流装置与压缩机在整个变工况和变容量范围内完全匹配，使制冷剂流量、蒸发温度、压缩机转速和启停与负荷和环境的变化相适应，制冷系统效率有较大提高。

与热力膨胀阀相比，电子膨胀阀的优点有以下几点。①反应速度快，调节迅速方便，动作灵活。变工况运行时，能实现系统参数快速匹配和系统稳定运行。②调节精度高，调节范围大。过热度连续可调，最小过热度可达 1 ℃以下。制冷剂流量波动小，系统运行平稳，可实现无级调节。③在压缩机启动和冷负荷剧烈变化时，可限制制冷剂流量，防止压缩机过载和液击。④不选择制冷剂，适用范围广。

四、浮球阀的调节原理和典型结构

浮球阀是利用液位高低使浮球高度产生变化，带动并控制阀门通断和开度，从而调节制冷剂流量，浮球阀多用于氨制冷系统。

浮球阀的壳体是一个浮球室，上下各有一个接口，上部接口连接被控设备的液面以上，下部接口连接被控设备的液面下，形成一个连通器，时刻保证浮子液位与被控设备液位相同。

当被控设备液位升高，浮球升高，通过浮球杆带动阀体移动，关小或者关闭阀门。当被控设备液位降低，浮球降低，通过浮球杆带动阀体反向移动，开启或者增大阀门开度。浮球阀的开度与液位高度成反比，故其调节方式为比例调节。

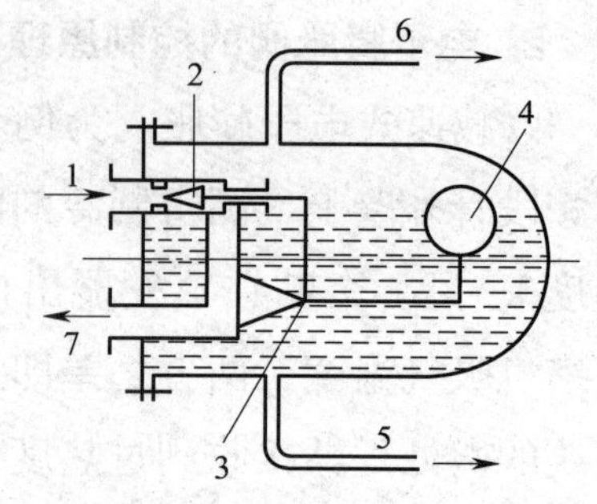

图 6–55　针阀式浮球阀结构示意图

1—氨液进口　2—针阀　3—支点　4—浮球　5—液体连接管　6—气体连接管　7—氨液出口

常用的浮球阀有针阀式浮球阀（见图 6–55）和滑阀式浮球阀（见图 6–56）。

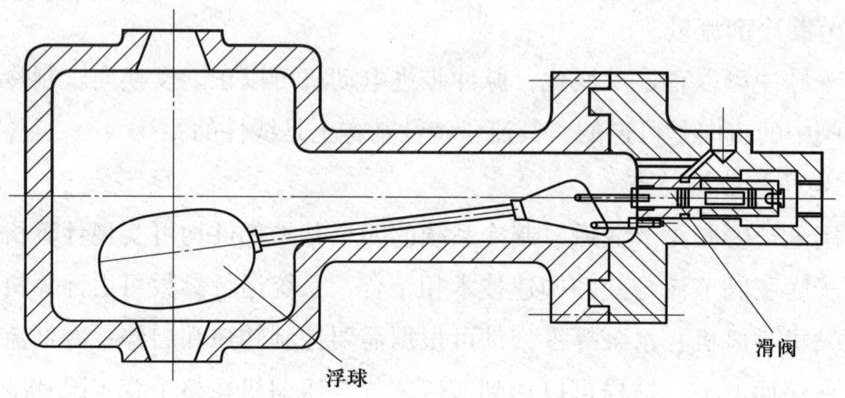

图 6–56　滑阀式浮球阀结构

针阀式浮球阀为圆锥阀，节流阀前、后压差较大，作用在阀芯上有一个推力，通道截面积越大，此推力越大，所需的浮球也越大，因此，针阀式浮球阀通道截面积不宜过大，多用于制冷量小于 500 kW 的制冷系统。滑阀式浮球阀的阀芯上没有推力，通道截面积通常较大，多用于制冷量大于 400 kW 的制冷系统。

五、毛细管

在制冷系统中作为节流装置使用的毛细管，其内径为 0.4 ~ 5 mm，长度从 200 mm 到数米不等。

1. 毛细管节流的优点

毛细管节流装置的优点：①结构简单、不易磨损和泄漏；②使用时无须调整、工作可靠、轻便便宜；③毛细管可以用于压缩机吸气管的回热，从而保证压缩机吸气过热度。

2. 毛细管节流的注意事项

（1）毛细管内径小，易被堵塞，要防止水分和污物进入而造成的冰堵和脏堵。

（2）毛细管不具备调节功能，在变工况的情况下，制冷剂流量无法自动调节。

（3）当系统停机后毛细管不可关闭，制冷剂会流向低压的蒸发器。因此，以毛细管作为节流装置时，系统制冷剂充注量要精准。

3. 毛细管的工况

根据毛细管与压缩机的吸气管有无换热，分为无回热毛细管和有回热毛细管两种。无回热毛细管的膨胀过程近似为绝热膨胀，有回热毛细管的膨胀过程是放热膨胀。

毛细管进口工质可能是过冷液体、饱和液体和干度极小的湿蒸气，通常是过冷液体。

4. 毛细管更换计算

毛细管的计算非常复杂，且不太准确，往往需要借助实验确定。修理时，如需更换毛细管，尽量保持原来的直径和长度。如内径发生变化，则长度按下式确定：

$$\frac{l_2}{l_1}=\left(\frac{d_2}{d_1}\right)^{5.4}$$

式中 l_2，d_2——更换毛细管的长度和内径，mm；

l_1，d_1——原毛细管的长度和内径，mm。

学习单元 4 辅 助 设 备

了解常用辅助设备的工作原理

熟悉常用辅助设备的结构和功能

制冷系统除了四大部件外，为保证压缩机运动部件的润滑和冷却，需设置润滑油系统，包括油分离器和集油器等。为了保证压缩机的干压缩和不进入杂质，需设置气液分离器和干燥过滤器。为了保证换热器的换热效果，需要设置油分离器和空气分离器等。

一、油分离器和集油器

油分离器和集油器分别是润滑油分离与收集设备。油分离器的作用是分离压缩机排气中夹带的润滑油，使之不随制冷剂进入换热器，以保证换热器的换热效果。油分离器安装在压缩机和冷凝器之间的管路上。集油器的作用是收集从压缩机排出的润滑油，并使之重新进入压缩机的油循环系统，使压缩机被及时润滑和冷却，保证压缩机的安全运行。

1. 油分离器

常用的油分离器有填料式油分离器、洗涤式油分离器、过滤式油分离器和离心式油分离器。

（1）填料式油分离器

填料式油分离器适用于各种制冷系统，其基本结构如图 6-57a 所示。其工作原理是：利用过滤器的大流通截面（相对于压缩机排气管）降低携带有油滴的制冷剂气体流速，使密度较大的油滴向下沉降，与制冷剂气体分离；制冷剂气体在中心管内向下流动到填料区下方，转向 180°，而后在中心管外和过滤器壳内区域向上流动，该转向过程使重的油滴在离心力作用下被抛甩向壳体内壁，与气体分离；向上流过填料层时，气体可以通过，油滴则黏附在填料上，聚集到一定程度后流下。经过三个阶段的气油分离，纯净的制冷剂蒸气从上部出口排出。

卤代烃制冷系统的填料式油分离器，下部设有浮球阀控制油位。油位高时油自动回流到压缩机。

（2）洗涤式油分离器

洗涤式油分离器仅用于氨系统，如图 6-57b 所示。其分离原理是：携带油滴的氨气进入氨液液面下，氨蒸气分化成细小气泡通过氨液液面，从上部排出。所携带的油滴则由于液体之间较大的分子引力被黏滞在液体中。

油分离器中的液氨来自冷凝器出液管，液面高度用油分离器和冷凝器与液管的高度差来保证。

（3）过滤式油分离器

过滤式油分离器是填料式油分离器的简化形式，如图6–57c所示，适用于小型卤代烃制冷系统，其工作原理与填料式油分离器类似。

（4）离心式油分离器

离心式油分离器内部设有螺旋流道，使气体旋转，利用油滴远大于气体的离心力，使油附在器壁并流下。

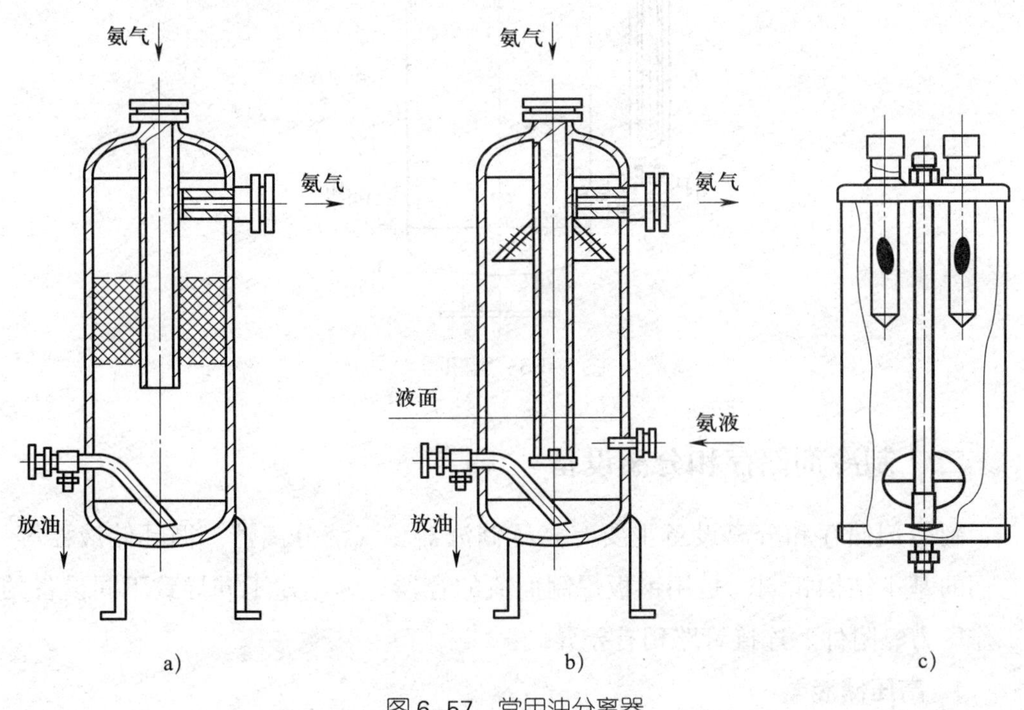

图6–57 常用油分离器

a）填料式 b）洗涤式 c）过滤式

2. 集油器

在氨制冷系统中设置集油器，用于收集从油分离器、中间冷却器、蒸发器及储液器中分离出来的润滑油，并在低压下将油放出，故集油器又称放油器。

集油器的结构如图6–58所示，筒体上部的进油管与其他设备（油分离器、中间冷却器、蒸发器及储液器）的放油管相连，各设备的油、氨混合物由此进入集油器内（各个设备不同时放油）；筒体顶部接管与压缩机的回气管相连，以回收氨并降低筒体压力；筒体下侧有放油管，用以排出分离出的润滑油。

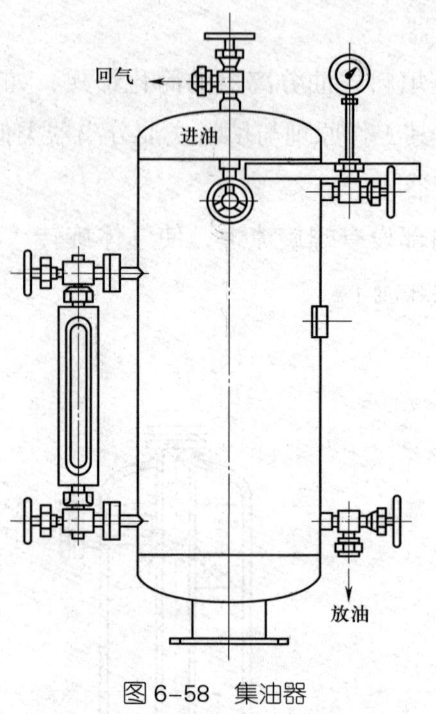

图 6–58　集油器

二、制冷剂储存和分离设备

制冷剂储存和分离设备主要有高压储液器、气液分离器、循环储液器等，它们的基本结构相同，是用钢板焊制而成的容器。因用途不同导致不同设备的工作压力、附件、连接管路稍有差异。

1. 高压储液器

高压储液器用来储存由冷凝器排出的制冷剂液体，其作用有：①当蒸发器等设备中制冷剂液体量发生变化时，保证液体充足；②起液封的作用，防止高压制冷剂蒸气进入节流装置。

氨高压储液器如图 6–59 所示，接管较为复杂。高压储液器的平衡管接至冷凝器的平衡管，两者压力相等。高压储液器的出液管是从顶部插入桶内，其管口接近桶底。需要多台高压储液器并联时，为使各储液器液面相等，底部排污管接口可作液体均压管接口使用，而气体均压管由平衡管相连通而成。

卤代烃系统的高压储液器要简单得多，仅有进液和出液两个接口。

2. 气液分离器

制冷剂在蒸发器出口和压缩机回气管内流速较高，会携带部分未蒸发的制冷剂液滴，如被压缩机吸入会发生液击现象。气液分离器安装在蒸发器出口与压缩机回气管之间，其作用是保证压缩机吸入的是制冷剂蒸气，避免液击现象，氨系统的气液分离器如图 6-60a 所示，适用于重力供液的库房系统。

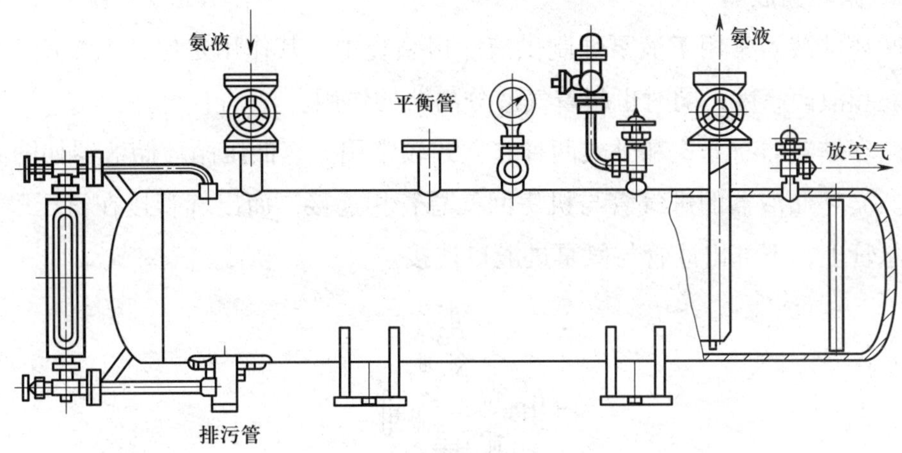

图 6-59 高压储液器

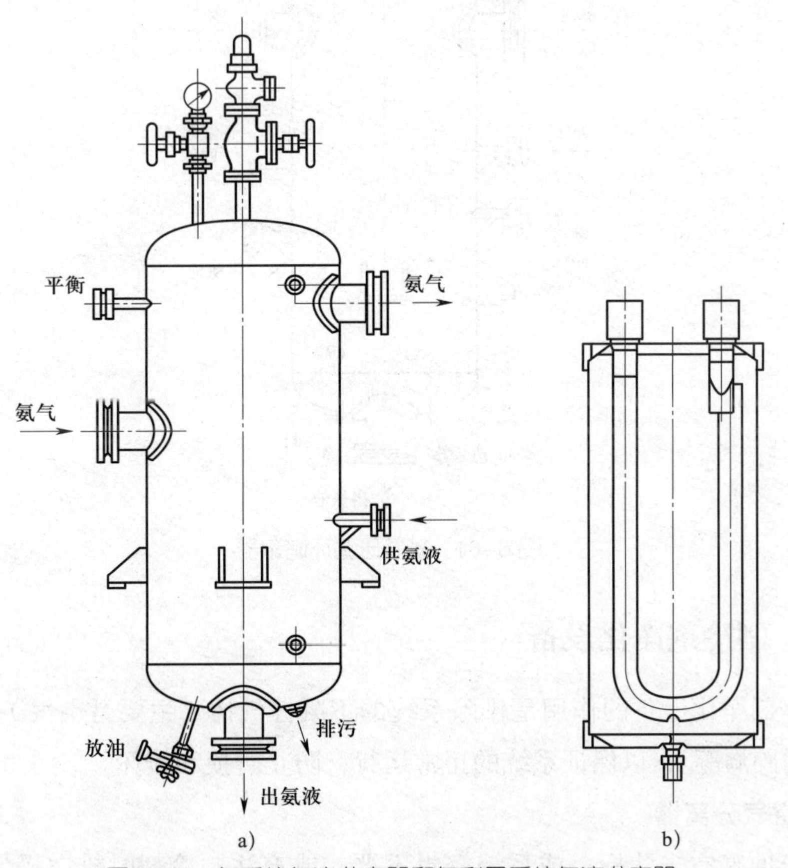

图 6-60 氨系统气液分离器和氟利昂系统气液分离器

a）氨系统气液分离器 b）氟利昂系统气液分离器

氟利昂系统的气液分离器如图 6-60b 所示，其结构简单，出气管口连接在 U 形管上，从筒上部回气，在 U 形管最下部开有一个小孔，用以回油。

3. 循环储液器

循环储液器常用于液泵强制供液库房系统中，其作用是保证氨泵所需的低压氨液和液面高度，同时也起着气液分离器的作用。

循环储液器有立式和卧式两种，立式较常用。氨低压循环储液器如图 6-61 所示。循环储液器的进气管与机房回气总管相连接，而出气管接在氨压缩机的吸气总管上，下部出液管与氨泵进液口连接。

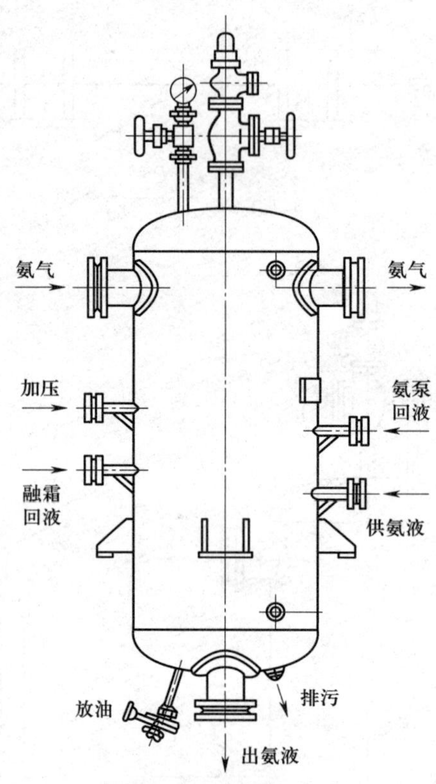

图 6-61　氨低压循环储液器

三、制冷剂净化设备

制冷剂净化设备的作用是排除系统的不凝性气体（主要是空气）和固体杂质（金属碎屑等），以保证系统的正常运行，防止磨损和破坏。

1. 空气分离器

由于抽真空未达标，或系统密封不严，或充注制冷剂时排空操作不规范，导致制冷系统内存在空气。系统内存在空气会使运行工况恶化，引起制冷剂和润滑油在高温下分解，产生其他不凝性气体。系统中的空气和其他不凝性气体在运行中最终会集中在冷凝器中，恶化冷凝器传热，引起冷凝压力和排气温度升高，制冷量减少，功耗增大。因此，要及时地排除系统中的不凝性气体。

不凝性气体与制冷剂蒸气混合在一起，直接排放难免会放掉制冷剂，造成制冷剂损失，甚至还会造成环境问题和安全问题。因此，特设置不凝性气体分离装置，把制冷剂与不凝性气体分离，再单独排出不凝性气体。

氨制冷系统通常设置空气分离器。空气分离器的作用是清除系统内的空气及其他不凝性气体，把其中的氨蒸气冷凝为氨液并回收到制冷剂循环系统。

如图 6–62 所示为广泛用于氨制冷装置的卧式四重套管式空气分离器。它由四个同心套管焊接而成，空气分离器的管腔第一层同第三层连通，第二层同第四层连通。同时在第一层同第四层之间有一个装有节流阀的外接旁通管，空气分离器上还设有氨液进口、氨气出口、混合气体进口、空气出口。

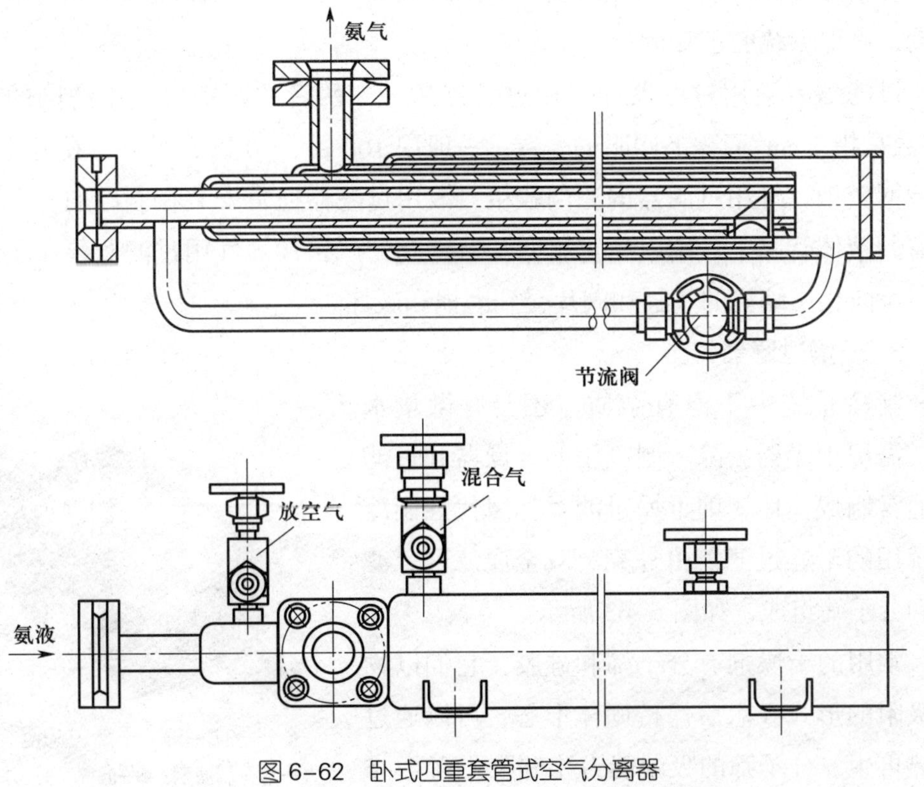

图 6–62 卧式四重套管式空气分离器

高压氨液节流后进入内管，并在内管和第三层管腔中蒸发；蒸发形成的蒸气从外管引出，接到压缩机的吸气管上。

混合气体进入外管，由于受到冷却，其中的氨气便在外管及第二层管腔内冷凝成液体。冷凝的氨液积存于外管的底部，当其积存量较多时打开节流阀使之进入内管蒸发，然后再进入过滤器予以回收。

混合气中不凝性气体由第二层放出，经放气管通入水池中。

中小型卤代烃制冷系统通常不单独设空气分离器，而是直接从蒸发器、高压储液器或排气管上的放空阀把空气等不凝性气体排出，这样不可避免地会排出一些制冷剂，但系统简单些。

2. 过滤器

制冷系统在接口焊接时，管内有少量焊接焊渣及氧化皮会黏结在接口内壁；压缩机运动零件运转时会产生磨损，产生一些金属粉末；制冷系统中各部件虽经过清洗，但还会有少量杂质残留在里面；制冷剂中也有含量极少的杂质。这些杂质混在制冷剂和润滑油中，会堵塞节流装置，磨损甚至损坏压缩机。

过滤器用滤网收集制冷系统中的固体杂质，阻止其混在制冷剂和润滑油中流动，确保系统的正常运行。

过滤器有液用过滤器和气用过滤器两种，两者的区别仅在于滤网的目数（目数是指 1 cm^2 面积上网眼的个数，一般用 100 目、30 目）不同。液用过滤器的滤网较细，气用过滤器的滤网较粗。液用过滤器通常安装在制冷剂进入节流装置的液体管路上，用以防止堵塞和保证阀的严密性。气用过滤器装在压缩机入口，防止压缩机的气缸和阀片受到磨损和破坏。

3. 干燥过滤器

制冷系统中不但有杂质，还会有微量水分，需用干燥器去除。制冷用的干燥器和过滤器通常制成一体，即干燥过滤器。卤代烃制冷系统用的干燥过滤器由外壳、双金属滤网、滤棉和分子筛组成，如图 6-63 所示。

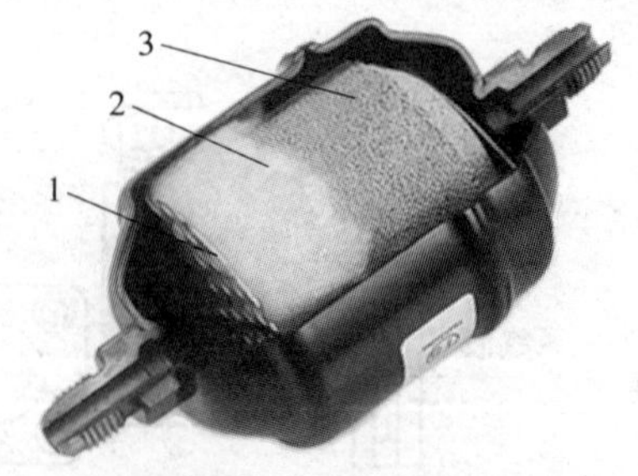

图 6-63 干燥过滤器

1—双金属滤网 2—滤棉 3—分子筛

常用的干燥剂有分子筛和硅胶，它们以物理吸附的形式吸水后保持固体形态，可以通过加热再生。分子筛的吸湿能力比硅胶要高 4 ~ 5

倍，且对盐酸有一定吸附能力，因此应用较多。

氨制冷系统中，因氨与水互溶，不需要干燥，仅需过滤。蒸发温度高于 0 ℃的卤代烃制冷系统，也可不设干燥过滤器，只在节流装置和压缩机吸气管的前面装设过滤器即可。

四、其他辅助设备

为保证制冷系统高效地运行，有的系统设有回热器，双级压缩系统需要用中间冷却器，复叠式系统用冷凝蒸发器将高温级和低温级串联起来，氨系统设置有紧急泄氨器供事故使用。

1. 回热器

在具有回热循环的卤代烃制冷系统中设置有回热器，又称气液热交换器。气体侧一端接蒸发器的出口，另一端接压缩机吸气管。液体侧一端接冷凝器出液管，另一端接节流装置进液管。在回热器中，冷凝器出口的液态制冷剂被蒸发器出口的低温蒸气进一步冷却变成过冷液体；蒸发器出口的低温干饱和蒸气被加热成过热蒸气。

2. 中间冷却器

在两级和多级压缩制冷系统中，低压级压缩机排出的过热蒸气需要进行冷却，用以降低高压级压缩机的吸、排气温度。对于氨制冷系统，中间冷却器可以兼具低压级油分离器的功能。

卤代烃制冷系统通常采用中间不完全冷却循环，所用的中间冷却器比较简单，没有进气管，可使用壳盘管式或板式中间冷却器。

3. 冷凝蒸发器

冷凝蒸发器用在复叠式制冷系统中。冷凝蒸发器一侧是高温级的蒸发器，另一侧是低温级的冷凝器，高温级制冷剂与低温级制冷剂呈逆流布置。冷凝蒸发器可以是壳管式、壳盘管式、套管式，也可以是板式。

4. 紧急泄氨器

若氨制冷系统发生意外事故，如机房或设备间失火，为了防止储氨容器爆炸，在氨制冷系统中设有紧急泄氨器，以便在紧急情况下，将氨排入水中。

紧急泄氨器如图 6–64 所示，氨液泄出管伸入泄氨容器，管上钻有许多小孔，壳体侧上部焊有进水管。发生事故需要使用紧急泄氨器时，将进氨阀和进水阀打开，氨与水混合稀释后排放。

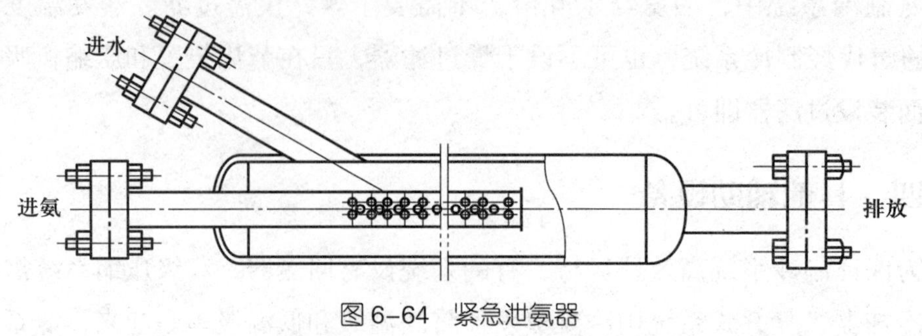

图 6-64　紧急泄氨器

五、四通换向阀及热泵型空调

在热泵型空调器中，为了实现夏季制冷和冬季制热的切换，通常采用四通换向阀来改变制冷循环的流向。常用的电磁式四通换向阀如图 6-65 所示，它是利用电磁力控制阀瓣的移动来改变制冷循环方向的，其在热泵型空调中的切换原理见附图 9。

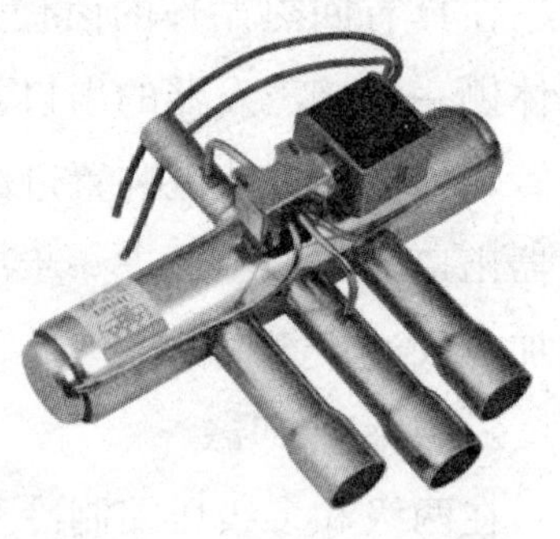

图 6-65　电磁式四通换向阀

制冷工况时，电磁装置不通电，阀瓣位于左边，如附图 9a 所示，此时 B、C 导通，A、D 导通。压缩机出口的过热蒸气经四通阀 A–D 通道进入室外机组的换热器（冷凝器），冷凝后经过毛细管，进入室内机组换热器（蒸发器），吸热蒸发，带走室内热量，而后经过四通阀 B–C 通道进入压缩机。

制热工况时，电磁装置通电，电磁力带动阀瓣右移到附图 9b 所示位置，此时 A、B 导通，C、D 导通。压缩机出口的过热蒸气经四通阀 A–B 直接进入室内机组换热器（冷凝器），制冷剂在室内冷凝放热，后经毛细管进入室外机组换热器（蒸发器），蒸发吸热带走热量，最后经四通阀 D–C 流入压缩机被压缩。

学习单元 5　制冷剂、载冷剂和冷冻机油

了解制冷设备中用到的制冷剂、载冷剂和冷冻机油等介质

熟悉制冷剂的分类、编号和性质

要实现某一制冷循环，不但需要设备，还需要用到制冷剂、载冷剂和冷冻机油等介质。

制冷剂是制冷系统中流过各大部件、实现能量转化和传递的工作介质，简称工质。除半导体制冷器外，其余各种制冷机都需要使用制冷剂。

在用冷区域与制冷机组距离较远的情况下，比如中央空调系统，需要载冷剂在空气处理设备和制冷机组蒸发器之间循环。空调载冷剂多用水，又称冷冻水。

多数制冷机组都需要用冷冻机油来达到润滑、冷却和密封的目的。

一、制冷剂

1. 制冷剂的分类和编号

我国制冷剂的编号规则是根据制冷剂的化学组成进行详细分类和编码的。具体参见《制冷剂编号方法和安全性分类》（GB/T 7778—2017），该标准引用美国供暖制冷空调工程师协会标准（ASHRAE Standard）——ASHRAE Standard 34《制冷剂的命名和安全分类》，此标准同时被国际标准（ISO）采用。

国标中把制冷剂分成纯物质和混合物两大类，纯物质分为无机和有机两大类，有机类又分为烃类和卤代烃类等。制冷剂的代号按照其化学组成分类和编号的大致框架如图 6-66 所示。

（1）纯物质制冷剂——无机类

纯物质制冷剂是指用作制冷剂的物质在化学上是单一的、纯净的物质，不包括溶液或其他混合物。用作制冷剂的无机化合物绝大部分是自然界中存在的物质，该类制冷剂的编号按照分子量大小分为两类。

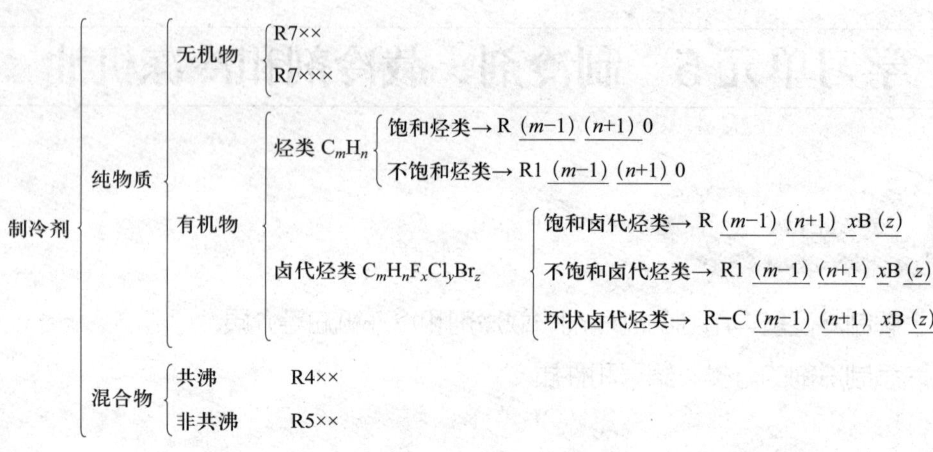

图 6-66 制冷剂分类和编号框架图

1）分子量小于 100 的化合物制冷剂。用 R7×× 表示，后两位为该化合物的分子量，如 H_2（R702）、He（R704）、Ne（R720）、N_2（R728）、O_2（R732）、Ar（R740）、NH_3（R717）、H_2O（R718）、CO_2（R744）和干空气（R729）。

2）对于分子量大于等于 100 的化合物制冷剂，用 R7××× 表示。

对于相对分子质量整数部分相同的物质，在后面加大写字母来区别，例如，N_2O 与 CO_2 的分子量均为 44，CO_2 的编号为 R744，N_2O 的编号则为 R744A。

（2）纯物质制冷剂——烃类（碳氢化合物）

烃类分为饱和烃类和不饱和烃类。在饱和烃类中用作制冷剂的有甲烷、乙烷、丙烷、丁烷以及异丁烷。在不饱和烃类中，主要是烯烃，如乙烯、丙烯等。此外，可在制冷用隔热材料中用作发泡剂的是环戊烷。各种类型的编号如下。

1）饱和烃类。假定饱和烃类化学式的通式为 C_mH_n，制冷剂的编号规则为 R（m−1）（n+1）0，如丙烷（C_3H_8）的编号为 R290。

特别地，当 $m-1=0$ 时，可以省去不写左边第一位。若 $4 \leq m \leq 8$，被分配的编号是 600 加碳原子数减 4。例如，正丁烷（C_4H_{10}）是 R600，戊烷（C_5H_{12}）是 R601，己烷（C_6H_{14}）是 R602，庚烷（C_7H_{16}）是 R603，辛烷（C_8H_{18}）是 R604。

2）不饱和烃类。假定不饱和烃类化学式的通式为 C_mH_n，制冷剂的编号规则为 R1（m−1）（n+1）0，如丙烯（C_3H_6）的编号为 R1270。

（3）纯物质制冷剂——卤代烃类

卤代烃类是指碳氢化合物的卤族元素衍生物，有链烷烃的卤族元素衍生物和环烷烃的卤族元素衍生物两大类，所含的卤族元素有氯、氟、溴。其中饱和碳氢化合物的卤族元素衍生物即卤代烷；不饱和碳氢化合物的卤族元素衍生物即卤代烯烃；环状饱和碳氢化合物的卤族元素衍生物即卤代环烷。卤代烃类制冷剂化学式的通式为 $C_mH_nF_xCl_yBr_z$。

1）链烷烃的卤族元素衍生物制冷剂编号规则为 R（$\underline{m-1}$）（$\underline{n+1}$）$\underline{x}$B（$\underline{z}$）；

2）链烯烃的卤族元素衍生物制冷剂编号规则为 R1（$\underline{m-1}$）（$\underline{n+1}$）$\underline{x}$B（$\underline{z}$）；

3）环烷烃的卤族元素衍生物制冷剂编号规则为 R–C（$\underline{m-1}$）（$\underline{n+1}$）$\underline{x}$B（$\underline{z}$）。

注：如无 Br，则在编号中不出现 B（z）项；若有被碘（I）取代的情况，则要在原来氯 – 氟化合物的识别编号后面加字母 I（碘原子个数）。

（4）混合制冷剂

混合制冷剂有共沸混合制冷剂和非共沸混合制冷剂两类。

1）共沸混合制冷剂。共沸混合制冷剂的编号为 R5××，其中后两位按命名先后顺序确定。

有共沸点的溶液的浓度称为共沸浓度。在共沸浓度时，在等压条件下吸热汽化时，温度不发生变化，且气相浓度与液相浓度相同。在共沸浓度下，共沸温度仅与饱和压力有关，相变规律与纯物质相同。

共沸混合制冷剂一般是由两种制冷剂混合而成，其沸点低于其任一组分的沸点，或者在相同温度下其饱和蒸气压力高于其任一组分的饱和压力。这意味着共沸混合制冷剂的单位容积制冷量大于其任一组分的制冷剂。

配制共沸混合制冷剂的主要目的是调配并获取性能优良的制冷剂。不可燃组分抑制了混合溶液的可燃性；稳定性好的组分增强了溶液的稳定性；溶油性好的组分提高了混合溶液与冷冻机油的溶解度；相对分子质量大的组分降低了排气温度。由于利用了各组分的优势互补，使得共沸混合制冷剂的性质通常优于单一制冷剂。

2）非共沸混合制冷剂。非共沸混合制冷剂的编号为 R4××。同样组分、不同配比的非共沸混合制冷剂，在编号后面加英文字母来区别。

对于非共沸溶液，在等压下的气、液相态变化过程中，温度将随着过程的进行而发生变化。

当在大部分高沸点制冷剂中加入少部分低沸点制冷剂时，组成的混合制冷剂可获得较大的单位容积制冷量；当在大部分低沸点制冷剂中加入少部分高沸点制冷剂时，组成的非共沸混合制冷剂可较原低沸点制冷剂获得较高的性能系数。

2. 制冷剂的性质

制冷剂的性质包括基本的热工性能、稳定性、绝缘性能、溶油性能、溶水性能等，这些性能对于制冷系统的设计和选用至关重要。

（1）制冷剂的热工性能

制冷剂的基本热工性能主要指标准沸点、临界参数、三相共存温度（凝固温度）、比体积和绝热指数等。标准沸点是指制冷剂液体在标准大气压力（101 325 Pa）下的饱和温度，临界参数包括临界压力和临界温度。凝固温度，也就是三相共存点对应的温度。绝热指数是指制冷剂在压缩机中绝热压缩的绝热指数。

对于制冷剂来说，标准沸点越低，获得某一蒸发温度的蒸发压力越接近大气压，有利于维持真空和系统的气密性。临界温度和临界压力越高，某一蒸发温度的汽化潜热越大，单位质量制冷剂的制冷量越大。凝固点低，制冷剂在蒸发温度下能够有较好的流动性。蒸发压力相近的两种制冷剂，绝热指数越低，排气温度就越低。

目前在制冷与空调装置中经常应用的纯物质制冷剂基本性质汇总见表 6–9，部分共沸混合制冷剂基本性质汇总见表 6–10，部分非共沸混合制冷剂基本性质汇总见表 6–11。

在工程上，对制冷剂常按标准沸点分成高温用制冷剂、中温用制冷剂和低温用制冷剂三类。通常标准沸点在 0 ℃以上的称为高温制冷剂，如水和 R123 属于高温制冷剂。标准沸点在低于 0 ℃高于 –60 ℃以上的称为中温制冷剂，如 R22、R290、R600、R600a、R401A、R401B、R401C、R717 等属于中温制冷剂。标准沸点在 –60 ℃以下的称为低温制冷剂，如 R170、R23、R50、R503、R1150 等属于低温制冷剂。

按照常温所对应的冷凝绝对压力不同，把制冷剂分为低压制冷剂、中压制冷剂和高压制冷剂。低压制冷剂通常是指常温下冷凝绝对压力小于等于 0.2 至 0.3 MPa 的制冷剂。中压制冷剂通常是指常温下冷凝绝对压力小于等于 1.5 至 2 MPa 的制冷剂。高压制冷剂通常是指常温下冷凝绝对压力大于 2 MPa 的制冷剂。

（2）制冷剂稳定性

制冷剂的稳定性是指在使用范围内制冷剂物理化学特性是否保持不变，分为物理稳定性和化学稳定性。

表 6-9 常见纯物质制冷剂的基本性质

制冷剂编号	名称	分子式	相对分子质量	标准沸点 t_s（℃）	凝固温度 t_b（℃）	临界温度 t_c（℃）	临界压力 p_c（MPa）	临界比体积 v_c（m^3/kg）	绝热指数 k（101 kPa）
R14	四氟甲烷	CF_4	88.01	−128	−184	−45.5	3.75	1.58	1.22
R22	二氟一氯甲烷	CHF_2Cl	86.47	−40.81	−157.4	96.15	4.99	1.91	1.194
R23	三氟甲烷	CHF_3	70.01	−82.02	−155.1	26.1	4.83	1.90	1.19
R32	二氟甲烷	CH_2F_2	52.02	−51.65	−136.8	78.1	5.78	2.36	—
R50	甲烷	CH_4	16.04	−161.48	−182.5	−82.6	4.60	6.15	1.31
R123	三氟二氯乙烷	$C_2HF_3Cl_2$	152.9	27.82	−107.2	183.7	3.66	1.82	1.09
R134a	四氟乙烷	$C_2H_2F_4$	102.0	−26.07	−103.3	101.1	4.06	1.95	1.11
R143a	三氟乙烷	$C_2H_3F_3$	84.04	−47.24	−111.8	73.7	3.76	2.32	—
R152a	二氟乙烷	$C_2H_4F_2$	66.05	−24.02	−118.6	113.3	4.52	2.72	—
R170	乙烷	C_2H_6	30.07	−88.58	−182.8	32.2	4.87	4.85	1.18
R290	丙烷	C_3H_8	44.1	−42.11	−187.6	96.7	4.25	4.54	1.13
R600	丁烷	C_4H_{10}	58.12	−0.49	−138.26	152.0	3.80	4.39	1.13
R600a	异丁烷	C_4H_{10}	58.12	−11.75	−159.4	134.7	3.63	4.43	—
R717	氨	NH_3	17.03	−33.33	−77.7	132.3	11.33	4.44	1.32
R718	水	H_2O	18.02	99.974	0.01	373.95	22.06	3.11	1.33
R729	空气	—	28.97	−194	—	−140.7	—	—	—
R744	二氧化碳	CO_2	44.01	−78.46	−56.6	31.0	7.38	2.14	1.295
R1150	乙烯	C_2H_4	28.05	−103.77	−169.16	9.2	5.04	4.67	1.22
R1270	丙烯	C_3H_6	42.08	−47.6	−185.2	91.06	4.56	4.35	1.15

表 6–10 部分共沸混合制冷剂基本性质汇总

制冷剂编号	组分	质量分数（%）	相对分子质量	标准沸点 t_s（℃）	凝固温度 t_b（℃）	临界温度 t_c（℃）	临界压力 p_c（MPa）	临界比体积 v_c（m^3/kg）	绝热指数 k（101 kPa）
R500	R12/R152a	73.8/26.2	99.3	−33.5	−158.9	102.08	4.17	2.02	1.27
R501	R12/R22	25/75	93.1	−41.5	—	95.87	4.76	1.90	—
R502	R22/R115	48.8/51.2	111.64	−45.4	—	81.51	4.02	1.75	1.133
R503	R13/R23	59.9/40.1	87.25	−87.5	—	18.33	4.27	1.68	1.21
R504	R32/R115	48.2/51.8	79.25	−59.2	—	62.21	4. 44	1.98	1.16
R505	R12/R31	78/22	—	−32	—	—	—	—	—
R506	R31/R114	55.1/44.9	—	−12.5	—	—	—	—	—
R507	R125/R143a	50/50	98.86	−46.74	−73.15	70.62	3.70	2.04	—

表 6–11 部分非共沸混合制冷剂基本性质汇总

制冷剂编号	组分	质量分数（%）	相对分子质量	标准沸点 t_s（℃）	凝固温度 t_b（℃）	临界温度 t_c（℃）	临界压力 p_c（MPa）
R401A	R22/R124/R152a	53/34/13	94.44	−33.1	—	106.86	4.58
R401B	R22/R124/R152a	61/28/11	92.84	−34.7	—	104.57	4.59
R401C	R22/R124/R152a	33/52/15	101.03	−28.4	—	111.11	4.33
R404A	R125/R134a/R143a	44/4/52	97.6	−46.2	−112.09	72.12	3.73
R407C	R32/R125/R134a	23/25/52	86.2	−43.63	−120.76	86.195	4.63
R410A	R32/R125	50/50	72.59	−51.44	−130.26	71.34	4.90

1）热稳定性。由于制冷循环中是利用制冷剂相态变化来实现能量转换的，因此物理稳定性主要是指其热稳定性，主要指标是热分解温度和最高使用温度。热分解温度是制冷剂在热作用下开始分解的温度，常见制冷剂的热分解温度见表6–12。最高使用温度是制冷剂在与冷冻机油共存的环境中，在有金属存在的条件下，能够长期稳定工作的温度。最高使用温度限制了压缩机的排气温度。常见制冷剂的最高使用温度见表6–13。

表6–12 常见制冷剂的热分解温度 ℃

制冷剂编号	使用条件	分解温度	分解产物
R22	与铁接触	550	H2、F2、光气
R717	—	250	N2、H2

表6–13 常见制冷剂的最高使用温度 ℃

制冷剂编号	最高使用温度	代号	最高使用温度	代号	最高使用温度
R22	150	R134a	130	R717	150

2）化学稳定性。在正常情况下，制冷剂的化学组成不变，但如存在某种催化剂，制冷剂会产生水解或分解。也有些制冷剂会与某些金属或非金属相互作用。

制冷剂与金属材料的相互作用：①烃类与一般金属无相互作用；②纯氨对钢无腐蚀作用，但纯氨对铝、铜及铜合金有弱腐蚀作用，在含水的情况下，氨对铜以及除磷青铜外的铜合金有强烈的腐蚀作用；③大部分卤代烃对镁及镁的质量分数超过2%的铝镁合金有腐蚀作用，当含有水时，卤代烃会水解成酸性物质，对金属有腐蚀作用，且此时与油的混合物能溶解铜。卤代烃与一些材料接触时会分解，依催化作用由强至弱排列依次为：银、锌、青铜、铝、铜、镍铬不锈钢、镍铁合金、铬。

制冷剂与非金属材料的相互作用：①无机制冷剂与制冷空调中常用的非金属材料一般没有化学作用；②卤代烃对天然橡胶和树脂有很强的溶解作用，对绝大部分塑料、合成橡胶和树脂有极强的膨润作用，使塑料、合成橡胶和树脂变软、膨胀，最后起泡破坏，因此，与卤代烃接触的密封和绝缘材料应采用耐氟材料，如氯丁橡胶、丁腈橡胶、尼龙、聚四氟乙烯、改性缩醛绝缘漆等；

③大部分烃类制冷剂对非金属材料的作用与卤代烃相似，但弱得多，有时可以不予考虑。

（3）制冷剂的绝缘性能

在全封闭与半封闭压缩机中，因制冷剂与电动机线圈直接接触，故要求制冷剂有良好的电绝缘性能。电绝缘性能通常用介电强度和电导率两个指标衡量。

1）介电强度。介电强度又称电击穿强度，是绝缘材料抗击电击穿的量度。试样被击穿时，单位厚度介质所能承受的最大电压，称为介电强度，单位为V/m。物质的介电强度越大，抗电击穿能力越强。常见制冷剂气体（压力为100 kPa、温度为0 ℃）和常见制冷剂液体的介电强度见表6–14。

表6–14　常见制冷剂的介电强度　kV/cm

制冷剂编号	R717	R14	R22	R170	R290
气体	31	38	170	26.2	170
液体	—	—	120	—	—

需注意的是，微量杂质（如灰尘、金属屑粉、微小的炭屑）的存在、含水或在真空条件下，均会使制冷剂介电强度显著下降。

2）电导率。电导率是电阻率的倒数，单位为 $\frac{1}{\Omega \cdot m}$ 或S/m。纯净的制冷剂的电导率相当小，微量杂质的存在或含水，会使制冷剂电导率显著上升。

（4）制冷剂的溶油性。不同种类的制冷剂在不同种类的润滑油中有不同的溶解度：①与矿物润滑油及烷基苯润滑油几乎不互溶的制冷剂有R717、R744、R23、R134a、R404a、R507等；②与矿物润滑油及烷基苯润滑油部分互溶的制冷剂有R22、R152等；③与酯类润滑油互溶的制冷剂有R23、R134a、R404a、R507等。

制冷剂的溶油性决定了制冷系统的组成、性能和启动控制的不同。

1）溶油性与系统回油方式。在大多数压缩机中，制冷剂与润滑油的相互接触是不可避免的，压缩机的排气中也不可避免地会夹带有润滑油。制冷系统必须考虑回油问题。制冷剂与润滑油互溶性不同，采用的回油方式也不同。

①若制冷剂与润滑油相互溶解，则在冷凝器或储液器中，润滑油与制冷剂不易分离。此时，需要采用较高的回气流速以将润滑油从蒸发器携带回压

缩机。

②制冷剂与润滑油相互不溶解，进入冷凝器或储液器中的润滑油必须分离出来，必须设有油分离器；否则，润滑油进入节流装置后会凝固从而形成油堵。

2）溶油性与换热器性能。当制冷剂在蒸发器中含有润滑油且与润滑油相互溶解时，通常会增强换热作用。当制冷剂与润滑油相互不溶解，润滑油会在换热器中形成油膜，增大换热热阻。

3）溶油性与润滑油的选取。制冷剂与润滑油相互溶解，会使润滑油稀释，改变润滑特性。因此，如制冷剂与润滑油能相互溶解，则需使用黏度较大的润滑油，使其稀释后的黏度符合润滑要求。

4）溶油性与压缩机启动控制。制冷剂与润滑油互溶程度不同，压缩机采用的启动控制方式也不同。

如制冷剂与润滑油能相互溶解，且压缩机壳体内为制冷剂低压气体，则启动时应加热润滑油，释放出制冷剂，以避免在启动时，由于压力的降低，溶解度减小，大量的油形成泡沫，充满壳体，使壳体下部润滑油量不足，还会使液体进入压缩腔造成液击。

如制冷剂与润滑油不互溶或压缩机壳体内为制冷剂高压气体，则启动时无须加热润滑油。

（5）制冷剂的溶水性

制冷剂中或多或少会含有水，不同的制冷剂与水的溶解度不同。R717 极易溶于水，卤代烃、烷烃和烯烃等难溶于水。

而水在制冷系统中是有害的。①难溶于水的制冷剂含水时，在节流时温度降低，含水率会大于溶解度，水在节流装置中被冻结凝固，形成冰堵。②制冷剂含水时会发生水解，而且水解物具有腐蚀性（如含 Cl 的卤代烃水解后生成盐酸），腐蚀设备并降低电绝缘性能。

制冷系统中不允许有游离的水存在，因此，在系统中制冷剂最大含水量有一定限制，见表 6–15。

表 6–15 制冷剂的允许含水量（质量分数，$\times 10^{-6}$）

制冷剂编号	R22	R134a	R600a
允许含水量	596	40	60

3. 制冷剂的相对安全性

制冷剂的安全性能对操作人员和公共安全至关重要，在制冷剂用量大时尤为突出。制冷剂的安全性主要包含毒性、燃烧性和爆炸性等主要指标。无论是设计、制造，还是使用、维修，都需要对制冷剂的相对安全性有一个基本的了解。

《制冷剂编号方法和安全性分类》（GB/T 7778—2017）中对于制冷剂安全性分类由一个大写字母加一个阿拉伯数字（如 A1、B2 等）以及一个表示低燃烧速度的字母“L”组成。大写字母代表制冷剂的毒性类别，阿拉伯数字代表可燃性类别。混合制冷剂应被分配一个双安全组别，由斜杠（/）分隔两个组别，所列的第一个类别应为混合制冷剂的最不利成分（WCF）的类别，所列的第二个类别应为最不利分馏成分（WCFF）的类别。

（1）毒性类别

根据制冷剂容许的接触量，即职业接触限定值 OEL（occupational exposure limit）把制冷剂的毒性分为 A、B 两类。

A 类（低慢性毒性），制冷剂的职业接触限定值 OEL $\geqslant 400\times10^{-6}$；

B 类（高慢性毒性）：制冷剂的职业接触限定值 OEL$<400\times10^{-6}$。

（2）可燃性分类

按制冷剂的可燃性危险程度，制冷剂的可燃性根据可燃下限（LFL）、燃烧热（HOC）和燃烧速度 S_u 分为 1、2L、2 和 3 四类。制冷剂的燃烧性和爆炸性分类中使用的判据指标和术语解释如下。

1）可燃下限（lower flammability limit，LFL）。在规定的试验条件下，能够使火焰通过均质的制冷剂和空气混合物传播的最小制冷剂浓度。用制冷剂的体积分数表示。

2）燃烧热（heat of combustion，HOC）。待测制冷剂与氧气发生规定的反应而生成的热量。用 1 kg 制冷剂的放热量表示，单位为 kJ/kg。

3）燃烧速度 S_u：层流火焰沿着与其前面的未燃烧气体垂直的方向传播的最大速度。

综合毒性和燃烧性，制冷剂的安全性分为 8 类，见表 6–16。常用制冷剂的安全性见表 6–17。

表 6–16　制冷剂安全性类别及强弱

燃烧性增强		
	A3	B3
	A2	B2
	A2L	B2L
	A1	B1
	毒性增强	

表 6–17　常用制冷剂的安全性

制冷剂编号	安全分类	制冷剂编号	安全分类	制冷剂编号	安全分类	制冷剂编号	安全分类
R11	A1	R12	A1	R14	A1	R22	A1
R23	A1	R32	A2L	R113	A1	R114	A1
R123	B1	R124	A1	R115	A1	R116	A1
R125	A1	R134a	A1	R142b	A2	R143a	A2L
R152a	A2	R170	A3	R290	A3	RC318	A1
R600	A3	R600a	A3	R601	A3	R601a	A3
R702	A3	R704	A1	R717	B2L	R744	A1
R401A	A1/A1	R401B	A1/A1	R401C	A1/A1	R402B	A1/A1
R403A	A1/A2	R404A	A1/A1	R406A	A2/A2	R407A	A1/A1
R407B	A1/A1	R407C	A1/A1	R407D	A1/A1	R407E	A1/A1
R407F	A1/A1	R408A	A1/A1	R409A	A1/A1	R409B	A1/A1
R410A	A1/A1	R410B	A1/A1	R500	A1/A1	R501	A1/A1
R502	A1/A1	R507A	A1/A1	R508A	A1/A1	R510A	A3/A3

4. 制冷系统的检漏

封闭于制冷系统中的制冷剂向系统外的泄漏越少越好，因此，对整个制冷系统需进行检漏。根据制冷剂的物理、化学性质来确定制冷剂的检漏方法。

氨有强烈的刺激性气味，可依靠嗅觉来判断是否有泄漏。此外，氨还可用酚酞试纸或石蕊试纸来检漏，如有泄漏，则酚酞试纸变为玫瑰红色；石蕊试纸由红色变为蓝色。

卤代烃可用电子卤素检漏仪或氦质谱检漏仪检漏。电子卤素检漏仪可检出以 20 ℃为基准时 3×10^{-13} m^3/s 的泄漏量，高灵敏度的电子卤素检漏仪可检出 10^{-18} m^3/s 的泄漏量。需要注意的是，含 Cl 与不含 Cl 的卤代烃，所用电子卤素检漏仪的检测元件与内部线路不同。氦质谱检漏仪的检测更为准确，卤代烃的少量泄漏也会被检测出。

5. 制冷剂的环保分类

某些有机卤代烃制冷剂对臭氧层有很强的破坏作用，其破坏作用的大小用臭氧层破坏潜值衡量。臭氧层破坏潜值与其分子组成关系很大，根据卤代烃的取代情况，把常见的卤代烃制冷剂分为三类，分别是 CFC、HCFC 和 HFC。

CFC 类（氯氟烃）：该类制冷剂的烃类分子的 H 原子全部被卤族元素取代，并且取代物中有氯和氟，氯氟烃类制冷剂的臭氧层破坏能力较强，目前已被禁用。

HCFC 类（氢氯氟烃）：该类制冷剂的烃类分子的 H 原子部分被卤族元素取代，并且取代物中有氯和氟，氢氯氟烃类制冷剂的臭氧层破坏潜值仅为 R11 的百分之几，是目前使用的过渡制冷剂。

HFC 类（氢氟烃）：该类制冷剂的烃类分子的 H 原子部分被 F 元素取代，氢氟烃类制冷剂对臭氧层无破坏作用，将会逐渐替代目前使用的过渡制冷剂（18 种《基加利修正案》中的管控物质除外）。

6. 常用制冷剂

尽管制冷剂的种类很多，但热物理性能、绝缘性能、稳定性、溶水溶油性、安全性、环境性能等多方面综合性能俱佳的制冷剂不是很多。空调和冷库工程上常用的制冷剂有氨、部分卤代烃类制冷剂和烷烃类制冷剂。

（1）氨

1）氨的基本性质。氨的分子式是 NH_3，常温下是一种无色有强烈刺激性的气体。标准状况下密度为 0.771 kg/m^3，比空气轻。氨极易溶于水，常温常压下 1 体积水中可溶解 700 倍体积氨，水溶液称为氨水。

在常压下冷却至 –33.33 ℃或在常温下加压至 0.8 MPa，气态氨就液化成无色液体，同时放出大量的热。液态氨汽化时要吸收大量的热，使周围物质的温度急剧下降。氨制冷剂编号为 R717，是自然界中存在的无机中温制冷剂，由于其饱和蒸气压适中、效率较高、价格低廉，曾经是应用最多的制冷剂。氨制冷剂的饱和参数见表 6–18。

2）溶水溶油性。氨能与水以任意比例互溶，形成氨水溶液，在 –50 ℃以上水不会析出冻结，所以氨制冷系统不必设置干燥过滤器。但氨含水后会加剧对金属的腐蚀，减小制冷量，所以氨中水的体积分数不得超过 0.2%。

氨与矿物润滑油的互溶性差，因此随氨制冷剂进入换热器的润滑油会在传热表面形成油膜，增加传热热阻，影响换热效率。在氨制冷系统中润滑油会积存在容器和换热器底部，需定期排出。

表 6–18　氨制冷剂的饱和参数

温度（℃）	压力（MPa）	饱和液体密度（kg/m³）	干饱和蒸气密度（kg/m³）	饱和液体焓（kJ/kg）	干饱和蒸气焓（kJ/kg）	饱和液体熵［kJ/（kg · K）］	干饱和蒸气熵［kJ/（kg · K）］
−70	0.011	724.72	0.111	32.343	1 498.7	0.162	7.380
−60	0.022	713.62	0.213	75.093	1 516.9	0.368	7.132
−55	0.030	707.90	0.287	96.688	1 525.7	0.468	7.018
−50	0.041	702.09	0.381	118.43	1 534.3	0.566	6.911
−45	0.054	696.17	0.498	140.31	1 542.7	0.663	6.810
−40	0.072	690.15	0.644	162.32	1 550.9	0.758	6.714
−35	0.093	684.04	0.822	184.48	1 558.8	0.852	6.623
−30	0.119	677.83	1.037	206.76	1 566.5	0.945	6.537
−25	0.151	671.53	1.296	229.17	1 573.8	1.036	6.454
20	0.190	665.14	1.603	251.71	1 580.8	1.125	6.376
−15	0.236	658.65	1.966	274.37	1 587.5	1.214	6.301
−10	0.291	652.06	2.391	297.16	1 593.9	1.301	6.229
0	0.429	638.57	3.457	343.15	1 605.4	1.472	6.093
10	0.615	624.64	4.868	389.72	1 615.3	1.638	5.966
20	0.857	610.20	6.703	436.94	1 623.3	1.801	5.848
30	1.167	595.17	9.053	484.91	1 629.3	1.960	5.735

3）氨的安全性

①毒性。氨对人体的伤害取决于其浓度，具体见表 6–19。因此，当人体处于较高浓度的氨气中时，五官等处需防护；如身体的任何部位直接接触了氨液

或高浓度的氨蒸气，需立即用大量清水冲洗。氨制冷剂的急性毒性接触极限和制冷剂浓度极限均为 320×10^{-6}。

表 6-19　不同氨浓度对人体的伤害

伤害程度	氨质量浓度（mg/m^3）	氨体积浓度（$\times10^{-6}$）	人体反应
无危害	0.7	0.9	感觉到气味
	9.8	12.9	感觉到气味，无刺激作用
	67.2	88.5	鼻咽部位有刺激感，眼有灼痛感
轻微伤害	70	92.2	呼吸变慢
	140	184.5	鼻和上呼吸道不适、恶心、头痛
中等危害	140～210	184.5～276.7	身体有明显不适，但能工作
	175～350	230.6～461.2	鼻眼刺激、呼吸和脉搏加速
重度危害	553	728.7	强烈刺激，可耐受 1.25 min
	700	922.4	立即咳嗽
	1 750～3 500	2 305.9～4 611.8	危及生命
	3 500～7 000	4 611.8～9 223.6	即刻死亡

②燃烧性。在空气中氨的体积分数达到 11% 以上时可以点燃，达 16%～25% 时可引起爆炸。若系统中氨所分离的游离氢积累到一定浓度，遇空气会爆炸。

综合氨的毒性和燃烧性，氨制冷剂的安全分类为 B2L。因此，氨制冷剂在使用过程中的安全管理和危险防范至关重要。

4）氨制冷剂的安全防护措施。氨为制冷剂时，车间内氨蒸气的浓度不允许超过 20 mg/m^3。在居民区、商业区用氨制冷机，单机充注量应小于 50 kg，并应加设以下防护措施：①机房事故风机，当有泄漏时，机房事故风机自动开启，将氨蒸气排出机房之外，机房事故风机控制装置的所有电触点均应在机房外部，不能与氨蒸气接触；②氨浓度探测，当空气中氨浓度达到一定限度时发出信号；③防护罩，将制冷机封入密闭防护罩中，泄漏时集中引出；④燃烧器，遇泄漏时，将氨蒸气引入燃烧器燃烧。

总之，氨制冷系统的设计建设、设备设施、安全设施、运行维护、安全生产管理等方面都有特定的要求，具体参见 AQ 7015—2018《氨制冷企业安全规范》。

（2）卤代烃类制冷剂

卤代烃类制冷剂最常用的是 R22 和 R134a。

1）R22。R22 分子式为 CHF_2Cl，属 HCFC 类。R22 主要用于空调器、冷水机组等需要较大单位容积制冷量，但压缩比不高的场合。R22 的饱和蒸气压与氨近似，单位容积制冷量也与氨接近。压缩排气温度比氨低，但仍属于高压缩终温的制冷剂，故用于高压缩比的场合时，压缩机需采用强制冷却措施。

R22 对有机材料的膨润作用极强，系统中密封材料应使用氯乙醇橡胶、聚四氟乙烯等。

R22 溶水性很小，0 ℃时水在 R22 中的质量溶解度仅为 0.06%，系统中含水较多时会引起冰堵和镀铜现象，因此，在向系统充注 R22 前，R22 中水的质量分数应小于 2.5×10^{-5}。当蒸发温度小于 0 ℃时，应设置干燥过滤器。

R22 与矿物润滑油有限互溶。在制冷系统的高压侧，R22 与润滑油完全互溶，在低压侧，R22 与润滑油有分层现象，下层为 R22，上层为润滑油，因此，为解决回油问题，R22 制冷剂在蒸发器管内和回气管内的流速应大于最小回油流速。

R22 无色、无味、无毒、不燃不爆，安全分类为 A1 类别，正常情况下使用安全，但遇明火时，R22 将会分解并产生剧毒的光气，因此，有 R22 的场合严禁明火。

2）R134a。R134a 的分子式为 $C_2H_2F_4$，属 HFC 类，是 R12 的替代物，常用于电冰箱、汽车空调。

常温下，R134a 的饱和蒸气压比 R22 低。相同蒸发温度时，单位容积制冷量比 R22 小，压缩终温比 R22 低，R134a 属于低排气温度的制冷剂，当用于高压缩比的场合时，相应的压缩机不一定需要强制冷却。

R134a 对金属和非金属的作用与 R22 相似，系统中密封材料应使用氯乙醇橡胶、氢化丁腈橡胶、聚四氟乙烯等。

R134a 溶水性比 R22 小得多，因此，在向系统充注 R134a 前，R134a 中水的质量分数应小于 1.5×10^{-5}，如蒸发温度低于 0 ℃时，系统中应设置干燥过滤器。

R134a 与矿物润滑油不互溶，与酯基润滑油、氨基润滑油和聚烯醇润滑油互溶。在制冷系统的低压侧，R134a 与润滑油完全互溶，在高压侧，R22 与润滑油有分层，出现“白浊”现象，但不影响节流和回油。蒸发器通常使用干式蒸发器，制冷剂在蒸发器管内和回气管内的流速应大于最小回油流速。

R134a 无色、无味、基本无毒、不燃不爆，安全分类为 A1 类别，正常情况下使用安全，但遇明火时，R134a 也会分解并产生剧毒的光气，因此，有 R134a 的场合也严禁明火。

（3）烷烃类制冷剂

烷烃类的共同点是：基本不溶于水，且与水不发生化学反应，不腐蚀金属，价廉易得，易燃易爆，与矿物润滑油互溶，使润滑油的黏度降低，能溶于醇、醚等有机溶剂中。烷烃对高分子有机材料有溶解和膨润作用，但远比卤代烃弱。

这类制冷剂常作为石油化工行业制冷装置的制冷剂，既是工艺原料和产品，又是制冷剂。在使用中，应保持系统压力高于大气压，以防空气渗入引起爆炸。

R170，乙烷，分子式 C_2H_6，安全类别为 A3，属于无毒易燃易爆类制冷剂。它属于低温用制冷剂，多应用在蒸发温度为 –90 ~ –60 ℃的场合，常用于液化天然气（liquefied natural gas，LNG）中的分凝式系统，并可作为复叠式制冷机的低温级的制冷剂。由于其相对分子质量小，适用于容积型压缩机。

R290，丙烷，分子式 C_3H_8，安全类别为 A3，属于有微毒易爆类制冷剂，在有氧条件下分解的开始温度为 460 ℃。应用在蒸发温度为 –50 ~ –25 ℃的制冷系统，与 R22 相似。由于其相对分子质量小，适用于容积型压缩机。R290 的绝热指数较小，压缩终温较低。常用在 LNG 中的分凝式系统、双级和多级压缩系统、复叠式系统的高温级。系统设计应注意密封，并应尽可能减少充注量。

R600a，异丁烷，分子式 C_4H_{10}，安全类别为 A3，属于无毒易爆类制冷剂，可用于蒸发温度为 –25 ~ –5 ℃的制冷系统，如电冰箱和冷柜等。由于其绝热指数较小，单级压缩比可较大，多适用于单级压缩制冷系统。由于其饱和蒸气压低，蒸发压力低于大气压力，应注意系统的密封。既要防止空气进入系统，也要防止 R600a 泄漏。如用于家用制冷器具，充注量须不大于 120 g。

（4）常用混合制冷剂

1）R404A。R404A 是一种非共沸混合制冷剂，其组成成分为 R125/R134a/R143a 三种，质量配比为 44/4/52。R404A 的相对分子质量为 97.6，临界温度为 72.12 ℃，临界压力 3.73 MPa，标准沸点为 –46.2 ℃，属于中温用制冷剂。可用于 –60 ~ –25 ℃的制冷温度范围，如低温冷柜、低温冷库的制冷系统。相同蒸发温度下，R404A 的冷凝压力较 R22 要高，约为其 1.2 倍。但由于绝热指数较小，压缩终了温度较 R22 低。R404A 与酯类润滑油互溶，在 60 ℃以下与矿物润滑油不互溶，在 60 ℃以上可与矿物润滑油部分互溶。R404A 不易燃、不易爆，安全类别为 A1/A1。

2）R410A。R410A 是非共沸混合制冷剂，由 R32 与 R125 按质量配比为 50/50 混合，属中温用制冷剂，可用于 –55 ~ 10 ℃的制冷温度范围的家用制冷器具，如空调器、热泵、去湿机等。相同蒸发温度下，R410A 的单位容积制冷量大约是 R22 的 1.4 倍，相同温度下的饱和蒸气压大约是 R22 的 1.6 倍。R410A 的 *COP* 计算值较低，但由于在相同制冷量下，其容积循环量约为 R22 的 70%，流动阻力较小，在相同的制冷系统中，应用 R410A 较用 R22 时 *COP* 反而有所提高。R410A 无毒不燃烧、不爆炸，安全类别为 A1/A1。

3）R507。共沸混合制冷剂 R507 由 R125/R143a 组成，质量配比为 50/50，相对分子质量为 98.86，临界温度为 70.62 ℃，临界压力为 3.70 MPa，标准沸点为 –46.74 ℃。可用于 –60 ~ –25 ℃的制冷温度范围，如低温冷柜、低温冷库、速冻机等装置的制冷系统。R507 无毒不易燃烧爆炸，安全类别为 A1/A1。

二、载冷剂

在制冷系统比较庞大，且用冷末端比较分散的场合，如果让制冷剂直接流过用冷末端，制冷剂的流动阻力增大和泄漏的可能性增加，尤其对于安全性差的制冷剂，则会存在更多的潜在隐患。为了避免上述不利影响，多采用载冷剂在制冷系统的蒸发器和用冷末端之间循环。夏季载冷剂在蒸发器中被制冷剂冷却，携带冷量流向各个用冷末端，载冷剂向末端设备输出冷量（吸热），从而实现了冷量从蒸发器向用冷末端的传递。

载冷剂需要具有以下性能：①载冷剂的凝固温度低于制冷系统的蒸发温度，载冷剂沸腾温度高于常温；②热物理性能，载冷剂的导热系数要大，以保证优良的传热特性，减小换热器面积，载冷剂的比热容要大，这样传递冷热量所需要的载冷剂量小，从而减少载冷循环系统管路管材、安装空间和循环泵功耗；③运动黏度低，载冷剂的运动黏度低，流动阻力小，可降低循环泵的扬程，节约循环电耗；④稳定性，载冷剂热物理性能和化学稳定性要好，不易腐蚀管材和密封材料；⑤安全性，载冷剂要无毒且不易燃、不易爆。

常用的载冷剂有水、盐水、有机化合物等。

1. 无机载冷剂

（1）水

水是最常用的载冷剂，其价格低廉、传热性能好，常温常压下水的导热系数约为 0.599 W/（m·K）。水的热容量大，比热容为 4.18 kJ/（kg·K）。水常用于蒸发温度高于 0 ℃的场合，如中央空调系统的冷冻水。

（2）盐水

常用的盐水为氯化钠（NaCl）、氯化钙（$CaCl_2$）和氯化镁（$MgCl_2$）的水溶液，其最低凝固温度和最低使用温度见表 6–20。

表 6–20　常用盐水的最低凝固温度和最低使用温度

特性指标＼盐水种类	NaCl–H_2O	$CaCl_2$–H_2O	$MgCl_2$–H_2O
最低凝固温度（℃）	−21.2	−55	−17
最低使用温度（℃）	≥ −18	≥ −45	≥ −10
最低凝固温度时的质量浓度（%）	23	32	—

如盐水中盐的浓度低于最低凝固温度时的浓度，随着盐水浓度的增大，起始凝固温度不断下降；如浓度高于最低凝固温度时的浓度，随着盐水浓度的增大，起始凝固温度反而不断上升。

盐水的比热容随浓度的增大而减小，密度随浓度的增大而增大，导热系数随浓度的增大而减小，运动黏度随浓度的增大而增大。因此，使用盐水作为载冷剂时，浓度一定要小于最低凝固温度时的浓度。

盐水对金属材料有腐蚀作用，在使用时溶液的 pH 值应调节为 8.0 ~ 8.5。酸碱调节剂常用氢氧化钠（NaOH）、氢氧化钾（KOH）和 HCl。在 NaCl–H_2O、$CaCl_2$–H_2O 中添加的缓蚀剂通常为带有 2 个结晶水的重铬酸钠（$Na_2Cr_2O_7 \cdot 2H_2O$），添加量为每立方米质量分数为 23% 的 NaCl–H_2O 中添加 3.2 kg 的重铬酸钠，每立方米质量分数为 32% 的 $CaCl_2$–H_2O 中添加 2 kg 的重铬酸钠。如添加重铬酸钠前盐水为中性（pH 值为 7），则应先调节 pH 值。添加缓蚀剂时，每加入 1 kg 的重铬酸钠应加入 0.27 kg 的氢氧化钠。配制时须注意，重铬酸钠不得接触人体。

2. 有机载冷剂

常用的有机载冷剂为醇类及其水溶液。

（1）甲醇

甲醇（CH_3OH）的相对分子质量约为 32，凝固温度约为 –97.5 ℃，标准沸点约为 64.5 ℃，临界温度约为 239.5 ℃。常压 25 ℃黏度为 0.55 mPa·s，甲醇有很强的毒性，较高浓度的蒸气也会使人失明，易燃易爆，爆炸极限为 6%～36.5%。

（2）乙醇

乙醇（C_2H_5OH）的相对分子质量约为 46，凝固温度约为 –114 ℃，标准沸点约为 78 ℃，临界温度约为 241.6 ℃。乙醇无毒可食用，但易燃易爆，爆炸极限为 3.3%～19%。

甲醇与乙醇均易燃易爆，其比热容均较小，这两种醇可完全互溶，也均可与水完全互溶。甲醇用于 –90 ℃以上的工业及实验等用途的制冷系统的载冷剂，乙醇用于食品、酿酒工业的制冷系统的载冷剂。

（3）乙二醇

分子式 $OHCH_2CH_2OH$，相对分子质量约为 62，凝固温度约为 –13 ℃，标准沸点约为 197.3 ℃。作为载冷剂使用时，乙二醇的纯度应高于 99.5%。当质量分数为 46.4% 时，乙二醇水溶液的凝固温度最低，凝固温度为 –33 ℃，比热容为 C_p=3.203 kJ/（kg · K）。乙二醇水溶液不可以与食品直接接触，其常用于低温空调、工艺冷却等场合。

（4）丙三醇

分子式 $CH_2OHCH_2OHCH_2OH$，又称甘油，相对分子质量约为 92，凝固温度约为 –18.2 ℃，标准沸点约为 290 ℃。当质量分数为 70% 时，丙三醇水溶液的凝固温度最低，为 –37.8 ℃，比热容约为 2.46 kJ/（kg · K）。丙三醇水溶液无毒，是化妆品及药品的原料，可以与食品直接接触，常用于食品工业等场合。

载冷剂的性能参数见表 6–21。

表 6–21 载冷剂的性能参数

名称	20 ℃时的密度（kg/m³）	导热系数 W/（m · K）	比热容 kJ/（kg · K）	凝固温度（℃）	标准沸点（℃）	蒸气爆炸极限	运动黏度 mPa · s
水	1 000	0.59	4.18	0	99.974	—	0.072 7
甲醇	791.8	21.35	2.51	−97.5	64.5	6%～36.5%	0.55
乙醇	789	0.164 5	2.396	−114	78	3.3%～19%	1.074
乙二醇	1 113	0.253	2.22	−13	197.3	—	25.66
丙三醇	1 261	0.29	2.46	−18.2	290	—	600

三、蓄冷剂

制冷装置中用于储存冷量的物质称为蓄冷剂。

1. 使用蓄冷剂的目的

空调的用冷高峰恰是电网的负荷高峰，用冷低谷恰是电网负荷低谷。在空调系统中应用蓄冷剂储存冷量，可使得冷源设备在电网负荷低谷开机运行，把冷量储存起来，待电网负荷高峰时，用储存的冷量来冷却空气。这样的蓄冷式空调系统可以对用电负荷起到削峰填谷的作用，降低电力设备的容量要求，提高电力设备的利用率，从而提高效率。

在冰箱、冷柜、小型冷库等小型冷藏装置中使用蓄冷剂，在停电时可维持食品的冻结状态，以保持食品的品质。在正常运行时，可减小开停温差，减小温度波动，延长食品储存寿命。也可用来延长压缩机的开停周期，达到节电的目的。在短时间冷负荷突然增大时，还可用来弥补制冷系统制冷量的不足。

在冷藏汽车、冷藏集装箱等冷藏运输装置中，使用蓄冷剂可使得车、船、箱等在行驶中不必使用制冷机制冷，避免频繁停驶，并可简化设备，缩短运输时间。也可使用蓄冷剂代替加冰保温，用于保温汽车、铁路加冰保温车等冷藏运输装置中。

储存冷量的介质就是蓄冷剂，制冷机工作时，制冷剂在蒸发器中吸热，将蓄冷剂冻结，把冷量储存起来。制冷机停止工作时，蓄冷剂融化吸热，以维持被冷却物体或被冷却空间的低温。

2. 常用蓄冷剂

常用的蓄冷剂是冰和共晶冰。

（1）冰

蓄冷剂为冰时，仅用于 0 ℃以上的食品冷却、冷却物冷藏及空调等场合。但其融解潜热在各种蓄冷剂中最大，1 kg 冰融化吸热量为 335 kJ。在空调系统中采用冰蓄冷时，可在蒸发盘管上连续结冰，可在筒状蒸发器外剥离片冰，也可制成浆状冰晶样的冰水混合物。

（2）共晶冰

共晶冰是指共晶溶液凝固所形成的固溶体，共晶冰的最低凝固温度称为共晶温度，此时的浓度即共晶浓度。常用共晶冰的共晶温度及融解潜热见

表 6–22，表中的浓度是指溶质的质量分数，溶剂均为水。共晶冰的凝固温度较低，可使 0 ℃以下的冻结食品保持低温。

表 6–22　常用共晶冰的共晶温度及融解潜热

溶质	分子式	共晶浓度（%）	共晶温度（℃）	融解潜热（kJ/kg）
氨	NH_3	33	−100	175
		57	−87	310
		81	−92	290
氯化钙	$CaCl_2$	29.9	−55	212
氯化钠	NaCl	23.1	−21.2	235
硝酸钠	$NaNO_3$	37.0	−18.5	215.6
硝酸铵	NH_4NO_3	41.2	−17.35	286
氯化铵	NH_4Cl	18.6	−15.7	329.9
		19.25	−11.1	301
蔗糖	$C_{12}H_{22}O_{11}$	62	−14.5	—
氯化钡	$BaCl_2$	22	−7.5	—
硫酸锌	$ZnSO_4$	27.2	−6.5	213.1
硝酸钠 / 硝酸钾	$NaNO_3/KNO_3$	35.9/6.2	−19.4	217.9
氯化钾 / 硝酸钾	KCl/KNO_3	19.0/3.5	−11.8	265.8
硫酸钾 / 硝酸钾	K_2SO_4/KNO_3	4.5	−3.8	319.8

使用时共晶冰需放置于容器中，如容器为球形，该容器称为蓄冷球；如为板状，则称为共晶板；还可以是槽形、柱形等蓄冷器。共晶板中还可有蒸发管，形成共晶板蒸发器。如将蓄冷器装在汽车上，则为移动冷却车。

四、冷冻机油

1. 冷冻机油的作用

制冷压缩机中所使用的润滑油称为冷冻机油，冷冻机油对压缩机的主要作用有：①润滑作用，用于润滑摩擦面，使摩擦面完全被油膜分开，从而降低摩擦功、摩擦热和摩擦损失；②散热冷却作用，冷冻机油的流动和循环可以带走摩擦热，保证摩擦零件的温度在允许范围内；③密封防漏作用，在密封部位充满油，保证密封性能，防止制冷剂的泄漏；④清洗作用，冷冻机油的流动带走金属摩擦产生的磨屑，起到清洗摩擦面的作用；⑤其他作用，可为卸载机构提供液压的动力。

2. 冷冻机油性能

冷冻机油的性能包括安全性能、低温流动性、溶解性等方面。

（1）安全性能

安全性能一般用冷冻机油的闪点来衡量。冷冻机油的闪点，是指在规定的实验条件下，冷冻机油挥发的蒸气与空气形成的混合可燃气体，遇火后发生闪燃（一闪即灭的燃烧现象）的最低温度。冷冻机油的闪点必须高于压缩机的排气温度。如 R717、R12、R22 压缩机使用的冷冻机油闪点应在 160 ℃以上。值得注意的是，若闪点过高，油品馏分就重，黏度亦大，沥青质等含量就高，使用时易积炭。因此，要选用闪点适宜的冷冻机油。

（2）流动性

冷冻机油应有良好的低温流动性，通常用凝固点、浊点、倾点和运动黏度指标来表示。凝固点是指冷冻机油在试验条件下冷却到停止流动时的温度。冷冻机油中溶有制冷剂时，凝固点会降低。

冷冻机油在低温下开始析出石蜡而变混浊时的温度称为冷冻机油的浊点。当冷冻机油混有制冷剂时，其浊点会下降。

倾点是指冷冻机油在规定的试验条件下，能够流动的最低温度。

冷冻机油的倾点比凝固点略高几度。最低工作温度一定要在倾点之上。各种冷冻机油的凝固点都在 −40 ℃以下，能够满足一般用途的制冷机的使用需要。

冷冻机油的运动黏度是衡量其低温流动性和油黏度分类的重要指标。由于制冷系统的压缩机入口接近蒸发温度，低温下运动黏度相对较高，通常用 40 ℃的运动黏度对冷冻机油的黏度进行分类分级。

（3）溶解性

根据冷冻机油与制冷剂相溶性的不同，把溶解性分为相互不溶解、相互无限溶解和介于两者之间的情况。

（4）其他性能

全封闭和半封闭制冷机对冷冻机油的击穿电压有一定的要求，一般要求在

25 kV 以上。冷冻机油中含水的质量分数过高将引起系统冰堵或冷冻机油乳化。因此，对冷冻机油的含水量也有特定的要求。另外，对冷冻机油的酸值、颜色、灰分、杂质含量、泡沫性等都有一定的要求。

3. 冷冻机油的分类和标记

（1）分类

我国国标《冷冻机油》（GB/T 16330—2012）中把冷冻机油分为 L-DRA、L-DRB、L-DRD、L-DRE 和 L-DRG 五大类，大类里面根据黏度等级又细分为很多种。

（2）标记

冷冻机油的产品标记为：品种代号　黏度等级　产品名称　标准号

例如：黏度等级为 100 的 DRB 冷冻机油标记如下：

L-DRB　100　冷冻机油　GB/T 16630。

4. 冷冻机油的选用

在选用冷冻机油时，要考虑工作温度、制冷剂种类、压缩机的种类和转速以及润滑方式等问题，冷冻机油与制冷剂、压缩机之间的匹配关系参见《冷冻机油》（GB/T 16330—2012）。

必须注意，不同的冷冻机油不能混用，也绝不允许将冷冻机油与动物油、植物油混合使用。因此，在添加或更换冷冻机油时，要按照压缩机说明书的要求进行。

学习单元6　电动机启动和制冷系统控制

了解单相异步电动机的启动和换向原理

了解三相异步电动机的启动原理和方式

理解常见的温度控制电路和顺序控制电路的控制原理

一、交流电动机的启动

制冷系统中的压缩机、风机、泵等都是由交流异步电动机带动的，异步电动机有单相异步电动机和三相异步电动机之分。

1. 单相异步电动机的启动

由于单相异步电动机运转绕组不能形成旋转磁场，无法获得启动转矩。通常采用分相法或罩极法使单相异步电动机形成旋转磁场，并旋转启动。

（1）分相法

在定子中加上一个与运转绕组垂直的启动绕组，同时，在启动绕组中串联一个分相元件，使启动绕组与运转绕组的电流相位差为 90°。相位相差 90° 的电流分别通入两个在空间上相位相差 90° 的绕组，就会产生旋转磁场。在这个旋转磁场的作用下，转子就能自动启动。

转子启动并待转速达到一定转速后，借助自动控制装置将启动绕组断开，只有运转绕组工作；也可不断开启动绕组，使其与运转绕组一起工作。各种单相异步电动机的启动方式及特点见表 6–23。

表 6–23　单相异步电动机的启动方式及特点

启动方式	电路简图	功率（W）	特点	对应的电动机类型
阻抗分相启动（RSIR，PTC）	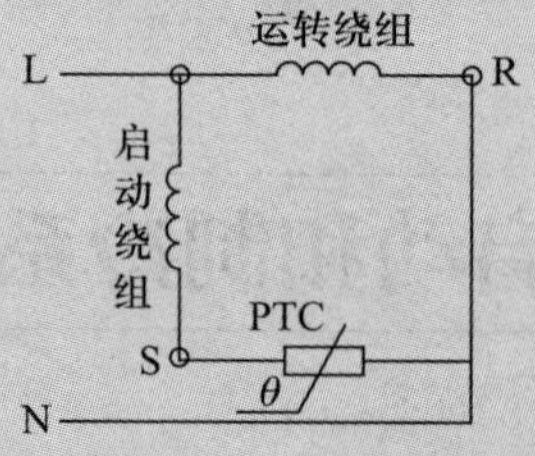 运转绕组 L　R 启动绕组 PTC S　θ N	40～160	结构简单、启动转矩小、启动电流大	阻抗分相启动式电动机（PTC）
阻抗分相启动（RSIR）	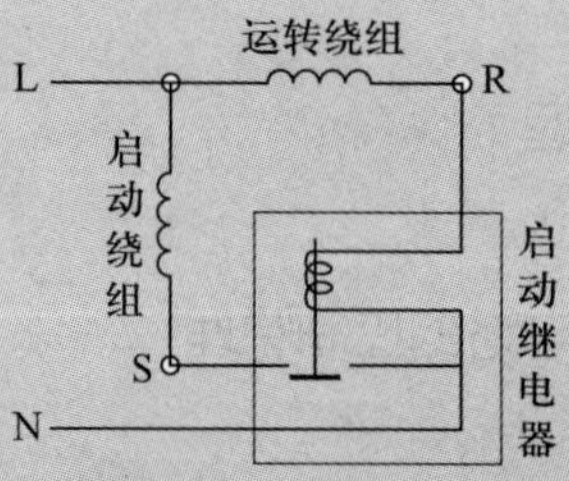 运转绕组 L　R 启动绕组 启动继电器 S N	40～500	启动转矩小、启动电流大	阻抗分相启动式电动机

续表

启动方式	电路简图	功率（W）	特点	对应的电动机类型
阻抗分相启动电容运转（RSCR）	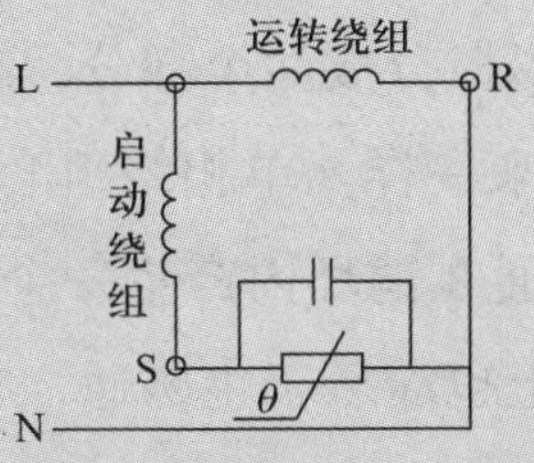 运转绕组 L R 启动绕组 S N θ	40～160	结构简单、启动转矩小、启动电流大，比阻抗分相启动方式效率高	阻抗分相启动电容运转式电动机
电容启动（CSIR）	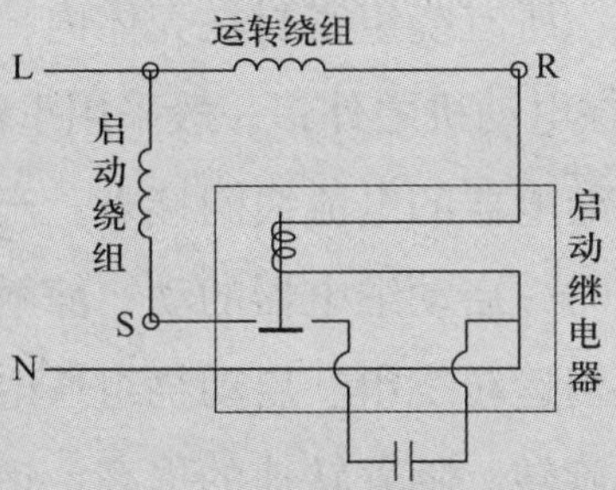 运转绕组 L R 启动绕组 S N 启动继电器	40～660	启动转矩大、启动电流小	电容启动式电动机
电容运转（PSC）	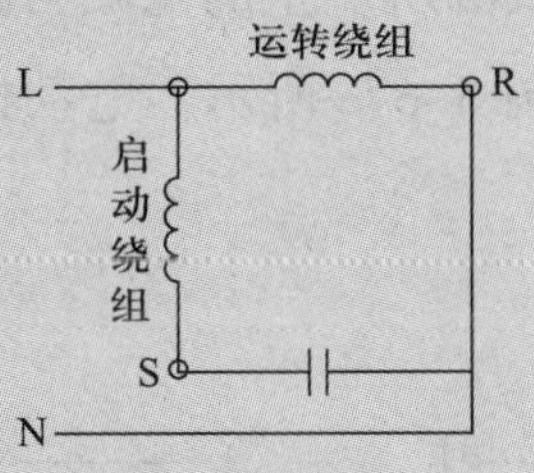 运转绕组 L R 启动绕组 S N	230～2 200	启动转矩小、效率高	电容运转式电动机
电容启动电容运转（CSR）	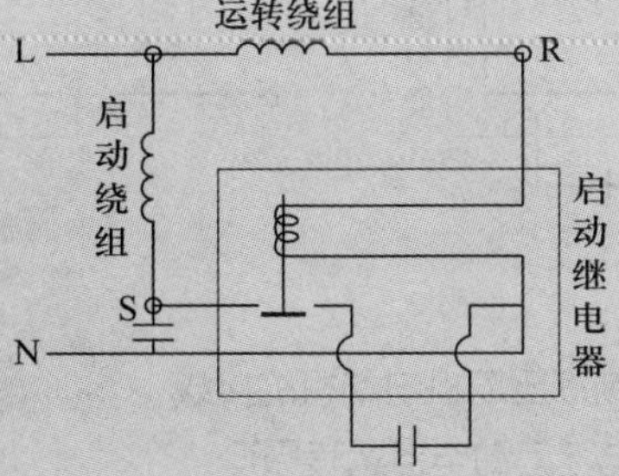 运转绕组 L R 启动绕组 S N 启动继电器	230～2 200	启动转矩大、启动电流小、效率高	电容启动电容运转式电动机

不同启动方式的单相异步电动机，设计参数不同，使用时不能改变启动方式。PTC（positive temperature coefficient，正温度系数热敏电阻）、启动继电器、启动电容和运转电容的规格和电动机的参数规格有关，不能随便更改。

（2）罩极法

在电动机定子磁极上开有小槽，把磁极分成两个部分，在小的那部分套装一个短路铜环，好像把这部分磁极罩起来一样。单相绕组套装在整个磁极上，当定子绕组通电后，穿过短路铜环的磁通在铜环内产生一个在相位上滞后 90°的感应电流，此电流产生的磁通在相位上也滞后于主磁通，它的作用与电容式电动机的启动绕组相当，从而产生旋转磁场使电动机转动。

（3）单相异步电动机的电容启动电容运转

全封闭制冷压缩机的单相电动机，所有绕组密封在壳体内，压缩机外的接线端子如图 6–67a 所示。启动继电器在电动机之外，一般采用重锤式。

接通电源瞬间，运转绕组和启动继电器的电流线圈接入，产生较大的启动电流，当超过启动继电器的吸合电流时，启动继电器的动、静触点闭合，接通启动绕组的电路，如图 6–67b 所示。当运转绕组、启动绕组通电后，定子产生旋转磁场，转子获得转动力矩并开始旋转。随着转速的提高，运转绕组中的电流下降。当电动机的转速达到额定转速的 70% ~ 80% 时，运转绕组中的电流低于启动继电器的释放电流，启动继电器线圈所产生的电磁力减小，重锤衔铁下落复位，继电器的动、静触点断开，如图 6–67c 所示，电动机进入正常运转状态。

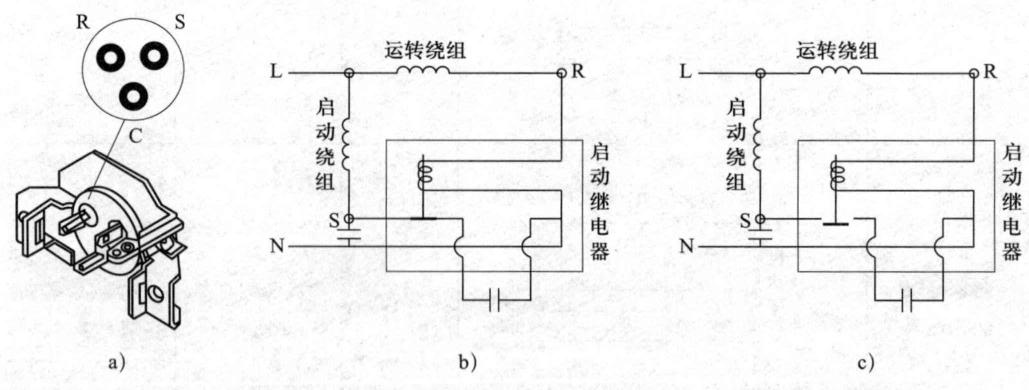

图 6–67　全封闭制冷压缩机电动机的接线端子及电容启动电容运转原理

a）电动机接线端子　b）启动状态电路　c）运转状态电路

电容启动式电动机、电容运转式电动机与电容启动电容运转式电动机反转的方法相同，即把运转绕组或启动绕组的两个出线端 R 和 S 对调。

2. 三相异步电动机及启动

三相异步电动机比单相异步电动机效率高、应用广，除小功率电动机外，制冷系统中所用的电动机多为三相异步电动机。

三相交流电源相与相之间电压的相位差是 120°，三相异步电动机定子中的三个绕组在空间上间隔 120°，当在定子绕组中通入三相电源时，定子绕组就会产生一个旋转磁场，从而带动转子旋转。电动机旋转的方向由定子三相绕组中电流相序决定，任意两相的顺序互换，电动机就反转。

三相异步电动机的启动有直接启动、星形 - 三角形启动和自耦变压器降压启动等方式。良好的启动要具有足够小的启动电流和足够大的起动转矩。

（1）直接启动

三相异步电动机的直接启动控制电路如图 6–68 所示。其主回路由电源总开关 QS、熔断器 FU1、交流接触器 KM、热继电器 FR、电动机 M 组成。控制回路由熔断器 FU2、常闭按钮开关 SB1 和常开按钮开关 SB2、温度控制器 ST、交流接触器 KM 线圈组成。

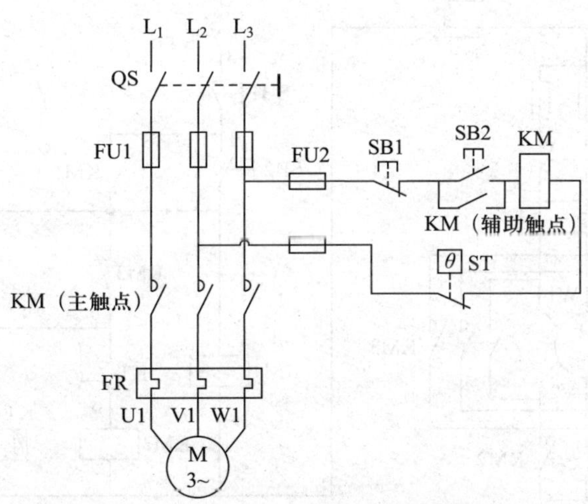

图 6–68　三相异步电动机的直接启动控制电路

启动时，按下按钮开关 SB2，交流接触器 KM 线圈通电，KM 主触点闭合，接通电动机，并联于按钮开关 SB2 的 KM 辅助触点闭合，使交流接触器自锁。停机时，按下按钮开关 SB1，交流接触器 KM 线圈断电，KM 主触点与辅助触点均断开。如电动机在运行中电流过大，热继电器 FR 切断线路，进行过载保护。

如运行中制冷系统监控温度达到某一数值，温度控制器 ST 切断交流接触器 KM 的线圈，进而断开电动机。

直接启动的优点是设备简单，但是直接启动的启动电流大，启动转矩小。一般来说，7.5 kW 以下的小容量笼型异步电动机可以采用直接启动的方式。故直接启动的电路仅适用于不频繁启动的小容量电动机，它不能实现远距离控制和自动控制，也不能实现零压、欠电压和过载保护。

（2）星形 – 三角形（Y–Δ）降压启动

星形 – 三角形降压启动是指电动机启动时，把定子绕组接成星形，以降低启动电压，限制启动电流；待电动机启动后，再把定子绕组改接成三角形，使电动机全压运行。凡是在正常运行时定子绕组为三角形联结的异步电动机，均可采用这种降压启动方法。

电动机启动时，接成星形，加在每相定子绕组上的启动电压只有三角形联结的 $1/\sqrt{3}$，启动电流为三角形联结的 1/3，转矩也只有三角形联结的 1/3。所以这种降压启动方法，只适用于轻载或空载下的启动。如图 6–69 所示为星形 – 三角形降压启动电路。

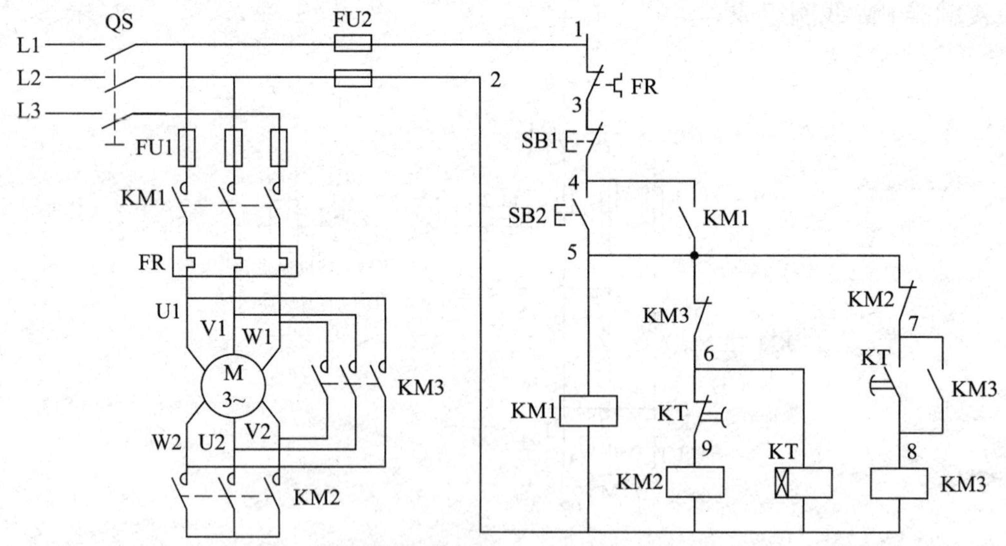

图 6–69　星形 – 三角形降压启动电路

星形 – 三角形降压启动控制电路的工作原理如下：合上电源开关 QS，按下启动按钮 SB2，这时，接触器 KM1、KM2、通电延时时间继电器 KT 线圈通电，接触器 KM1 主触点和自锁触点（4–5）闭合。KM2 主触点闭合，电动机按星形联结启动，同时接触器 KM2 互锁触点（5–7）断开。经过延时时间后，时间继电器 KT 的常开触点（7–8）闭合和常闭触点（6–9）断开，使接触器 KM2 线圈断电，接触器 KM2 主触点断开，电动机暂时断电，同时接触器 KM2 互锁触点（5–7）复位闭合，使得接触器 KM3 线圈通电，接触器 KM3 主触点和自锁触点（7–8）闭合，电动机改为三角形联结，然后进入稳定运行，同时接触器 KM3 互锁触点（5–6）断开，使时间继电器 KT 线圈断电。

需要说明的是，对于以上星形 – 三角形降压启动控制电路，在设计时要保证接触器 KM2 和 KM3 主触点不能同时闭合，这是因为开关 QS 合上电源，若接触器 KM2 和 KM3 同时闭合，意味着电源将被短路，这是不允许的。因此，设计时必须保证一个接触器吸合时，另一个接触器不能吸合，也就是说 KM2 和 KM3 两个接触器需要互锁。通常的方法是在控制线路中，接触器 KM2 与 KM3 线圈的支路里分别串联对方的一个常闭辅助触点。这样，每个接触器线圈能否被接通，将取决于另一个接触器是否处于释放状态，如接触器 KM2 已接通，KM2 的常闭辅助触点（5–7）把 KM3 线圈的电路断开，如接触器 KM3 已接通，KM3 的常闭辅助触点（5–6）把 KM2 线圈的电路断开，从而保证 KM2 和 KM3 两个接触器不会同时吸合。这一对常闭触点就叫作互锁触点。

（3）自耦变压器降压启动

自耦变压器降压启动是利用自耦变压器来降低启动时加在电动机定子绕组上的电压，达到限制启动电流的目的。启动时，电源电压加到自耦变压器的一次绕组上，电动机的定子绕组与自耦变压器的二次绕组连接，当电动机的转速达到一定值时，将自耦变压器切除，电动机直接与电源相接，在正常电压下运行。

自耦变压器降压启动电路如图 6–70 所示。

电动机自耦变压器降压启动是将自耦变压器一次侧接在电网上，二次侧接在电动机定子绕组上。这样电动机定子绕组上得到的电压是自耦变压器的二次电压 $U2$，自耦变压器的电压比 $K=U1/U2>1$。由电动机原理可知，当利用自耦变压器启动时的电压为电动机额定电压的 $1/K$ 时，电网供给的启动电流减小为直接启动时的 $1/K^2$。由于启动转矩正比于 $U2$，因此，启动转矩降为直接启动时的 $1/K^2$。待电动机转速接近其额定转速时，再将自耦变压器切除，将电动机定子绕组接入电网进入正常运转。

由此可见，自耦变压器降压启动常用于电动机的空载或轻载启动。在自耦变压器的二次绕组上有多个抽头以获得不同电压比 K，从而满足不同的启动场合。

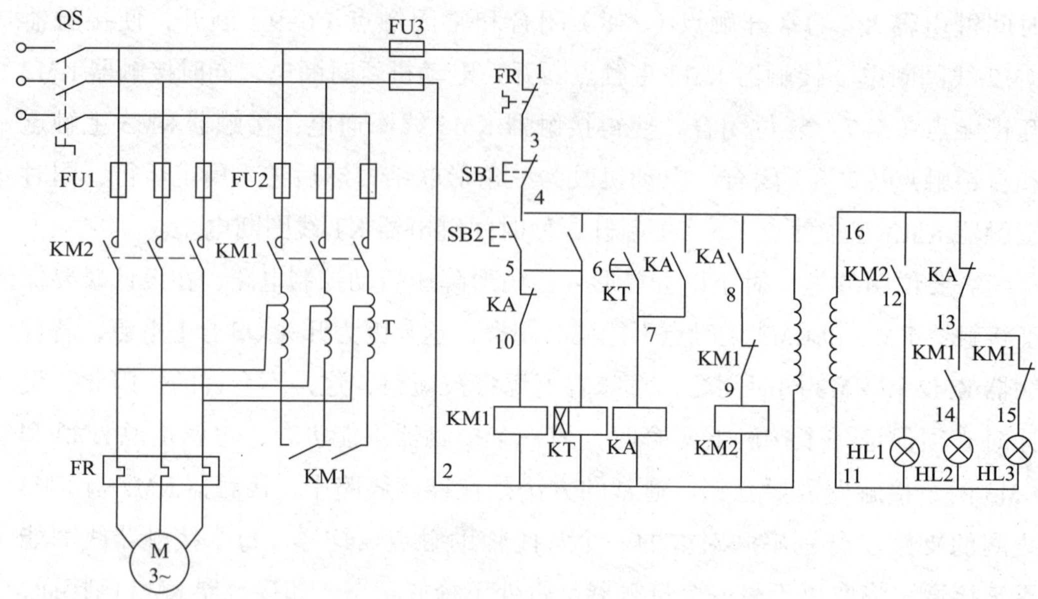

图 6–70　自耦变压器降压启动电路

图 6–70 中，KM1 为降压启动接触器，KM2 为运行接触器，KA 为中间继电器，KT 为降压启动通电延时时间继电器，而转换由 KT 通过 KA 使 KM2 失电、KM1 得电来实现。

自耦变压器降压启动控制电路工作原理如下：合上开关 QS，指示灯 HL3 亮，表明电源正常。按下启动按钮 SB2，KM1 和通电延时时间继电器 KT 同时得电吸合并自锁，将自耦变压器 T 接入，电动机定子绕组经自耦变压器 T 供电做降压启动，同时指示灯 HL2 亮、HL3 灭，显示电动机正在进行降压启动。KM1 的辅助常闭触点 KM1（8–9）的断开，使 KM2 不能得电，实现互锁。当电动机接近额定转速时，KT 的通电延时闭合的常开触点 KT（4–7）闭合，使 KA 得电吸合并自锁。KA 的常闭触点 KA（5–10）断开，使 KM1 失电释放，将自耦变压器切除，KM1 已断开的常闭触点 KM1（8–9）复位闭合，为 KM2 得电创造条件；同时 KA 的常开触点 KA（4–8）闭合，使 KM2 得电吸合，电源电压全部加在电动机定子绕组上进入正常运转，此时指示灯 HL2 灭［KA 的常闭触点 KA（16–13）断开］、HL1 亮，表示电动机降压启动结束，进入正常运行。

自耦变压器启动适用于负载容量较大，正常运行时定子绕组连接成星形而不能采用星形 – 三角形启动方式的笼型异步电动机。但这种启动方式设备费用大，通常用于启动大型的和特殊用途的电动机。

需要说明的是，自耦变压器降压的抽头位置不同，启动电流和启动转矩的大小也不同。因此，可以通过改变抽头位置即调节自耦变压器的变比来改变启动电流和启动转矩的大小。

二、制冷系统控制电路

控制系统是制冷空调装置不可缺少的部分，包括工作方式控制、功能控制、温度控制、湿度控制、压力控制、流量控制、制冷量或制热量控制、除霜控制等。控制系统有主回路和控制回路两部分，主回路包括电动机、加热器、执行器与断路器、接触器等；控制回路包括传感器、控制器和保护器等。以下重点介绍温度控制和顺序控制。

1. 温度控制

通常用温度控制器进行温度的开停调节和比例调节。进行温度控制的器件是温度控制器，制冷空调常用的温度控制器有感温包压力式、热敏电阻模拟式、数字式等。温度控制器由感温包、传感器和控制器三部分组成，控制器的控制回路接收到被控温度信号，产生动作或者调节，从而控制主回路的通断或者改变主回路的运转性能。

（1）开停控制

在制冷系统中，被控温度通常有冷库库温、冰箱箱内温度、冷水机组的冷媒水出水温度等，开停控制是温度控制的基本方式，也称双位控制或双位调节，即制冷系统开机制冷，被冷却对象降温，降到下限温度时停机；停机后温度自然回升，达到上限温度时再次开机。

1）基本的温度控制电路。对于直接启动的单台压缩机和单个蒸发器，其控制电路如图 6–71 所示。假定蒸发器的运行温度极限为 5 ~ 10 ℃。当温度高于 10 ℃，温度控制器常开触点闭合，交流接触器 KM 线圈得电，KM 主触点闭合，压缩机开机。当温度降低到低于 5 ℃时，温度控制器动作，ST 断开，交流接触器 KM 的线圈失电，压缩机停机。

2）一机多库系统控制电路。当用一台压缩机向多个蒸发器供冷，各蒸发器工作温度不同，每台蒸发器设一套温度控制器件，通过制冷剂的流通和截止及蒸发压力的调节来控制温度，其制冷系统和温度控制电路如图 6–72 所示。

当一台蒸发器的温度高于其上限时，其温度控制器触点闭合，其对应的交流接触器线圈得电，压缩机开机。当所有蒸发器的温度低于下限时，所有温度控制器动作，所有交流接触器线圈失电，压缩机停机。

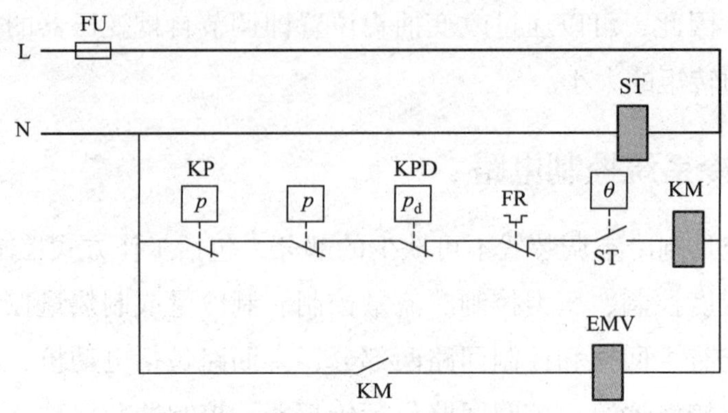

图 6–71　基本温度控制电路

ST—温度控制器　KP—压力控制器　KPD—压差控制器

KM—交流接触器　FR—热继电器　EMV—电磁阀

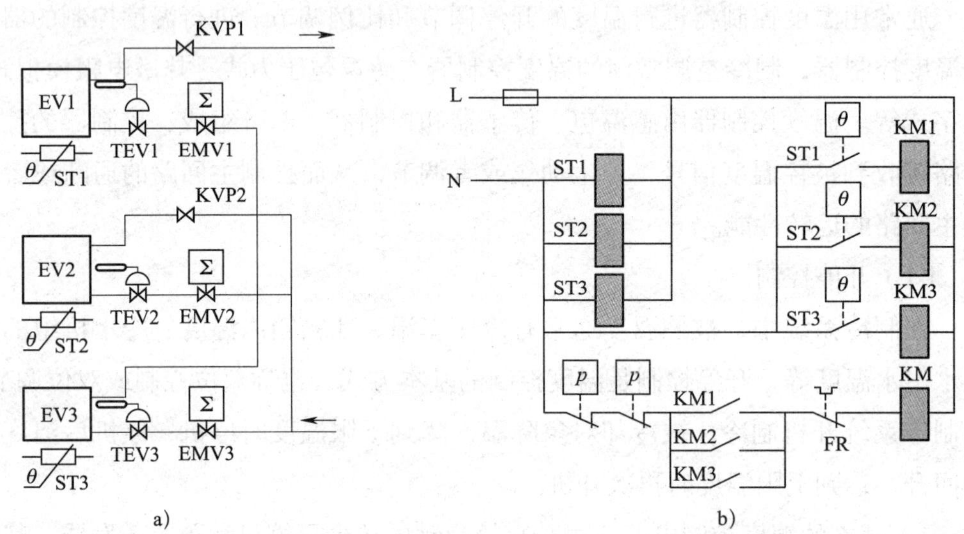

图 6–72　一机多温制冷系统和温度控制电路

a）制冷系统　b）温度控制电路

EV—蒸发器　KVP—蒸发压力调节阀　ST—温度控制器

FR—热继电器　EMV—电磁阀　TEV—热力膨胀阀

（2）温度的比例调节

比例调节简称 P 调节，属于连续调节，其输出量与输入量成正比。比例调节器广泛应用于制冷空调系统，如热力膨胀阀、浮球阀、旁通调节阀、吸气压力调节阀、冷凝水量调节阀等。

综上所述，运用双位调节的制冷系统，温度开停控制时，被控温度不可避免地在上、下限温度之间波动，温度偏差较大。而当温度比例调节时，如果制冷量与被控温度的偏差成比例变化，运行时就可以实现较小的温度偏差。

2. 顺序启动控制电路

在制冷压缩机启动之前，必须先开启冷却水泵，因此，在控制电路上应该设置联锁保证，如图6–73所示。图6–73中，KM1控制冷却水泵，KM2控制制冷机组的压缩机，并把KM1的常开辅助触点与KM2线圈串联，这样可以保证只有KM1通电后，才能接通KM2线圈。

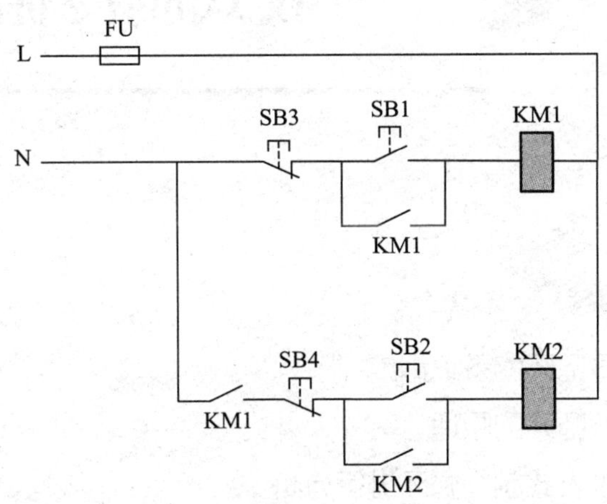

图6–73 顺序启动的控制电路

培训课程 3 吸收式制冷循环

学习目标

了解吸收式制冷循环的系统组成
掌握吸收式制冷循环的原理
能够对溴化锂吸收式制冷循环进行分析

以耗费热能为代价实现制冷循环的空调称为非电空调。非电空调可以利用低品位热能或者余热，减少电耗，降低电网容量，使之高效运行。常用的以消耗热能为代价制冷的循环是吸收式制冷循环。

一、吸收式制冷循环的原理和优点

1. 吸收式制冷循环的原理

吸收式制冷循环的介质是由制冷剂和吸收剂组成的工质对，其结构和原理如图 6–74 所示（以氨 – 水吸收式制冷循环为例）。图 6–74 中的双点画线围起来的区域是吸收剂与制冷剂混合溶液的循环，在吸收器 1 中，溶液吸收来自蒸发器的制冷剂蒸气，此过程会释放溶解热，释放的热量由冷却介质带走。吸收器出口是含制冷剂多的浓溶液，经过溶液泵加压进入发生器 2。在发生器中，含制冷剂多的浓溶液吸收工作介质（即热水或蒸气）的热量，利用制冷剂和吸收剂的沸点差异，部分低沸点的制冷剂吸热蒸发，变成高压下的制冷剂蒸气，而后进入冷凝器，而后经节流阀、蒸发器，回到吸收器被吸收。而剩下的含制冷剂少的稀溶液经减压阀降压后回到吸收器，进入下一个循环。制冷过程在蒸发器中完成。

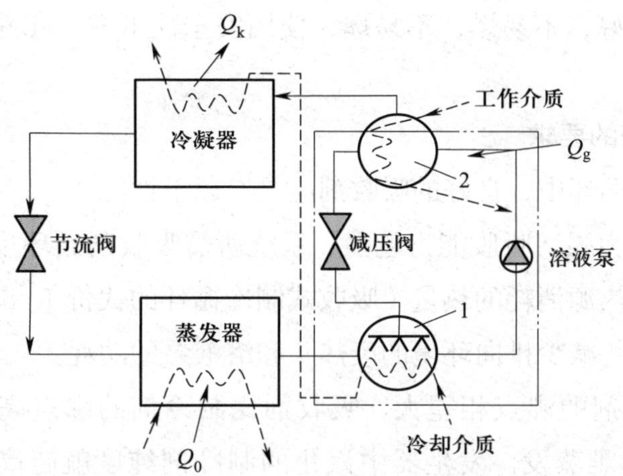

图 6-74　吸收式制冷循环的结构和原理示意图

1—吸收器　2—发生器

与蒸气压缩式制冷循环相比，吸收式制冷循环不需要压缩机，而是利用溶液的循环过程，经过吸收器、溶液泵和发生器，把制冷剂从低压蒸气转变成了高压蒸气。

吸收式循环耗电量很小，除了溶液泵耗电外，驱动冷却介质或者工作介质流动也会耗费少许电能。

2. 吸收式制冷循环的优点

与蒸气压缩式制冷循环相比，吸收式制冷循环具有以下优点。

（1）以消耗热能为代价，耗电极少，对热源的要求不高。各种低品位热能，如 75 ℃以上的热水、地热、太阳能、烟气和余热、废热等均可作为热源。

（2）机械运动部件少，工作时振动小，噪声低，运行平稳。

（3）制冷量可在 10%～100% 的范围内调节，能很好地适应负荷变化。

（4）因设备运行时的振动小，所以安装场地要求低，施工简单、方便。

（5）设备制造简单，操作、维修方便。

二、吸收式制冷循环对工质的要求

吸收式制冷循环对制冷剂和吸收剂的物理化学性能有不同的要求。

1. 对制冷剂的要求

与蒸气压缩式制冷循环对制冷剂的要求一样，吸收式制冷循环对制冷剂的要求有：①单位容积制冷剂的制冷量要大，以降低设备尺寸；②冷凝压力不宜太高，蒸发压力不宜太低，这样有利于保证系统的气密性；③无毒性，无腐蚀性，化学稳定性好，不易燃，不易爆，使用安全性可靠；④易于获取，价格便宜。

2. 对吸收剂的要求

吸收式制冷循环中，良好的吸收剂应具有以下性能。

（1）吸收能力强。吸收能力越强，系统所需吸收剂循环量就越少，从而可以减少发生器中热源消耗的热量（吸收式制冷循环的代价）、减少吸收器中冷却介质带走的热量（减少排向环境的废热）和溶液泵的功耗。

（2）与制冷剂的沸点相差大。吸收剂比制冷剂的沸点高得越多，吸收剂在发生器中就越难蒸发，发生器中汽化的制冷剂纯度就越高。反之，发生器中汽化的是制冷剂和吸收剂蒸气的混合物，此时，必须在发生器与冷凝器之间设置精馏器，将混在制冷剂蒸气中的吸收剂蒸气分开；否则将影响制冷循环的正常运行。带有精馏器的吸收式制冷循环的结构和原理示意图如图 6–75 所示。

（3）导热系数要大，密度、黏度和比热容要小，以增强吸收器和发生器的传热效率，减少吸收剂循环的阻力和溶液泵的电耗，提高吸收循环的效率。

（4）无毒性，无腐蚀性，不易燃，不易爆，化学稳定性好，以保证运行安全。

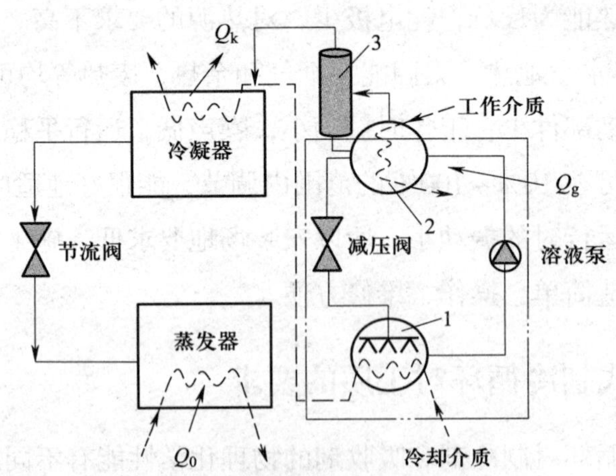

图 6–75 有精馏器的吸收式制冷循环的结构和原理示意图

1—吸收器 2—发生器 3—精馏器

三、吸收式制冷循环的工质对

常用的吸收式制冷循环的工质对有溴化锂－水溶液和氨－水溶液。

1. 溴化锂－水溶液

溴化锂－水溶液工质对中，以水为制冷剂，以溴化锂溶液为吸收剂。

纯溴化锂的性质与氯化钠相似，常温常压下是白色、无毒、无臭的固体，味苦咸。其物理性质稳定，不易变质、分解和挥发。它的熔点为 549 ℃，沸点为 1 265 ℃，远高于常压下水的沸点。溴化锂极易溶于水，对制冷剂（水蒸气）的吸收能力强。

水的汽化潜热大，单位容积的制冷量大。且无毒、无味，不易燃，不易爆，安全性好，易于获取，价格便宜。但水的凝固点约为 0 ℃，仅适用于空调的制冷系统。

溴化锂－水溶液的特点：①溶解度随温度的升高而增大；②室温下的密度约为 1 700 kg/m^3；③比热容较水小，且随温度升高而增大，随浓度升高而减小；④黏度较大，低温时，黏度随浓度的增大而迅速增大；⑤饱和蒸气压力很小，吸湿性很强；⑥对普通金属有腐蚀性。

总之，溴化锂－水溶液工质对中，吸收剂和制冷剂的沸点相差大，非常适合用于吸收式制冷。但是由于水的凝固点高，仅仅适用于 0 ℃以上的吸收式制冷循环。溴化锂－水溶液由于对金属有腐蚀性，使用中要做防腐缓蚀处理。

2. 氨－水溶液

氨－水溶液工质对中，以氨为制冷剂，以水为吸收剂。

氨（NH_3），常温下是一种无色、有强烈刺激气味的气体，易燃、易爆，极易溶于水，常温常压下 1 体积水可溶解 700 倍体积氨。常压下氨的沸点约为 −33.3 ℃，与吸收剂水的沸点相差 133.3 ℃。

氨－水溶液工质对的特点：①吸收剂与制冷剂的沸点相差小，发生器蒸发的制冷剂气体纯度不高，须设置精馏器，以提高进入冷凝器的氨蒸气的纯度；②制冷剂氨的沸点低，可用于 0 ℃以下制冷循环；③氨易燃、易爆、有毒，要注意操作安全。

四、吸收式制冷循环的能效分析

吸收式制冷循环的发生器中，溶液中的制冷剂蒸发需要大量热量，记为 Q_g，这部分热量由热源提供，是吸收式制冷循环的代价和动力。热源可以是锅炉产生的水蒸气或热水、燃气或燃油的烟气、热电联产电厂提供的低压蒸气和热水等。

在蒸发器中，制冷剂吸收热量蒸发，制冷量为 Q_0。

在吸收式制冷循环中，吸收器和冷凝器都是释放热量的设备，一般用冷却水先流经吸收器，后流经冷凝器，带走热量并最终排放到大气，记为 Q_k。

由于溶液泵耗电量相对很小，可以忽略，吸收式制冷循环的能量平衡见下式。

$$Q_k=Q_g+Q_0$$

式中　Q_k——冷却水带走并排向大气的热量，kW；

Q_0——制冷剂流过蒸发器带走的热量，即制冷量，kW；

Q_g——热源提供给发生器的热量，kW。

吸收式制冷循环的能效也是用循环的收益除以循环的代价，称为循环热力系数，其计算式如下：

$$\xi=\frac{Q_0}{Q_g}$$

式中　ξ——吸收式制冷循环的热力系数；

Q_0——吸收式制冷循环的制冷量，kW；

Q_g——热源消耗的热量，kW。

五、典型溴化锂吸收式制冷循环

溴化锂吸收式制冷循环的分类方法很多，按机组的锅筒数量，有单筒型、双筒型等。按照机组内发生器的数量分为单效型、双效型、三效型等，按热源的形式分为直燃型、蒸气型和热水型等。

1. 单效双筒蒸气型溴化锂吸收式制冷循环

单效双筒蒸气型溴化锂吸收式制冷机组的循环流程图如图 6–76 所示。机组的热源是蒸气，在发生器 7 中放热后变为冷凝水流出机组。发生器和冷凝器设置在上边小筒内，吸收器和蒸发器设置在下边大筒内，故属于双筒机组。整个机组只有一个发生器 7，因此属于单效机组。

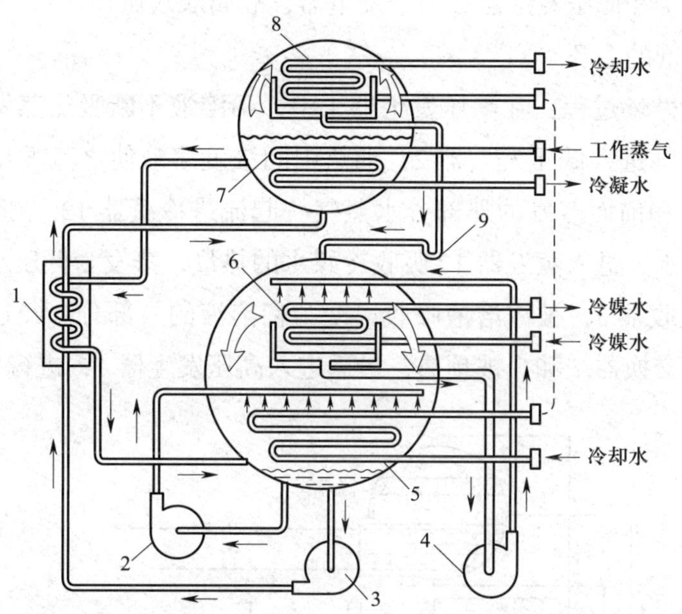

图6–76 单效双筒蒸气型溴化锂吸收式制冷机组的循环流程图

1—溶液热交换器 2—吸收器循环泵 3—溶液泵 4—蒸发器循环泵
5—吸收器 6—蒸发器 7—发生器 8—冷凝器 9—U形管

（1）制冷剂的循环

制冷剂的循环过程：在吸收器5中，制冷剂蒸气被溴化锂浓溶液吸收，变成稀溶液的一部分，通过溶液泵3加压，流经溶液热交换器1被预热，进入发生器7，被工作蒸气加热汽化的制冷剂蒸气进入冷凝器8，被冷却水冷却凝结，经过U形管9减压变为低压液体，进入蒸发器6，吸收冷媒水（冷冻水）的热量不断蒸发，没有蒸发的制冷剂水通过蒸发器循环泵4循环喷淋蒸发，最终全部变为水蒸气，最后进入吸收器5被浓溶液吸收，变成稀溶液的一部分，进入下一个循环。

（2）吸收剂的循环

吸收剂的循环过程：溴化锂浓溶液在吸收器5中吸收水蒸气，溶液变稀，通过溶液泵3加压，流过溶液热交换器1被预热。进入发生器被加热，释放出制冷剂蒸气，溶液因损失水分变浓。高温浓溶液流经溶液热交换器1被冷却降温。进入吸收器5，由吸收器循环泵2驱动喷淋吸收制冷剂蒸气变稀，而后进入下一个循环。

2. 双效双筒蒸气型溴化锂吸收式制冷循环

双效双筒蒸气型溴化锂吸收式冷水机组的循环流程图如图6–77所示，图中有高压发生器 1 和低压发生器 2 两个发生器，故属双效循环。

（1）制冷剂的循环

制冷剂的循环过程：在高压发生器 1 中，稀溶液不断吸热蒸发出高压水蒸气。高压水蒸气进入低压发生器 2，加热中间浓度溶液使之蒸发出水蒸气，新蒸发的水蒸气和前面蒸发的那部分水蒸气一起流进冷凝器 13。在冷凝器 13 中被冷却为低压水，进入蒸发器 12 吸收冷媒水的热量，蒸发为低压水蒸气。流经波纹板进入吸收器 5，被浓溶液吸收，变为稀溶液的一部分。经过溶液泵 9 依次流过溶液热交换器 7 和 3 被预热，最后进入高压发生器 1，进行下一个循环。

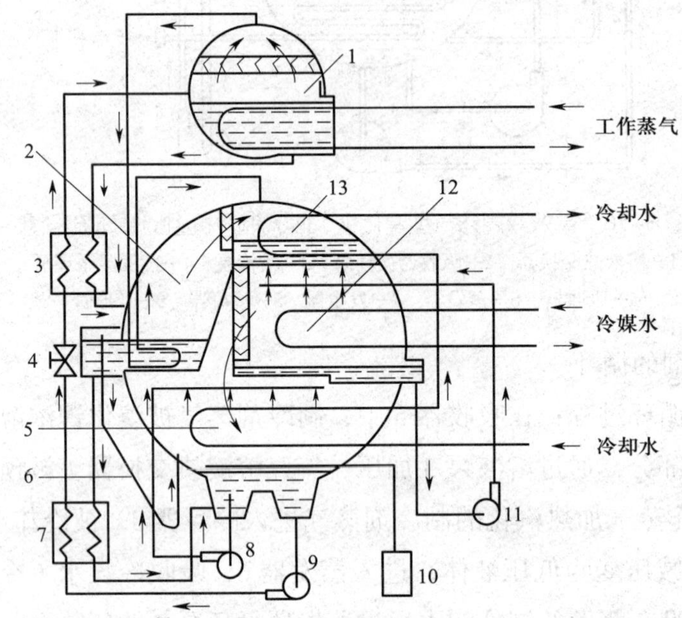

图 6–77　双效双筒蒸气型溴化锂吸收式冷水机组的循环流程图

1—高压发生器　2—低压发生器　3—高温溶液热交换器　4—溶液调节阀　5—吸收器　6—防结晶管　7—低温溶液热交换器　8—吸收器循环泵　9—溶液泵　10—抽气装置　11—蒸发器循环泵　12—蒸发器　13—冷凝器

（2）吸收剂的循环

吸收剂的循环过程：在高压发生器 1 中，蒸发出水蒸气的溶液变成中间浓度溶液，从下部流进高温溶液热交换器 3，被冷却后进入低压发生器 2。在低压发生器中被高压制冷剂蒸气加热，蒸发出水蒸气，变成浓溶液。流过低温溶液热交换器 7，被冷却后进入吸收器。在吸收器内，浓溶液由吸收器循环泵驱动喷淋，循环吸收低压制冷剂水蒸气，最终变为稀溶液。经由溶液泵 9 驱动流经溶液热交换器 7 和 3 被预热，最终进入高压发生器 1，进行下一个循环。

双效溴化锂吸收式制冷循环可以充分利用高温热源的能量，提高循环的热力系数。

3. 直燃型双效溴化锂吸收式循环

直燃型双效溴化锂冷（热）水机组的循环流程图如图 6–78 所示，该机组以燃料直接燃烧产生的高温烟气为热源，故属直燃型。

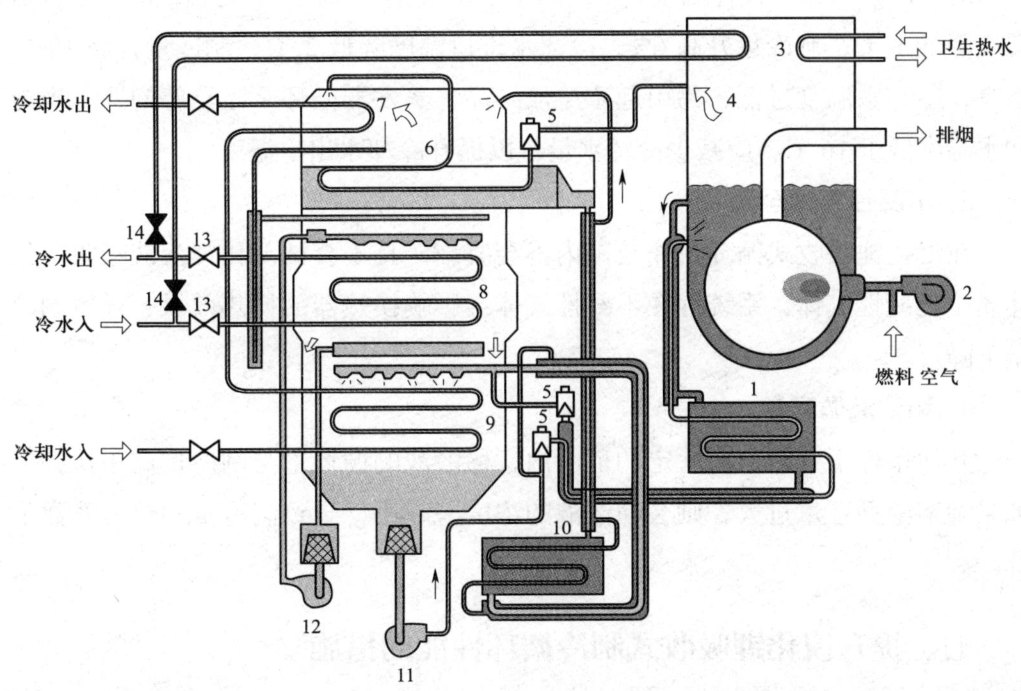

图 6–78 直燃型双效溴化锂冷（热）水机组的循环流程图

1—高温溶液热交换器 2—燃烧机 3—热水器 4—高压发生器 5—冷热切换阀（开）
6—低压发生器 7—冷凝器 8—蒸发器 9—吸收器 10—低温溶液热交换器
11—溶液泵 12—制冷剂泵 13—冷水阀（开） 14—热水阀（关）

该机组除了可以提供空调冷（热）水外，在锅炉的上部特别布置了卫生热水换热器。空调冷水和热水通过阀门 13 和 14 的启闭来切换。当阀门 13 开启，阀门 14 关闭，此时提供冷媒水，用于夏季供冷；当阀门 13 关闭，阀门 14 开启，提供空调用热水，用于冬季供暖。

六、溴化锂吸收式制冷循环的性能

溴化锂吸收式制冷循环的工作性能与热源温度、冷却水进口温度、不凝性气体含量等因素有关。

1. 热源温度

其他条件不变，当加热热源温度在一定范围内升高时，吸收式制冷循环机组的制冷量会随之升高，但是热源温度过高，制冷量升高变缓，且浓溶液有结晶危险，缓蚀剂的作用会变弱。因此，热源温度不宜过高。

2. 冷却水进口温度

对于冷却水进口设计温度为 32 ℃的机组，当其他条件不变时，冷却水进口温度降低 1 ℃，制冷量升高 6%，冷却水进口温度降低 2 ℃，制冷量升高 10%，但是，冷却水温度过低，易引起浓溶液结晶，蒸发器循环泵吸空等问题，当冷却水温度低于 16 ℃，应减少冷却水量，以提升冷却水出口温度。

3. 不凝性气体含量

在溴化锂吸收式循环工作范围内不会凝结，且不会被溴化锂溶液吸收的气体属于不凝性气体，系统存在不凝性气体会影响换热器的换热效果，导致制冷量下降。

4. 稀溶液循环量

其他条件不变时，在一定的范围内，稀溶液的循环量与制冷量成正比，但如果稀溶液循环量过大，则会使溶液的浓度差减小，导致制冷量和热力系数下降。

七、提升溴化锂吸收式制冷循环性能的措施

1. 及时抽出不凝性气体

溴化锂吸收式制冷系统在一定的真空下运行，尤其是蒸发器和吸收器内的绝对压力极低，外界空气很容易渗入，及时抽取不凝性气体是提高制冷循环性能的一项重要措施。

2. 及时调节稀溶液循环量

运行中如发现稀溶液循环量过大，则应通过溶液调节阀来适当将其调小；反之，应及时调大，以保证系统高效运行。

3. 提高传热传质效果

为了提高热交换设备的传热效率，可使用表面活性剂如异辛醇、正辛醇等。活性剂具有降低溶液的表面张力，增强溶液对水蒸气的吸收效率，提高换热器表面传热系数等功能。试验证明，添加辛醇可使制冷量提高 10% ~ 20%，辛醇的添加量推荐为溴化锂水溶液的 0.1% ~ 0.3%（质量分数）。

4. 采取防腐措施

溴化锂溶液对金属有强烈的腐蚀作用，因腐蚀而产生的不凝性气体会进一步降低制冷量。

常用的防腐措施是：在溴化锂溶液中加入 0.1% ~ 0.3%（质量分数）的铬酸锂作为缓蚀剂，同时加入氢氧化锂和氢溴酸使溶液呈弱碱性（pH 值介于 9.5 ~ 10.2），此时溴化锂溶液对金属的腐蚀速率最小，能有效地防腐。

职业模块 7 制冷技术应用

培训课程 1　食品冷冻冷藏

培训课程 2　空气调节

学习单元 1　湿空气的性质

学习单元 2　湿空气的焓湿图

学习单元 3　空调负荷

学习单元 4　空调系统的组成和分类

培训课程 3　常用制冷系统

培训课程 1

食品冷冻冷藏

了解食品变质的原因和抑制食品变质的方法

掌握冷冻冷藏的方法、分类和适用条件

食品冷冻冷藏是针对食品变质的原因，控制储藏温度、相对湿度和气体成分，抑制微生物、酶、氧化、呼吸等作用，从而延长储存期限、保持食品品质。

一、食品冷冻冷藏基础知识

1. 食品的主要成分

虽然食品多种多样，但主要成分不外乎水分、脂肪、蛋白质、糖类、维生素、矿物质和酶等。这些成分不仅决定了食品的营养价值，也决定了食品特定的运输、加工工艺、变质特性、储藏条件和对应的储藏期限。

2. 食品变质的原因

新鲜食品在常温下存放，附着在食品表面的微生物和食品内所含的酶等会发生作用，导致其色、香、味、形和营养成分会慢慢变化，丧失营养价值，腐烂甚至产生毒害物质，这种变化称为食品变质。

引起食品变质的原因有微生物作用、酶分解、氧化、食品生命活动延续造成的自然衰老、机械损伤、污染等。

（1）微生物作用引起的变质

自然界里微生物无处不在，种类众多，引起食品变质的微生物主要有细菌、霉菌和酵母。

微生物对食品的破坏作用与水分、空气温湿度、pH 值等因素有关。

1）水分。食品中水分含量越高，微生物的生长繁殖就越旺盛。食品中液态水的质量分数高于 50%，适宜微生物繁殖。当食品含液态水小于 30% 时，微生物繁殖受到抑制；当食品含液态水小于 12% 时，微生物很难繁殖。

2）空气温湿度。温度是微生物的生命活动的重要条件，各种微生物有其生命活动的适宜温度范围。超出此范围，会停止生命活动或死亡。空气湿度也会影响食品中的微生物繁殖。相对湿度大于 80%，微生物极易繁殖；相对湿度小于 30%，微生物很难繁殖。

3）pH 值。微生物的生命活动的另一个重要条件是 pH 值。微生物对营养基的 pH 值反应敏感，不同的微生物有特定的适宜 pH 值范围。一般来说，细菌适合中性或弱碱性环境，霉菌和酵母适合弱酸性环境。

（2）酶的作用

酶是一种具有催化作用的蛋白质。食物自身或多或少含有酶。酶的催化作用具有显著的特异性，即一种酶只能催化一种或少数几种反应。如蛋白酶仅催化蛋白质的分解，淀粉酶只对淀粉有催化作用，脂肪酶仅能加速油脂分解。当酶与被作用基质结合，形成中间产物后，基质分子内键的作用力急剧下降，从而加快反应。

酶的活性与温度有关，温度为 0～40 ℃，酶的活性随温度的升高而增强，低温下，酶的活性就很小，温度高于 80 ℃，酶会丧失活性。

（3）其他作用

引起食品变质的原因还有氧化作用、食品自身的呼吸作用、机械损伤和食品污染等。

1）氧化作用。在食品放置的过程中，空气中的氧气会氧化食品中的成分。如油脂氧化生成醛、酮、酸、醇等产物，变黏变酸，称为油脂酸败现象。维生素 C、番茄色素、胡萝卜色素等也很容易氧化。

2）呼吸作用。果蔬类在采摘后，呼吸作用继续进行，造成果蔬自然衰老，并逐步消耗果蔬内部的有机物质而使之变质。呼吸作用的本质是在酶的催化下的氧化反应，糖类和其他有机物被分解。呼吸作用分有氧呼吸和无氧呼吸。

果蔬的有氧呼吸反应式如下：

$$C_6H_{12}O_6+6O_2=6CO_2+6H_2O+2\ 821\ \text{kJ/kmol}$$

果蔬的无氧呼吸反应式如下：

$$C_6H_{12}O_6=2C_2H_5(OH)+2CO_2+117\ kJ/kmol$$

这两种呼吸过程均消耗有机物并产生热量。特别是无氧呼吸，反应放热少，果蔬为维持正常的生命活动，就必须分解更多的有机物质。呼吸作用产生的 CO_2 气体可以排出，无氧呼吸产生的乙醇积累在果蔬内部，并越积越多，很快引起果蔬变质；同时，产生的热量使果蔬温度升高，为微生物生命活动和酶的活性提供了合适的条件。

3）机械损伤。如果受到机械损伤，在常温下呼吸作用会加强，变质速率加快。

4）食品污染。食品污染主要有：①金属污染，如汞、镉、铅、锌污染等；②有机毒物污染，如有机磷农药、有机砷农药、甲醇污染、塑料污染等；③无机盐污染，如亚硝酸盐污染等；④生物碱污染；⑤制冷剂、载冷剂污染，如氨、氯化钙污染等。

在食品冷加工过程中，造成食品重金属污染的主要原因是食品与不符合卫生条件的金属直接接触；造成食品制冷剂、载冷剂污染的主要原因是制冷剂或载冷剂泄漏。

3. 食品冷藏原理

多数情况下，食品变质是多因素协同作用造成的。不管是微生物生长繁殖和酶的催化分解作用，还是氧化及食品的自然衰老，都需要适宜的条件，其中最关键的条件是温度。

（1）低温对微生物的影响

根据微生物生命活动的适宜温度范围，可将微生物分为嗜冷性微生物、嗜温性微生物和嗜热性微生物三类，具体的特征温度见表 7-1。当温度低于微生物的最适宜温度，微生物的生命活动就开始减缓；当温度低于最低温度，其生命活动停止。

陆上细菌对低温的耐受力较差，水冻结后，一部分细菌死亡，另一部分细菌也停止繁殖。水中的细菌对低温的耐受力较强，有一些在 0 ℃以下仍能繁殖。个别致病菌对低温有极强的耐受力，在 −20 ~ 45 ℃时也只有少数死亡，大多数仅受到抑制。霉菌和酵母对低温的耐受力最强。

在 0 ℃以下，微生物细胞中部分水冻结成冰晶，对细胞有很强的破坏作用。因此，食品的低温储存必须维持足够低的温度，使微生物的生命活动受到抑制或停止，才能延长储存时间。

表 7-1　微生物的分类和生命活动特征温度　℃

微生物分类	生命活动特征温度		
	最低温度	最高温度	最适宜温度
嗜冷性微生物	0	30	10～20
嗜温性微生物	0～7	50	20～40
嗜热性微生物	25～45	80	50～60

（2）低温对酶的影响

在低温下，酶的活性很小。为抑制酶作用导致的食品变质，需要将食品储存在 -18 ℃以下的环境中。

（3）低温对氧化作用的影响

氧化作用随温度的升高而增强。因此，为降低氧化作用，需将食品储存温度降低到 -18 ℃以下。对于虾、蟹等特别容易氧化的食品，在 -24 ℃以下，氧化速率才有明显下降。因此，其储存温度应在 -30 ℃以下。

（4）低温对呼吸作用的影响

温度越高，果蔬呼吸作用越强。多数果蔬在 5～35 ℃范围内，温度每升高 1 ℃，呼吸作用会增强 8%～15%，但果蔬的储存温度不能太低，以防造成冻害。因此，果蔬储存以接近最佳储存温度为宜，该温度称为储存适温。

二、食品低温储存方法

1. 冷却

冷却是将食品放置于较低温度的环境，用介质吸收食品的显热，使其任何部位的温度降低至某一高于组织液凝固点的低温。通过冷却可使食品保鲜，延长保存时间。在冷却温度下，大部分微生物仍具有生命活动、大部分酶仍保持活性，故冷却食品只适合短期储存。

根据冷却介质不同，有冷风冷却、冷水冷却、冰冷却、真空冷却和接触冷却等分类，最常用是冷风冷却。

（1）冷风冷却

冷风冷却所用的冷却装置主要有吹风式冷却间和吹风式快速冷却隧道。在冷却量较小且要求不高时，也可用冷却物冷藏间进行冷却。冷风冷却的卫生条件好，加工后的冷却物品质好，适用于绝大多数食品的冷却。

（2）冷水冷却

冷水冷却可用于禽类、鱼类和部分水果的冷却，对于鲜度下降较快的水果，如桃子、荔枝等特别适用。大部分食品在用冷水冷却时会造成外观损害，冷却后会无法储存。冷水冷却装置有喷淋式、浸渍式和混合式三种。冷水冷却方法冷却速度快，效率高，但卫生条件不好，如冷却禽类时，当一个禽体被微生物污染，就会通过冷水进行传染，造成大量禽体被污染。

2. 冻结

冻结是使食品任何部位的温度降低至某一低于其组织液冻结点的温度。在冻结温度下，虽然大部分微生物能存活，但其生长繁殖速率显著降低或停止，酶的活性也很低，因此，冻结状态的食品可长期储存。

（1）冻结的过程

食品冻结过程分三个阶段：①由初始温度降低到冻结点阶段，食品放出的热量为显热，温度下降迅速；②冻结阶段（水的冻结），食品放出潜热，温度不变，水分冻结；③由冻结点温度降低到最终温度的阶段，放出的热量是显热，温度下降明显。

冻结实际上是食品中水分的冻结，由于组织液是溶液，不会完全冻结，食品中含水量与冻结水量之比称为冻结率，大部分食品在 −18 ℃时的冻结率大于 75%。

（2）冻结的分类

按冻结速率分类，冻结可分为快速冻结（冻结速率大于 2 cm/h，又称速冻）和缓慢冻结两种。速冻时温度降低较快，对细胞破坏较轻，解冻时可较好地恢复食品原来的品质。缓慢冻结的食品，解冻时汁液流失，从而造成食品的品质不可恢复。

按冷却介质和传热方式不同，冻结可分为空气冻结、间接接触冻结和直接接触冻结三种。前两种方式在冷库中最常用。

1）空气冻结。空气冻结所用的冻结装置很多，如吹风式冻结间、吹风式搁架排管冻结装置等。空气冻结装置适用的食品种类多，冻结后食品的外形保持较好，但由于冷空气以自然对流或强制对流方式与食品换热，传热系数低，冻结时间长。

2）间接接触冻结。间接接触式冻结所用的冻结装置有平板式冻结机（有立式和卧式两种）、回转式冻结装置和钢带式冻结装置等。冻结装置与食品是面接触，传热系数较大。水产品多用平板式冻结机冻结成块状。

3）直接接触冻结。用载冷剂或者制冷剂直接接触被冻结物，常见的有液氮和液态二氧化碳冻结装置等。

3. 冷藏工艺条件和贮藏期

食品冷藏包括冷却食品冷藏和冻结食品的冷藏两种，前者叫冷却冷藏，简称为冷藏；后者叫冻结冷藏，简称为冻藏。

（1）冷却冷藏

冷却冷藏是将食品冷藏在冻结点以上的某一温度，其主要目的是保持食品的鲜活状态，即食品保鲜。常见水果、蔬菜及肉鱼蛋奶的最佳冷藏工艺和贮藏期分别见表 7–2、表 7–3 和表 7–4。

表 7–2　常见水果的最佳冷藏工艺和贮藏期

食品名称	冻结点（℃）	冷藏温度（℃）	冷藏相对湿度	贮藏期（天）
苹果	−2	−1 ~ 1	85% ~ 90%	60 ~ 210
梨	−2	0.5 ~ 1.5	85% ~ 90%	30 ~ 180
西瓜	−1.6	2 ~ 4	75% ~ 85%	14 ~ 21
桃子	−1.5	−0.5 ~ 1	80% ~ 85%	14 ~ 28
李子	−2.2	−1 ~ 0	80% ~ 90%	21 ~ 56
杏	−2	0.5 ~ 1.6	78% ~ 85%	7 ~ 14
樱桃	−4.5	0.5 ~ 1	80%	7 ~ 21
葡萄	−4	−1 ~ 3	85% ~ 90%	30 ~ 120
香蕉	−1.7	12 ~ 14	85%	7 ~ 14
菠萝	−1.2	4 ~ 12	85% ~ 90%	15 ~ 28
荔枝	—	1 ~ 3	90% ~ 95%	20 ~ 35
杧果	−1	12 ~ 14	85% ~ 90%	14 ~ 20
草莓	−0.5	−1 ~ 1	90% ~ 95%	5 ~ 7
橘子	−2.2	0 ~ 1.2	85% ~ 90%	56 ~ 70
柠檬	−1	12 ~ 15	85% ~ 90%	30 ~ 120
西瓜	−1.6	2 ~ 4	75% ~ 85%	14 ~ 21
杨梅	−0.8	0	90% ~ 95%	5 ~ 7

表 7–3 常见蔬菜的最佳冷藏工艺和贮藏期

食品名称	冻结点（℃）	冷藏温度（℃）	冷藏相对湿度	贮藏期（天）
西红柿	−0.5	7 ~ 10	85% ~ 90%	4 ~ 7
黄瓜	−0.5	7 ~ 10	85% ~ 90%	10 ~ 14
茄子	−0.8	7 ~ 10	90%	7
青椒	−0.7	7 ~ 10	90% ~ 95%	14 ~ 21
胡萝卜	−1.4	0	90% ~ 95%	120 ~ 150
南瓜	−0.8	10 ~ 13	70% ~ 75%	60 ~ 90
扁豆	−0.7	4 ~ 7	90% ~ 95%	7 ~ 10
花菜	−0.8	0	90% ~ 95%	8 ~ 30
白菜	−0.5	0	90% ~ 95%	30 ~ 60
卷心菜	−0.5	0	90% ~ 95%	30 ~ 90
菠菜	−0.3	0	90% ~ 95%	10 ~ 14
芹菜	−0.5	0	90% ~ 95%	60 ~ 90

表 7–4 肉、鱼、蛋、奶最佳冷藏工艺和贮藏期

食品名称	冻结点（℃）	冷藏温度（℃）	贮藏期（天）
猪肉	−2.2 ~ 1.7	0 ~ 1.2	3 ~ 10
鲜牛肉	−5 ~ −1.7	0 ~ 1	1 ~ 42
鲜羊肉	−2.2 ~ 1.7	0 ~ 1	5 ~ 12
鲜家禽	−1.7	0	7
鲜鱼	−2 ~ −1	−0.5 ~ 4	7 ~ 11
鲜蛋	−2.2	−1 ~ 0.5	240
牛奶	−2.8	0 ~ 2	7

（2）冻结冷藏

冻结冷藏是将食品冷藏在冻结点以下的某一温度，通常冻藏的温度在 −18 ℃，微生物和酶的作用很弱，贮藏期较长。常见食品的冻藏工艺和贮藏期见表 7–5。

表 7–5　肉、鱼、蛋、奶最佳冻结冷藏工艺和贮藏期

食品名称	冻藏温度（℃）	冻藏相对湿度	贮藏期（月）
猪肉	−18～−15	95%～100%	7～10
家禽	−18～−15	95%～100%	6～8
兔肉	−18～−15	95%～100%	6～8
牛肉	−18～−15	95%～100%	6～8
羊肉	−18～−15	95%～100%	5～7
猪油	−18～−15	95%～100%	6～8
青豌豆	−18	95%～100%	12
胡萝卜	−18	95%～100%	12
蘑菇	−18	95%～100%	8～10

培训课程 2

空气调节

空气调节就是对某一区域或者空间的空气进行调节控制，以达到并保持满足一定的生产、生活要求。根据空调的使用功能不同，可将其分为舒适性空调和工艺性空调。舒适性空调是为了满足人体舒适性需要而设置的，工艺性空调是为了满足特殊生产工艺需要而设置的。

学习单元 1 湿空气的性质

了解湿空气的组成和各组分的特点

掌握湿空气的主要参数如相对湿度、含湿量和焓

能够进行湿空气的状态参数的简单计算

空气调节的对象是湿空气，就是人类每时每刻都要吸入的空气。流动的湿空气就是风，在空气调节中有送风、回风、排风、新风等不同状态的湿空气。湿空气中含有干空气、水蒸气、颗粒污染物、气溶胶、微生物和病菌等。因此，空气调节的主要任务就是按照需要控制湿空气的温度、相对湿度、气流速度、洁净度、新鲜度和毒害生物浓度等。

一、干空气和湿空气

1. 干空气

干空气是湿空气的主要组成部分，其化学组成比例固定，例如，按体积分数来说，干空气含有 78.08% 的氮气、20.95% 的氧气和 0.03% 的二氧化碳，其他微量气体如氩气、氖气、氦气等的总含量共 0.94%。干空气各组分的物理性质稳定，各组分均远离对应的相变点，不易相变。因此，在工程中，干空气可以认为是物性参数确定的混合物，其分子量为 28.97 g/mol。其性质接近理想气体，因此，其状态参数满足理想气体状态方程，如下式。

$$pV = mR_a T$$

$$R_a = \frac{8\ 314.66}{M_a} = \frac{8\ 314.66}{28.97} = 287\ [\mathrm{J/(kg \cdot K)}]$$

式中 p——气体的绝对压力，Pa；

V——气体的体积，m^3；

m——气体的质量，kg；

M_a——干空气的分子量，g/mol；

R_a——干空气的气体常数，J/（kg · K）；

T——气体热力学温度，K。

标准状况下（大气压力为 101 325 Pa，温度为 20 ℃），1 m^3 干空气的质量是 1.2 kg，计算过程如下。也可以说，标准状况下，干空气的密度是 1.2 kg/m^3。

$$pV = mR_a T \Rightarrow m = \frac{pV}{R_a T} = \frac{101\ 325 \times 1}{287 \times (273 + 20)} = 1.2(\mathrm{kg})$$

2. 湿空气

湿空气是干空气和水蒸气的混合物，属于混合气体。水蒸气以全气态存在的只有过热水蒸气和干饱和水蒸气两种。因此，湿空气中的水蒸气只能是过热水蒸气和干饱和水蒸气，相应地，湿空气可分为不饱和湿空气和饱和湿空气。两者之间的对比见表 7–6。

在常温常压条件下，湿空气的水蒸气很容易发生相变，在某些条件下冷凝成液体水，在另外一些条件下又会凝华成固体冰。正是由于湿空气中水蒸气的相变，形成了雨、露、霜、雪等天气现象。

表 7–6 湿空气的分类

分类	组成	特点
不饱和湿空气	干空气 + 过热水蒸气	还可以容纳吸收一定的水蒸气，内部水蒸气不易凝结
饱和湿空气	干空气 + 干饱和水蒸气	不能再容纳吸收水蒸气，内部水蒸气易凝结

湿空气中的水蒸气含量非常少，但是其含量大小会影响到人类生活生产的方方面面。湿空气中水蒸气含量过少，人体觉得干燥，易燃物易发生火灾事故；水蒸气含量过高或接近饱和，人体觉得潮湿闷热，建筑物内的家具、物品会发霉。因此，湿空气中的水蒸气含量对人体舒适性和生产活动至关重要。

二、湿空气的性质

1. 湿空气的压力组成

大气压是湿空气的总压力，由于湿空气由干空气和水蒸气组成，根据道尔顿定律，理想混合气体的总压力等于同体积、同温度条件下各组分单独存在时的分压力之和，因此，湿空气的总压力与两个组分的分压力满足以下关系式。

$$B=p_a+p_v$$

式中 B——大气压，Pa；

p_a——干空气的分压力，Pa；

p_v——水蒸气的分压力，Pa。

2. 湿空气的密度

根据密度的定义，单位体积湿空气的质量，就是湿空气的密度。1 m^3 湿空气的质量由两部分组成，即干空气的质量和水蒸气的质量。

（1）1 m^3 湿空气中干空气的质量

根据理想气体状态方程，列出湿空气中干空气的状态方程，如下：

$$p_aV=m_aR_aT$$

则 1 m^3 湿空气中干空气的质量为：

$$m_a=\frac{p_aV}{R_aT}=\frac{p_a}{R_aT}=\frac{p_a}{287T}=0.003\ 48\frac{p_a}{T}$$

（2）1 m^3 湿空气中水蒸气的质量

虽然湿空气中的水蒸气易发生相变，但是相变后的液体或固体已经不属于湿空气的组分了，所以，湿空气中的水蒸气永远都是气体，再加上这部分湿空气含量很少，因此，可以在计算时把湿空气中的水蒸气当作理想气体来看，其状态方程如下。

$$p_v V = m_v R_v T$$

则 1 m³ 湿空气中水蒸气的质量见下式：

$$m_v = \frac{p_v V}{R_v T} = \frac{p_v}{R_v T} = \frac{p_v}{461.4T} = 0.002\ 2\frac{p_v}{T}$$

上述 4 式中下标 a——代表干空气的参数；

下标 v——代表水蒸气的参数；

V——气体的体积，m³；

m——气体的质量，kg；

M——分子量，g/mol；

R——气体常数，$R = \frac{8\ 314.66}{M}$ J/（kg·K），$R_v = \frac{8\ 314.66}{18.02} = 461.4$ J/（kg·K）；

T——热力学温度，K。

（3）湿空气的密度

湿空气的密度在数值等于 1 m³ 湿空气的质量，计算如下式。

$$\rho = m_a + m_v = 0.003\ 48\frac{p_a}{T} + 0.002\ 2\frac{p_v}{T} = 0.003\ 48\frac{B}{T} - 0.001\ 32\frac{p_v}{T}\ (\mathrm{kg/m^3})$$

由上式可知，大气压和温度不变时，水蒸气分压力越高，湿空气的密度越小。例如，同样在标准状况下，湿空气的密度为：

$$\rho = 0.003\ 48\frac{B}{T} - 0.001\ 32\frac{p_v}{T} = 0.003\ 48 \times \frac{101\ 325}{273+20} - 0.001\ 32 \times \frac{p_v}{273+20}$$

$$= 1.2 - 4.5 \times 10^{-6} p_v\ \mathrm{kg/m^3}$$

可见，在相同的大气压和温度下，湿空气的密度总是稍小于对应干空气的密度，在空调工程中，一般近似取湿空气的密度为 1.2 kg/m³。

3. 湿空气的相对湿度

湿空气中水蒸气的分压力与同温度下饱和湿空气中水蒸气的分压力之比，称为湿空气的相对湿度，如下式：

$$\varphi = \frac{p_v}{p_{v\cdot s}} \times 100\%$$

式中　φ——湿空气的相对湿度，%；

$p_{v\cdot s}$——饱和湿空气的水蒸气分压力，Pa；

p_v——水蒸气的分压力，Pa。

相对湿度表示湿空气接近饱和的程度，即湿空气干燥或者潮湿的程度。相对湿度越小，湿空气越干燥；相对湿度越大，湿空气越潮湿。相对湿度为 0% 的湿空气即干空气，相对湿度为 100% 的湿空气即饱和湿空气。

天气预报中，往往给出空气的温度和相对湿度，例如，气温为 30 ℃，相对湿度为 80% 的湿空气，其分压力计算如下。

由表 6–1 查得，30 ℃水蒸气的饱和压力是 4 250 Pa，则 30 ℃时相对湿度为 80% 的湿空气的水蒸气分压力为：

$$p_v=\varphi p_{v\cdot s}=80\%\times 4\,250=3\,400\ (\text{Pa})$$

4. 湿空气的含湿量

取一定量的湿空气，对其进行加热、冷却、加湿和除湿等各种热湿处理，将会导致湿空气的温度、体积、质量（水蒸气相变冷凝成水或者凝固成冰）发生变化，在所有过程中，唯一不变的是湿空气中干空气的质量，因此，在后边的内容中用干空气的质量作为参照。

含 1 kg 干空气的湿空气中，水蒸气的质量，称为湿空气的含湿量，单位是 kg/kg（干空气）。或者说，含湿量就是 1 kg 干空气携带的水蒸气的质量。根据定义可列出含湿量的计算式如下：

$$d=\frac{m_v}{m_a}=\frac{\dfrac{p_v V}{R_v T}}{\dfrac{p_a V}{R_a T}}=\frac{p_v R_a}{p_a R_v}=\frac{287p_v}{461.4p_a}=0.622\frac{p_v}{B-p_v}\ \text{kg/kg（干空气）}$$

式中 d——湿空气的含湿量，单位为 kg/kg（干空气）或者 g/kg（干空气）；

B——大气压，Pa；

p_v——水蒸气的分压力，Pa；

p_a——干空气的分压力，Pa。

多数情况下，水蒸气分压力远远小于大气压，导致计算出的含湿量数值非常小，为了数据直观，往往把含湿量的单位缩小一千倍，数值放大一千倍。则含湿量的表达式为：

$$d=0.622\frac{p_v}{B-p_v}\ \text{kg/kg(干空气)}=622\frac{p_v}{B-p_v}\ \text{g/kg(干空气)}$$

一个标准大气压（101 325 Pa）下，温度为 30 ℃，相对湿度为 80% 的湿空气的含湿量计算如下：

$$d = 0.622\frac{p_v}{B - p_v} = 0.622 \times \frac{3\,400}{101\,325 - 3\,400}$$
$$= 0.021\,6\ \text{kg/kg（干空气）} = 21.6\ \text{g/kg（干空气）}$$

5. 湿空气的焓

1 kg 干空气所携带的湿空气具有的能量，称为湿空气的焓，焓是相对值，空气调节中的计算基准是 0 ℃，规定 0 ℃的干空气和 0 ℃的水的焓值均为零。1 kg 干空气所携带的湿空气包括 1 kg 干空气和 d kg 的水蒸气。

经推导，湿空气的焓用下式计算：

$$h = h_a + dh_v = 1.01t + d(2\,500 + 1.84t)\quad \text{kg/kg（干空气）}$$

式中 h——湿空气的焓，kJ/kg（干空气）；

d——湿空气的含湿量，kg/kg（干空气）；

t——湿空气的温度，℃。

一个标准大气压下，温度为 30 ℃，相对湿度为 80% 的湿空气的焓可以计算如下：

$$h = 1.01t + d(2\,500 + 1.84t) = 1.01 \times 30 + 0.021\,6 \times (2\,500 + 1.84 \times 30)$$
$$= 85.49\ [\text{kJ/kg（干空气）}]$$

6. 湿空气的干球温度、湿球温度和露点温度

（1）干球温度

湿空气的干球温度就是通常所说的湿空气的温度，即把温度计直接放置于待测湿空气内，达到平衡后所测得的温度。

（2）湿球温度

湿空气的湿球温度的测试方法如图 7–1b 所示，将温度计的感温部位包上纱布，纱布的下端浸入盛有水的容器中，在毛细作用下，纱布一直保持润湿。经过足够长的时间，温度计的读数稳定不变时，测得的温度就是湿空气的湿球温度。

湿球温度的形成机理：若待测湿空气不饱和，湿纱布中的水分就会蒸发，蒸发过程导致湿纱布周围空气的温度下降，使外围湿空气的温度高于湿纱布周围空气的温度，将会向湿纱布周围的空气传热。当传来的热量正好与附近水变成水蒸气所需的热量平衡时，感温包附近的湿纱布的温度不再变化，这一稳定温度即为湿球温度，用 t_w 表示。此时，湿纱布周围的湿空气是饱和湿空气。

对于湿纱布周围的湿空气，在这一过程中，虽然由于传热使其温度降低，但是传热用于将水蒸发成水蒸气，水一旦蒸发为水蒸气，水蒸气又回流到这部分湿空气中，成为其一部分，也就是说水蒸气又把湿空气损失的热量携带回湿空气中，湿空气不仅没有损失热量，而且还多得了蒸发掉的水的热量。由于蒸发量小，水的液体热也很小，近似看成湿空气的热量不变，即湿球温度的形成可近似为等焓过程。

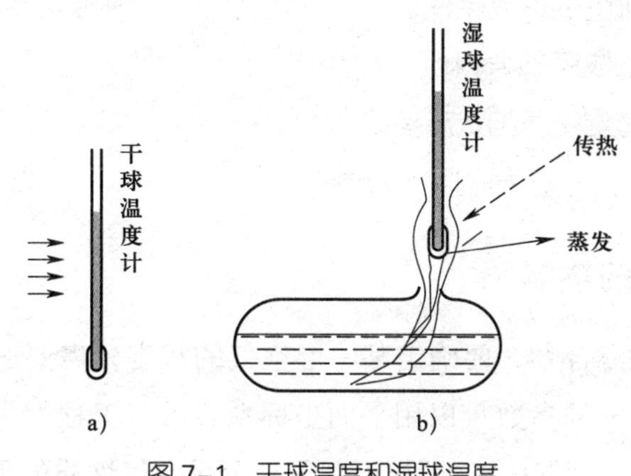

图 7–1　干球温度和湿球温度

a）干球温度　b）湿球温度

（3）露点温度

有两种途径让水蒸气凝结成水。其一是保持温度不变，不断地加压到该温度对应的饱和压力；其二是保持压力不变，不断地冷却降温，降到该压力对应的饱和温度。

同样地，有两种途径让不饱和湿空气变饱和。其一是温度不变，不断地向湿空气中喷水加湿，让水蒸气分压力增加到该温度的饱和压力，这过程近似湿球温度的形成过程；其二是湿空气中水蒸气的分压力不变，将其冷却，降温到该分压力对应的饱和温度，这一温度就是湿空气的露点温度，用 t_d 表示。

对于不饱和湿空气，其干球温度、湿球温度和露点温度三者之间的大小关系如下式：

$$t>t_w>t_d$$

对于饱和湿空气，其干球温度、湿球温度和露点温度相等，如下式：

$$t=t_w=t_d$$

学习单元 2　湿空气的焓湿图

了解湿空气焓湿图的形成原理

掌握焓湿图上的线簇规律和相对大小

能够查找某状态湿空气的状态参数

能够分析湿空气某一过程的状态参数变化

一、湿空气的焓湿图

由于湿空气是混合物，要确定某一湿空气的状态，需要三个独立的状态参数，这就使得湿空气的参数难以用平面坐标系表示。工程上为了使用方便，固定湿空气的总压力（大气压），画出该总压力下湿空气性质的平面图，即湿空气的焓湿图（h–d）。

不同地方的大气压不尽相同，其对应的焓湿图也会有所差别。在空调工程中，每个城市对应一张特定的焓湿图。因此，焓湿图中一定要注明该焓湿图的大气压 B。下面将对标准大气压（B=101 325 Pa）下湿空气的焓湿图展开介绍。

焓湿图中横坐标是含湿量 d，常用单位为 g/kg（干空气），为了图形开阔，提高读数精确性，焓湿图不同于一般的平面直角坐标系，等焓线与横坐标的夹角为 135°，如图 7–2 所示。

1. 等含湿量线（等水蒸气分压力线）

焓湿图中的等含湿量线是与横坐标垂直的一系列竖线，如图中的点画线 d_1、d_2、d_3、d_4 代表 4 个不同的含湿量，其对应大小关系为 $d_1<d_2<d_3<d_4$。

由于焓湿图中大气压 B 不变，一定的含湿量对应确定的水蒸气分压力，也就是说两者不独立，某个等水蒸气分压力线与某个等含湿量线重合。

例如，101 325 Pa 的湿空气含湿量为 10 g/kg（干空气），则对应的水蒸气分压力可以计算如下：

$$d=622\frac{p_v}{B-p_v}\Rightarrow p_v=\frac{dB}{622+d}=\frac{10\times 101\ 325}{622+10}=1\ 603.2\ (\text{Pa})$$

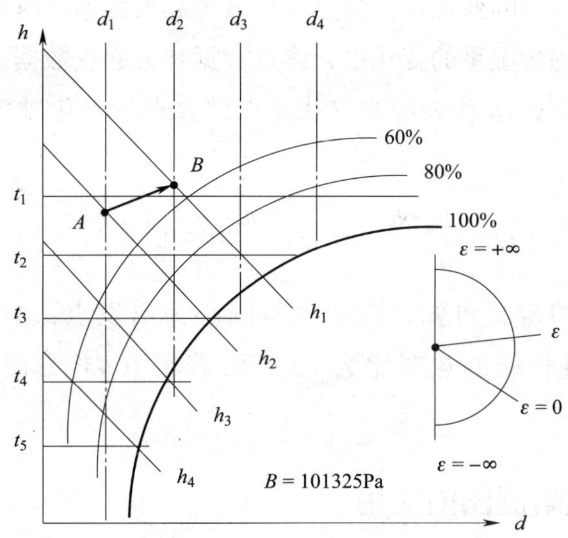

图 7–2 湿空气的焓湿图

因此，可以说标准大气压的焓湿图中，10 g/kg（干空气）的等含湿量线与 1 603.2 Pa 的等水蒸气分压力线重合，即两者是一条线。

2. 等焓线

等焓线是与横坐标有 135° 夹角的系列线簇，如图中的细实线 h_1、h_2、h_3、h_4 代表 4 个不同的焓，其对应大小关系为 $h_1>h_2>h_3>h_4$。

3. 等温线

等温线是近似与横坐标平行的系列线簇，如图中细实线 t_1、t_2、t_3、t_4、t_5 代表 5 个不同的温度，其对应大小关系为 $t_1>t_2>t_3>t_4>t_5$。

4. 等相对湿度线

等相对湿度线是系列下凹的曲线线簇，如图中给出了 60%、80% 和 100% 的等相对湿度线。其中 100% 的相对湿度线上所有点都是饱和湿空气，其左上区域就是不饱和湿空气区，其右下区域无意义，此处空白多用于标注等焓线的刻度。

5. 热湿比线

在 100% 饱和湿空气线的右下角，有一个量角器，量角器上标注有刻度，对应于空气处理过程的热湿比，其用符号 ε 表示，定义如下：

$$\varepsilon=\frac{\Delta h}{0.001\Delta d}=1\,000\,\frac{\Delta h}{\Delta d}\ \text{kJ/kg（干空气）}$$

式中　ε ——一个过程的热湿比，kJ/kg（干空气）；

Δh——过程焓的变化量，终点数据减去起点数据，kJ/kg（干空气）；

Δd——过程含湿量的变化量，终点数据减去起点数据，g/kg（干空气）。

图 7–2 中粗实线 *AB* 代表湿空气从 *A* 点到 *B* 点的变化过程，该线的热湿比可以计算如下：

$$\varepsilon_{AB}=1\,000\frac{h_B-h_A}{d_B-d_A}=1\,000\frac{h_1-h_2}{d_2-d_1}\ \text{kJ/kg（干空气）}$$

根据热湿比的定义可知，以量角器圆心为出发点，向下过程线的热湿比为 –∞，向上过程线的热湿比为 +∞，沿着右下 45° 方向过程线的热湿比为 0。

二、湿空气焓湿图的应用

湿空气焓湿图的主要作用有：确定湿空气的状态点及该状态点的状态参数，确定湿空气的湿球温度和露点温度，表示湿空气的热湿处理过程。标准大气压下的湿空气焓湿图见附图 10。

1. 确定湿空气的状态点及该状态点的状态参数

标准大气压下，已知任意两个独立的状态参数，可以确定湿空气的状态点并查找其他状态参数。其示意如图 7–3 所示。

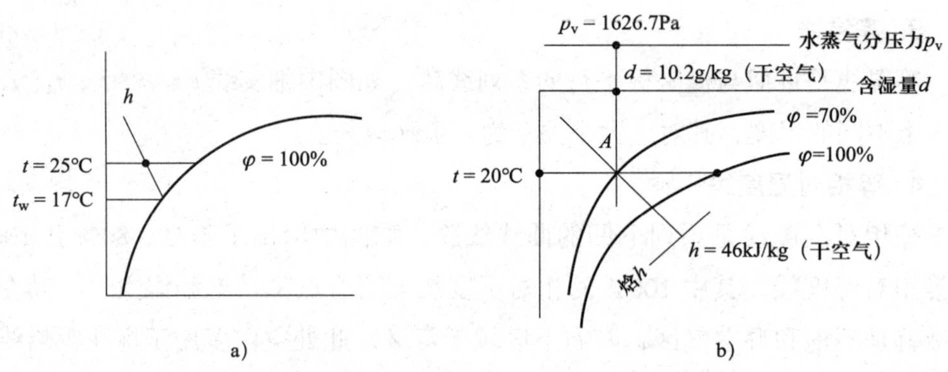

图 7–3　确定湿空气的状态点及该状态点的状态参数

a）已知：B=101 325 Pa，t=25 ℃，t_w=17 ℃确定状态点。

b）已知：B=101 325 Pa，t=20 ℃，φ=70% 确定 h、d、p_v。

2. 确定湿空气的湿球温度和露点温度

湿空气的干球温度、湿球温度和露点温度可以表示在焓湿图上，焓湿图中某一点湿空气的温度就是其干球温度。湿球温度的形成是，沿着该点的等焓线下行，与饱和线 φ=100% 的交点所对应的温度。露点温度就是沿着该点的等含湿量线垂直向下，与饱和线的 φ=100% 交点所对应的温度，具体如图 7–4 所示。

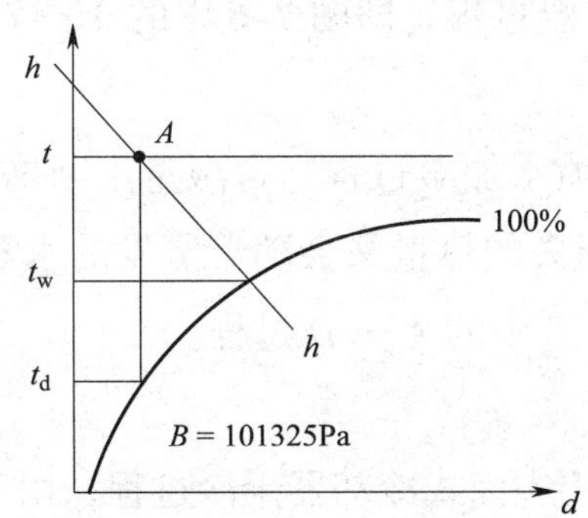

图 7–4　确定湿空气的湿球温度和露点温度

3. 表示湿空气的热湿处理过程

工程中经常对湿空气进行各种热湿处理：加热、冷却、加湿、除湿等。不同的热湿处理设备直接影响处理过程。如图 7–5 所示给出了几种不同的空气处理过程，如图 7–6 所示是其在焓湿图上的具体处理过程的表示，分析如下。

（1）电加热

对于图 7–5a 所示的电加热过程，湿空气在加热过程中温度升高，含湿量不变，在焓湿图上表示为沿着等含湿量线垂直向上，空气状态变化是等湿增焓升温过程，即图 7–6 中的 $A \rightarrow B$ 过程。

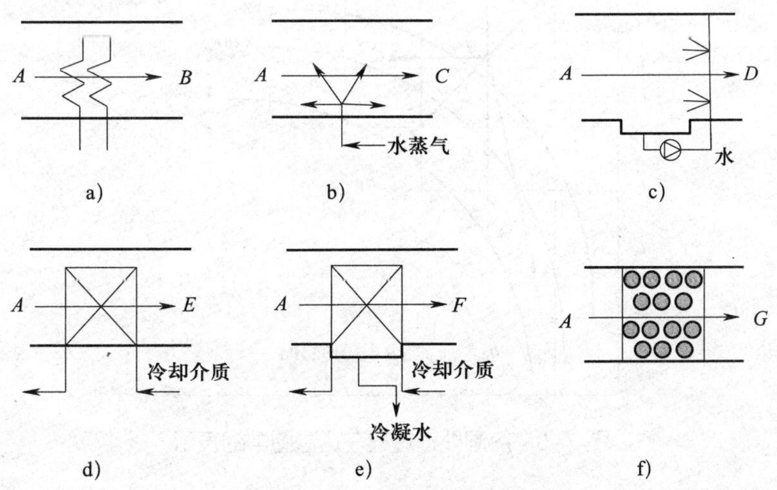

图 7–5　湿空气的热湿处理过程

a）电加热　b）喷水蒸气　c）喷水加湿　d）干冷却　e）减湿冷却　f）干燥剂除湿

（2）喷水蒸气加湿

对于图 7–5b 所示的喷水蒸气加湿过程，含湿量不断增加，由于喷入水蒸气质量很少，该过程接近等温过程，即图 7–6 中的 $A \rightarrow C$ 过程。

（3）喷水加湿

对于图 7–5c 所示的喷水加湿过程，含湿量不断增加，由于水要汽化吸热，导致温度降低，湿空气损失的热量又会随着蒸发的水蒸气回到湿空气中，可近似看成等焓过程，即图 7–6 中的 $A \rightarrow D$ 过程。

（4）表面式冷却器干冷

对于图 7–5d 所示的用表面式冷却器干冷过程，由于冷却介质温度高于湿空气的露点温度，故为等湿冷却，即图 7–6 中的 $A \rightarrow E$ 过程。

（5）表面式冷却器湿冷

对于图 7–5e 所示的用表面式冷却器减湿冷却过程，由于冷却介质温度低于湿空气的露点温度，故为减湿冷却，即图 7–6 中的 $A \rightarrow F$ 过程。

（6）干燥剂除湿

对于图 7–5f 所示的用干燥剂除湿过程，由于干燥剂吸收水蒸气并使之凝结，释放热量，温度升高，含湿量减少，但焓值基本没变，空气近似按等焓减湿升温过程变化，即图 7–6 中的 $A \rightarrow G$ 过程。

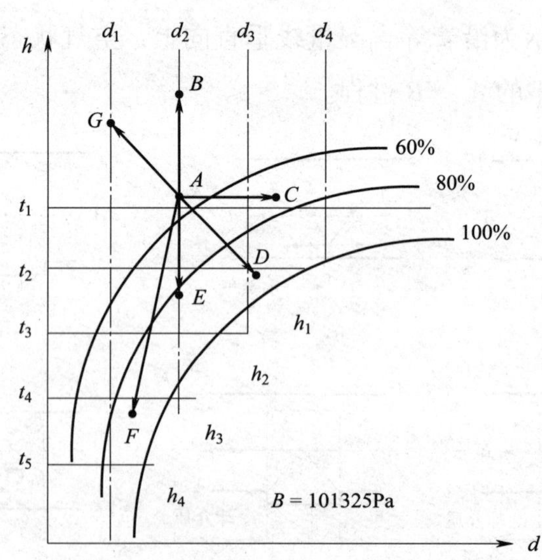

图 7–6　热湿处理过程在焓湿图中的表示

4. 湿空气的混合过程

如图 7–7 所示，*A* 状态点的湿空气与 *B* 状态点的湿空气在混合装置内混合，混合后的状态点为 *C*，混合过程的物质能量平衡关系如下。

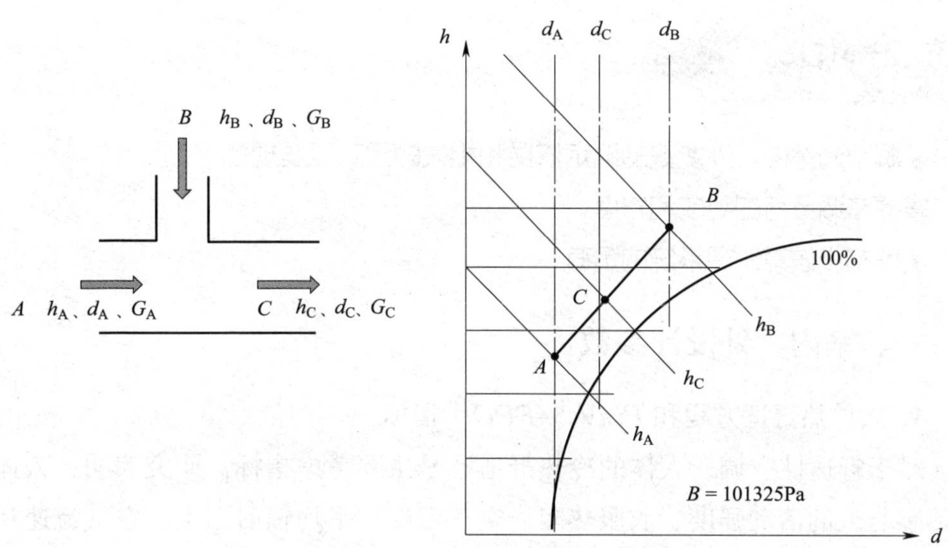

图 7–7　湿空气混合过程及在焓湿图中的表示

干空气质量流量平衡：$G_A+G_B=G_C$

热平衡：$G_A h_A + G_B h_B = G_C h_C \rightarrow \dfrac{G_A}{G_B} = \dfrac{h_B - h_C}{h_C - h_A}$

湿平衡：$G_A d_A + G_B d_B = G_C d_C \rightarrow \dfrac{G_A}{G_B} = \dfrac{d_B - d_C}{d_C - d_A}$

式中　G_A、G_B、G_C——*A*、*B*、*C* 三点的干空气质量流量，kg/s；

d_A、d_B、d_C——*A*、*B*、*C* 三点的含湿量，kg/kg（干空气）；

h_A、h_B、h_C——*A*、*B*、*C* 三点的湿空气的焓，kJ/kg（干空气）。

由上述热湿平衡可知：$\dfrac{h_B - h_C}{h_C - h_A} = \dfrac{d_B - d_C}{d_C - d_A} \rightarrow \dfrac{h_B - h_C}{d_B - d_C} = \dfrac{h_C - h_A}{d_C - d_A}$。

上式说明，混合点 *C* 的位置可以这样确定，*AC* 过程的热湿比与 *CB* 过程的热湿比相等，两个过程都通过 *C* 点，因此，混合点 *C* 在 *A*、*B* 两点的连线上，而且线段 *AC* 与线段 *CB* 的长度之比等于 *B* 状态点干空气的质量流量与 *A* 状态点干空气的质量流量之比。

学习单元 3　空调负荷

了解空调室内、外参数的确定依据和相关的国家标准规范
掌握空调负荷的组成和特点
能够初步估算空调系统的负荷

一、室内、外设计参数

1. 人体热舒适方程和 PMV[①]-PPD[②] 指标

对于舒适性空调，人体的冷热舒适感是主要考虑指标。研究表明：人体的冷热感与人的活动强度、衣服热阻、空气温度、平均辐射温度、空气流速和空气湿度六个主要因素有关。ISO 7730 中采用了以下人体的热舒适方程。

$$S=M-W-E-R-C$$

式中　S——人体蓄热率，W/m^2；

M——人体代谢率，W/m^2；

E——人体汗液蒸发和呼出的水蒸气带走的热量，W/m^2；

R——人体外表面与周围表面间的辐射换热量，W/m^2；

C——人体外表面与周围环境的对流换热量，W/m^2。

在此基础上，提出了表征人体冷热感的评价指标 *PMV*，用于预测同一环境绝大多数人的冷热感觉。*PMV* 热感觉分度表见表 7-7。由于个体差异，引入了预期不满意百分率（*PPD*）。

表 7-7　*PMV* 热感觉分度表

PMV 数值	−3	−2	−1	0	1	2	3
热感觉	冷	凉	微凉	适中	微暖	暖	热

我国《民用建筑供暖通风与空气调节设计规范》（GB 50736—2012）中采用

① PMV：predicted mean vote，预计平均热感觉指数。

② PPD：predicted percentage of dissatisfied，预计不满意者的百分数。

的热舒适性指标为 $-1 \leq PMV \leq 1$，$PPD \approx 26\%$。

2. 空调室内参数的确定

舒适性空调室内参数的确定，主要考虑人体热舒适、建筑性质、使用功能、节能等因素，并由设计人员按照相关国标进行选取。

对于民用建筑，根据我国《民用建筑供暖通风与空气调节设计规范》（GB 50736—2012）中规定的室内参数见表 7–8。

表 7–8 人员长期逗留区域空调室内设计参数

类别	热舒适度等级	温度（℃）	相对湿度	风速（m/s）
供热工况	Ⅰ级	22～24	≥30%	≤0.2
	Ⅱ级	18～22	—	≤0.2
供冷工况	Ⅰ级	24～26	40%～60%	≤0.25
	Ⅱ级	26～28	≤70%	≤0.3

注：Ⅰ级热舒适度较高，Ⅱ级热舒适度一般。

对于工业建筑，根据我国国标《工业建筑供暖通风与空气调节设计规范》（GB 50019—2015）中规定的工业建筑室内设计参数见表 7–9。

表 7–9 工业建筑空气调节室内设计参数

参数	冬季	夏季
温度（℃）	18 ～ 24	25 ～ 28
风速（m/s）	≤ 0.2	≤ 0.3
相对湿度	—	40% ～ 70%

工艺性空调的室内参数应按照特殊工艺需要进行确定。

3. 空调室外参数

不同地点的空调室外空气的干、湿球温度不仅随着季节变化，而且每昼夜、每时每刻都在变化。空气调节的室外参数主要根据历年形成的气象数据资料并按照相关国标确定。

冬季空调室外计算温度，应采用历年平均不保证 1 天的日平均温度。冬季空调室外计算相对湿度，应采用累年最冷月平均相对湿度。

夏季空调室外计算干球温度，应采用历年平均不保证 50 h 的干球温度。夏季空调室外计算湿球温度，应采用历年平均不保证 50 h 的湿球温度。夏季空调室外计算日平均温度，应采用历年平均不保证5天的日平均温度。我国主要城市的室外空调计算参数可在《民用建筑供暖通风与空气调节设计规范》（GB 50736—2012）的附录中查取。

二、空调负荷

国标规定：除在方案设计或初步设计阶段可使用热、冷负荷指标进行必要的估算外，施工图设计阶段应对空调区的冬季热负荷和夏季逐时冷负荷进行计算。

1. 夏季空调冷负荷

（1）得热量

空调区的夏季计算得热量，主要考虑以下8项：通过围护结构传入的热量；通过透明围护结构进入的太阳辐射热量；人体散热量；照明散热量；设备、器具、管道及其他内部热源的散热量；食品或物料的散热量；渗透空气带入的热量；伴随各种散湿过程产生的潜热量。

（2）得热量与冷负荷

上述8项得热量，除少数几项在特定条件下可按照稳态传热方法计算并直接作为冷负荷外，多数项需要按照非稳态传热的方法计算，才可以作为逐时冷负荷。总之，冷负荷相对于得热量来说有延迟和衰减，空调区的冷负荷是逐时变化的值。

某一空调区的夏季冷负荷，应按空调区各项逐时冷负荷的综合最大值确定。例如，经计算某房间的冷负荷见表7–10。其冷负荷就是在13时对应的2 881 W。

表7–10　某房间冷负荷汇总表　W

计算时刻	10：00	11：00	12：00	13：00	14：00	16：00	17：00	18：00
屋顶负荷	220	264	352	484	572	836	924	1 012
外墙负荷	154	129	129	129	129	154	180	180
窗传热负荷	211	283	256	407	450	479	465	429
窗日射负荷	1 216	1 618	1 851	1 861	1 655	954	767	580
总计	1 801	2 294	2 588	2 881	2 806	2 423	2 336	2 201

2. 湿负荷

空调区的夏季散湿量，应考虑散湿源的种类、人员群集系数、同时使用系数以及通风系数等，主要包含人体散湿量、渗透空气带入的湿量、化学反应过程的散湿量、非围护结构各种潮湿表面、液面或液流的散湿量、食品或气体物料的散湿量、设备散湿量和围护结构散湿量等。

3. 热负荷

冬季空调热负荷可按供暖通风系统的热负荷计算，室外计算参数应采用冬季空调室外计算参数。不经常的散热量可不计算。经常而不稳定的散热量应采用小时平均值，主要包含围护结构的耗热量、加热由门窗缝隙渗入室内的冷空气的耗热量、加热由门、孔洞及相邻房间侵入的冷空气的耗热量、水分蒸发的耗热量、加热由外部运入的冷物料和运输工具的耗热量、通风耗热量、最小负荷班的工艺设备散热量、热管道及其他热表面的散热量和热物料的散热量等。

冬季热负荷是按照稳态传热进行计算的，相对于空调冷负荷的逐时计算，热负荷的计算要简单得多。

4. 新风负荷

空调系统需要补充新鲜空气以满足卫生、空气平衡和舒适性需要。

（1）新风量的确定

1）补充房间排出的风量。补充局部排风。当空调房间有局部排风装置时，为了维持空调房间的空气量平衡，必须用等量的新风来补充排风，房间局部排风量记为 L_P，单位为 m^3/h。

维持房间正压要求的新风量。为防止室外空气渗入空调房间，破坏房间的洁净度等，空调房间多采用正压或微正压，房间空气会自发向外渗漏。因此，需要补充一定的新风量来维持房间正压。正压房间的渗漏风量记为 L_S，单位为 m^3/h。

房间排出的风量是局部排风量和渗漏风量之和，记为 $L_{W1}=L_P+L_S$。

2）满足卫生需要。人员长期停留的空调房间，由于人体不断地吸进氧气，呼出二氧化碳，导致室内二氧化碳浓度越来越高，国标规定不同房间二氧化碳的允许值为 0.7 ~ 2 L/m^3，因此，需要引入新风来控制房间二氧化碳的浓度。对于一般房间，满足卫生需求的新风量可按 30 m^3/（h · 人）计算。对于人员密集且停留时间短的房间，新风量可按 7 ~ 15 m^3/（h · 人）计算。由此确定的最小送风量记为下式：

$$L_{W2}=nl_W$$

式中 L_{W2}——人员呼吸需要的新风量，m^3/h；

n——人员数，人；

l_W——人均新风量，$m^3/$（h · 人）。

3）国标规范要求的新风量。根据国标规范，房间的新风量应不低于房间送风量的 10%，按此确定的房间最小新风量记为 L_{W3}，单位为 m^3/h。

空调房间的最小新风量确定需要综合考虑以上三大方面的因素，并选用三个因素所确定的新风量的最大值，可用下式表示：

$$L_W=\text{Max}（L_{W1}，L_{W2}，L_{W3}）$$

式中 L_W——空调房间的最小送风量，m^3/h。

（2）新风负荷

新风的状态与室内空气的状态存在焓差，把新风处理到室内空气的状态需要耗费能量，就是新风负荷，计算如下：

$$Q_W=G_W|（h_W-h_N）|=1.2L_W|（h_W-h_N）|$$

式中 Q_W——空调房间的新风负荷，单位为 kJ/h 或 kW；

G_W——新风质量流量，kg/h；

L_W——新风量体积流量，m^3/h；

h_N、h_W——室内、外空气的焓，kJ/kg（干空气）。

对于冬、夏季，室内、外焓差大，如房间新风量选取过大，则新风负荷大，不节能；如房间新风量选取过小，则不能满足舒适性要求，一般选用最小新风量。对于春、秋过渡季，室内、外焓差小，新风负荷几乎为零，可采用较大的新风量。

5. 空调系统的冷负荷

空调系统的夏季冷负荷，应按下列规定确定：末端设备设有温度自动控制装置时，空调系统的夏季冷负荷按所服务各空调区逐时冷负荷的综合最大值确定；末端设备无温度自动控制装置时，空调系统的夏季冷负荷按所服务各空调区冷负荷的累计值确定；同时，应计入新风冷负荷、再热负荷以及各项有关的附加冷负荷，并考虑所服务各空调区的同时使用系数。

学习单元 4　空调系统的组成和分类

了解空调系统的组成

熟悉空调系统的分类方法、类别和特点

一、空调系统的组成

空调系统的种类很多，系统形式因空调对象、冷（热）湿负荷特性、室内外参数、冷热源特点而不同，不同空调系统的组成会有所区别。广义上讲，空气调节系统由冷却水系统、冷热源、载冷（热）系统、空气处理设备、空气输送与分配设备、自动控制模块等组成。如图 7–8 所示为典型空调系统。

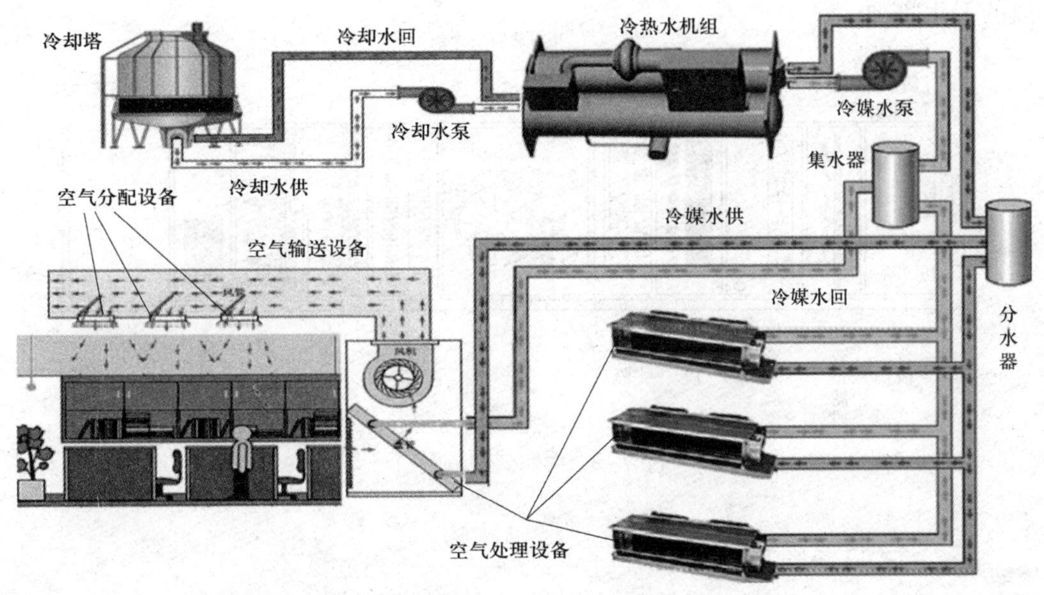

图 7–8　典型空调系统

1. 冷却水系统

冷热源选用水冷式冷水机组时，空调系统需要冷却水循环，夏季冷却水在冷却塔和冷水机组冷凝器之间循环流动，不断把冷水机组中冷凝热量带到冷却塔，传递给流过冷却塔的空气，排向环境。冬季，冷却水不断经冷却塔从室外空气吸收热量，流过冷水机组内的蒸发器，加热制冷剂使之蒸发，制冷剂被压缩后，流过冷凝器释放热量，加热空调区域的空气。

2. 冷媒水系统

载冷（热）剂系统在冷热源和空气处理设备之间循环，夏季把冷水机组蒸发器产生的冷媒水通过分水器分配并输送到空气处理设备，吸收余热去除余湿，把空气处理到理想状态，温度升高的冷媒水通过回水管道流入集水器，送回冷水机组的蒸发器，被冷却到合适的温度后再循环使用。

3. 空气处理设备

空气处理设备由若干功能段组成，包括过滤段、加热或冷却段、加湿段等。按处理功能不同可分为组合式空调机组、新风机组和风机盘管等。

如图 7–9 所示的组合式空调机组，主要包括新回风混合段、初效过滤段、表冷除湿段、加热段、加湿段、风机段、布风段、中高效过滤段和杀菌段。表冷器兼具除湿功能，在表冷器下部要设置凝水盘以收集凝结水。设置加热段和加湿段是为了满足冬季空气处理需要。设中高效过滤段和杀菌段是为了满足送风的卫生需要。

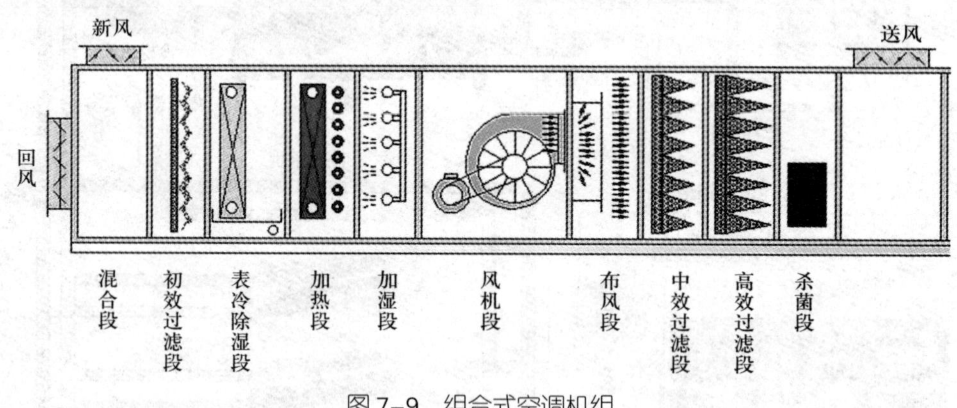

图 7–9　组合式空调机组

二、空调系统的分类

1. 根据空气处理设备的集中程度分类

按照空气处理设备的集中程度不同，空调系统可分为集中式、半集中式和分散式。

（1）集中式空调系统

空气被空调机房的处理设备集中处理后，通过空气输送系统分配到各个空调区域。按照送风参数和风量控制形式的不同，集中式空调系统又分为单风道空调系统（又可分为定风量和变风量）、双风道空调系统（又可分为定风量和变风量）以及带风道的空调机组系统。

典型的单风道集中式空调系统如图 7–10 所示。图中的空气处理设备——组合式空调机组，包括新回风混合段、过滤段、表冷段、加热段（或再热段）、喷水室、风机段等，完成对空气的热湿处理。其中表冷段有冷却介质（通常有冷媒水和制冷剂）流过设备，以对空气进行减湿冷却，加热段由热水或水蒸气对空气进行加热，在喷水室中对空气进行加湿处理，冷却介质和加热介质来自冷热源设备。集中处理后的空气由风机驱动送出机组，经由送风主管、送风支管、

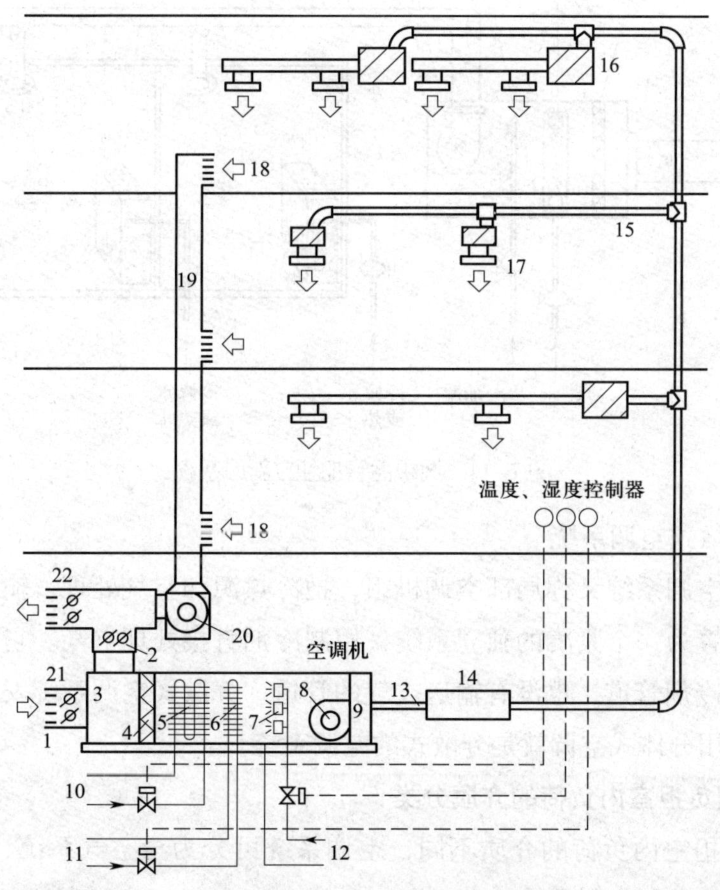

图 7–10 单风道集中式空调系统

1—新风进口 2—回风进口 3—混合室 4—过滤器 5—表冷器 6—加热器 7—喷水室 8—风机 9—空气分配室 10—冷却介质 11—加热介质 12—喷淋水 13—送风主管 14、16—消声器 15—送风支管 17—出风口 18—回风口 19—回风管 20—循环风机 21—调风门 22—排风口

送风口送入各空调区域。在空调区域末端也布置了温湿度控制器，通过传感器控制组合式空调机组冷热介质的流量以实现空调节能；同时在送风管路上配备消声减振部件以控制空调区域的噪声。

（2）半集中式空调系统

典型的半集中式空调系统如图 7–11 所示。新风集中在新风机组处理，分散在各房间的末端处理设备——风机盘管，对室内回风分散处理。半集中式空调系统既可满足各区域的不同需要，对于不同时使用的区域，也可以关闭末端装置从而达到一定的节能效果。

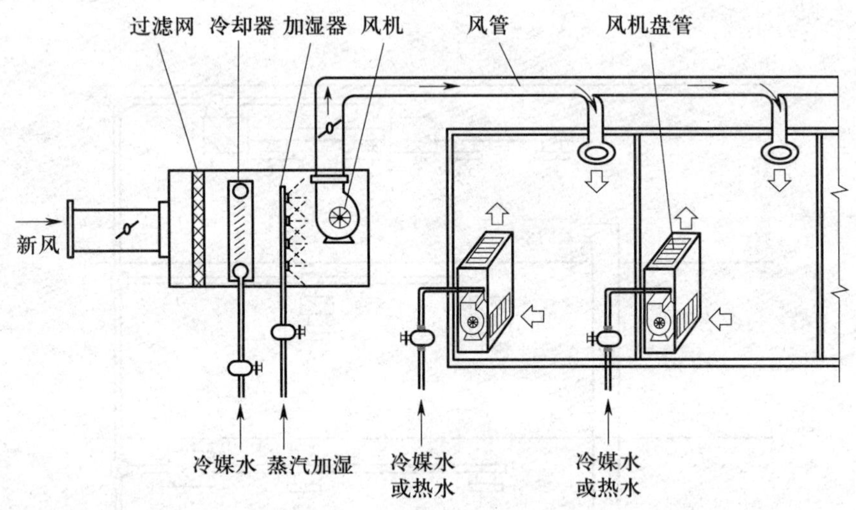

图 7–11　风机盘管加独立新风系统

（3）分散式空调系统

分散式空调系统又称局部空调机组，把冷热源和空气处理、输送设备（风机）集中设置为一个紧凑的独立系统，用制冷剂直接处理空气。它不需要集中的机房和载冷剂管道，也没有输送空气的管道。分散式空调系统安装方便，使用灵活。家用分体式空调就是分散式的空调系统。

2. 根据负担室内负荷的介质分类

根据负担室内负荷的介质不同，空调系统可分为全空气系统、全水系统、空气 – 水系统和制冷剂系统。

（1）全空气系统

空调房间的室内负荷全部由空气来承担。空气经空调机组处理后，通过风管送入空调房间。由于空气的比热容和密度小，这种系统需要输送的空气体积流量大，从而导致风道截面尺寸大。同时，该系统不仅需要送风管道，还需要回风管道，因此，会占据较大的空间。但这种系统没有水或制冷剂进入末端，卫生条件好。集中式空调系统属于全空气系统。

（2）全水系统

夏季空调房间的冷负荷和湿负荷全部由冷媒水来负担，冬季空调房间的热负荷全部由热水来负担。由于水的密度和比热容比空气大，在室内负荷相同时，所用的水管截面尺寸比风道的截面尺寸小得多。风机盘管及辐射板系统属于此类。

全水系统只能消除夏季房间的余热和余湿，冬季热水只能调节房间温度，调节不了房间湿度。该系统冬、夏季均不能供给新风，从而不能满足通风换气的要求，卫生条件差。

（3）空气 – 水系统

空调房间的负荷由空气和水共同负担。它的优、缺点介于全空气系统和全水系统之间。风机盘管加新风系统就是典型的空气 – 水系统。

（4）制冷剂系统

该系统又称直接蒸发式系统。直接由制冷剂的蒸发或凝结来负担空调房间的负荷。空调机组按制冷循环运行可以消除房间余热、余湿，按热泵循环可为房间供暖。家用多联机空调和分体式空调就属制冷剂系统。

3. 根据空调系统处理的空气来源分类

按照空调送风的来源不同，可分为直流式系统、封闭式系统和混合式系统。

（1）直流式系统

直流式系统如图 7–12a 所示，该系统所处理的空气全部来自室外新风，新风经处理后送入室内，吸收余热、余湿后全部排到室外，房间空气完全被新风置换，卫生条件好，也是最耗能的系统。该系统适用于不允许利用回风的场合，如放射性实验室以及散发大量有害物的车间。

（2）封闭式系统

封闭式系统如图 7–12b 所示。封闭式系统没有室外新鲜空气的补充，房间和空气处理设备之间构成封闭回路。该系统适用于密闭空间且无法（或不需）采用室外新风的场合。该系统能量消耗最少，卫生条件也最差。

（3）混合式系统

混合式系统如图 7–13 所示。该系统送入房间的空气一部分为室外新风，另一部分为房间回风。这种系统兼有卫生条件好、节能的优点，应用很广泛。根据空气处理过程的不同，混合式系统又分为一次回风系统和二次回风系统。

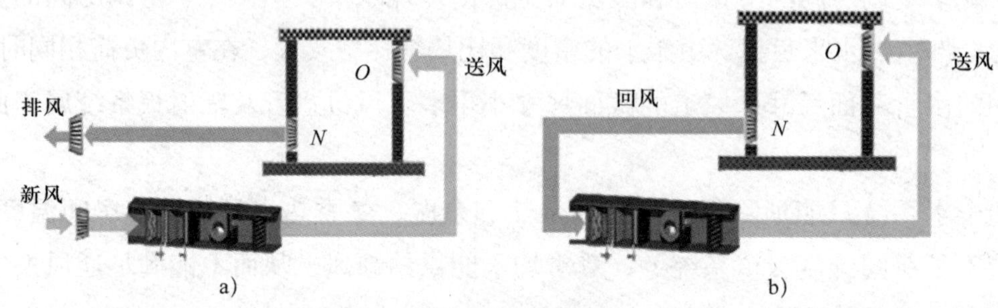

图 7–12　直流式系统和封闭式系统

a）直流式系统　b）封闭式系统

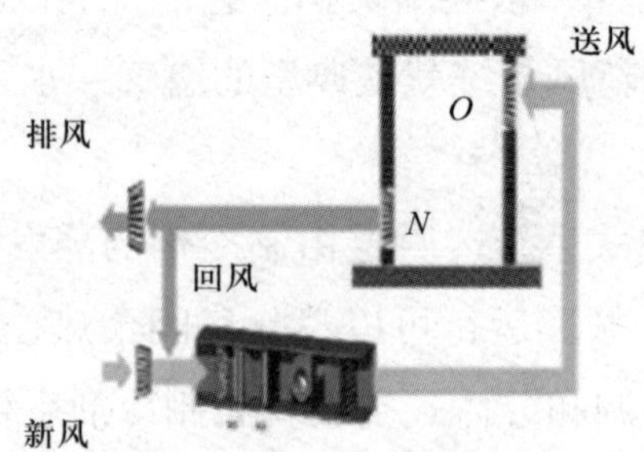

图 7–13　混合式空调系统

培训课程 3 常用制冷系统

学习目标

了解冷库制冷系统的分类和组成

熟悉小型制冷系统的分类和原理

用途、容量和工作环境不同，制冷系统的制冷剂、管材、结构和形式也不同。

一、小型制冷系统

对于电冰箱和家用空调等小型制冷系统，除了可靠性和安全性要求高，同时也要求在满足使用功能时，结构简单，体积和质量小，运行节能。

1. 电冰箱

电冰箱的分类方法很多，按照驱动冰箱内空气循环的方式不同，分为直冷式电冰箱和间冷式电冰箱。

直冷式电冰箱的蒸发器置于上部，内部空气利用自然对流循环，气流被蒸发器冷却沉降，进而对食品进行冷却，如图 7–14 所示为直冷双门电冰箱。

节流后的制冷剂先进入冷冻室蒸发器，大部分制冷剂蒸发，然后进入冷藏室蒸发器，在冷藏室蒸发器中全部蒸发并变为过热蒸气。这种系统冷却的顺序是先冷冻室后冷藏室。

间冷式电冰箱依靠箱内风扇强制气流循环，如图 7–15 所示。间冷式电冰箱的主要优点是自动融霜，可以实现全自动运行；其缺点是传热温差大，风机本身耗电且产生的热量又要消耗制冷量，通风道占据了一部分箱内容积。

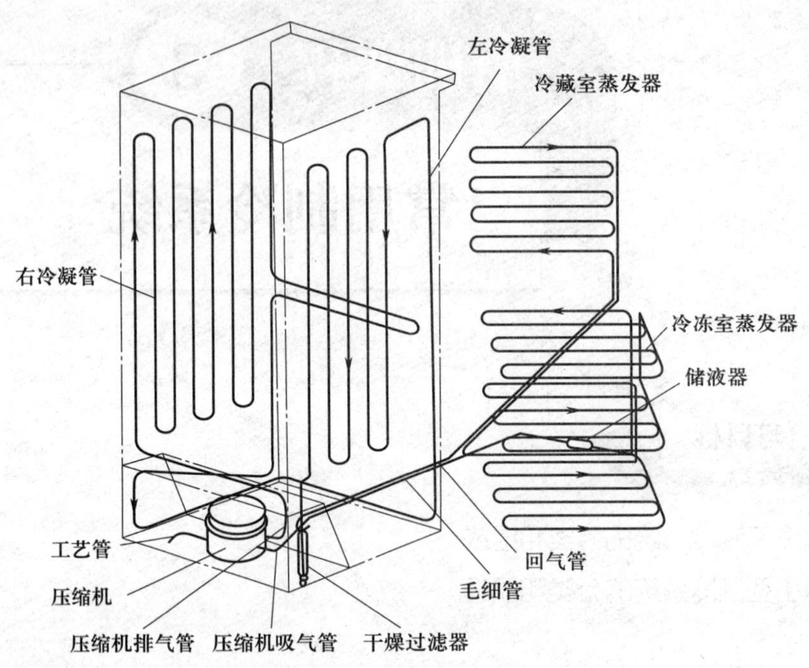

图 7–14　直冷式双门电冰箱的制冷系统

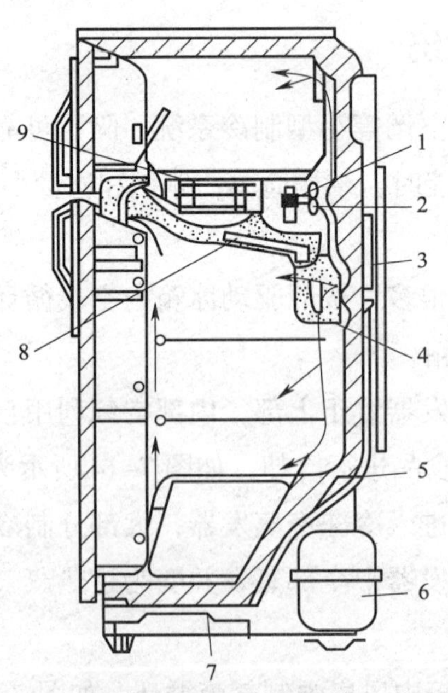

图 7–15　间冷式电冰箱

1—风扇电动机　2—风扇　3—冷凝器　4—风门调节器　5、8—排水管
6—压缩机　7—蒸发盘　9—蒸发器

2. 房间空调器

房间空调器按照功能可分为单冷型、电热型、热泵型等。单冷型是仅能按照制冷方式运行的简单系统，只能对空气降温除湿。电热型在单冷型的基础上，增设电加热器，不但能降温除湿，也能对空气加热。热泵型空调器可进行制冷、制热方式运行切换。

空调器按照结构可分为整体式空调器和分体式空调器。整体式空调器如窗式空调器，现已淘汰。分体式空调器有室外机和室内机两个部分，压缩机、冷凝器、室外风机、节流装置等组成室外机；蒸发器、室内风机、电控装置等组成室内机。

变频空调因节能优势在分体式空调中越来越受到青睐。家庭用户更喜欢选用变频一拖多（多联机），即用一台室外机拖动多台室内机工作，典型的变频一拖四制冷系统流程图如图 7–16 所示。

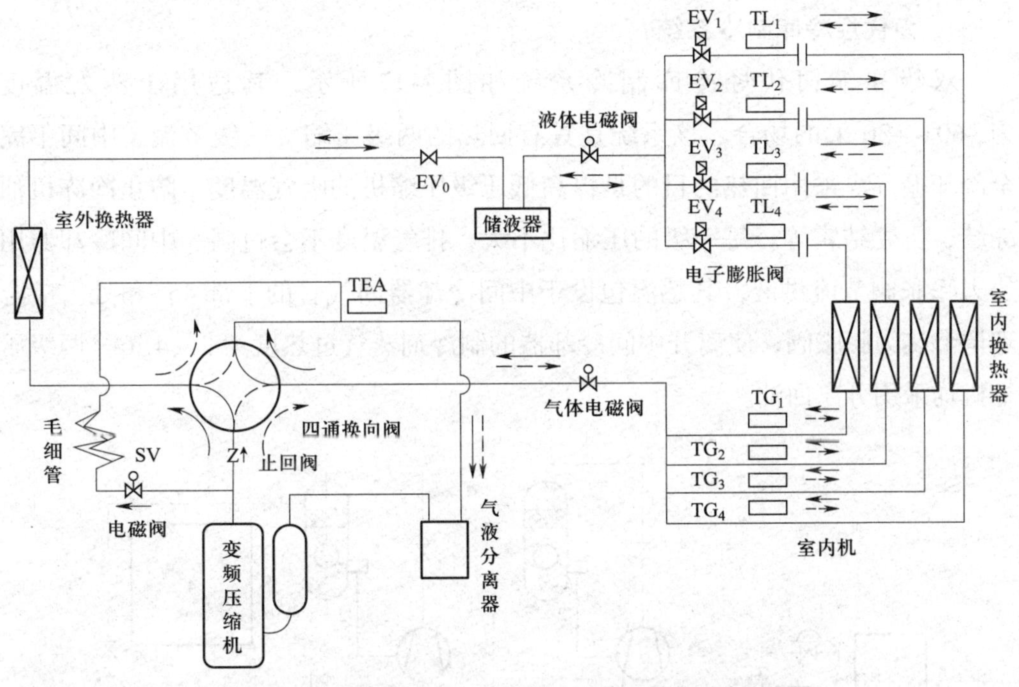

图 7–16 变频调速一拖四分体式空调器制冷系统流程图

EV—电子膨胀阀 TL、TG、TEA—感温元件 SV—电磁阀

制冷模式时，制冷剂按实线箭头循环，压缩机排气经止回阀和四通换向阀，进入室外换热器放热凝结为液体，通过电子膨胀阀 EV_0、储液器和液体电磁阀后分成四路，由电子膨胀阀 $EV_1 \sim EV_4$ 节流，进入室内换热器吸热汽化，汇合在一起经气体电磁阀、四通换向阀和气液分离器，又被压缩机吸入。制冷时，

EV_0 全开不起节流作用，EV_1～EV_4 起节流作用，并根据各室内的冷负荷调节制冷剂流量。变频压缩机根据负荷变化改变转速。

制热模式时，制冷剂按虚线箭头循环，压缩机排气经止回阀、四通换向阀和气体电磁阀进入各个室内换热器，向室内空气放热并凝结成液体，经电子膨胀阀 EV_1～EV_4 并汇流到储液器，由电子膨胀阀 EV_0 节流，进入室外换热器吸热蒸发，汽化后经四通换向阀和气液分离器回到压缩机。电子膨胀阀 EV_0 起节流作用，EV_1～EV_4 起冷凝压力调节阀的作用，根据各室内机的热负荷控制制冷剂流量。

二、冷库制冷系统

冷库制冷系统均为压缩式制冷系统，常用的制冷剂有氨和卤代烃。按压缩级数可分为单级压缩、双级压缩、单－双级压缩等制冷系统。

1. 卤代烃冷库制冷系统

双级压缩卤代烃冷库制冷系统如图 7–17 所示，其适用于蒸发温度为 –60～–30 ℃的场合。该系统是具有回热的两级压缩、一级节流、中间不完全冷却循环。采用回热的目的是提高低压级压缩机的吸气温度，防止冷冻机油冻结、机壳结霜等。每一级的压缩比不大，排气温度不会过高。中间冷却器用热力膨胀阀节流供液，其感温包设于中间冷却器回气管的下部 45° 角处。应合理调节热力膨胀阀，使离开中间冷却器的制冷剂蒸气过热度为 2～4 ℃。两级压缩机均采用分离回油。

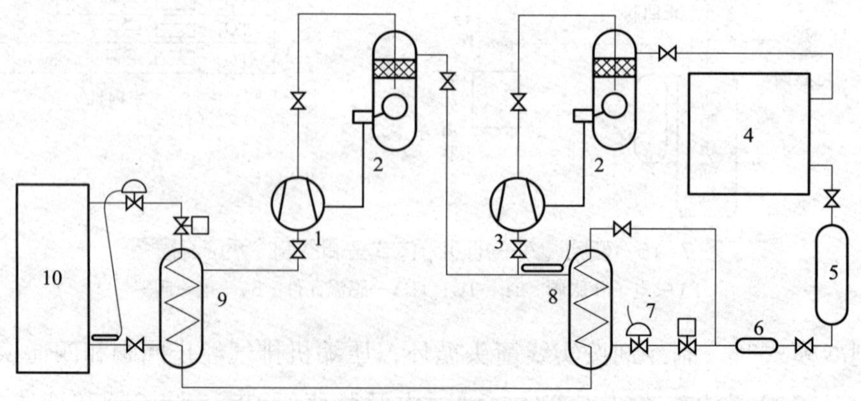

图 7–17　双级压缩卤代烃冷库制冷系统

1—低压级压缩机　2—油分离器　3—高压级压缩机　4—冷凝器　5—储液器
6—干燥过滤器　7—热力膨胀阀　8—中间冷却器　9—回热器　10—蒸发器

2. 氨制冷系统

氨制冷系统较复杂，按照各组成设备位置不同，分成库房系统和机房系统两部分。

（1）机房系统

机房系统由压缩机、油分离器、冷凝器、高压储液器、中间冷却器、排液桶、集油器、空气分离器、紧急泄氨器等设备以及系统管路组成。

压缩机的级数和配合方式根据库温要求和压缩机种类而定。例如，采用活塞式压缩机，库温高于 −6 ℃或制冰时，采用单级压缩；库温低于 −6 ℃时，采用双级压缩；当既有高温负荷又有低温负荷时，则采用混合系统。当高温负荷相对于低温负荷很小时，可采用单机双级带中间负荷的系统。当采用螺杆式压缩机时，仅需单级压缩。

单级压缩氨制冷机房系统如图 7-18 所示。压缩机排气经油分离器分离出冷冻机油后进入冷凝器，凝结成液体少部分进入油分离器去洗涤压缩机排气，大部分进入高压储液器；然后绝大部分送至库房系统，很少一部分至空气分离器；在库房蒸发器蒸发制冷，蒸气又被压缩机吸入。

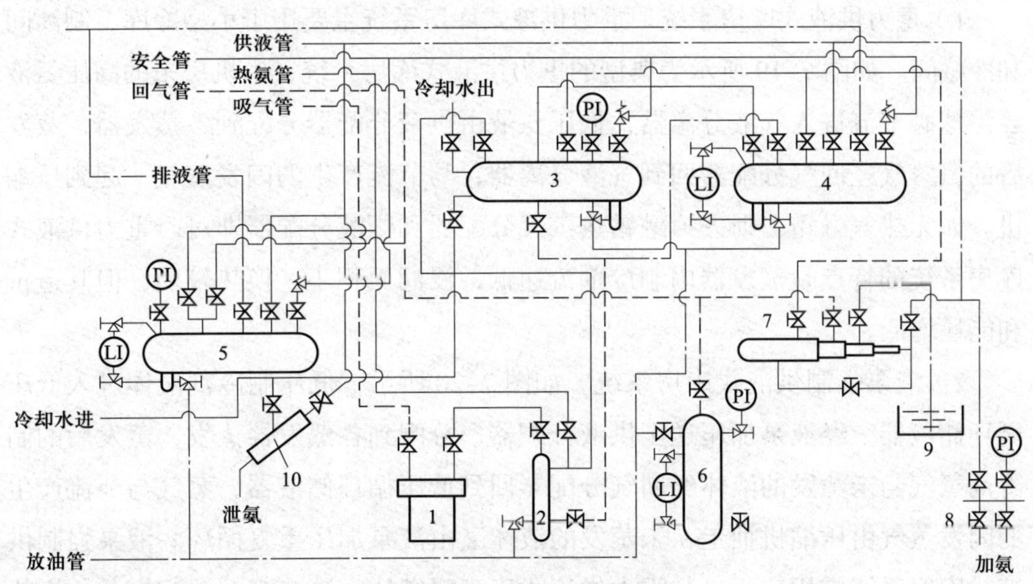

图 7-18 单级压缩氨制冷机房系统

1—压缩机 2—油分离器 3—冷凝器 4—高压储液器 5—排液桶
6—集油器 7—空气分离器 8—加氨分配器 9—盛水容器 10—紧急泄氨器

热蒸气融霜回路为：从油分离器到冷凝器的中间引出热氨蒸气，送到库房系统的融霜热蒸气调节器，在蒸发器凝结后经排液分配器排入排液桶；排液桶进液时，用连通低压循环储液桶的抽气管减压；如需排出液体，则用来自融霜热蒸气管的热蒸气加压，将液体排至高压液体管。

系统放油通路为：各容器底部积存的油通过放油管放入集油器，混入的氨液在集油器中蒸发，经抽气管抽走，剩下的油即可放出。

系统放空气通路为：来自高压供液管的制冷剂液体节流进入空气分离器蒸发制冷，以冷却来自冷凝器和高压储液器的混合气体，将其中的氨凝结下来再节流进入空气分离器制冷，空气从空气分离器排出至盛水容器中。

如机房发生重大事故，系统中的氨可通过紧急泄氨器排出至大型蓄水池或污水池。

（2）库房系统

库房系统有直接膨胀式库房系统、重力供液式库房系统和液泵强制供液式库房系统三种，卤代烃制冷系统用直接膨胀式库房系统，氨制冷系统常用的是后两种。

1）重力供液式库房系统。重力供液式库房系统主要用于小型冷库、制冰间和冷藏间。如图 7–19 所示为典型的重力供液式库房系统，由机房来的高压氨液经浮球阀节流进入气液分离器，低压氨液由供液分配器分配到各蒸发器，蒸发后的氨蒸气经回气分配器回到气液分离器，与节流产生的闪发蒸气一起到压缩机。如无热氨融霜，则去掉融霜热蒸气分配器和排液分配器即可。重力供液式库房系统的特点是蒸发器内制冷剂流速低，浸润面积小，换热较弱，但其造价和能耗均低。

2）液泵强制供液式库房系统。如图 7–20 所示，低压制冷剂液体进入低压循环储液器，经液泵加压送至供液分配器，分配到各蒸发器蒸发，蒸发后的制冷剂蒸气与未蒸发的液体经回气分配器回到低压循环储液器，蒸气与节流产生的闪发蒸气由压缩机抽走，未蒸发的液体又由液泵加压重复循环。液泵强制供液式库房系统应用广泛。与重力供液式库房系统比，流速高，浸润充分，换热效果好。

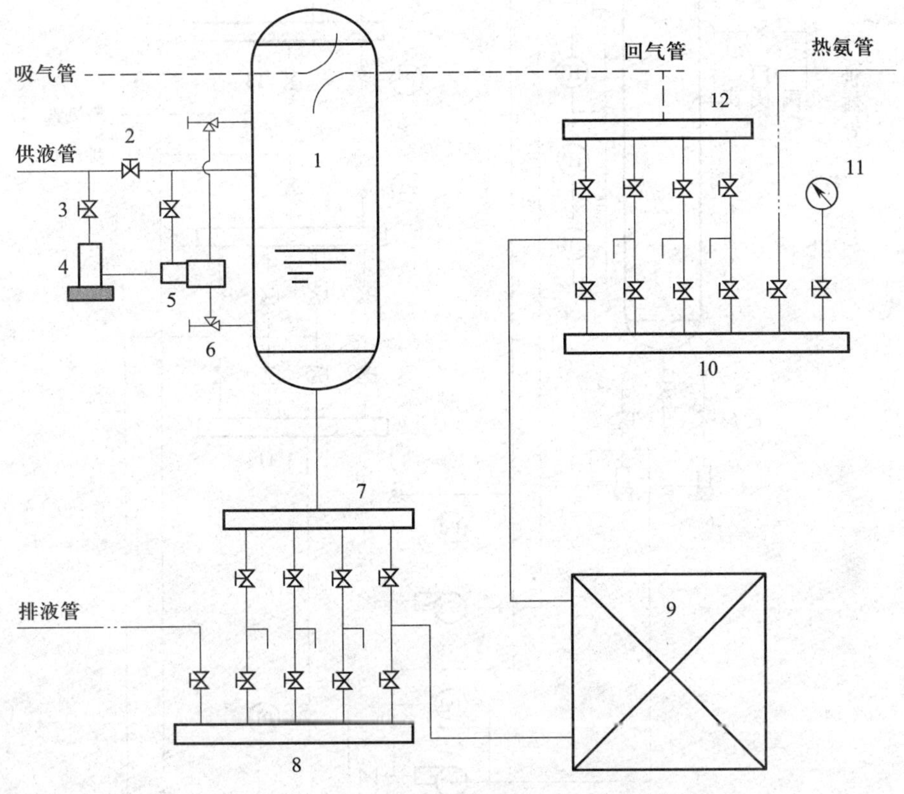

图 7-19 带有热氨融霜的重力供液式库房系统

1—气液分离器 2—节流阀 3—直通截止阀 4—过滤器
5—浮球阀 6—直角截止阀 7—供液分配器 8—排液分配器
9—蒸发器 10—融霜热蒸气分配器 11—压力表 12—回气分配器

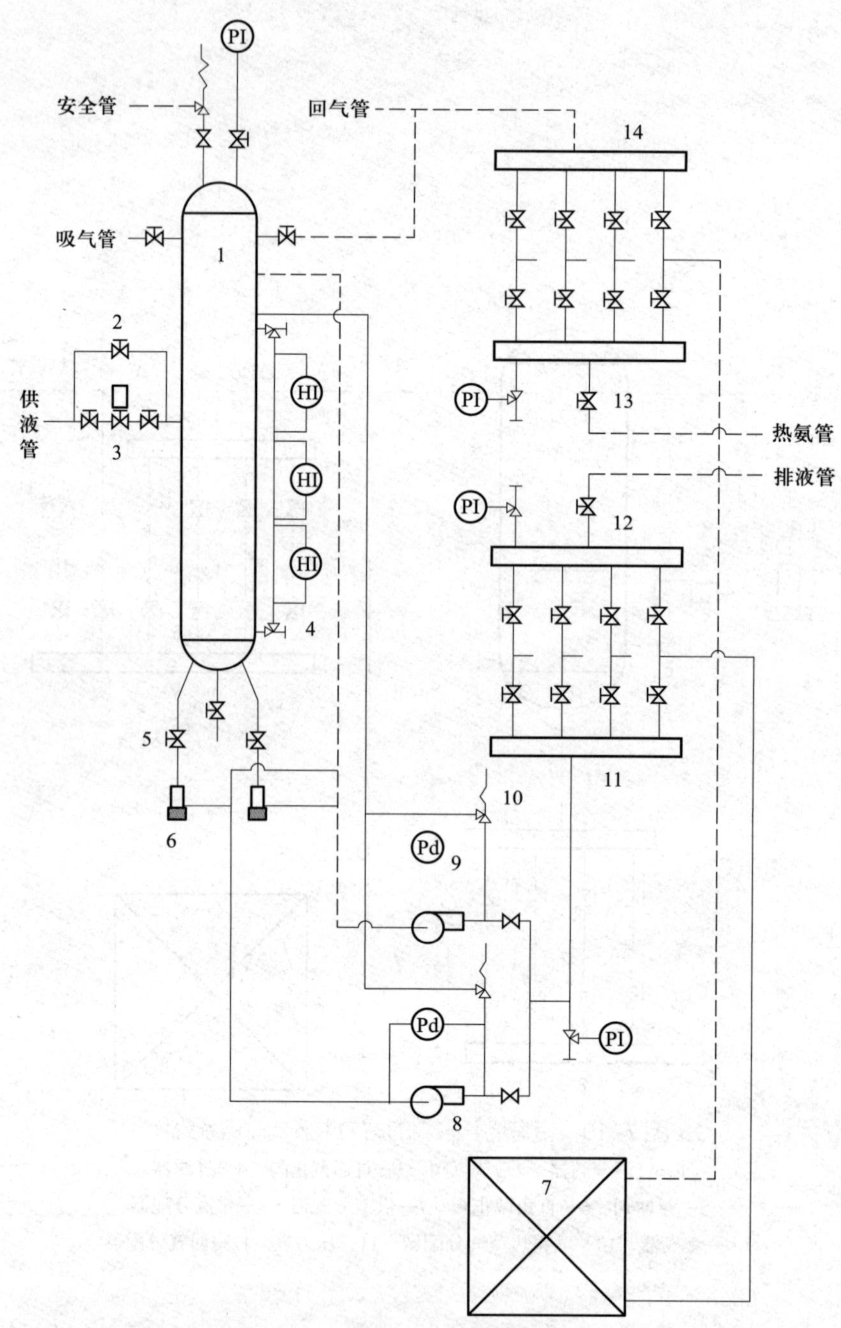

图 7–20　液泵强制供液式库房系统

1—低压循环储液器　2—手动节流阀　3—电磁阀　4—液位控制器
5—截止阀　6—过滤器　7—蒸发器　8—液泵　9—压差控制器
10—自动旁通阀　11—供液分配器　12—排液分配器
13—融霜热蒸气分配器　14—回气分配器

职业模块 8 安全生产

培训课程 1　安全监测和保障措施及制冷系统安全操作要点

　　学习单元 1　安全监测和保障措施

　　学习单元 2　制冷系统安全操作要点

培训课程 2　制冷作业安全防护

　　学习单元 1　防护药品、用品和用具

　　学习单元 2　用电安全和消防知识

　　学习单元 3　事故防备与紧急救护

培训课程 1 安全监测和保障措施及制冷系统安全操作要点

学习单元 1　安全监测和保障措施

了解制冷系统安全保障措施和原理

熟悉安全监测要点

为了保障制冷系统安全、可靠运行，除了安装压力表、温度计、流量计、液位计等检测仪表外，还需要装设相应的控制保护器件来保障设备的正常运行，以防恶性事故的发生，免受生命财产损失。

一、安全监测要点

为保证整个制冷循环系统安全平稳工作，必须确保系统所有零部件的工作参数要在合理范围内。制冷系统监测要点包括关键部件的压力、温度、流量、液位等。

1. 制冷压缩机的安全监测要点

影响压缩机安全工作的主要因素有吸气压力、排气压力、冷冻机油压、压缩机排气温度、冷冻机油油温和电动机的过载等。

（1）吸、排气压力

压缩机排气压力过高，将会导致排气温度过高。压缩机吸气压力过低，离心式压缩机将会有“喘振”危险；活塞式压缩机将会使压缩比升高，排气温度升高。因此，当排气压力过高或者吸气压力过低时，应对压缩机停机保护。

（2）冷冻机油油压

对于压力润滑式压缩机，冷冻机油油压与蒸发压力之间的压差是将冷冻机油送至压缩机各部分润滑的驱动力。如果冷冻机油压力低，其与蒸发压力的差值不足以把冷冻机油送到各个部分，将会直接损坏压缩机。

（3）压缩机排气温度

在氨制冷系统中，若压缩机排气温度过高，将会造成冷冻机油碳化，严重时导致氨分解成氢和氮，甚至爆炸，所以氨压缩机的排气温度必须控制在150 ℃以内。

氟利昂热泵系统，若压缩机排气温度过高，造成冷冻机油碳化，运动部件不能被及时润滑和冷却，将会损坏压缩机，甚至危及人身安全。

（4）冷冻机油油温

压缩机冷冻机油油温既不能过高也不能过低。

若压缩机冷冻机油油温过高，油的黏度下降，使压缩机运动件磨损加剧，会烧坏轴瓦、气缸、活塞等部件。

若压缩机冷冻机油油温过低，油的黏度过大，流动困难，严重时冷冻机油会冻结，各运动件得不到润滑。对于小型全封闭活塞式压缩机，若以氟利昂为制冷剂，停机后冷冻机油中会溶入大量制冷剂，压缩机再次启动时，由于压力的降低，制冷剂从冷冻机油中蒸发会产生大量泡沫，造成压缩机吸不上油和“液击”。

通常，压缩机内冷冻机油的温度应比环境温度高 20 ~ 40 ℃，最高不得超过70 ℃。当冷冻机油的温度超过 70 ℃时，应对压缩机停机保护。

（5）电动机工作状态

若电压过高、电压过低或者压缩机负荷过大，将引起电动机转速下降，通过电动机的电流都会增大很多，电动机绕组发热量也增大，将会有电动机烧毁的危险。

2. 制冷系统的安全监测要点

除压缩机外，制冷系统其他部件要谨防出现超压、流量小甚至断流和流向不对等异常情况。

（1）压力容器的工作压力

制冷系统的高压容器，如其内部压力超过许用压力，就会有爆炸危险。

（2）冷却水温度

冷却水温度过高，将会导致冷凝温度和压力上升。造成冷却水温度过高的原因很可能是冷却水泵出故障，或冷却水管路堵塞造成冷却水断流或冷却量不足。若冷却水断流，会造成冷凝压力急剧上升。

（3）载冷剂温度

若载冷剂温度过低或者载冷剂冻结，将会导致蒸发器胀裂或直接冻坏蒸发器。造成载冷剂温度过低的原因是：载冷剂泵故障或管路堵塞，造成载冷剂断流；载冷剂流量不足或冷负荷过小会造成蒸发温度过低等情况发生。

（4）反向流动

在制冷系统中，制冷剂和载冷剂的流动有一定的方向，如出现反向流动则会对系统造成危害。

二、制冷系统安全运行保障措施

1. 压缩机运行保护

（1）吸、排气压力保护

用压力控制器来控制压缩机的吸、排气压力。高压控制接口接于压缩机排气口，低压控制接口接于压缩机吸气口。

压力控制器是用压力信号来控制的继电器。根据所控制压力是否可调，分为可调式压力控制器和固定式压力控制器两类。根据所控制压力的高低，分为高压控制器、低压控制器和高低压控制器三种。根据动作以后继电器的复位情况，分为手动复位和自动复位。

1）可调式压力控制器。制冷系统中典型的可调式低压控制器如图 8–1 所示。可调式高低压控制器如图 8–2 所示。

压力控制器的工作原理相同。当取压接头处压力变化超出设定值时，波纹管和弹簧因压力变化而伸缩，产生位移，带动开关动作。

2）固定式压力控制器。固定式压力控制器又称压力开关，其外形和工作原理如图 8–3 所示。当压力变化时，波纹管将伸长或缩短，带动簧片使动触点与定触点 B 或定触点 C 接通，从而控制压缩机电路的通断状态。

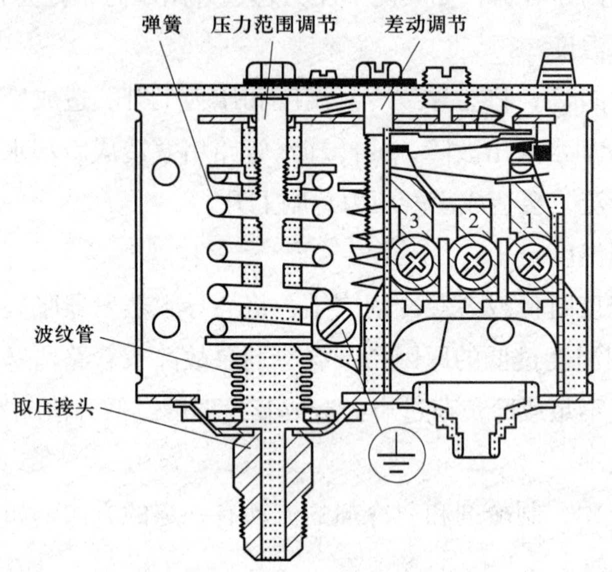

图 8–1　可调式低压控制器

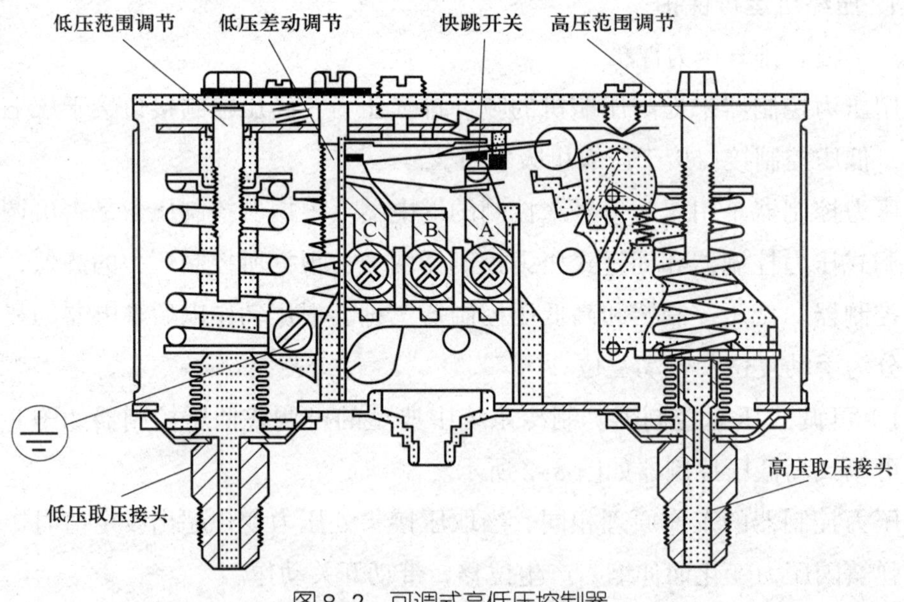

图 8–2　可调式高低压控制器

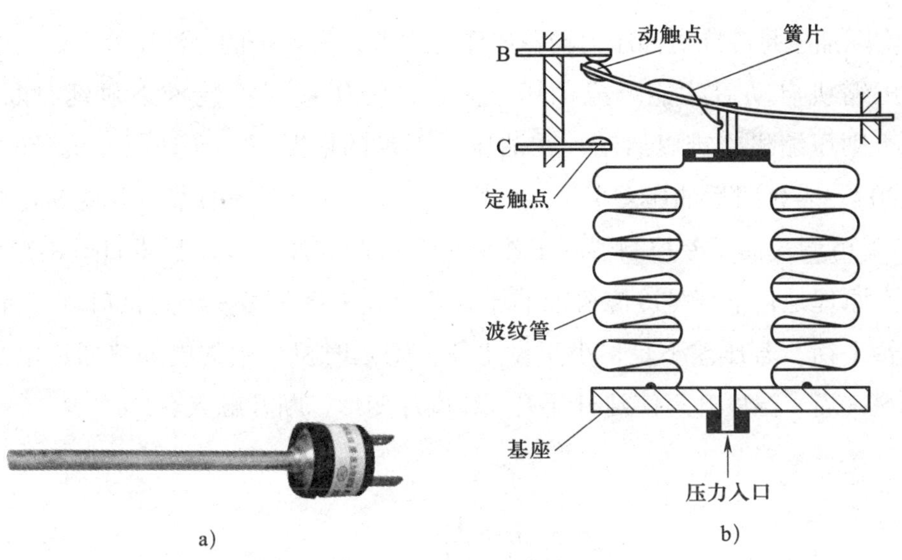

图 8-3 压力开关

a）外形 b）工作原理

3）压缩机高低压力保护电路。压缩机高低压力保护电路如图 8-4 所示，压力控制器（或压力开关）常闭触点与交流接触器线圈 KM 串接。当排气压力过高时或者吸气压力过低时，高低压控制器（见图 8-4 中细实线框）动作，电路断开，交流接触器线圈 KM 断电，与压缩机电动机串联的 KM 触点断开，从而使压缩机停机。

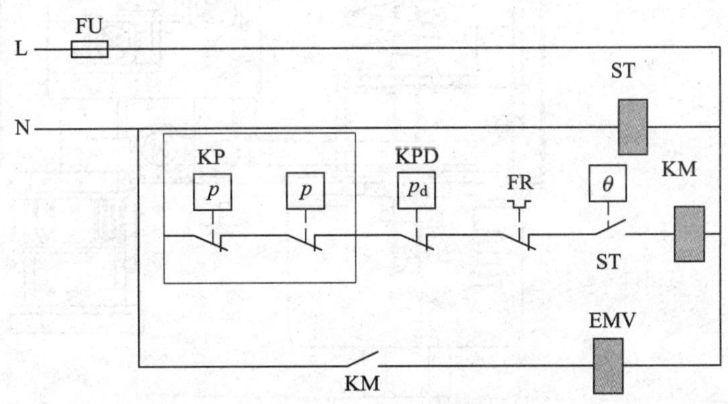

图 8-4 压缩机高低压力保护电路

ST—温度控制器 KP—压力控制器 KPD—油压差控制器 KM—交流接触器

FR—热继电器 EMV—电磁阀

（2）油压差保护

对于用油泵加压将冷冻机油送至各部分的压力润滑式压缩机，应设置油压差保护装置，以防止冷冻机油压力不足而损坏压缩机。对制冷压缩机各部分供油的实际油压是冷冻机油压力与蒸发压力之差，需保护的是油压差不足。

压缩机启动后才能形成油压，因此，油压差保护装置必须延时断开电源，否则压缩机将难以启动。在油压差不足的情况下，允许压缩机延时工作50 ~ 90 s。若延时后油压差仍不足，则油压差保护装置动作切断压缩机电源。

1）可调式油压差控制器的工作原理。可调式油压差控制器如图 8–5 所示。其动作原理是：下部是冷冻机油的压力接口，上部是蒸发压力接口，二者压差由弹簧平衡。若压差不足，小于设定值，则延时机构中的电加热器通电加热，延时 60 s 后，温度升高使延时开关双金属片变形，断开触点。

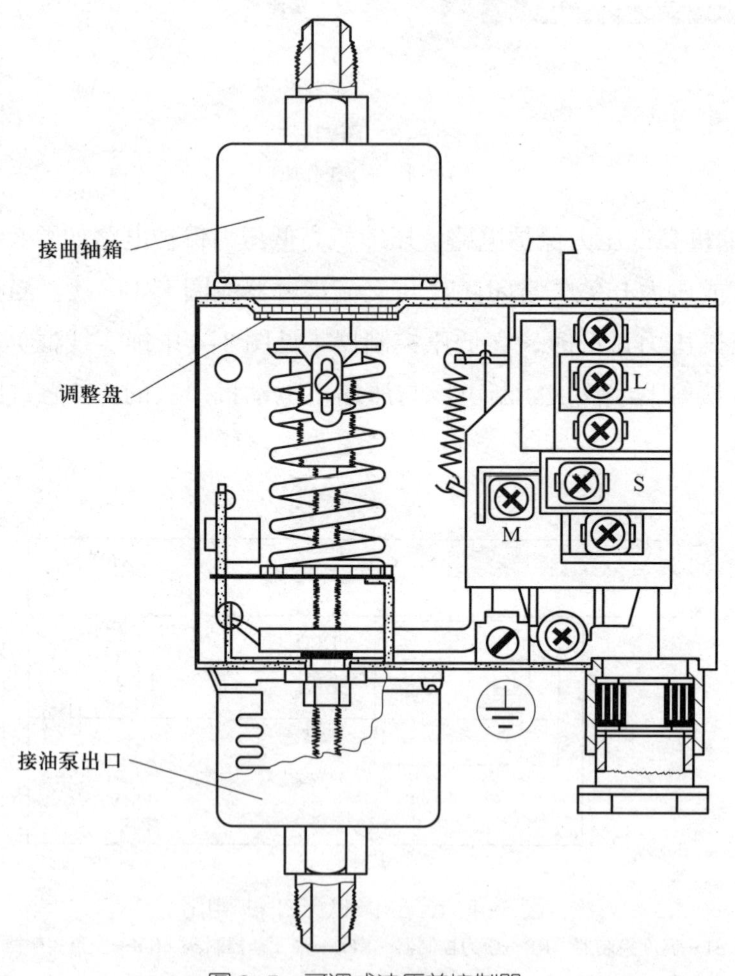

图 8–5　可调式油压差控制器

2）油压差保护电路。油压差控制器在电路中的连接如图 8–6 所示，油压差控制器常闭触点与交流接触器线圈 KM 串接，若油压差不足，控制器延时断开，线圈 KM 断电，使开关 KM 断开，压缩机断电停机。

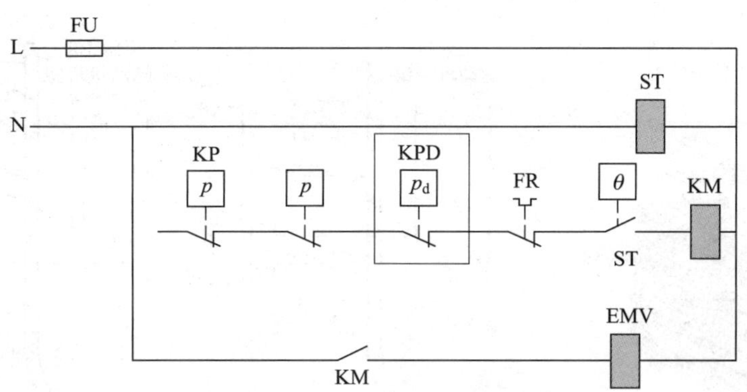

图 8-6 油压差保护电路

ST—温度控制器 KP—压力控制器 KPD—油压差控制器 KM—交流接触器
FR—热继电器 EMV—电磁阀

（3）温度保护

1）排气温度保护。当排气温度超过规定值时，应断开压缩机电源，进行保护停机。压缩机排气温度保护所用器件是温度控制器。

2）油温保护。压缩机油温过高保护所用器件是温度控制器，当冷冻机油的温度超过 70 ℃时，使压缩机保护停机。

油温过低保护的措施是在曲轴箱内或曲轴箱外设电加热器，在压缩机启动前先加热油，将油温升高到 35 ℃左右，再启动压缩机。

2. 电动机保护

电动机保护最主要的是过载保护。

（1）单相电动机过载保护

单相电动机采用碟形过载保护器进行过载保护，碟形过载保护器的外形和原理如图 8-7 所示。碟形过载保护器内部的碟形双金属片由两种金属复合而成，右边是高膨胀系数金属，左边是低膨胀系数金属。在正常情况下，碟形过载保护器触点常闭。如果电动机电流过大，过载保护器内部电阻丝温度升高，当温度超过过载保护器双金属片的反转温度时，右边膨胀量大，左边膨胀量小，双金属片反转左凹，电动机绕组电路断开，切断电源。

全封闭压缩机采用蝶形过载保护器时，将其安装在压缩机外壳上并紧贴机壳，使之能灵敏地感知机壳温度。当机壳温度较高时，双金属片也会反转。因此，这种过载保护器兼具电流保护和过热保护功能。

（2）三相电动机过载保护

三相电动机采用热继电器进行过载保护，热继电器插接在交流接触器上，

a)

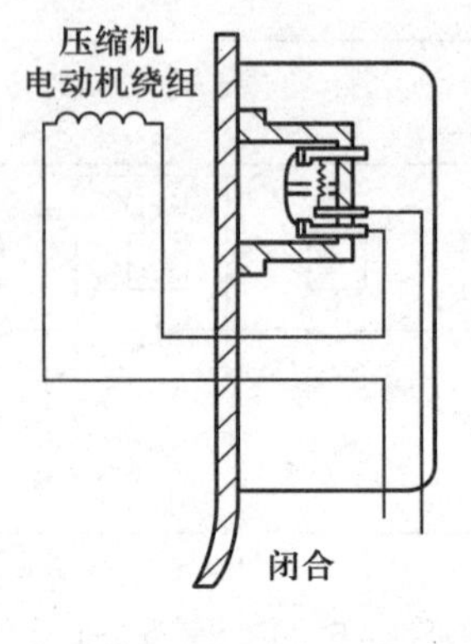

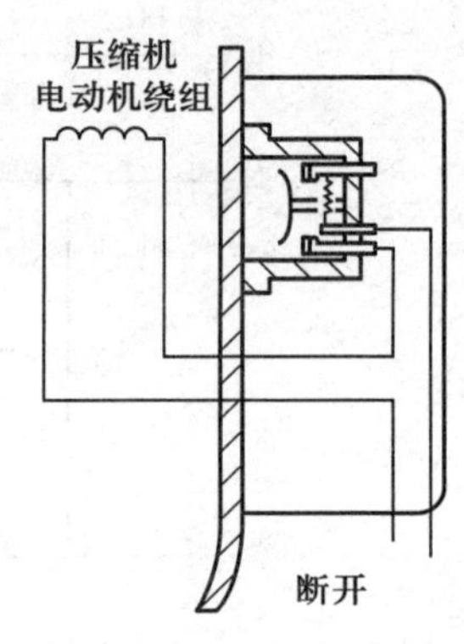

b)

图 8–7　蝶形过载保护器

a）外形　b）原理

热继电器及其过载保护电路如图 8–8 所示。热继电器常闭触点 FR 串联在交流接触器线圈 KM1 回路中，电流过大时，其内部电阻丝温度升高，当超过热继电器动作温度时，线圈 KM1 断电，从而使电动机断电停机。热继电器只有过电流保护功能。

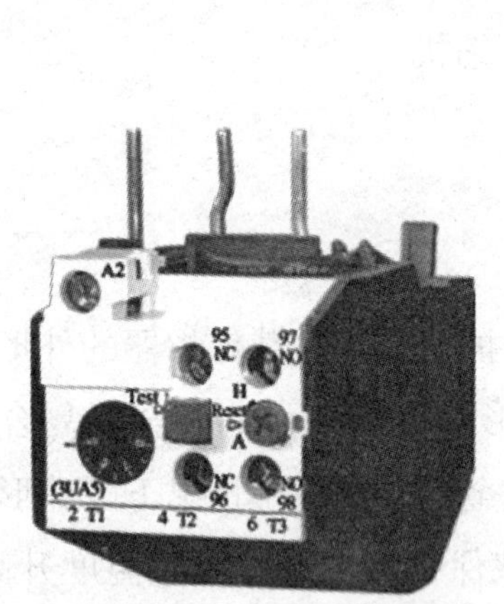

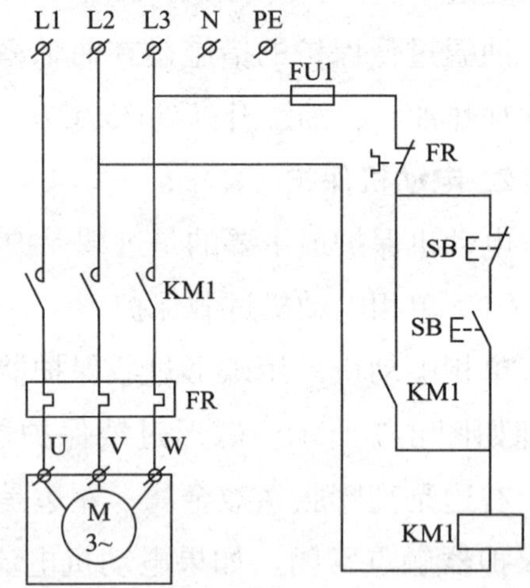

图 8–8　热继电器及其过载保护电路

（3）内置式过热保护器

内置式过热保护器如图 8–9 所示，安装在电动机定子内部，双金属片为条形。当电动机绕组温度高于断开温度时，保护器动作，断开电动机电源。当电动机绕组温度低于恢复温度时自动复位。这种过载保护器只有过热保护功能，常用于风机电动机保护。

图 8–9　内置式过热保护器

3. 系统保护

系统超压保护采用安全阀和易熔塞。流量保护和温度控制采用流量继电器、单向阀和液位计等。

（1）安全阀

安全阀安装在压力容器和管路中，其外形如图 8–10 所示。当压力超过许用压力时，阀门自动开启泄压。当压力恢复到许用压力以内时，阀门关闭。安全阀的主要性能参数有以下几个。①公称压力。安全阀在常温状态下的最高许用压力。②开启压力。开启压力又称整定压力，安全阀阀芯在运行条件下开始升起时介质的压力。③排放压力。阀芯达到规定开启高度时进口侧的压力。④回座压力。安全阀排放后其阀瓣重新与阀座接触，开启高度为零时进口侧的压力。⑤启闭压差。开启压力与回座压力之差。

图 8–10 弹簧式安全阀

（2）易熔塞

易熔塞的外形和内部结构如图 8–11 所示，其内部填充有低熔点合金，熔点为 70 ℃。当容器或者管路超压时，温度必然上升，超过合金的熔点时合金将熔化，打开通道，使压力得以泄放，从而保护容器和管路。易熔塞只有保护功能，不具备控制功能，适用于氟利昂制冷系统和直径小于 329 mm、容积为 20 ~ 200 L 的钢制压力容器。

（3）流量继电器

冷却水温度过高，或者载冷剂温度过低，对系统运行不利。造成水温异常的原因多为流量不足或者断流。采用流量继电器进行水温和流量保护，常用的是靶式液流继电器，又称流量开关，其安装示意图如图 8–12 所示。

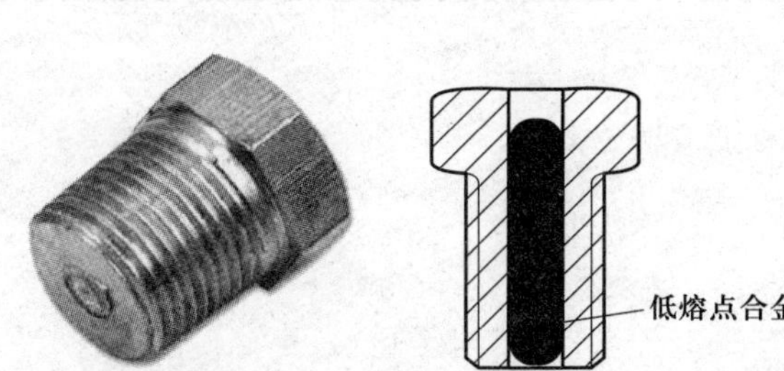

图 8–11 易熔塞

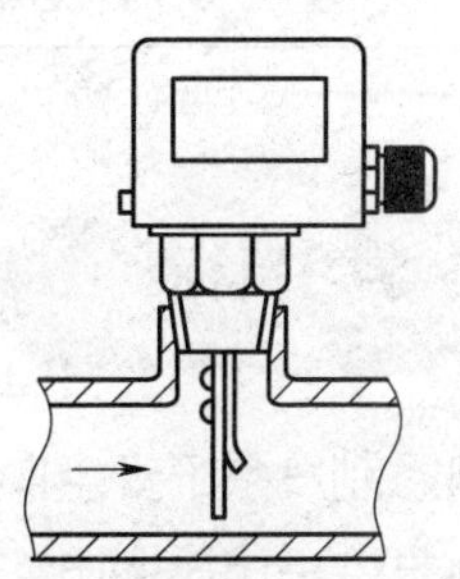

图 8–12 靶式液流继电器的安装示意图

（4）止回阀

制冷剂、载冷剂和冷却水的流动方向采用止回阀来保证，止回阀又称单向阀或逆止阀。止回阀分卧式和立式，卧式止回阀的结构如图 8–13 所示，该阀能通过从左向右的流动，阻止从右向左的流动。

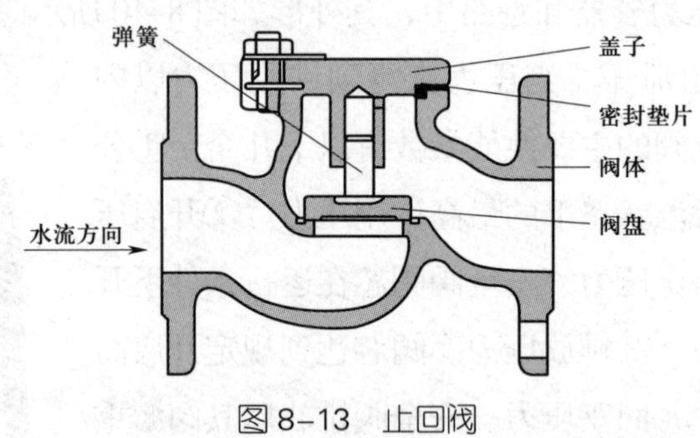

图 8–13　止回阀

（5）视液镜

制冷剂和冷冻机油都有充注量的要求，为了防止液量不足，需要观察液量，制冷系统中用视液镜、油位视窗和液位计等来观察液位。这些器件只起观察、检测的作用，不具自动保护功能。视液镜如图 8–14 所示，制冷剂视液镜安装在膨胀阀前，当制冷剂量不足时或制冷剂含水量过高时指针会偏向对应的位置。视液镜也可以用于油分离器回油管路上反映润滑油流动状况。视液镜有焊接和螺纹连接两种，图 8–14 中为螺纹接口的视液镜。

图 8–14　视液镜

学习单元 2　制冷系统安全操作要点

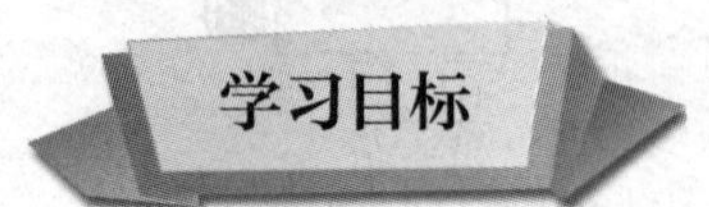

学习目标

熟悉制冷系统安全操作原则

熟悉安全操作要点

一、制冷系统安全操作知识

制冷工不仅要掌握制冷的理论知识，更要掌握制冷系统安全操作要点，严格遵守各项安全操作规程。

遵守安全操作规程是制冷系统安全运转的保证，安全操作总体原则如下。

（1）系统内的制冷剂不出现异常高压。

（2）操作不会导致压缩机壳体结霜、结露，不会产生液击、液爆现象。

（3）运动部件无敲击现象，紧固件无松动现象。

（4）氨制冷系统中排放不凝性气体时，必须经空气分离器并排入水中。

（5）氨制冷系统中排放冷冻机油时，必须经过集油器。

（6）压缩机房和设备间不能有明火。

二、安全操作要点

1. 可能发生液爆的部位

制冷系统中的液体管路，在工作状态下是充满液体的，如供液管、排液管等，在停止运行之前都应进行抽空，或保持一端与非充满液体的设备相通。如管路两端均关闭，停止运行后吸收外界热量，液体膨胀将产生爆裂，称为液爆。一般情况下，液爆大多发生在阀门处，液爆的后果非常严重。

对以下可能发生液爆的部位应特别加以注意。

（1）冷凝器与储液器之间的液体管道。

（2）高压储液器至膨胀阀之间的管道。

（3）高压设备的液位计。

（4）接在氨容器之间的液体平衡管。

（5）液体分配站。

（6）气液分离器出氨阀至蒸发器（或排管）间的管路。

（7）循环储液器出氨阀至氨泵吸入端的管路。

（8）氨泵供液管路。

（9）容器至紧急泄氨器之间的液体管路。

（10）其他两端有截止阀的液体管道。

2. 阀门和管路的安全操作要点

（1）压缩机至冷凝器管路上的各阀门应处于开启状态并挂牌说明。

（2）各种备用阀、充液阀、排污阀等平时应关闭，并加铅封，或拆除手轮，管接头应有封堵头。

（3）手轮上挂牌标明启闭状态。

（4）调节站上的阀门应注明控制某冷间或某设备。

（5）安全管随时与大气连通。

（6）阀门的管道上用箭头标明制冷剂的流向。

（7）禁止用关小或关闭冷凝器进气阀的方法加快融霜速度。

3. 维护和修理的安全操作要点

在制冷剂未抽空或未置换完全且未与大气接通的情况下，严禁拆卸机器或设备的附件进行焊接作业，以防止因残存的制冷剂造成操作者中毒和窒息。特别要防止氨与空气以一定比例混合后，遇到明火发生爆炸。

培训课程 2 制冷作业安全防护

学习单元 1 防护药品、用品和用具

学习目标

了解急救药品、防护用品
会选用并佩戴合适的劳动防护用品
掌握高处作业用具的正确使用

进行制冷工作业时，要按照操作规范佩戴劳动防护用品，做好安全防护工作。对于使用有毒或者易燃、易爆物品的场所，要按照安全生产规定，配备劳动防护用品、消防设施、应急药品、急救工具等。

一、应急药品

1. 柠檬酸

柠檬酸，分子式为 $C_6H_8O_7$，无色结晶粉末，常含一个结晶水，易溶于水，水溶液呈淡黄色。氨中毒抢救时可用 0.5% 柠檬酸水溶液，也可用浓度较高的食用柠檬汁代替。

2. 醋酸

醋酸又称乙酸，分子式为 $C_2H_4O_2$，常温下为无色液体。氨中毒抢救时可用 3% ~ 5% 醋酸水溶液，也可用食用白醋代替。

3. 硼酸

硼酸分子式为 H_3BO_3，呈白色粘砂状，是氧化硼的水合物（$B_2O_3 \cdot 3H_2O$），药用为 3%～4% 的水溶液。硼酸有毒，成人致死量为 15～20 g，故不可内服，只能外用。

二、中和药品

氨大量泄漏时，不但要用水稀释，而且要对氨水溶液进行中和，防止对公众环境和农作物产生危害。盐酸是最常用的中和剂，其分子式是 HCl，无色或微黄，易挥发有刺鼻气味。浓度小于 37% 的盐酸水溶液为稀盐酸，浓度大于 37% 的盐酸水溶液为浓盐酸，一般盐酸浓度不会超过 39%。

盐酸中和氨的反应见下式。中和产物为氯化铵，是一种化肥，无毒无味。

$$NH_3+HCl \rightarrow NH_4Cl$$

中和 1 kg 氨需要 2.14 kg 纯盐酸，则中和 1 kg 氨需要耗费的盐酸溶液量见下式。使用盐酸进行中和时，应将盐酸缓慢地加入水中，防止起泡或溅出。

$$G=\frac{214.14}{x}\ (\mathrm{kg})$$

式中　G——盐酸消耗量，kg；

　　　x——盐酸溶液浓度，%。

三、劳动防护用品

对于制冷剂充注量大于 50 kg 的制冷系统，尤其是易燃有毒的制冷剂（如氨），处理制冷剂泄漏、火灾等突发事故时，必须配备防毒面具、防护服和呼吸器等防护用品。

1. 防毒面具

当制冷系统出现危险化学物品泄漏、可燃物燃烧事故时，周边空气被毒气、烟气污染，为了保证抢救人员的正常呼吸，需要佩戴防毒面具，以滤除空气中的有毒有害物质，保证吸入干净的空气。

防毒面具由滤毒罐（内部有活性炭和化学吸收剂的装填层）、橡胶面罩、导气通道三部分组成，如图 8-15 所示。其工作原理是：使用滤毒药剂滤除染毒空气中的毒性成分，把净化后的空气（氧体积浓度≥ 18%）通过导气通道供给人员呼吸。

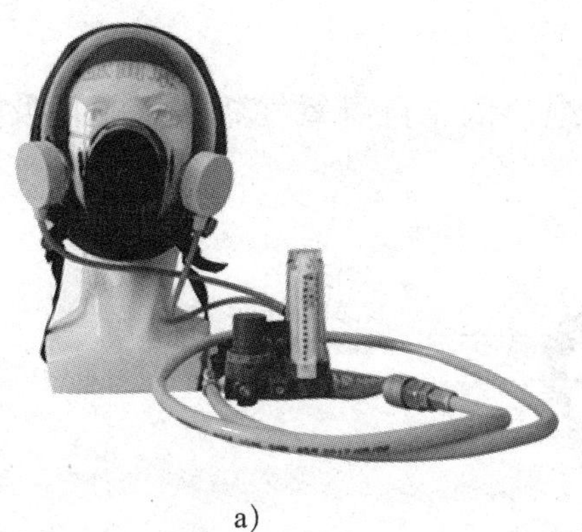

a）

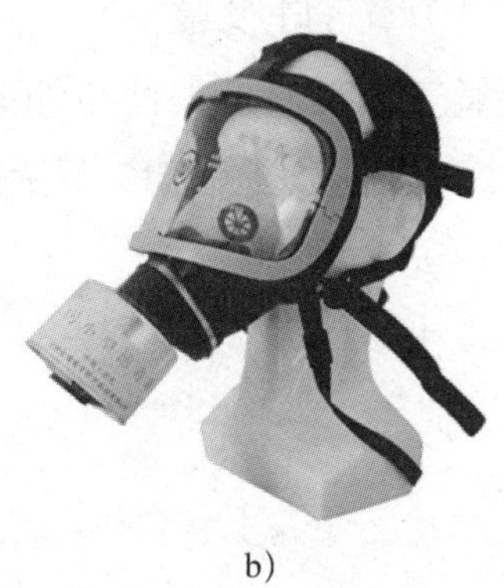

b）

图 8–15 防毒面具

a）供气式 b）过滤式

一种滤毒药剂只能滤除有限几种毒物，同时要注意毒物毒性大小、使用温度范围、滤毒药剂有效时间等，因此应根据毒害物种类和浓度选配合适的防毒面具。

2. 防护服

涉氨事故配备的防护服为全封闭型的防护服，如图 8–16 所示。在制冷、空调事故抢险时，对防护服还有以下要求：氨穿透时间≥ 4 h，能在 –40 ~ 60 ℃温度区间使用，能与空气呼吸器配合使用。

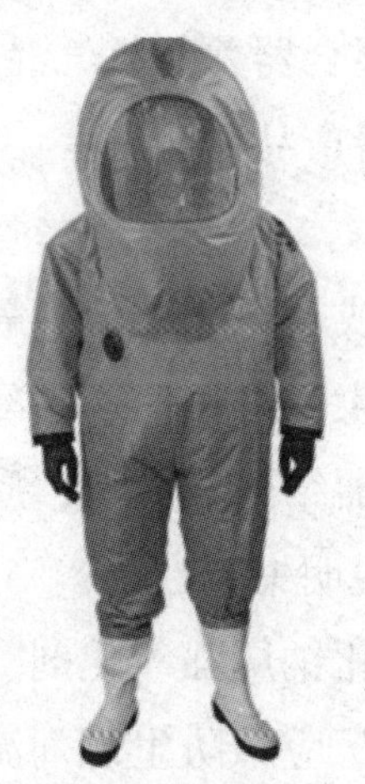

图 8–16 防护服

3. 呼吸器

氨制冷剂泄漏事故抢修时，为了保证较长时间在毒性环境下作业，应采用正压封闭循环式呼吸器。呼吸器有氧气呼吸器、化学氧自救器和空气呼吸器等，其中空气呼吸器的使用安全性较好。

（1）氧气呼吸器

氧气呼吸器是一种与外部环境空气隔绝，依靠自身氧气瓶供氧的呼吸防护器材，其结构如图 8–17 所示。

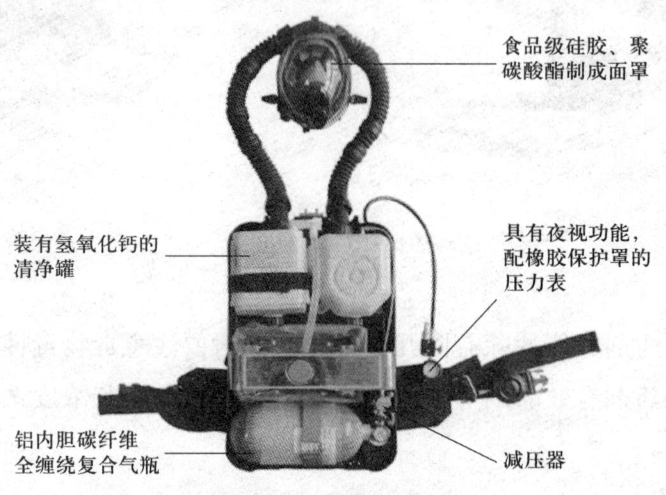

图 8–17　氧气呼吸器

氧气呼吸器的循环工作原理：氧气自氧气瓶流出，经氧气阀、减压器、减压阀、控制器进入常压混合器，与常压混合器中的气体混合后成为含氧空气，经吸气喉管进入面罩；呼出的气体由面罩经呼气喉管和过滤片进入滤芯，滤除二氧化碳，其余气体经呼吸袋和释气阀进入常压混合器并与氧气混合。

氧气呼吸器的性能、使用方法和注意事项参看产品说明书。

（2）化学氧自救器

化学氧自救器又称生氧面具，利用超氧化钾或超氧化钠与二氧化碳反应生成氧气，达到自救目的。常用于矿山事故自救逃生，也可用于制冷、空调事故被困人员自救。相对于氧气呼吸器，化学氧自救器结构较简单，质量较小，作用时间较短。化学氧自救器的使用方法参见产品说明书。

化学氧自救器的生氧药罐中超氧化钾或超氧化钠属强氧化剂，与可燃物接触易燃烧或爆炸。因此，在报废化学氧自救器时，应严防生氧剂流出烧伤皮肤和衣服。更不准撞击生氧药罐或将生氧药罐接近火源或热源，以免生氧药罐爆炸伤人。

（3）空气呼吸器

空气呼吸器是以压缩空气为气源的呼吸器，如图 8–18 所示。当打开气瓶阀时，储存在气瓶内的高压空气流过气瓶阀进入减压器，减压到中压，中压空气流经面罩上的供气阀，按呼吸要求供给空气。面罩内压力高于大气环境压力。吸气时，供气阀膜片向下移动，使阀门开启，提供气流；呼气时，供气阀膜片向上移动，使阀门关闭，呼出的气体经面罩上的呼气阀排出。

图 8–18 空气呼吸器

气瓶用碳纤维复合材料制成，额定储气压力可达 30 MPa，气瓶阀门上有开启后的止退装置，以保证气瓶开启后不会被关闭。

空气呼吸器的性能参数、使用方法和注意事项参见产品说明书。

4. 防护手套

制冷工在进行不同作业时所使用的手套不同，按照防护目的不同，一般可分为防割手套、防寒手套、斜指焊接手套和绝缘手套等。

（1）防割手套

防割手套如图 8–19 所示，由高性能纤维制成，手心部分有丁腈涂层，可防止机械操作可能带来的化学、微生物、电子或热能的危险。

（2）防寒手套

防寒手套如图 8–20 所示，具有保暖内衬，掌面有丁腈涂层，腕部由合成纤维针织而成，除可防止机械操作可能带来的化学、微生物和电子的危险外，其最主要的功能是防寒，最低使用温度可达 –30 ℃。

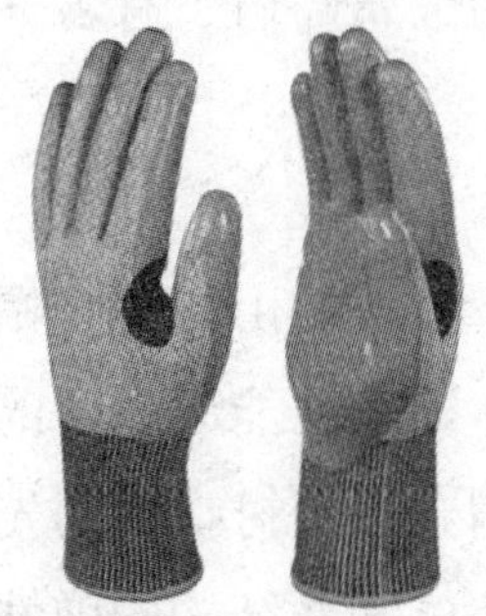
图 8–19 防割手套

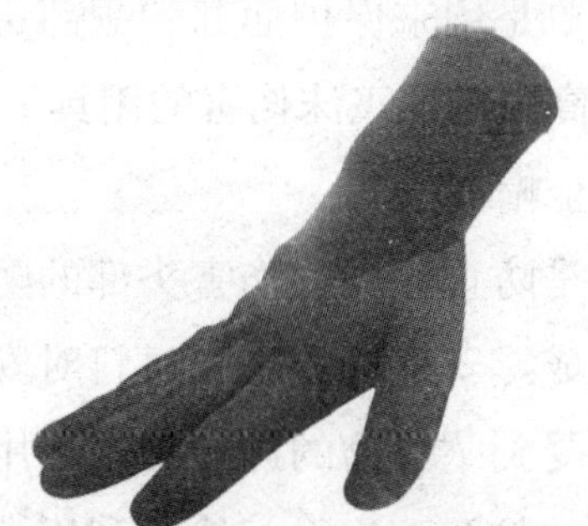
图 8–20 防寒手套

（3）斜指焊接手套

斜指焊接手套如图 8–21 所示，一般由优质耐磨隔热牛皮制成，抗割、防火，棉质内里有吸汗功能，斜拇指设计可使拇指活动自然，方便焊接和握持焊件。

（4）绝缘手套

采用天然乳胶制成，如图 8–22 所示，适用于高压维修等带电作业场合。

图 8–21 斜指焊接手套

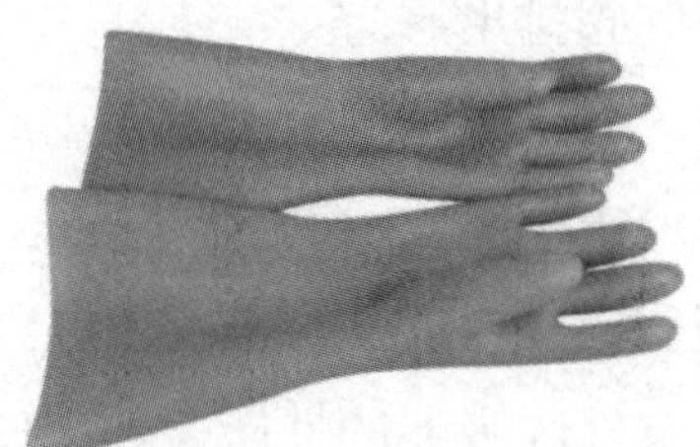

图 8–22 绝缘手套

5. 头部防护用品

头部防护用品主要有防护面罩、安全帽、防护眼镜、耳塞等，如图 8–23 所示。

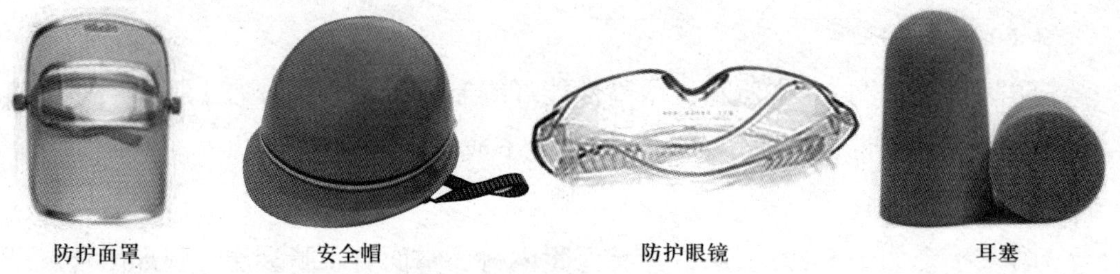

图 8–23 头部防护用品

（1）防护面罩

防护面罩是用来保护面部和颈部免受飞来的金属碎屑、有害气体、液体喷溅、金属和高温溶剂飞沫伤害的用具。

（2）安全帽

安全帽是防止冲击物伤害头部的防护用品。安全帽由帽壳、帽衬、下颌带和后帽箍组成。安全帽的帽壳材料对安全帽整体抗击性能起重要的作用。当作业人员头部受到坠落物的冲击时，利用安全帽帽壳、帽衬在瞬间先将冲击力分解到头盖骨的整个面积上，然后利用安全帽各部位缓冲结构的弹性变形、塑性变形和允许的结构破坏将大部分冲击力吸收，使最后作用到人员头部的冲击力降低到 4 900 N 以下，从而起到保护作业人员头部的作用。

（3）防护眼镜和耳塞

防护眼镜可用于有沙尘、粉末和飞沫的制冷操作场合，以防沙尘、防喷溅、防紫外线等。在噪声超标的制冷操作场合，需要佩戴耳塞防噪，同时还可以阻止有害物质溅入耳孔。

6. 劳保鞋

多数制冷作业需要穿劳保鞋，可以防滑、防砸、防刺穿、防静电，具有耐油、耐酸碱、吸振等功能。

7. 其他用品

对于可燃制冷剂（如R717、R290）的制冷设备进行安装和操作时，佩戴可燃气体探测器，如图8–24所示，该可燃气体探测器具有屏显、蜂鸣、振动和灯光四重报警功能。

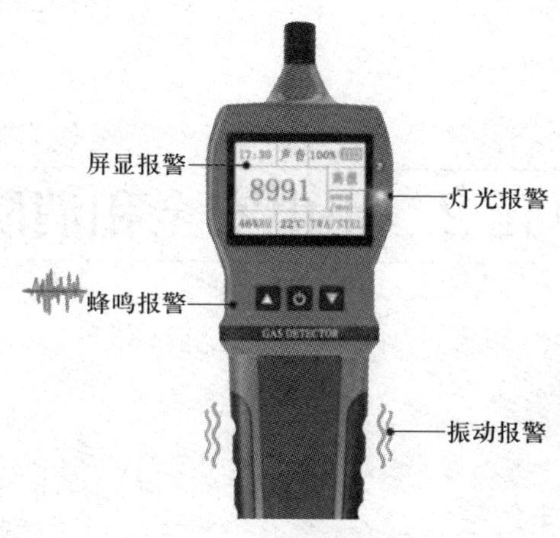

图8–24 可燃气体探测器

四、高处作业安全用具

国家标准《高处作业分级》（GB/T 3608—2008）规定，凡在坠落高度基准面2 m以上（含2 m）有可能坠落的高处进行作业，都称为高处作业。在制冷、空调系统安装和维修时，多数情况属于高处作业，高处作业需要使用的安全用具有安全带、保险绳、登高板和梯子。

安全带是高处作业的救命带，如图8–25所示。登高板如图8–26所示，在高处操作时站脚用。保险绳与安全带配套使用，起加长作用。

使用前要检查安全带标牌及合格证，检查尼龙带有无裂纹，缝线处是否牢靠，金属件有无缺少、裂纹及锈蚀情况。严格按照规定的方法佩戴安全带，保险绳应挂在连接环上使用。并把安全带的保险绳挂在建筑物可承受拉力的构件上，决不能挂在门或窗上，安全带必须要高挂低用。

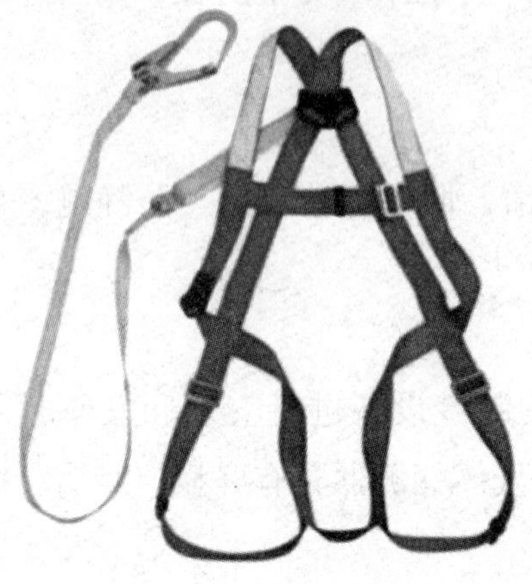

图 8-25 安全带

图 8-26 登高板

学习单元 2 用电安全和消防知识

了解触电类型和触电危害

熟悉安全用电技术措施

熟悉消防器具及其使用方法

在制冷设备安装、调试和维修作业中，多数情况都涉及带电作业，如果不按规定进行操作，轻则损坏设备，重则造成人员伤亡。因此，掌握用电安全知识及遵守安全用电操作规程对制冷工来说至关重要。

在有易燃、易爆化学品的场所，应根据消防要求设置相应的消防设施，同时要熟悉消防器具的正确使用方法。

一、触电类型及触电伤害

触电是指电流流过人体时产生的生理和病理伤害。

1. 触电类型

触电事故分为直接接触触电、间接接触触电和跨步电压触电。

（1）直接接触触电

直接接触触电是指违反操作安全，导致人体直接触及正常运行的带电体所发生的电击。有单相触电和两相触电之分。

1）单相触电是指人体接触带电体的任何一相。对于单相触电，如果电源中性点接地，则加在人体的电压为电源的相电压。如果电源中性点不接地，则加在人体的电压就是线电压，如图 8–27 所示。

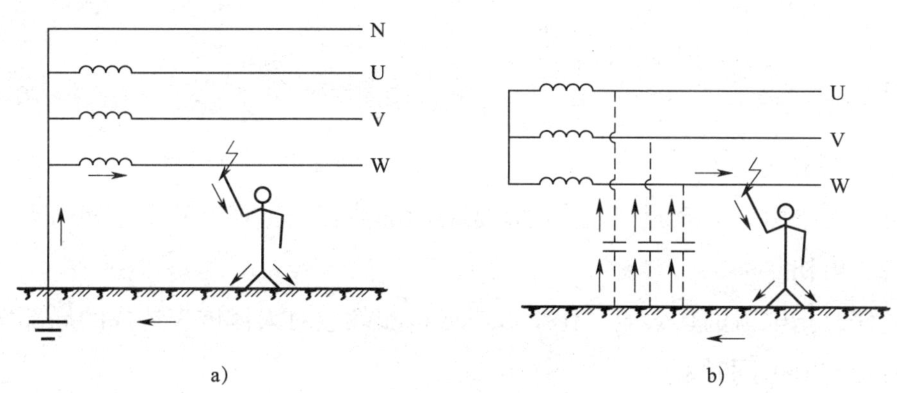

图 8–27 单相触电

a）中性点接地 b）中性点不接地

2）两相触电是指人体接触带电体电源的任何两相，两相触电时，加在人体的电压是电源的线电压，如图 8–28 所示。

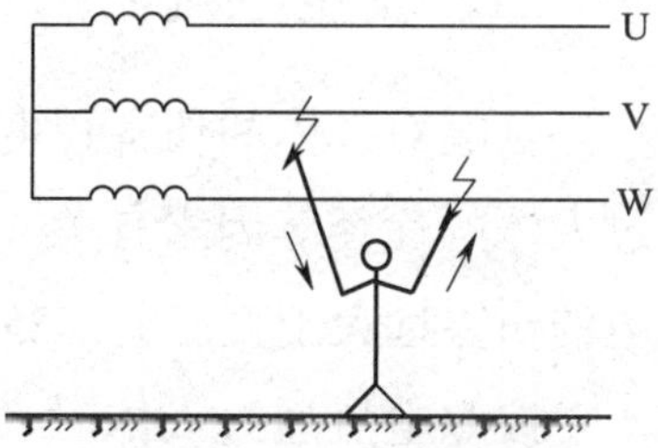

图 8–28 两相触电

（2）间接接触触电

间接接触触电是指由于电气设备绝缘损坏，导致其正常运行时不带电的外露金属部件此时存在对地电压，人在没有察觉的情况下触碰带电的金属外壳造成的触电事故。

（3）跨步电压触电

输电线断线落地或运行中的电气设备因绝缘损坏漏电时，电流经过接地体向大地做半环形流散，并在落地点或接地体周围地面产生强大电场。地面不同位置间存在电位差，当人走过现场，两脚间存在（成人步距约 0.8 m）的电位差，称为跨步电压，此时造成的触电称跨步电压触电，如图 8–29 所示。离落地点越近，跨步电压越大，触电事故的危害越严重。

2. 触电伤害

触电伤害有电击和电伤两类。

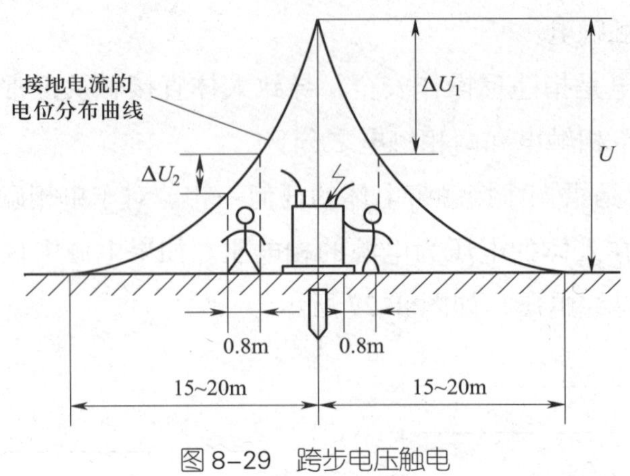

图 8–29　跨步电压触电

（1）电击

电击是指由于电流通过人体而造成的内部器官在生理上的反应和病变。

（2）电伤

电伤是指电流的热效应、化学效应或机械效应对人体体表造成的局部伤害，电伤常常与电击同时发生。

电伤有电灼伤、电烙印、皮肤金属化三种类型。

二、安全电流

触电对人体的伤害程度与通过人体电流的大小、持续时间、电源频率和通过人体的途径等因素有关。电流越大、持续时间越长，触电伤害就越大。交流电的伤害远大于直流电，25 ~ 300 Hz 的交流电伤害最大。

按照电流通过人体时人体的不同生理反应，可将电流分为感知电流、摆脱电流和致命电流。

使人体有感觉的最小电流称为感知电流；人体接触后能自主摆脱电源的最大电流称为摆脱电流；在较短时间内，危及人体生命的最小电流称为致命电流。三种电流对于不同人群的具体数据见表 8–1。

表 8–1　感知电流、摆脱电流和致命电流　　mA

分类 类型	交流电		直流电（平均值）
	成年男性	成年女性	
感知电流	$i<1.1$	$i<0.7$	$i<5$
摆脱电流	$1.1 \leqslant i<16$	$0.7 \leqslant i<10$	$5 \leqslant i<50$
致命电流	$i \geqslant 16$	$i \geqslant 10$	$i \geqslant 50$

三、安全用电原则

安全用电的原则：①要严格遵守操作规程；②保持电气设备完好，即保持电动机及相关的控制装置、保护装置、测量仪器仪表、继电保护装置完好；③保持相关供电线路，包括断路器等开关设备、漏电保护装置完好；④严禁自行改动线路、拆除地线、拆除保护装置、改变保护整定值等错误做法；⑤按照检修规程规定的周期、内容和要求对设备进行计划维护和检修。

四、安全用电技术措施

制冷工保证安全用电的技术措施有两个：一是按规定使用安全电压，二是使用电气安全用具。

1. 使用安全电压

影响触电后果的是电流而不是电压，理论上安全指标应为允许电流值，但在实际工作中，常以电压为安全的指标，不同使用场合的安全电压见表 8–2。

表 8–2　不同场合的安全电压　V

安全电压（交流为有效值）		适合场所
额定值	空载上限值	
42	50	在有危险的场所使用的手持电动工具
36	43	潮湿场所，如矿井、多导电粉尘及类似场所使用的行灯
24	29	工作面积狭窄且操作者易大面积接触带电体的场所，如锅炉、金属容器内
12	15	人体需要长期触及器具上带电体的场合
6	8	

2. 使用电气安全用具

电气安全用具是保障工作人员安全，防止触电、坠落、灼伤等危险的电工专用工具。电气安全用具主要有绝缘安全用具、电压检测安全用具、防护和警告安全用具等。制冷工带电作业时，要选用装有绝缘手柄的操作工具，佩戴绝缘手套，配备橡胶绝缘垫，使用低压验电器（试电笔），按照安全规定规范操作，保证自身安全和设备安全。

五、消防知识

多数制冷剂的冷凝温度所对应的压力是高于常压的，氨制冷剂有毒性和刺激性，氨和 R290 等制冷剂可燃、可爆，多数卤代烃制冷剂遇明火会产生光气。制冷机房和设备间存在火灾隐患和火灾引发二次灾害的隐患。因此，操作人员必须学习防火灭火等消防知识。

1. 制冷、空调场所发生火灾的根源

制冷、空调场所发生火灾的常见原因是违反以下安全生产制度。

（1）在使用易燃、易爆制冷剂的车间内违规动用明火。

（2）气焊操作时未采取相应防火措施。

（3）未及时排除易燃、易爆制冷剂的泄漏故障，导致遇明火燃烧或爆炸。

（4）未按规定维护机器、设备，以致产生高温。

（5）违规改动电气线路和设备。

（6）未按规定清除工作区内的杂物。

2. 制冷机房和设备间消防安全管理制度

制冷机房和设备间的消防安全管理制度涵盖以下内容。

（1）严禁烟火制度，如制冷机房、设备间、制冷剂库房等严禁烟火。

（2）定期的消防安全教育和培训制度。定期学习消防法规和各项规章制度，针对岗位特点进行消防安全教育，对消防设施的维护保养和使用人员应进行演练。

（3）定期的防火巡查和检查制度。单位每月一次防火检查并复查追踪，车间每周进行一次防火检查并整改，操作人员每天进行防火巡查。

（4）安全疏散设施检查制度。应始终保持疏散通道、安全出口畅通，严禁占用疏散通道，严禁在安全出口或疏散通道上安装障碍物。

（5）消防设施、器材维护管理制度。消防设施日常管理由专人负责，每日检查消防设施的状况，保持设施整洁、完好，定期对灭火器进行普查和更换。

（6）动火管理制度。动火作业时，按规定向消防管理部门申请“动火许可证”。动火作业前应清除动火点附近 5 m 区域内的易燃、易爆物品，或保持适当的安全隔离。调取适当种类、数量的灭火器材随时备用，如有动用应如实记录。在作业点就地动火施工，应向单位申请，负责人派人监督现场。离地面

2 m 以上的动火作业，必须有一人在下方专职负责随时扑灭可能引燃其他物品的火花。

3. 火灾分类

我国国标《火灾分类》（GB/T 4968—2008）根据可燃物的类型和其燃烧特性，将火灾分为六类，见表 8-3。制冷作业场所火灾多属 A 类、B 类和 C 类。

表 8-3　火灾分类

火灾种类	名称	可燃物示例
A 类	固体物质火灾	木材、棉、毛、麻、纸张
B 类	液体或可熔化的固体物质火灾	汽油、煤油、柴油、原油、甲醇、乙醇、沥青、石蜡等
C 类	气体火灾	煤气、天然气、甲烷、乙烷、丙烷、氢气
D 类	金属火灾	钾、钠、镁、钛、锆、锂、铝镁合金等
E 类	带电火灾	—
F 类	烹饪器具内的烹饪物火灾	动植物油脂

4. 消防器材及其使用

常用的灭火器材有干粉灭火器和消火栓。

（1）干粉灭火器

干粉灭火器内部装有干粉灭火剂（碳酸氢钠或磷酸铵盐）和驱动气体（氮气或二氧化碳）。根据灭火剂的不同，干粉灭火器可分为 BC 类和 ABC 类两种。BC 类的火火剂为碳酸氢钠；ABC 类的灭火剂为磷酸铵盐。ABC 类干粉灭火器可以扑灭 A 类、B 类、C 类和 E 类的初期火灾。按操作方式干粉灭火器分为手提式干粉灭火器和推车式干粉灭火器。按灭火剂的粒径大小干粉灭火器可分为普通干粉灭火器和超细干粉灭火器。在制冷、空调作业场所，多使用灭火剂量在 4 kg 以上的干粉灭火器。

1）手提式干粉灭火器。手提式干粉灭火器及其使用步骤如图 8-30 所示。其使用步骤是：①手提灭火器的提把，迅速赶到着火处；②在距离起火点 5 m 左右处，站于上风方向；③用前，先把灭火器上下颠倒几次，使筒内干粉松动；④提起灭火器，拔出保险销，一只手握住喷嘴对准火焰根部，另一只手按下压把，干粉即喷出，同时摆动喷嘴使粉雾横扫整个火焰区，由近而远向前推进，直至火焰扑灭。

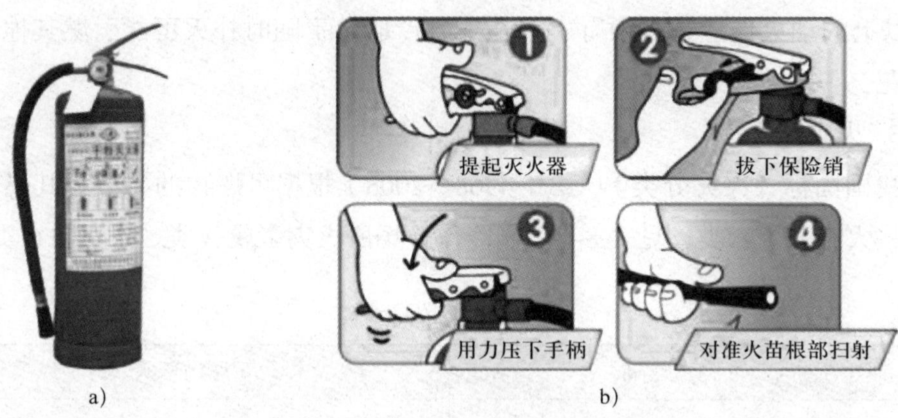

a)　　b)

图 8–30　手提式干粉灭火器及其使用步骤

a）外形　b）使用步骤

2）推车式干粉灭火器。推车式干粉灭火器及其正确使用方法如图 8–31 所示：①推至距离起火点约 5 m 处，将其后部向着火源，占据上风方向；②取下喷枪，舒展胶管（切记胶管不可有拧、折现象）；③提起进气压杆，使二氧化碳进入储罐，当表压升至 1 MPa 时，放下进气压杆，停止进气；④一只手握住喷嘴对准火苗根部，另一只手打开开关，干粉即喷出，同时摆动喷嘴使粉雾横扫整个火焰区，由近而远向前推进，直至火焰扑灭。

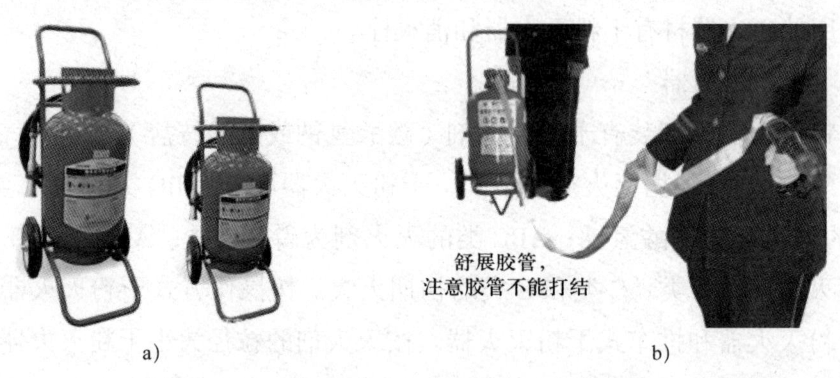

a)　　b)

图 8–31　推车式干粉灭火器及其正确使用方法

a）外形　b）正确使用方法

3）干粉灭火器使用注意事项

①扑救容器内可燃液体火灾时，也应站于上风方向，从火焰侧面对准火苗根部，左右扫射。灭火时不要把喷嘴直接对准液面喷射，以防油液飞溅，火势扩大。

②扑救固体物质火灾时，应使干粉灭火器嘴对准燃烧最猛烈处火苗根部，左右扫射，直至把火全部扑灭。

③灭火中应保持干粉灭火器的直立状态，不得使其横卧或颠倒。

④干粉灭火器灭火后要谨防复燃。

⑤干粉灭火器每半年需检查一次压力表，指针在绿区为正常。

⑥干粉灭火器需保存在灭火器箱中，以避免日晒、雨淋、碰撞和跌落，不可倒置存放。灭火器箱须有明显标志，如图 8–32 所示。灭火器箱必须摆放在规定的位置，不得随意挪动，其周围应保持整洁、畅通，不得进行遮挡。

（2）消火栓及其配套设施

在制冷、空调作业场所，须设置消火栓及其配套的消防水带和水枪。消火栓和消防水带、水枪置于消火栓箱中，如图 8–33 所示。消火栓箱的周围应保持整洁、畅通，不得有遮挡或堵塞，也不得放置其他物品。

图 8–32 灭火器箱

图 8–33 消火栓箱

学习单元 3 事故防备与紧急救护

学习目标

了解制冷系统事故防备和紧急事故应急预案

熟悉制冷剂伤害紧急救护

熟悉触电急救方法

一、制冷系统紧急事故防备

制冷、空调系统的安全管理包括：紧急事故预测、紧急事故预防和紧急事故应急预案。只有平时做好预防和预备工作，才能减少紧急事故，即便发生紧急事故时，也能及时按事故应急处理预案进行处理。只有做好预备工作和应急预案，才能有效有序快速处理紧急事故，降低或消除紧急事故造成的生命财产损失。

1. 安全防护用品制度

安全防护用品制度包括安全防护用品用具的配备和管理。

（1）安全防护用品用具的配备

制冷运行、维护和修理工作场所配备的安全防护用品用具主要有应急药品、电工安全用具、防护器材、劳动防护用品、高处作业安全用具等，主要用于操作人员的安全防护，具体见表 8–4。

表 8–4　安全防护用品用具配备

类别	名称	数量
应急药品	0.5% 柠檬酸水溶液或柠檬汁	500 mL
	3% ~ 5% 醋酸水溶液或白醋	500 mL
	3% ~ 4% 硼酸水溶液一瓶	500 mL
	烫伤药膏	一支
	盐酸溶液	氨系统必备，根据系统氨量和盐酸浓度计算
电工安全用具	绝缘手套	两副以上
	低压验电器（试电笔）	两支以上
	手持照明灯	两盏以上
防护器材	防毒面具	氨制冷系统必备，按操作人员个数配备，一人一副以上
	防护服	氨制冷系统必备，一套以上
	呼吸器	氨制冷系统必备，一套以上
劳动防护用品	防护手套	根据具体作业选用合适的防护手套，按操作人员个数配备
	头部防护用品	根据具体作业选用合适的防护用品，按操作人员个数配备
	劳保鞋	按操作人员个数配备，一人一双以上

续表

类别	名称	数量
高处作业用具	安全带	两套以上
	登高板	一套以上
	梯子	一架以上
	保险绳	两根以上

（2）安全防护用品管理制度

安全防护用品管理制度的主要内容如下。

1）每次使用后，安全防护用品应擦拭干净，分别按说明书妥善保管。

2）安全防护用品必须专品专用，绝不可将安全防护用品挪作他用，也绝不能用其他用品、用具代替安全防护用品。例如，绝不可用普通灯代替手持照明灯，绝不可用普通腰带代替安全带，也绝不可用普通木板代替登高板，同样绝不可用万用表或灯泡代替低压验电器。

3）使用单位安全负责人必须对安全防护用品进行定期检查和定期试验。安全防护用品的主要检查项目和检查周期见表 8–5。

表 8–5　安全防护用品的主要检查项目和检查周期

名称	检查项目	检查周期
绝缘手套	破损、老化	两个月
低压验电器（试电笔）	损坏	两个月
手持照明灯	锈蚀、磨损、鼠啮	两个月
电焊面罩	破损	两个月
电焊手套	破损	两个月
电焊脚套	破损	两个月
气焊眼镜	破损	两个月
安全带	破损、老化、金属件锈蚀，无弹性、鼠啮	一个月
登高板	绳磨损、老化、板开裂、鼠啮	一个月
梯子	锈蚀、拉绳磨损、鼠啮、绊销失灵	一个月
保险绳	磨损、鼠啮	一个月

2. 紧急事故应急预案

紧急事故应急预案的目标是控制并尽可能消除突发事故的进一步发展，将事故对人、财产、环境造成的损失或影响降到最低。

紧急事故应急预案应包括：事故组织处理责任人及相应职责、事故防范措施、事故类型和原因、事故应急处理原则和程序、事故报警和报告、工程抢险和医疗救护、应急演练等。

紧急事故应急预案要满足以下要求。

（1）事故应急处理预案应明确负责人和执行人，明确人员职责、权限和义务，对执行人应做相应的培训和演练，确保发生紧急事故时，预案能有效执行。

（2）事故应急预案处理程序遵循“公众安全，人员安全，环境安全”的原则。

（3）应急处理预案应具有针对性和可实施性。比如针对具体的制冷系统、使用场所制定，要描述事故的原因和可能结果，并明确抢险措施和操作程序。

（4）事故应急预案应涵盖系统所有零部件和管路可能出现的泄漏事故、机械事故等，并给出应对措施。抢险措施应明确断电、关闭哪一个阀门、开启哪一个阀门、向什么部位淋水等具体动作和执行操作的具体人员。

（5）事故应急处理预案还包括：疏散程序；危险安全隐患（物料）的标识及其应急处理措施；与外部应急机构的联系；与消防部门、安全生产监督管理部门、环境保护主管部门、保险机构及相关企业的沟通；重要设备设施的保护等。

二、制冷剂伤害紧急救护

在紧急事故中若出现氨中毒、冻伤、灼伤、触电等情况，要在联系医疗机构的同时，尽快进行现场急救。

1. 氨中毒

当人体通过呼吸道或者皮肤吸收氨，如呼吸道受刺激较大，可能会导致氨中毒。不管氨中毒程度如何，首先要迅速将伤员转移到有新鲜空气的场所进行救护，避免伤员继续吸入含氨的空气。

当呼吸道受氨气刺激引起咳嗽时，可用水浸湿毛巾，并用湿毛巾捂住口鼻。由于氨被水吸收，可显著减轻氨的刺激。也可用3%～5%醋酸水溶液或白醋浸湿毛巾并捂住口鼻，吸入酸蒸气可中和吸收的氨。

当呼吸道受氨气刺激比较严重时，可用硼酸水滴鼻、漱口，并让中毒者饮入 0.5% 柠檬酸水溶液或柠檬汁。谨记切勿饮用清水，否则氨溶于水会促进氨的扩散。

当氨中毒十分严重，致使呼吸微弱，甚至休克、呼吸停止时，应立即对中毒者进行人工呼吸，并给其饮用较浓的白醋、食醋，有条件时施以纯氧呼吸，并应立即送医院抢救。

2. 冻伤

制冷系统低温设备的制冷剂与人体直接接触会造成冻伤，较大量的制冷剂浸透衣物，会产生衣物和皮肤冻结。氟利昂类制冷剂既不易溶于水，也不会被皮肤吸收，将会直接汽化吸热造成单纯性冻伤。

氟利昂制冷剂溅到皮肤或衣服上，应立即用常温清水冲淋。溅到皮肤上发生单纯性冻伤时，用温度为 30 ~ 40 ℃的温水先冲淋后浸泡。小面积（数平方厘米）冻伤，先冲淋或浸泡约 10 min，而后晾干（切记不可擦干）皮肤，轻涂医用冻疮膏、消毒凡士林或植物油。大面积冻伤时，边浸泡边送入医院。

少量制冷剂溅到衣服上，冲淋后可脱下衣服，再冲淋或浸泡。大量制冷剂溅到衣服上或浸透衣服，应一边冲淋，一边剪开衣服，切记不能硬脱，以免造成皮肤大面积严重损伤。

3. 灼伤

氨液溅到皮肤上会同时造成化学灼伤和冻伤，可用温度不超过 46 ℃的清水或 2% 硼酸水溶液冲洗，切忌干加热。等解冻后，再涂上消毒凡士林、烫伤药膏或植物油。

少量氨液溅到衣服上时，可一边冲洗，一边脱下衣服。大量氨液溅到衣服上或浸透衣服时，则必须一边冲淋，一边剪开衣服。

若氨液溅到眼睛里，前 5 min 是救治的关键时间，绝不可延误，应立即用大量常温清水、生理盐水或 2% 硼酸水溶液冲洗。冲洗时眼皮一定要轻轻翻开，使水布满全眼，紧急冲洗后应尽快送医院救治。

腹部以下器官处于氨气氛下，吸收氨蒸气产生强烈刺痛感时，立即浸入清水中，即可逐渐缓解。

三、触电紧急救护

触电急救的原则是“迅速、就地、准确、坚持”。“迅速”就是尽快使触电者脱离电源，并置于安全地点。“就地”就是在就近安全地点抢救触电者。“准确”就是施救方法得当，施救动作正确。“坚持”就是不要轻易放弃，坚持到底，直到医务人员判定触电者已经死亡，才能停止抢救。夜间发生触电事故时，应解决临时照明问题，以便切断电源后进行救护，同时应防止出现其他事故。

1. 脱离电源

触电急救的第一步是使触电者迅速脱离电源，同时注意应保护好自己和触电者。

1 000 V 以下的电压称为低压，1 000 V 及以上的电压称为高压。脱离低压电源和脱离高压电源的方法有区别。

（1）脱离低压电源的方法

根据现场情况不同，救援者可用“拉”“切”“挑”和“拽”等方法迅速使触电者脱离电源。

1）“拉”：若在触电者附近有电源开关或插座时，应立即拉下开关或拔掉电源插头。

2）“切”：若找不到电源的开关时，应迅速用绝缘完好的钢丝钳或断线钳剪断电线，以断开电源。

3）“挑”：对于因导线绝缘损坏造成的触电，可用绝缘工具、干燥的木棒等将电线挑开。

4）“拽”：抢救者可戴上绝缘手套或在手上包缠干燥的绝缘物品，拖拽触电者。

（2）脱离高压电源的步骤

发现有人在高压设备上触电时，抢救者应立即通知变配电间停电，或者戴上绝缘手套、穿上绝缘靴后拉开电闸。

2. 现场救护要点

触电者脱离电源后，将其迅速移至通风干燥处进行简单诊断：①观察其瞳孔是否放大，当处于假死状态时，人体大脑细胞严重缺氧，处于死亡边缘，瞳孔自行放大；②观察触电者有无呼吸和心跳，摸摸其脉搏状况。

简单诊断的结论不同，施救方法也不同。

（1）有心跳无呼吸的触电者的急救

若触电者有心跳无呼吸，应采用“口对口人工呼吸法”施救，如图 8–34 所示。操作方法：①让触电者仰天平躺，颈部枕垫软物，松开颈部和腰部穿戴束缚，清除口中异物，抢救者跪在触电者的一边，使触电者的头部尽量后仰，鼻孔朝天；②抢救者用一只手捏紧触电者的鼻子，另一只手托在触电者颈后，然后抢救者颈部上抬，深深吸一口气，用嘴紧贴触电者的嘴，大口吹气；③吹气结束后，放松捏着触电者鼻子的手，让气体从触电者肺部排出，如此反复进行，每 5 s 吹气一次，坚持连续进行，不可间断，直到触电者苏醒为止。

（2）有呼吸无心跳触电者的急救

若触电者有呼吸无心跳，应采用“胸外心脏按压法”施救，如图 8–35 所示。操作方法：①将触电者仰放在硬板上或地上，颈部枕垫软物使其头部稍后仰，松开颈部和腰部衣物束缚，跪跨在触电者腰部；②右手掌根部按于触电者胸骨下二分之一处，中指指尖对准其颈部凹陷的下缘，左手掌叠压在右手背上；③掌根用力下压 5 cm，然后突然放松。需要注意的是，按压与放松的动作要节奏均匀，每分钟 100 次为宜，必须坚持连续进行，不可中断。

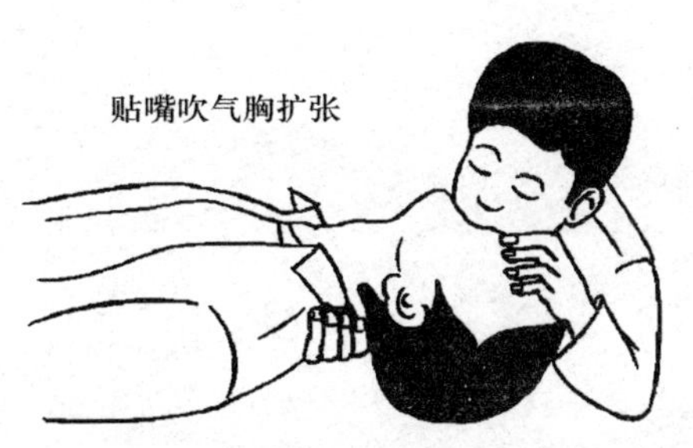

图 8–34 口对口人工呼吸动作

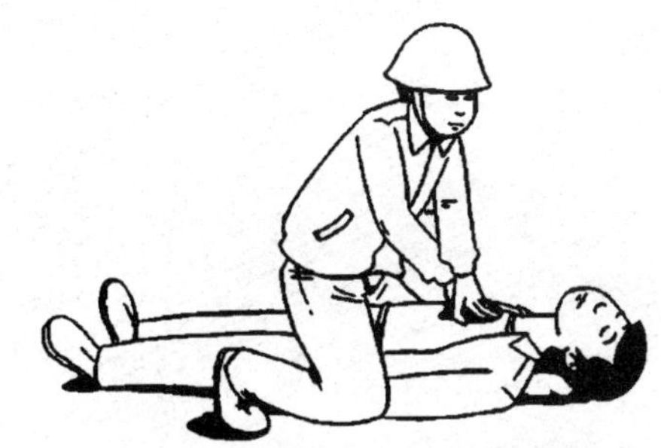

图 8–35 胸外心脏按压法动作

（3）既无呼吸也无心跳触电者的急救

若触电者既无呼吸也无心跳，则要口对口人工呼吸和胸外心脏按压法交替使用。此时，若一人施救，先吹气 2 次，再按压心脏 15 次，且速度要稍快些，如图 8–36 所示。若两人施救，则一人负责人工呼吸，每 5 s 吹气一次；另一人负责胸外心脏按压，每 1 s 挤压一次，两人同时进行，如图 8–37 所示。

触电急救除了快速进行现场施救外，同时也要拨打急救电话或送医进行专业急救。

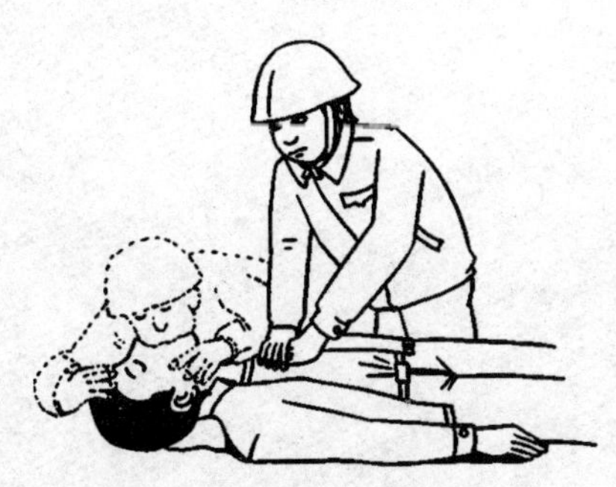

图 8–36 单人施救

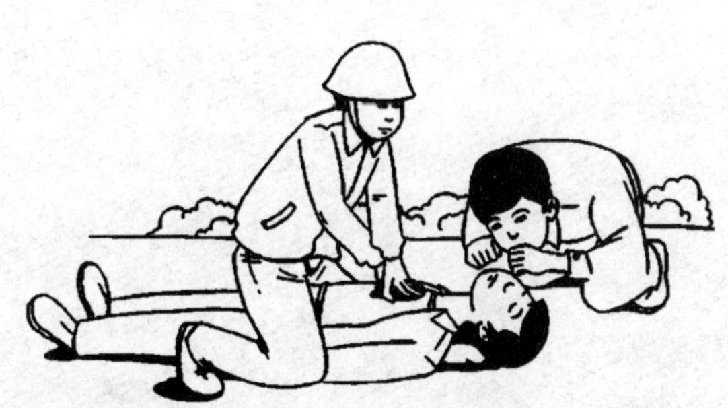

图 8–37 两人施救

职业模块 9 节能与环保

培训课程 1　节能基础知识

培训课程 2　制冷系统环境保护相关知识

培训课程 1

节能基础知识

了解能源管理制度

熟悉制冷系统节能运行的方法

《中华人民共和国节约能源法》中明确指出：节约资源是我国的基本国策。国家实施节约与开发并举、把节约放在首位的能源发展战略。

制冷系统主要消耗水、电（燃料）和油，为了节约物料和能源，不仅需要对制冷系统进行规范的能耗管理，也要确保制冷系统的节能高效运行。

一、能耗管理

耗能企业应将能源管理制度建设作为企业发展的战略，首先要认真分析企业能源管理现状，制定能源管理制度建设工作方案，明确职责、目标、措施等要求。其次，要开展业务培训，使相关人员全面掌握能源管理制度建立、实施和改进的方法，并组织制定相关文件，做好文件的发布、学习、执行和监测。同时，要进行过程控制和审核，分析达标与否，评价管理效果。最后要针对发现的问题，及时改进能源管理制度，持续优化管理，提高企业能源利用效率，降低企业能耗。

二、制冷系统节能运行

制冷热泵系统能耗高低主要取决于与冷（热）负荷的大小和系统的运行效

率。尽可能减小冷（热）负荷，最大可能地提升系统运行效率，是系统节能运行的关键。通过提升隔热、保温、防潮措施可以减小冷（热）负荷；制冷热泵系统的各个部件运行状况良好，才能保证整机的运行效率，比如压缩机运行参数合适、压缩机冷冻机油循环良好，冷凝器、蒸发器的换热效率高，都有助于系统效率的提高。提升系统效率的主要措施：合理调整制冷热泵系统运行参数，提高系统各零部件效能；及时清除换热器污垢、油膜和霜层等，提高换热器的传热效率；防止杂质进入制冷系统，及时排除系统内的杂质等。

1. 减小冷（热）负荷

（1）保证隔热层的隔热效果

隔热层填充不实或破损，将会造成传热增强，导致冷（热）负荷增加，甚至有结霜、结露的可能。因此，要注意检查隔热层的状态并及时修补破损的隔热层。

（2）保证防潮隔气层的效果

若防潮隔气层受损，隔热材料会受潮失去隔热性能，因此，要注意检查修复防潮隔气层并晒干隔热层。

2. 防止蒸发温度过低和冷凝压力过高

制冷热泵系统运行中，冷（热）负荷和运行条件都可能发生变化，需要不断调整和控制运行参数，使系统高效运行。从制冷循环的能效分析可知：蒸发温度越低，冷凝温度越高，系统的制冷系数就越低，能耗就越高。据测算，蒸发温度每降低 1 ℃，耗电量约增加 3%；冷凝温度每升高 1 ℃，耗电量约增加 1.5%。防止蒸发温度过低和冷凝压力过高的措施如下。

（1）调节制冷量

当制冷量大于冷负荷时，会使蒸发温度降低，蒸发温度与负荷（库房、载冷剂）温度之间的温差增大；还会增加冷凝负荷和提升冷凝温度，增大压缩机功耗；导致系统能效下降。因此，应根据负荷的变化适当减少压缩机开启台数，或用能量调节装置减少制冷量。

（2）及时融霜

蒸发器盘管结霜使其传热系数变小，热阻增加，降低传热效果，导致制冷剂的蒸发温度和蒸发压力的降低，所以要及时进行融霜处理。

（3）保持合适的供液量

直接膨胀式系统中膨胀阀开启过小，系统供液量少，在压缩机能量不变的情况下，蒸发压力降低而使蒸发温度降低，蒸发器出口过热度增加。此时，应适当增加膨胀阀开度以减小过热度。

（4）调整冷凝器运行台数

多台冷凝器并联的系统，冷凝器运行台数少，会使冷凝温度过高；冷凝器运行台数过多，冷凝温度下降效果不明显，水泵或风机耗能增加。较经济合理的冷凝温度为比冷却水的出水温度高 3 ~ 5 ℃，比冷却空气的出风温度高 5 ~ 8 ℃。

3. 提高换热器传热效率

要及时清除换热器上的污垢、结霜等，以提高换热器的传热效率，具体措施如下。

（1）及时融霜。

（2）清除冷凝器水垢。

水垢增加传热热阻，降低传热系数，使换热效率下降，冷凝温度上升，系统能效下降。因此，应及时除垢。

（3）保持冷凝器布水均匀

冷凝器布水不均匀时，部分管内水流量大，但传热增强不明显；部分管内水流量小，甚至水从管子中心流下，没有与管壁换热，这将导致冷凝器总体的传热效率降低，冷凝温度升高。因此，当冷凝器布水不均匀时，应及时维护更换。

（4）清洗冷却塔

冷却塔安装在室外，在风机作用下，灰尘、树叶、昆虫等会进入塔内，日积月累会造成冷却塔的填料、管道、布水器喷孔等的堵塞，冷却效果变差。因此，冷却塔应定期检查清洗，以保持清洁。

（5）清洗压缩机冷却水套和缸盖

压缩机冷却不良会造成排气温度过高，润滑不良、摩擦损耗增加，压缩效率下降，制冷系统能耗增加。因此，应定期清洗压缩机的冷却水套和缸盖，以保证压缩机和制冷系统安全高效运行。

（6）保持冷却水的水质

冷却塔循环水系统是开式系统，冷却水不断蒸发，水中盐含量上升，易造成冷凝器结垢。运行中每蒸发 1 kg 水，不但要补充 1 kg 新水，还要补充更换掉 0.35 kg 循环冷却水。补充的水要先经过补水净化处理，达标后才能进入冷却水循环。

（7）除藻

冷却水与大气直接接触，易滋生藻类，要定期对冷却水投药灭藻。

4. 排除系统的杂质

制冷系统是一个密闭循环系统，系统内循环的制冷剂要求纯净无杂质。但运行中，由于充注制冷剂纯度不高、系统密封性不好、冷冻机油分离不彻底等，导致制冷剂含有水、空气和冷冻机油等杂质，严重影响能效，应及时排除。

（1）放空气

冷凝器中若存在空气，不但会使冷凝压力和冷凝温度升高，而且空气将会形成附加热阻，使传热效率急剧降低，故应及时排放空气。

（2）放油

氨制冷系统的蒸发器中有冷冻机油，会在蒸发盘管的管壁上形成一层油膜，产生附加热阻，降低传热系数，降低蒸发压力和蒸发温度。因此，应正确控制压缩机加油量，及时对系统各设备放油，并利用热氨冲霜带走蒸发器里的冷冻机油。

（3）控制冷冻机油中含水量

冷冻机油是吸水的，用敞开的储油容器存储会使冷冻机油吸收空气中的水分，故应封闭油桶。

5. 制冷系统综合管理节能措施

制冷系统综合管理节能的措施如下。

（1）余热余冷的回收

比如回收低温的冲霜水，将其与冷却水混合，一方面减少系统水耗，另一方面降低冷凝温度。

（2）控制泵与风机电耗

当水温接近空气湿球温度时，关闭冷却塔风机，减少电耗；当负荷变化时，调整冷凝器及匹配的泵或风机台数；冷风机负荷减小时，减少风机开启台数。

（3）保持压缩机处于完好状态

压缩机运行时会有零部件磨损、装配间隙变动、密封性能变差，过滤器堵塞等情况，这些都会导致电耗增加。因此，应当制订大、中、小修计划，定期检查维修保养，以保证压缩机的高效运行。

（4）有效利用蓄冷技术

采用蓄冷技术，可以在电网低负荷时制冷并把冷量存蓄起来，在电网负荷较高时，利用存蓄的冷量满足空调负荷需要，起到移峰填谷的作用，可降低电网容量，保证电网高效率运行。

6. 冷库综合节能措施

冷库综合管理节能的措施如下。

（1）包装化冷藏

空气的湿度越大，蒸发器温度与冷库的库温差越大，越容易在蒸发器上结霜。将冷藏与保鲜工艺相结合，尽量采用包装化冷藏，一方面可以减少果蔬的干耗，另一方面可减少蒸发器的结霜。

（2）提高冷库库房利用率

不管库房内货品多少，冷库围护结构的传热都会造成相应的冷负荷。在满足冷藏工艺的要求时，尽量提高冷库库房利用率，多放货品，冷库围护结构产生的冷负荷不变，降低了单位货品的冷藏能耗。

（3）减少库房开门漏冷

尽量减少开门次数和开门时间，进出库房随手关门，在房门内侧加装门帘。在门外侧布置风幕机，开门时用风幕阻隔库房内外的气流。

（4）智能控制库房照明

库房照明不但消耗电能，还会产生热量形成冷负荷，因此，库房照明应分组控制。

（5）夜间进行通风换气操作

果蔬储存中不断新陈代谢，需要定时通风换气，即从库外引入新鲜空气，排出库内的污浊空气。外界气温越高，能量损失越大。因此，通风换气操作应尽可能选在库内、外温差最小时进行。

培训课程 2 制冷系统环境保护相关知识

了解制冷剂对臭氧层的破坏作用、制冷剂的温室效应和制冷空调系统废弃物的再生利用

理解常用制冷剂的臭氧层破坏潜值和全球变暖潜值

熟悉制冷剂的替代方向和趋势

制冷系统对环境的影响主要来自制冷剂，即制冷剂的温室效应及其对臭氧层的破坏作用，分别用全球变暖潜值（GWP，global warming potential）和臭氧层耗减潜值（ODP，ozone depletion potential）来衡量。新型环保制冷剂的替代使用，是解决制冷系统环境问题的根本方法。

制冷系统中的废弃载冷剂、溶液和润滑油，若直接排放，也会造成环境问题，往往需要再生处理并循环利用，以达到节能和环保的双重目的。

一、制冷剂对臭氧层的破坏作用

1. 卤代烃类制冷剂的臭氧层破坏机理

早期使用的制冷剂如 R11、R12、R13 等，热力性能良好、无毒或低毒，技术成熟。但由于这些制冷剂含氯或溴，会破坏臭氧层，属于消耗臭氧物质（ODS）。

臭氧层是平流层中距地面高度为 25 ~ 40 km，臭氧浓度较高的区域。臭氧层有三个作用：其一是保护作用，臭氧层像地球的保护伞，能吸收和阻挡太阳辐射中 306 nm 以下对地球生物有害的短波紫外线；其二是加热作用，臭氧层把吸收的短波辐射变为大气热能，使得地球上空 15 ~ 50 km 形成升温的平流层；其三是温室作用，如果臭氧减少，将会直接导致地面气温下降。

在自然平衡的条件下，大气中臭氧的生成速率与分解速率是相等的，臭氧浓度不变。当含有氯或溴等消耗臭氧的物质排放到大气中，会上升到平流层，分解出氯离子和溴离子。氯离子和溴离子使臭氧变成氧气，失去了对短波紫外线的吸收和阻挡作用。

一个氯离子可以破坏近 10^5 个臭氧分子，导致臭氧的分解速率远大于合成速率，致使大气中的 O_3 浓度下降，到达地面的有害紫外线将显著增加。

制冷剂的臭氧层耗减潜值是指：相同时间内，其对臭氧层破坏的能力与等量 R11 对臭氧层破坏能力的比值，R11 是参照物，其 *ODP*=1。*ODP* 越小的物质，其对臭氧层破坏力越小。

2. 卤代烃类制冷剂的分类

卤代烃类制冷剂的臭氧层耗减潜值与其分子组成关系很大，根据烃类被卤族元素的取代情况，把常用的卤代烃制冷剂分为 CFC、HCFC 和 HFC。

（1）CFC 类

CFC 类制冷剂指的是烃类分子的 H 原子全部被卤族元素取代，并且取代物中有氯和氟，又称全卤化氯（溴）氟化烃。这类物质不含氢原子，对臭氧层的破坏作用和温室效应均很强，再加上化学性质稳定，在大气中寿命长，已经排放到大气层中的 CFC 对环境造成的破坏，需要数百年才能消除，甚至造成不可逆损害。这类制冷剂已经被禁止使用。

（2）HCFC 类

HCFC 类制冷剂是指烃类分子中 H 原子部分被卤族元素取代，并且取代物中有氯和氟，又称含氢氯氟烃，这类物质对臭氧层的破坏作用和温室效应较 CFC 类物质弱，HCFC 类制冷剂的 *ODP* 仅为 R11 的百分之几。HCFC 类制冷剂的化学性质不如 CFC 类的稳定，在大气中寿命也短，是目前使用的短期过渡制冷剂，但如果长期大量排放，也会产生严重后果，故 HCFC 类制冷剂的使用是受限的。

（3）HFC 类

HFC 类制冷剂是指烃类分子中的 H 原子部分被 F 元素取代，分子中不含氯和溴，属含氢无氯的氟化烃类。HFC 对臭氧层不产生破坏作用，温室作用也较弱，可作为长期过渡制冷剂使用。

二、制冷剂的温室效应

制冷剂的温室效应大小用全球变暖潜值表示。所谓全球变暖潜值，是指在一定时间内（如 20 年、100 年或 500 年），某种物质产生的温室效应等同于产生相同温室效应的 CO_2 质量，简称 CO_2 当量。通常选用 100 年，记为 GWP_{100}，CO_2 的 GWP_{100}=1。GWP 越低，说明温室效应越小。

常用制冷剂的 GWP_{100} 和 ODP 见表 9–1。

表 9–1　常用制冷剂的 GWP_{100} 和 ODP

纯物质制冷剂				混合制冷剂		
制冷剂编号	成分表示类别	GWP_{100}	ODP	制冷剂编号	GWP_{100}	ODP
R11	CFC−11	4 660	1	R401A	3 260	0.02
R12	CFC−12	10 800	0.73	R401B	1 240	0.03
R13	CFC−13	13 900	1	R402A	2 570	0.01
R113	CFC−113	5 820	0.81	R403A	3 100	0.03
R114	CFC−114	8 590	0.5	R404A	3 940	0
R115	CFC−115	7 670	0.26	R406A	1 780	0.04
R22	HCFC−22	1 760	0.034	R407A	1 920	0
R123	HCFC−123	79	0.01	R407B	2 550	0
R124	HCFC−124	527	0.02	R407C	1 620	0
R142b	HCFC−142b	1 980	0.057	R408A	3 260	0.02
R23	HFC−23	12 400	0	R409A	1 480	0.03
R32	HFC−32	677	0	R410A	1 920	0.03
R125	HFC−125	3 170	0	R411A	1 560	0.03
R134a	HFC−134a	1 300	0	R411B	1 660	0.03
R143a	HFC−143a	4 800	0	R412A	2 170	0.04
R290	HC−290	5	0	R500	8 010	0.5
R600	HC−600	4	0	R501	4 020	0.29
R600a	HC−600a	20	0	R502	4 790	0.2
R601a	HC−601a	20	0	R509A	5 760	0.01
R717	R−717	—	0	R510A	3	0
R744	R−744	1	0	R511A	5	0

三、制冷剂的替代

1987 年的《蒙特利尔议定书》和 1997 年的《京都议定书》分别是关于保护臭氧层和减少温室气体排放的国际公约。两个文件都对制冷空调装置大量使用的合成制冷剂及其淘汰期限进行具体规定。后期的国际会议又对议定书进行了多次修正和调整，并加速了淘汰和替代的进程。

对于 CFC 类制冷剂，要求发达国家从 1996 年 1 月 1 日起，发展中国家 2010 年 1 月 1 日起，禁止生产和使用。

对于 HCFC 类制冷剂，1995 年《哥本哈根修正案》第一次将其纳入受控物质（我国 2003 年签署了该修正案）。1997 年《蒙特利尔修正案》对该类物质的限控为：发达国家 2020 年 1 月 1 日起禁用，发展中国家 2030 年 1 月 1 日起禁止生产和使用。

对于 HFC 类制冷剂，2016 年在卢旺达的基加利通过的《〈关于消耗臭氧层物质的蒙特利尔议定书〉基加利修正案》，把 18 种全球变暖潜值较高的 HFC 类物质（如 R134、R134a、R32、R125 等）纳入管控范围，并制定了消减时间表。该修正案于 2021 年 9 月 15 日对我国生效（暂不适用于中国香港特别行政区）。

四、制冷空调系统废弃物的循环再生

制冷空调系统产生的废弃物主要有废氯化钠溶液、废溴化锂溶液和废润滑油，这些废弃物均可再生处理后循环使用。

1. 废氯化钠溶液的再生处理

氯化钠溶液是盐水制冰系统中的载冷剂。盐水池直接接触大气，长期使用，会因落入灰尘、腐蚀物而混浊，会因吸收空气中的水蒸气而变稀。盐水再生时，先从盐水槽底部将盐水抽至大缸中，用沉淀的方法澄清，去除上部的漂浮物；再将吸液管接于中部，把澄清的盐水抽吸回盐水槽；反复数次可去除淤积物；最后通过测定密度确定和调整盐水的浓度。

2. 废溴化锂溶液的再生处理

因氧渗入系统或缓蚀剂高温析出，溴化锂溶液会使设备产生腐蚀。溶液 pH 值下降，颜色变为红褐、绿、黑或有杂质，即溶液变质。溶液变质使真空度下降，加速腐蚀，最终导致系统中的喷嘴、板孔、滤网堵塞，机组整体性能下降。为保证系统高效运行，溶液变质时需进行再生处理：去除杂质并调节 pH 值。

用过滤法和沉淀法去除固体杂质。过滤法是在稀溶液取样阀和低温溶液热交换器取样阀之间加 0.3 μm 的过滤器，机组边运行边过滤。沉淀法是将溶液置于密闭容器中，经过长期静置后去除底层沉淀。

用氢氧化锂（LiOH）和氢溴酸（HBr）调整溴化锂溶液的 pH 值。调整中用 pH 计或 pH 试纸比色法测定溶液 pH 值，pH 值小于 9.5 时加入氢氧化锂，大于 10.2 时加入氢溴酸。

职业模块 10 法律法规和国标行规

培训课程 1　法律法规

培训课程 2　国标行规

培训课程 1

法律法规

理解与制冷相关的法律法规

法律法规具有强制性，它不仅能监管和约束，也能更好地保护从业者的合法权益，促进行业规范、长远发展。作为制冷行业的从业者，需要了解本行业涉及的法律知识，具备基本的法律意识。

一、《中华人民共和国劳动法》相关知识

《中华人民共和国劳动法》（以下简称《劳动法》）是为了保护劳动者的合法权益，调整劳动关系，建立和维护适应社会主义市场经济的劳动制度，促进经济发展和社会进步。《劳动法》实施于 1995 年 1 月 1 日，最新修正于 2018 年 12 月 29 日，以下就促进就业、劳动合同、工作时间休息休假、工资及社会保险和福利方面的相关规定进行简单介绍。

1. 劳动合同

劳动合同是劳动者与用人单位确立劳动关系、明确双方权利和义务的协议。建立劳动关系应当订立劳动合同。订立和变更劳动合同，应当遵循平等自愿、协商一致的原则，不得违反法律、行政法规的规定。劳动合同依法订立即具有法律约束力，当事人必须履行劳动合同规定的义务。

劳动合同应当以书面形式订立，并具备以下条款：劳动合同期限、工作内容、劳动保护和劳动条件、劳动报酬、劳动纪律、劳动合同终止的条件、违反劳动合同的责任及劳动合同除前款规定的必备条款外，当事人可以协商约定其

他内容。

劳动合同的期限分为有固定期限、无固定期限和以完成一定的工作为期限。劳动者在同一用人单位连续工作满十年以上，当事人双方同意续延劳动合同的，如果劳动者提出订立无固定期限的劳动合同，应当订立无固定期限的劳动合同。劳动合同可以约定试用期，但试用期最长不得超过六个月。

劳动者有下列情形之一的，用人单位可以解除劳动合同：①在试用期间被证明不符合录用条件的；②严重违反劳动纪律或者用人单位规章制度的；③严重失职，营私舞弊，对用人单位利益造成重大损害的；④被依法追究刑事责任的。劳动者有下列情形之一的，用人单位不得解除劳动合同：①患职业病或者因工负伤并被确认丧失或者部分丧失劳动能力的；②患病或者负伤，在规定的医疗期内的；③女职工在孕期、产期、哺乳期内的；④法律、行政法规规定的其他情形。

2. 工作时间和休息休假

国家实行劳动者每日工作时间不超过 8 小时、平均每周工作时间不超过 44 小时的工时制度。用人单位应当保证劳动者每周至少休息一日。用人单位由于生产经营需要，经与工会和劳动者协商后可以延长工作时间，一般每日不得超过 1 小时；因特殊原因需要延长工作时间的，在保障劳动者身体健康的条件下延长工作时间每日不得超过 3 小时，但是每月不得超过 36 小时。有下列情形之一的，用人单位应当按照下列标准支付高于劳动者正常工作时间工资的工资报酬：①安排劳动者延长工作时间的，支付不低于 1.5 倍工资的报酬；②休息日安排劳动者工作又不能安排补休的，支付不低于 2 倍工资的报酬；③法定休假日安排劳动者工作的，支付不低于 3 倍工资的报酬。

3. 工资

工资分配应当遵循按劳分配原则，实行同工同酬。国家实行最低工资保障制度。最低工资标准由省、自治区、直辖市人民政府规定，报国务院备案。用人单位支付劳动者的工资不得低于当地最低工资标准。工资应当以货币形式按月支付给劳动者本人。用人单位不得克扣或者无故拖欠劳动者的工资。劳动者在法定休假日和婚丧假期间以及依法参加社会活动期间，用人单位应当依法支付工资。

4. 劳动安全卫生

用人单位必须建立、健全劳动安全卫生制度，严格执行国家劳动安全卫生规程和标准，对劳动者进行劳动安全卫生教育，防止劳动过程中的事故，减少职业危害。劳动安全卫生设施必须符合国家标准。新建、改建、扩建工程的劳动安全卫生设施必须与主体工程同时设计、同时施工、同时投入生产和使用。用人单位必须为劳动者提供符合国家规定的劳动安全卫生条件和必要的劳动防护用品，对从事有职业危害作业的劳动者应当定期进行健康检查。从事特种作业的劳动者必须经过专门培训并取得特种作业资格。劳动者在劳动过程中必须严格遵守安全操作规程。劳动者对用人单位管理人员违章指挥、强令冒险作业，有权拒绝执行；对危害生命安全和身体健康的行为，有权提出批评、检举和控告。

5. 社会保险和福利

用人单位和劳动者必须依法参加社会保险，缴纳社会保险费。劳动者在下列情形下，依法享受社会保险待遇：①退休；②患病、负伤；③因工伤残或者患职业病；④失业；⑤生育。劳动者死亡后，其遗属依法享受遗属津贴。劳动者享受社会保险待遇的条件和标准由法律、法规规定。劳动者享受的社会保险金必须按时足额支付。

二、《中华人民共和国安全生产法》相关知识

为了加强安全生产工作，防止和减少生产安全事故，保障人民群众生命和财产安全，促进经济社会持续健康发展，我国制定了《中华人民共和国安全生产法》(以下简称《安全生产法》),《安全生产法》实施于 2002 年 11 月 1 日，最新修改于 2021 年 6 月 10 日，以下就生产经营单位的安全生产保障、从业人员的安全生产权利义务、生产安全事故的应急救援与调查处理的相关规定进行简单介绍。

1. 生产经营单位的安全生产保障

生产经营单位应当具备本法和有关法律、行政法规和国家标准或者行业标准规定的安全生产条件；不具备安全生产条件的，不得从事生产经营活动。《安全生产法》规定了生产经营单位的主要负责人对本单位安全生产工作负有的职责。特种作业人员必须按照国家有关规定，经培训并取得相应资格，方可上岗作业。

生产经营单位采用新工艺、新技术、新材料或者使用新设备，必须了解、掌握其安全技术特性，采取有效的安全防护措施，并对从业人员进行专门的安全生产教育和培训。生产经营单位使用的危险物品的容器、运输工具，以及涉

及人身安全、危险性较大的海洋石油开采特种设备和矿山井下特种设备，必须按照国家有关规定，由专业生产单位生产，并经具有专业资质的检测、检验机构检测、检验合格，取得安全使用证或者安全标志，方可投入使用。检测、检验机构对检测、检验结果负责。

2. 从业人员的安全生产权利义务

生产经营单位与从业人员订立的劳动合同，应当载明有关保障从业人员劳动安全、防止职业危害的事项，以及依法为从业人员办理工伤保险的事项。生产经营单位不得以任何形式与从业人员订立协议，免除或者减轻其对从业人员因生产安全事故伤亡依法应承担的责任。

生产经营单位的从业人员有权了解其作业场所和工作岗位存在的危险因素、防范措施及事故应急措施，有权对本单位的安全生产工作提出建议。

从业人员发现直接危及人身安全的紧急情况时，有权停止作业或者在采取可能的应急措施后撤离作业场所。因生产安全事故受到损害的从业人员，除依法享有工伤保险外，尚有获得赔偿的权利的，有权向本单位提出赔偿要求。

从业人员在作业过程中，应当严格遵守本单位的安全生产规章制度和操作规程，服从管理，正确佩戴和使用劳动防护用品。从业人员应当接受安全生产教育和培训，掌握本职工作所需的安全生产知识，提高安全生产技能，增强事故预防和应急处理能力。

3. 生产安全事故的应急救援预案

国家加强生产安全事故应急能力建设，在重点行业、领域建立应急救援基地和应急救援队伍，鼓励生产经营单位和其他社会力量建立应急救援队伍，配备相应的应急救援装备和物资，提高应急救援的专业化水平。国务院应急管理部门建立全国统一的生产安全事故应急救援信息系统，国务院有关部门建立健全相关行业、领域的生产安全事故应急救援信息系统。

县级以上地方各级人民政府应当组织有关部门制定本行政区域内生产安全事故应急救援预案，建立应急救援体系。生产经营单位应当制定本单位生产安全事故应急救援预案，与所在地县级以上地方人民政府组织制定的生产安全事故应急救援预案相衔接，并定期组织演练。

三、《中华人民共和国民法典》相关知识

《中华人民共和国民法典》（以下简称《民法典》）共7编，依次为总则编、

物权编、合同编、人格权编、婚姻家庭编、继承编、侵权责任编，以及附则。自 2021 年 1 月 1 日起施行。本部分重点对《民法典》中合同编进行介绍。

合同编调整因合同产生的民事关系。合同是民事主体之间设立、变更、终止民事法律关系的协议。

1. 合同的订立

当事人订立合同，可以采用书面形式、口头形式或者其他形式。合同的内容由当事人约定，一般包括下列条款：当事人的姓名或者名称和住所、标的、数量、质量、价款或者报酬、履行期限、地点和方式、违约责任、解决争议的方法。当事人可以参照各类合同的示范文本订立合同。

当事人采用合同书形式订立合同的，自当事人均签名、盖章或者按指印时合同成立。

格式条款是当事人为了重复使用而预先拟定，并在订立合同时未与对方协商的条款。格式条款无效的情形参见合同编。

2. 合同的效力

依法成立的合同，自成立时生效，但是法律另有规定或者当事人另有约定的除外。依照法律、行政法规的规定，合同应当办理批准等手续的，依照其规定。未办理批准等手续影响合同生效的，不影响合同中履行报批等义务条款以及相关条款的效力。应当办理申请批准等手续的当事人未履行义务的，对方可以请求其承担违反该义务的责任。合同不生效、无效、被撤销或者终止的，不影响合同中有关解决争议方法的条款的效力。

3. 合同的履行

当事人应当遵循诚信原则，根据合同的性质、目的和交易习惯履行通知、协助、保密等义务。当事人在履行合同过程中，应当避免浪费资源、污染环境和破坏生态。当事人就有关合同内容约定不明确，如质量要求、报酬、履行地点、履行期限等，《民法典》对此也做了相应的规定。合同成立后，合同的基础条件发生了当事人在订立合同时无法预见的、不属于商业风险的重大变化，继续履行合同对于当事人一方明显不公平的，受不利影响的当事人可以与对方重新协商；在合理期限内协商不成的，当事人可以请求人民法院或者仲裁机构变更或者解除合同。

4. 违约责任

当事人一方不履行合同义务或者履行合同义务不符合约定的，应当承担继续履行、采取补救措施或者赔偿损失等违约责任。当事人一方明确表示或者以自己的行为表明不履行合同义务的，对方可以在履行期限届满前请求其承担违约责任。

当事人一方因不可抗力不能履行合同的，根据不可抗力的影响，部分或者全部免除责任，但是法律另有规定的除外。因不可抗力不能履行合同的，应当及时通知对方，以减轻可能给对方造成的损失，并应当在合理期限内提供证明。当事人迟延履行后发生不可抗力的，不免除其违约责任。

四、《中华人民共和国食品安全法》相关知识

食品安全事关人民群众的身体健康和生命安全，对涉及食品生产行业的制冷作业，相关从业人员更应高度重视食品安全问题，依照法律、法规和食品安全标准从事生产经营活动，保证食品安全，诚信自律，对社会和公众负责，接受社会监督，承担社会责任。

《中华人民共和国食品安全法》（以下简称《食品安全法》）的立法目的是为了保证食品安全，保障公众身体健康和生命安全。《食品安全法》实施于2009年6月1日，最新修正于2021年4月29日，下面就食品安全风险监测和评估、食品安全标准、食品生产经营、生产经营过程控制等相关规定进行简要介绍。

1. 食品安全风险监测和评估

国家建立食品安全风险监测制度，对食源性疾病、食品污染以及食品中的有害因素进行监测。国务院卫生行政部门会同国务院食品安全监督管理等部门，制定、实施国家食品安全风险监测计划。

有下列情形之一的，应当进行食品安全风险评估：①通过食品安全风险监测或者接到举报发现食品、食品添加剂、食品相关产品可能存在安全隐患的；②为制定或者修订食品安全国家标准提供科学依据需要进行风险评估的；③为确定监督管理的重点领域、重点品种需要进行风险评估的；④发现新的可能危害食品安全因素的；⑤需要判断某一因素是否构成食品安全隐患的；⑥国务院卫生行政部门认为需要进行风险评估的其他情形。

2. 食品安全标准

食品安全标准是强制执行的标准。除食品安全标准外，不得制定其他食品强制性标准。食品安全标准的内容参见本法相关条文。

3. 食品生产经营

食品生产经营应当符合食品安全标准，并符合相关规定。国家建立食品安全全程追溯制度，食品生产经营者应当建立食品安全追溯体系，保证食品可追溯。国家鼓励食品生产经营者采用信息化手段采集、留存生产经营信息，建立食品安全追溯体系。国务院食品安全监督管理部门会同国务院农业行政等有关部门建立食品安全全程追溯协作机制。

4. 生产经营过程控制

食品生产经营者应当建立并执行从业人员健康管理制度。患有国务院卫生行政部门规定的有碍食品安全疾病的人员，不得从事接触直接入口食品的工作。从事接触直接入口食品工作的食品生产经营人员应当每年进行健康检查，取得健康证明后方可上岗工作。

食品经营者应当按照保证食品安全的要求贮存食品，定期检查库存食品，及时清理变质或者超过保质期的食品。食品经营者贮存散装食品，应当在贮存位置标明食品的名称、生产日期或者生产批号、保质期、生产者名称及联系方式等内容。

餐饮服务提供者应当定期维护食品加工、贮存、陈列等设施、设备；定期清洗、校验保温设施及冷藏、冷冻设施。餐饮服务提供者应当按照要求对餐具、饮具进行清洗消毒，不得使用未经清洗消毒的餐具、饮具；餐饮服务提供者委托清洗消毒餐具、饮具的，应当委托符合本法规定条件的餐具、饮具集中消毒服务单位。

五、《中华人民共和国消防法》相关知识

《中华人民共和国消防法》（以下简称《消防法》）的立法目的是预防火灾和减少火灾危害，加强应急救援工作，保护人身、财产安全，维护公共安全。《消防法》实施于 2009 年 5 月 1 日，最新修改于 2021 年 4 月 29 日。

1. 火灾预防

地方各级人民政府应当将包括消防安全布局、消防站、消防供水、消防通信、消防车通道、消防装备等内容的消防规划纳入城乡规划，并负责组织实施。城乡消防安全布局不符合消防安全要求的，应当调整、完善；公共消防设施、消防装备不足或者不适应实际需要的，应当增建、改建、配置或者进行技术改造。

生产、储存、经营易燃易爆危险品的场所不得与居住场所设置在同一建筑物内，并应当与居住场所保持安全距离。生产、储存、经营其他物品的场所与居住场所设置在同一建筑物内的，应当符合国家工程建设消防技术标准。

生产、储存、装卸易燃易爆危险品的工厂、仓库和专用车站、码头的设置，应当符合消防技术标准。易燃易爆气体和液体的充装站、供应站、调压站，应当设置在符合消防安全要求的位置，并符合防火防爆要求。

2. 消防组织

县级以上地方人民政府应当按照国家规定建立国家综合性消防救援队、专职消防队，并按照国家标准配备消防装备，承担火灾扑救工作。下列单位应当建立单位专职消防队，承担本单位的火灾扑救工作：①大型核设施单位、大型发电厂、民用机场、主要港口；②生产、储存易燃易爆危险品的大型企业；③储备可燃的重要物资的大型仓库、基地；④上述三项规定以外的火灾危险性较大、距离国家综合性消防救援队较远的其他大型企业；⑤距离国家综合性消防救援队较远、被列为全国重点文物保护单位的古建筑群的管理单位。

3. 灭火救援

县级以上地方人民政府应当组织有关部门针对本行政区域内的火灾特点制定应急预案，建立应急反应和处置机制，为火灾扑救和应急救援工作提供人员、装备等保障。任何人发现火灾都应当立即报警。任何单位、个人都应当无偿为报警提供便利，不得阻拦报警。严禁谎报火警。人员密集场所发生火灾，该场所的现场工作人员应当立即组织、引导在场人员疏散。任何单位发生火灾，必须立即组织力量扑救。邻近单位应当给予支援。消防队接到火警，必须立即赶赴火灾现场，救助遇险人员，排除险情，扑灭火灾。

4. 法律责任

违反本法规定，有下列行为之一的，由住房和城乡建设主管部门、消防救援机构按照各自职权责令停止施工、停止使用或者停产停业，并处三万元以上三十万元以下罚款：①依法应当进行消防设计审查的建设工程，未经依法审查或者审查不合格，擅自施工的；②依法应当进行消防验收的建设工程，未经消防验收或者消防验收不合格，擅自投入使用的；③本法第十三条规定的其他建设工程验收后经依法抽查不合格，不停止使用的；④公众聚集场所未经消防救援机构许可，擅自投入使用、营业的，或者经核查发现场所使用、营业情况与承诺内容不符的。核查发现公众聚集场所使用、营业情况与承诺内容不符，经责令限期改正，逾期不整改或者整改后仍达不到要求的，依法撤销相应许可。

建设单位未依照本法规定在验收后报住房和城乡建设主管部门备案的，由住房和城乡建设主管部门责令改正，处五千元以下罚款。

六、《中华人民共和国环境保护法》相关知识

《中华人民共和国环境保护法》(简称《环境保护法》)是为了保护和改善环境，防治污染和其他公害，保障公众健康，推进生态文明建设，促进经济社会可持续发展制定的国家法律,《环境保护法》于 1989 年 12 月 26 日通过，于 2014 年 4 月 24 日修订，自 2015 年 1 月 1 日起施行。

《环境保护法》中所称环境，是指影响人类生存和发展的各种天然的和经过人工改造的自然因素的总体，包括大气、水、海洋、土地、矿藏、森林、草原、湿地、野生生物、自然遗迹、人文遗迹、自然保护区、风景名胜区、城市和乡村等。一切单位和个人都有保护环境的义务。

1. 保护和改善环境

国家加强对大气、水、土壤等的保护，建立和完善相应的调查、监测、评估和修复制度。国务院和沿海地方各级人民政府应当加强对海洋环境的保护。向海洋排放污染物、倾倒废弃物，进行海岸工程和海洋工程建设，应当符合法律法规规定和有关标准，防止和减少对海洋环境的污染损害。

国家鼓励和引导公民、法人和其他组织使用有利于保护环境的产品和再生产品，减少废弃物的产生。国家机关和使用财政资金的其他组织应当优先采购和使用节能、节水、节材等有利于保护环境的产品、设备和设施。公民应当遵守环境保护法律法规，配合实施环境保护措施，按照规定对生活废弃物进行分类放置，减少日常生活对环境造成的损害。

国家建立、健全环境与健康监测、调查和风险评估制度；鼓励和组织开展环境质量对公众健康影响的研究，采取措施预防和控制与环境污染有关的疾病。

2. 防治污染和其他公害

国家促进清洁生产和资源循环利用。国务院有关部门和地方各级人民政府应当采取措施，推广清洁能源的生产和使用。企业应当优先使用清洁能源，采用资源利用率高、污染物排放量少的工艺、设备以及废弃物综合利用技术和污染物无害化处理技术，减少污染物的产生。建设项目中防治污染的设施，应当与主体工程同时设计、同时施工、同时投产使用。防治污染的设施应当符合经

批准的环境影响评价文件的要求，不得擅自拆除或者闲置。排放污染物的企事业单位和其他生产经营者，应当采取措施，防治在生产建设或活动中产生的废物和毒害物质，防治噪声、振动、光辐射、电磁辐射等对环境的污染和危害。排放污染物的企业事业单位，应当建立环境保护责任制度，明确单位负责人和相关人员的责任。

3. 法律责任

企事业单位和其他生产经营者有下列行为之一，尚不构成犯罪的，除依照有关法律法规规定予以处罚外，由县级以上人民政府环境保护主管部门或者其他有关部门将案件移送公安机关，对其直接负责的主管人员和其他直接责任人员，处十日以上十五日以下拘留；情节较轻的，处五日以上十日以下拘留：①建设项目未依法进行环境影响评价，被责令停止建设，拒不执行的；②违反法律规定，未取得排污许可证排放污染物，被责令停止排污，拒不执行的；③通过暗管、渗井、渗坑、灌注或者篡改、伪造监测数据，或者不正常运行防治污染设施等逃避监管的方式违法排放污染物的；④生产、使用国家明令禁止生产、使用的农药，被责令改正，拒不改正的。

因污染环境和破坏生态造成损害的，应当依照《中华人民共和国侵权责任法》的有关规定承担侵权责任。

七、《中华人民共和国节约能源法》相关知识

《中华人民共和国节约能源法》（以下简称节约能源法）是为了推动全社会节约能源，提高能源利用效率，保护和改善环境，促进经济社会全面协调可持续发展而制定的法律，自1998年1月1日起施行，最新修正于2018年10月26日。

1. 节能管理

国家鼓励企业制定严于国家标准、行业标准的企业节能标准。国家对落后的耗能过高的用能产品、设备和生产工艺实行淘汰制度。

耗能高的产品的生产单位，应当执行单位产品能耗限额标准。对高耗能的特种设备，按照国务院的规定实行节能审查和监管。国家对家用电器等使用面广、耗能量大的用能产品，如家用电冰箱、房间空气调节器等，实行能源效率标识管理。实行能源效率标识管理的产品目录和实施办法，由国务院管理节能工作的部门会同国务院市场监督管理部门制定并公布。

2. 工业节能

国务院和省、自治区、直辖市人民政府推进能源资源优化开发利用和合理配置，推进有利于节能的行业结构调整，优化用能结构和企业布局。国务院管理节能工作的部门会同国务院有关部门制定主要耗能行业的节能技术政策，推动企业节能技术改造。国家鼓励工业企业采用高效、节能的电动机、锅炉、窑炉、风机、泵类等设备，采用热电联产、余热余压利用、洁净煤以及先进的用能监测和控制等技术。

3. 建筑节能

建筑工程的建设、设计、施工和监理单位应当遵守建筑节能标准。不符合建筑节能标准的建筑工程，建设主管部门不得批准开工建设；已经开工建设的，应当责令停止施工、限期改正；已经建成的，不得销售或者使用。建设主管部门应当加强对在建建筑工程执行建筑节能标准情况的监督检查。使用空调采暖、制冷的公共建筑应当实行室内温度控制制度，其中明确规定，所有公共建筑内的单位，包括国家机关、社会团体、企事业组织和个体工商户，除医院等特殊单位以及在生产工艺上对温度有特定要求并经批准的用户之外，夏季室内空调温度设置不得低于 26 ℃，冬季室内空调温度设置不得高于 20 ℃。一般情况下，空调运行期间禁止开窗。国家鼓励在新建建筑和既有建筑节能改造中使用新型墙体材料等节能建筑材料和节能设备，安装和使用太阳能等可再生能源利用系统。

八、《中华人民共和国计量法》相关知识

《中华人民共和国计量法》（以下简称计量法）自 1986 年 7 月 1 日起正式施行，计量法的实施是为了加强计量监督管理，保障国家计量单位制的统一和量值的准确可靠，有利于生产、贸易和科学技术的发展，适应社会主义现代化建设的需要，维护国家、人民的利益。本法于 2018 年 10 月 26 日第五次修正。

1. 计量基准器具

国务院计量行政部门负责建立各种计量基准器具，作为统一全国量值的最高依据。县级以上人民政府计量行政部门对社会公用计量标准器具，部门和企业、事业单位使用的最高计量标准器具，以及用于贸易结算、安全防护、医疗卫生、环境监测方面的列入强制检定目录的工作计量器具，实行强制检定。未按照规定申请检定或者检定不合格的，不得使用。实行强制检定的工作计量器

具的目录和管理办法，由国务院制定。

2. 计量器具管理

制造、修理计量器具的企业、事业单位，必须具有与所制造、修理的计量器具相适应的设施、人员和检定仪器设备。制造计算器具的企业、事业单位生产本单位未生产过的计量器具新产品，必须经省级以上人民政府计量行政部门对其样品的计量性能考核合格，方可投入生产。制造、修理计量器具的企业、事业单位必须对制造、修理的计量器具进行检定，保证产品计量性能合格，并对合格产品出具产品合格证。

3. 法律责任

制造、销售未经考核合格的计量器具新产品的，责令停止制造、销售该种新产品，没收违法所得，可以并处罚款。制造、修理、销售的计量器具不合格的，没收违法所得，可以并处罚款。属于强制检定范围的计量器具，未按照规定申请检定或者检定不合格继续使用的，责令停止使用，可以并处罚款。使用不合格的计量器具或者破坏计量器具准确度，给国家和消费者造成损失的，责令赔偿损失，没收计量器具和违法所得，可以并处罚款。制造、销售、使用以欺骗消费者为目的的计量器具的，没收计量器具和违法所得，处以罚款；情节严重的，并对个人或者单位直接责任人员依照刑法有关规定追究刑事责任。违反本法规定，制造、修理、销售的计量器具不合格，造成人身伤亡或者重大财产损失的，依照刑法有关规定，对个人或者单位直接责任人员追究刑事责任。

九、《特种设备安全监察条例》相关知识

《特种设备安全监察条例》是为了加强特种设备的安全监察，防止和减少事故，保障人民群众生命和财产安全，促进经济发展而制定的条例。自 2003 年 6 月 1 日起施行，修订版于 2009 年 1 月 24 日公布。条例所称特种设备是指涉及生命安全、危险性较大的锅炉、压力容器（含气瓶）、压力管道、电梯、起重机械、客运索道、大型游乐设施和场（厂）内专用机动车辆。

1. 特种设备的生产

特种设备生产单位对其生产的特种设备的安全性能和能效指标负责，不得生产不符合安全性能要求和能效指标的特种设备，不得生产国家产业政策明令淘汰的特种设备。压力容器的设计单位应当经国务院特种设备安全监督管理部门许可，方可从事压力容器的设计活动。压力容器的设计单位应当具备下列条

件：①有与压力容器设计相适应的设计人员、设计审核人员；②有与压力容器设计相适应的场所和设备；③有与压力容器设计相适应的健全的管理制度和责任制度。锅炉、压力容器中的气瓶（以下简称气瓶）、氧舱和客运索道、大型游乐设施以及高耗能特种设备的设计文件，应当经国务院特种设备安全监督管理部门核准的检验检测机构鉴定，方可用于制造。

特种设备的维修单位，应当有与特种设备维修相适应的专业技术人员和技术工人以及必要的检测手段，并经省、自治区、直辖市特种设备安全监督管理部门许可，方可从事相应的维修活动。

特种设备的安装、改造、维修竣工后，安装、改造、维修的施工单位应当在验收后 30 日内将有关技术资料移交使用单位，高耗能特种设备还应当按照安全技术规范的要求提交能效测试报告。使用单位应当将其存入该特种设备的安全技术档案。

移动式压力容器、气瓶充装单位应当经省、自治区、直辖市的特种设备安全监督管理部门许可，方可从事充装活动。充装单位应当具备下列条件：①有与充装和管理相适应的管理人员和技术人员；②有与充装和管理相适应的充装设备、检测手段、场地厂房、器具、安全设施；③有健全的充装管理制度、责任制度、紧急处理措施。气瓶充装单位应当向气体使用者提供符合安全技术规范要求的气瓶，对使用者进行气瓶安全使用指导，并按照安全技术规范的要求办理气瓶使用登记，提出气瓶的定期检验要求。

2. 特种设备的使用

特种设备在投入使用前或者投入使用后 30 日内，特种设备使用单位应当向直辖市或者设区的市的特种设备安全监督管理部门登记。登记标志应当置于或者附着于该特种设备的显著位置；特种设备使用单位应当建立特种设备安全技术档案。

特种设备作业人员及其相关管理人员（以下统称特种设备作业人员），应当按照国家有关规定经特种设备安全监督管理部门考核合格，取得国家统一格式的特种作业人员证书，方可从事相应的作业或者管理工作。

特种设备使用单位应当对特种设备作业人员进行特种设备安全、节能教育和培训，保证特种设备作业人员具备必要的特种设备安全、节能知识。特种设备作业人员在作业中应当严格执行特种设备的操作规程和有关的安全规章制度。

3. 特种设备事故预防和应急预案

有下列情形之一的，为特别重大事故：①特种设备事故造成 30 人以上死亡，或者 100 人以上重伤（包括急性工业中毒），或者 1 亿元以上直接经济损失的；② 600 MW 以上锅炉爆炸的；③压力容器、压力管道有毒介质泄漏，造成 15 万人以上转移的；④客运索道、大型游乐设施高空滞留 100 人以上并且时间在 48 h 以上的。

特种设备安全监督管理部门应当制定特种设备应急预案。特种设备使用单位应当制定事故应急专项预案，并定期进行事故应急演练。

压力容器、压力管道发生爆炸或者泄漏，在抢险救援时应当区分介质特性，严格按照相关预案规定程序处理，防止二次爆炸。特种设备事故发生后，事故发生单位应当立即启动事故应急预案，组织抢救，防止事故扩大，减少人员伤亡和财产损失，并及时向事故发生地县以上特种设备安全监督管理部门和有关部门报告。

培训课程 2

国标行规

学习目标

了解制冷工职业特点

熟悉制冷工作业对从业人员的要求

熟悉从业人员需要具有的条件

制冷空调相关的国标行规是制冷空调行业公认的安全高效的操作标准，也是行业从业人员需要了解、熟知并遵循的操作规范。

与制冷、空调系统相关的国标行规很多，比如有关于制冷机房的、有关于房间空调器的、有关于民用建筑供暖通风与空气调节的、有关于空调防排烟的、有关于压缩机的、有关于冷库冷藏工艺的、有关于安全生产的、有关于节能环保的等，举不胜举。

作为从业人员，在进行每一项新任务之前，首先要想到查阅相关的国标行规去获取相关信息，同时注意规范的更新。本教材编写中渗透了国标行规的内容。在此，单独介绍《制冷剂编号方法和安全分类》（GB/T 7778—2017）和《制冷系统及热泵　安全与环境要求》（GB/T 9237—2017）。

一、《制冷剂编号方法和安全分类》（GB/T 7778—2017）

本标准是一个引用了国际标准的国家标准，因此，是一个全球制冷空调行业公认的标准。该标准规定了制冷剂编号方法和安全性分类。

1. 制冷剂的编号方法

所有制冷剂的编号以字母“R”打头，制冷剂的编号方法具体参见本教材职业模块 6 的培训课程 2 的学习单元 5 的制冷剂的分类和编号部分。

2. 安全性分类

根据制冷剂的毒性和可燃性分类原则，该标准把制冷剂分为 8 类，具体见本教材制冷剂部分的介绍。

二、《制冷系统及热泵　安全与环境要求》（GB/T 9237—2017）

《制冷系统及热泵　安全与环境要求》（GB/T 9237—2017）是一个关于制冷系统的全面的安全性和环保性的操作标准。该国标的主要内容如下。

1. 对制冷系统、制冷系统安装场所、制冷剂的分类；
2. 制冷系统各部件及管路的安全要求；
3. 系统装配（压力试验、气密性等）的具体要求；
4. 对不同安装场所的特定要求；
5. 制冷机房的总体要求；
6. 对使用空间、通风等的规定；
7. 系统电气装置的规定；
8. 系统安全警报器设置和要求；
9. 制冷剂探测仪性能、安装位置等规定；
10. 操作指导手册、警示、现场检查和维护的具体规定；
11. 安装场所热源和暂时高温的限制；
12. 运行、检修和制冷剂、溶液或油的回收与处置。

不管是设计人员，还是安装、操作、维护和维修人员，都要认真学习本标准的相关内容，并按照标准规定进行设计、施工和操作，这样才能保证系统的安全运行，做到对环境友好。

参 考 文 献

［1］罗国杰．道德教育与价值导向［M］．北京：教育科学出版社，2000.

［2］蔡志良．职业伦理新论［M］．成都：电子科技大学出版社，2014.

［3］夏伟东．道德的历史与现实［M］．北京：教育科学出版社，2000.

［4］杨世铭，陶文铨．传热学［M］．第 4 版．北京：高等教育出版社，2006.

［5］沈维道，童钧耕．工程热力学［M］．第 4 版．北京：高等教育出版社，2007.

［6］刘春泽．热工学基础［M］．第 4 版．北京：机械工业出版社，2006.

［7］人力资源社会保障部教材办公室．电工基础［M］．第 6 版．北京：中国劳动社会保障出版社，2020.

［8］人力资源社会保障部教材办公室．电子技术基础［M］．第 5 版．北京：中国劳动社会保障出版社，2014.

［9］李西平．电工电子技术［M］．第 2 版．北京：中央广播电视大学出版社，2013.

［10］郝晓丽．电路与电子技术基础［M］．北京：人民邮电出版社，2014.

［11］人力资源社会保障部教材办公室．机械基础［M］．第 2 版．北京：中国劳动社会保障出版社，2019.

［12］人力资源社会保障部教材办公室．机械制图［M］．第 7 版．北京：中国劳动社会保障出版社，2018.

［13］中国就业培训技术指导中心．制冷工：基础知识［M］．第 2 版．北京：中国劳动社会保障出版社，2011.

［14］人力资源社会保障部教材办公室．制冷基本操作技能［M］．第 3 版．北京：中国劳动社会保障出版社，2019.

［15］赵荣义，范存养，薛殿华，等．空气调节［M］．第 4 版．北京：中国建筑工业出版社，2009.

［16］徐德胜，韩厚德．制冷与空调——原理、结构、操作、维修［M］．第 2 版．上海：上海交通大学出版社，1998.

［17］刘孝刚．制冷设备安装调试与维修［M］．北京：北京理工大学出版社，2014.

附图

lgp (MPa)
1.00
0.10
100.0
200.0
300.0
400.0
500.0
600.0
焓h（kJ/kg）
h（kJ/kg）
s［kJ/（kg·K）］
v（m³/kg）
0.02
0.04
0.06
0.08
0.10
0.12
0.14
0.16
0.18
0.20
0.22
0.24
0.26
0.28
0.30
0.32
1.69
1.71
1.73
1.75
1.77
1.79
1.81
1.83
1.85
1.87
1.89
0.2
0.4
0.6
0.8
100
90
80
70
60
50
40
30
20
10
0
-10
-20
-30
-40
-50
-60

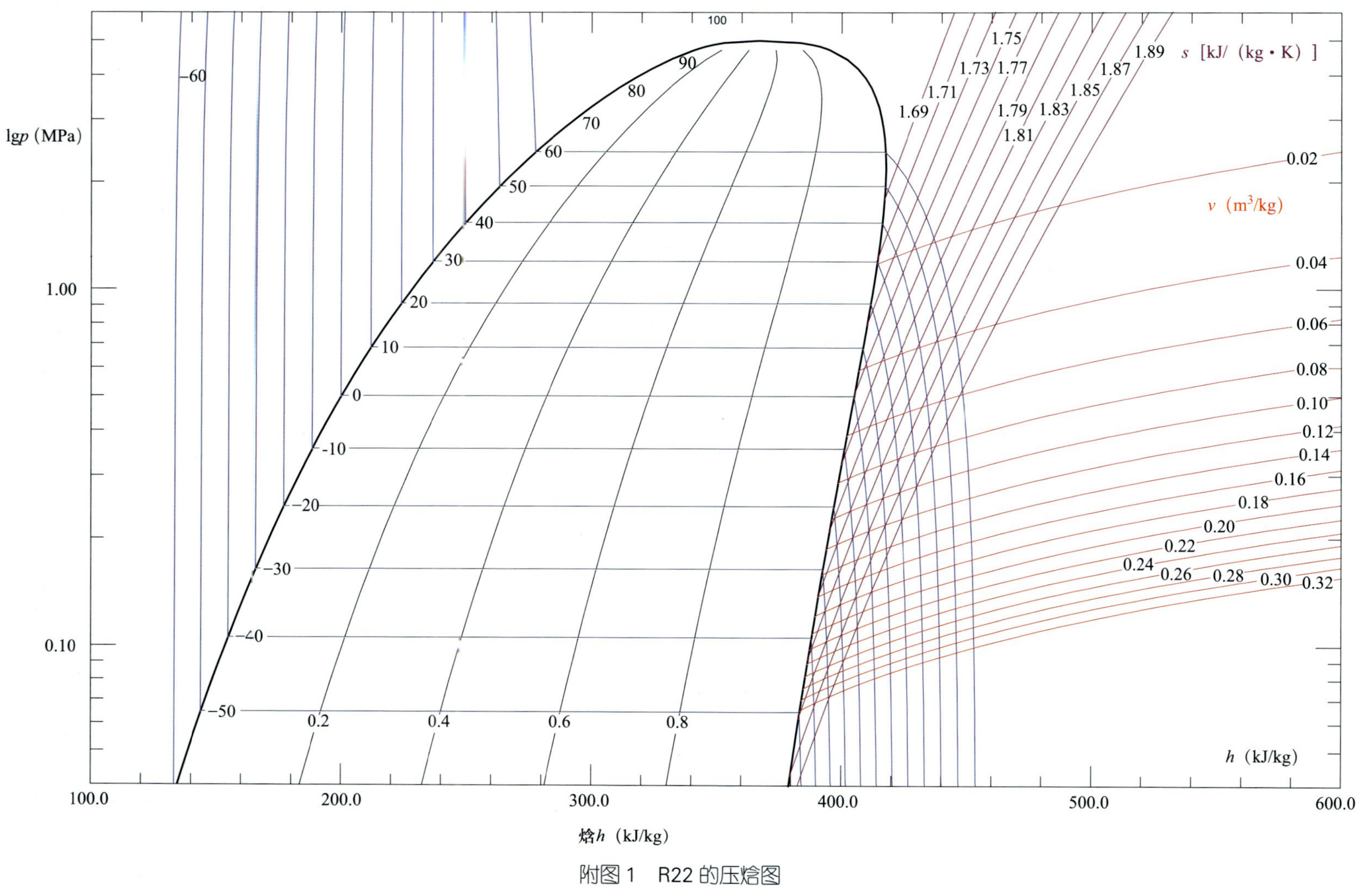

附图 1 R22 的压焓图

lgp (MPa)
1.00
100.0
200.0
300.0
400.0
500.0
焓h（kJ/kg）
h（kJ/kg）
v（m³/kg）
s［kJ/（kg·K）］
0.010
0.015
0.020
0.025
0.030
0.035
0.040
0.045
0.050
0.055
0.060
0.065
0.070
0.075
1.50
1.52
1.54
1.56
1.58
1.60
1.62
1.64
1.66
1.68
1.70
0.2
0.4
0.6
0.8
30
20
10
0
-10
-20
-30
-40
-50
-60

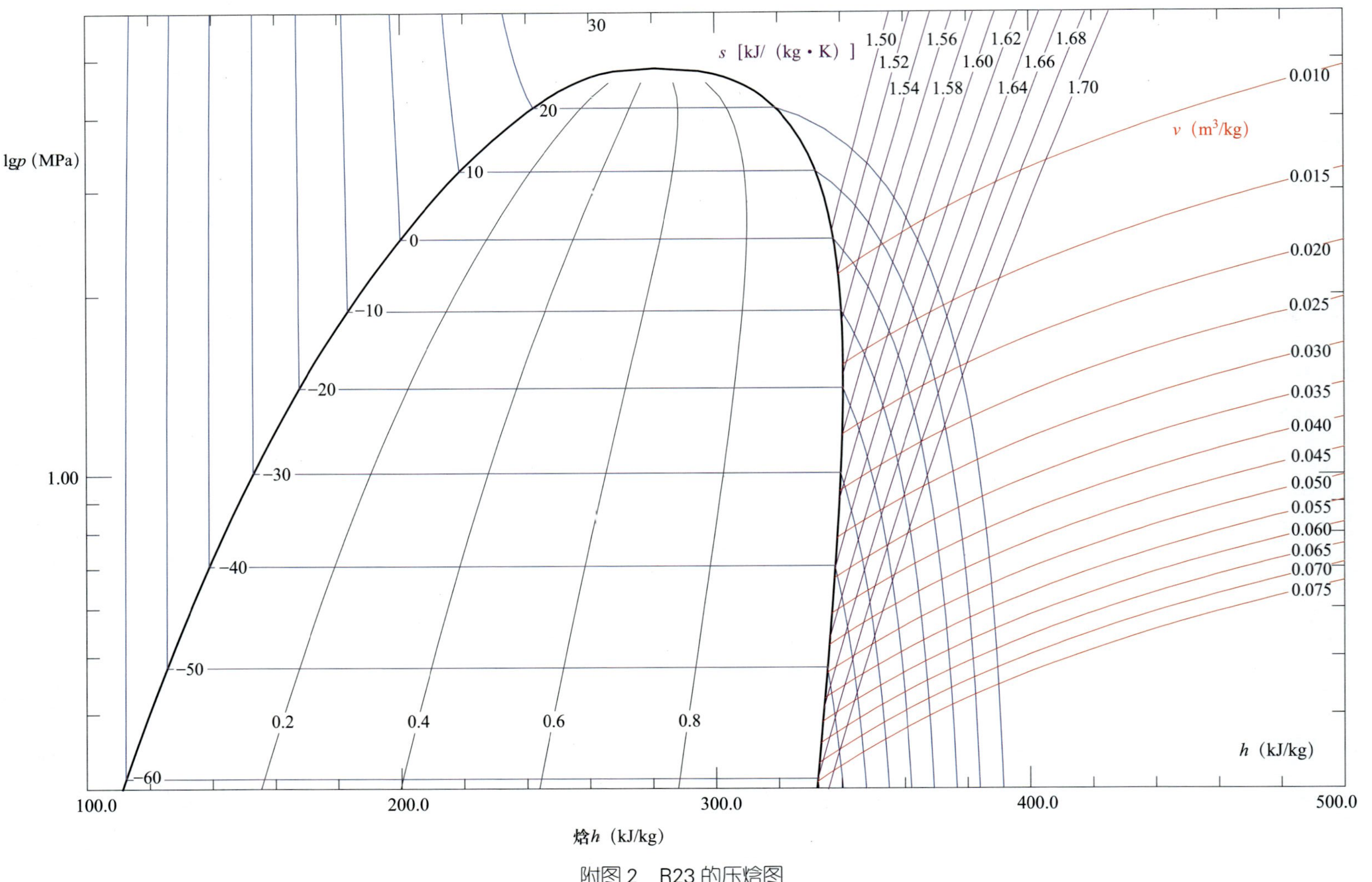

附图 2　R23 的压焓图

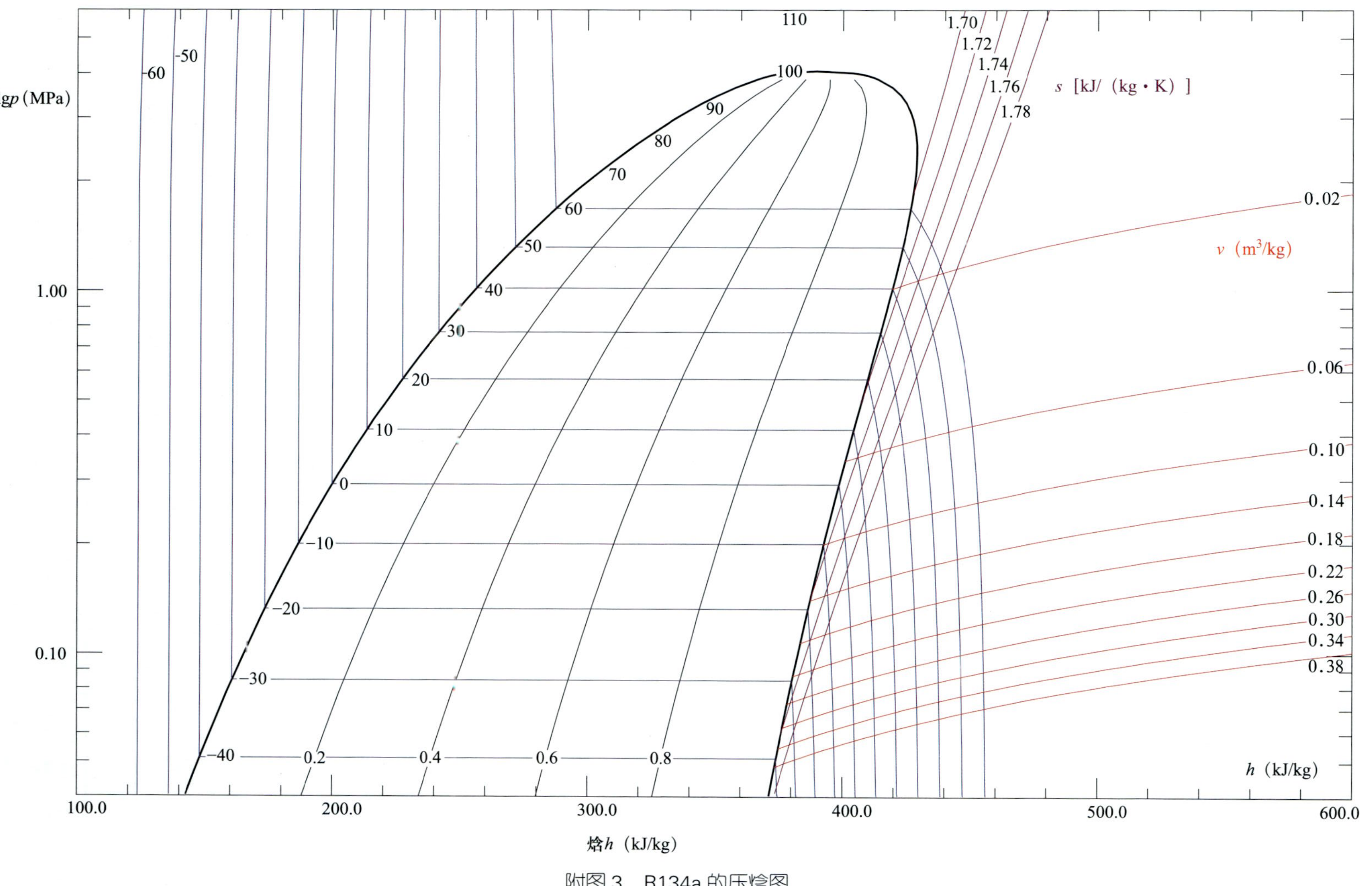

附图 3　R134a 的压焓图

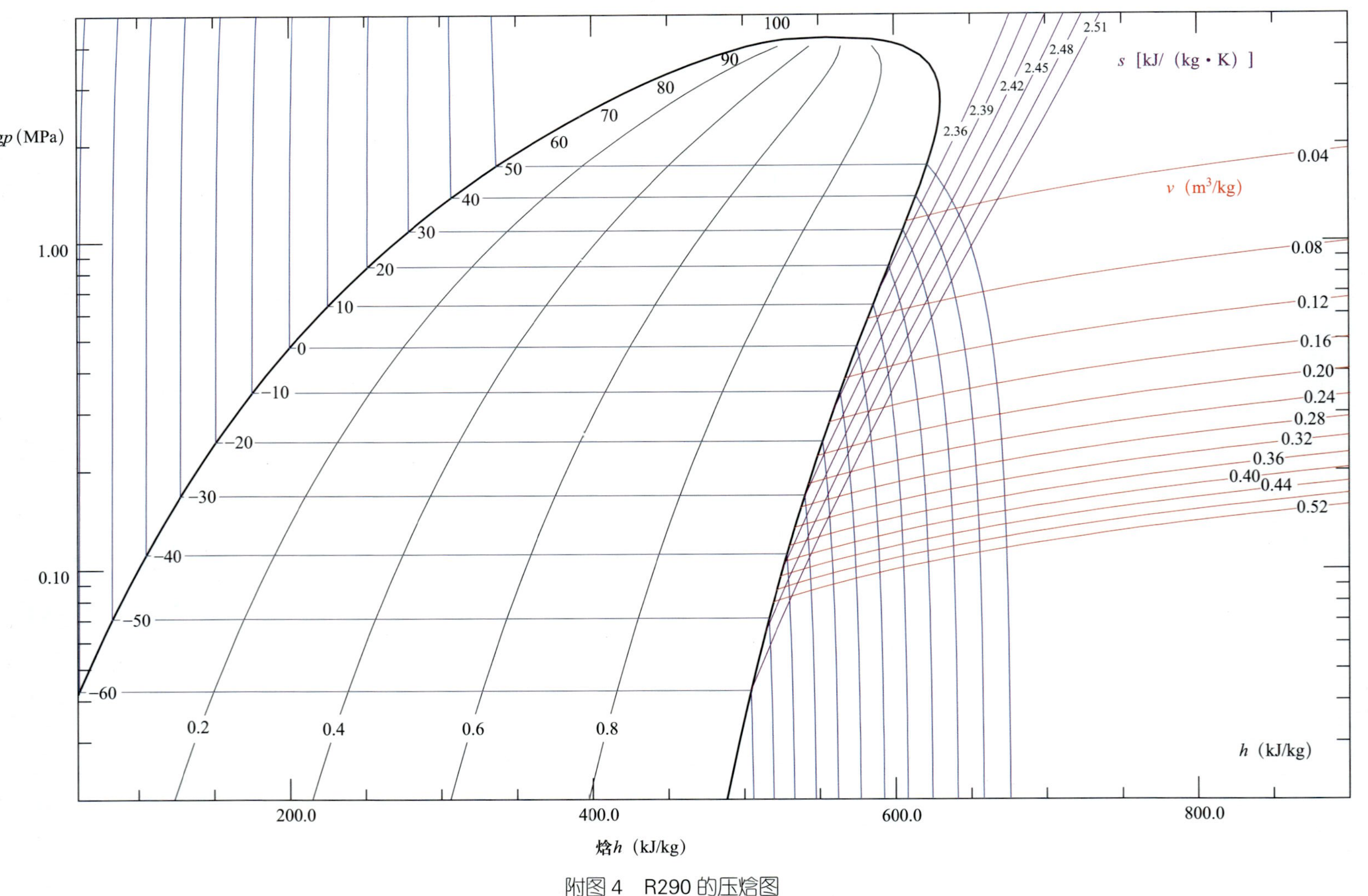

附图 4　R290 的压焓图

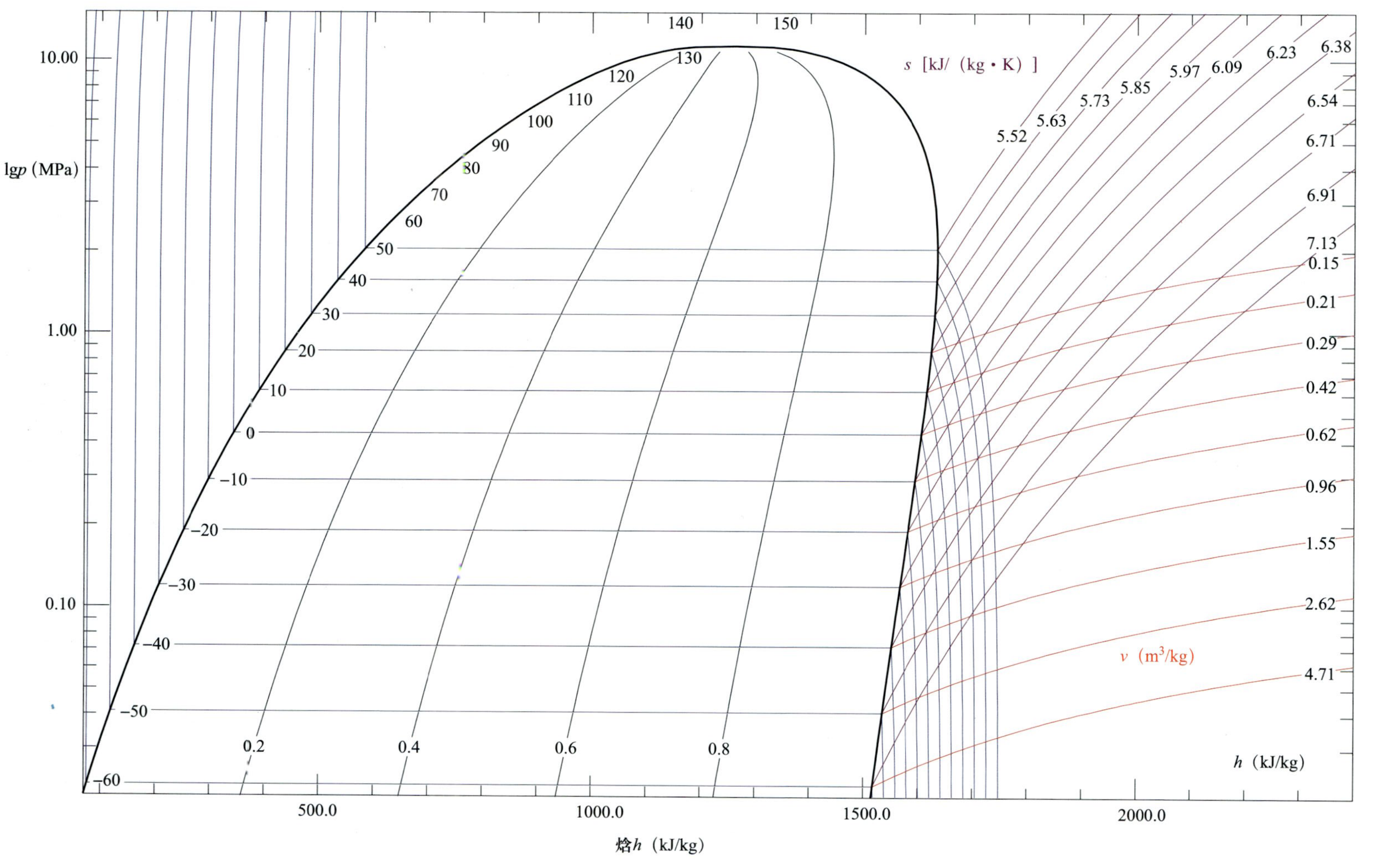

附图 5 R717 的压焓图

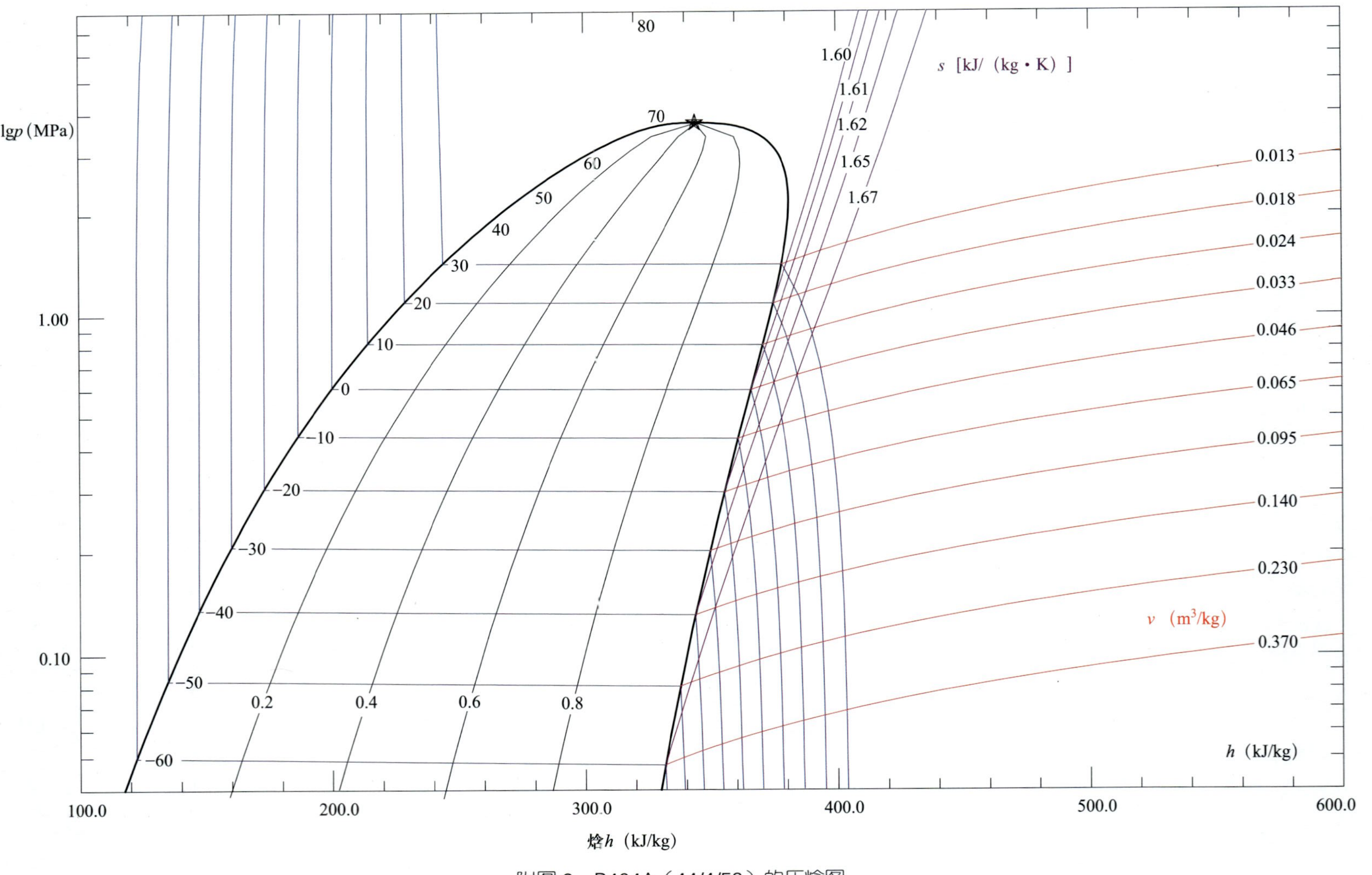

附图6 R404A（44/4/52）的压焓图